热烈庆贺

2008北京奥运会圆满成功

（8月8日～8月24日）

中国林业学术论坛·第4辑

中国首届沙产业高峰论坛文集

朱俊凤　主编

中国林业出版社

图书在版编目（CIP）数据

中国首届沙产业高峰论坛文集/朱俊凤主编．—北京：中国林业出版社，2008.8
（中国林业学术论坛·第4辑）
ISBN 978-7-5038-5299-2

Ⅰ．中…　Ⅱ．①朱…　Ⅲ．沙漠－资源开发－产业－研究－中国　Ⅳ．F323.211

中国版本图书馆CIP数据核字（2008）第127706号

出版　中国林业出版社（100009　北京西城区刘海胡同7号）
网址　www.cfph.com.cn
E-mail　forestbook@163.com　**电话**　010－66162880
发行　中国林业出版社
印刷　北京林业大学印刷厂
版次　2008年8月第1版
印次　2008年8月第1次
开本　787mm×1092mm　1/16
印张　21
字数　510千字
印数　1～1000册
定价　80.00元

中国首届沙产业高峰论坛组委会

主　　任：蔡延松　原林业部副部长、中国治沙学会理事长

副 主 任：刘　拓　国家林业局防治治沙办公室主任

潘迎珍　国家林业局三北防护林建设局局长

王德林　宁夏回族自治区林业局局长

关松林　中国绿化基金会秘书长

柏章良　中国绿色时报社社长

朱俊凤　中国治沙学会副理事长兼秘书长

秘 书 长：朱俊凤（兼）

技术顾问：王　涛　李文华　冯宗炜　马建章　伊伟伦

主　　编：朱俊凤

编　　审：顾锦章　李树明　金正道

编　　辑：陈炳国　徐洪霞　张　菊　王旭东　何志强

发展沙产业大有作为*

（代序）

钱学森

（中国科学院院士、中国工程院院士、中国科协名誉主席）

沙产业这个概念是我作为一名不懂林业、不懂农业、也没有搞过治沙的外行人，在 1984 年才提出来的。

我对沙产业的认识，要追溯到 20 世纪 60 年代初，我开始参加火箭、导弹发射试验时发射场在内蒙古自治区巴丹吉林沙漠的西北——额济纳旗附近的戈壁。戈壁有在其他地方不易看到的动植物，如梭梭、甘草、还有名贵的中药肉苁蓉等。戈壁沙漠上原来也可以搞一些事业，并非不毛之地。到了 1984 年初，读到关于内蒙古自治区草原问题的材料，内蒙古自治区的草原从建国以来平均每亩年产值不到人民币 1 元钱，这给我震动很大。所以在 1984 年初就写了一篇文章，讲草原的开发，提出草产业这个概念。什么叫草产业？当时想，农业要发展，农业发展的潜力也很大，农业是什么特点？基本上是靠太阳照在地面上的能量，我们要利用这个能量。怎么利用呢？通过生物来利用。草原也是如此，通过生物利用后，后面的工作就可以大大发展，而且可以种草养畜。种草为什么不可以运用科学方法提高产量和质量？完全可以嘛！所以根据这一概念，将现代科学技术全部用到草原上来发展草原的产业：这是一种知识密集型的，运用系统工程的综合利用产业，所以叫草产业。1984 年冬天我在农科院的讲话，把这个概念扩展了。我国还有沙漠戈壁，面积大约有 16 亿亩，跟农田面积差不多，每年接受的太阳能也差不多，所以提出沙产业。假使我们运用全部的现代科学技术，包括物理、化学、生物学这样的基础科学，能不能让这 16 亿亩的沙漠戈壁每年也提供几千亿元的产值呢？有没有这个可能，这是个很值得研究的问题。这也是我在 1984 年冬天提出来的，叫做知识密集型的沙产业。当时作为全部的农业型知识密集产业，即首先是通过生物利用太阳能的产业，我提了五项：农业、林业、草业、海业和沙业，我的概念是通过利用全部科学技术的系统工程，综合利用（包括产后加工利用）。假如这五个产业都实现了，我认为将又是一次产业革命，它的出现可能是在 21 世纪。我们要想一想 21 世纪在我们社会主义中国，可不可能搞又一次新的产业革命，即第六次产业革命呢？

---

* 本文摘自 1991 年 3 月 11 日钱学森在沙产业研讨会上的讲话

何以称第六次呢？我想，产业革命就是生产力的发展影响到整个社会了。人类社会上第一次产业革命就是开始有农业、畜牧业，人类从采集、打猎为生发展到能从事生产，获取食物，至少部分地主宰了自己，这可能是1万年前的事了；第二次产业革命是人类开始有商品生产，就是生产不仅是为自己消费，而且为交换了。这出现在奴隶社会后期，在我国大概是3000年以前了；第三次产业革命就是我们一般指的在17世纪末到18世纪初现在西欧的那次产业革命，开始用机器动力来生产；第四次产业革命发生在19世纪后期，出现了电力、通讯，整个生产过程不是工厂一家一户地生产了，用今天的话来说，是产业集团的生产。在政治上出现了垄断资本主义，这个情况在列宁的名著里有过很多论述。这就是第四次产业革命；在第五次产业革命就是现在全世界范围内出现的信息革命，把全世界都沟通了，引起了生产上深刻变化。这些就是历史上的五次产业革命。刚才讲的农产业、林产业、海产业、草产业、沙产业这五个产业的建成，是第六次产业革命。可能在下个世纪出现。以上就是1984年我讲的概念。我国科技工作者在治沙、防沙、制止沙化上是有丰功伟绩的，做了大量工作，而且取得很大成绩，在沙漠、戈壁的边缘地区治沙、防沙、制止沙漠化这件事是极其重要的。我国现有的沙漠化土地大概6亿亩，所以治沙、防沙、制止沙漠化工程也是沙产业的组成部分。沙产业则是从已经有基础的防沙、治沙、固沙事业开拓出去，再上新台阶，首先在生活设施条件较好的戈壁滩上，建立沙产业示范试验基地。这样我想在21世纪，我们将在社会主义中国建立并发展中国的沙产业。搞得好，产值也可能上千亿元，将来还可能更多，因为这里面的可能性很大。这里不光是利用生物转化太阳能，依靠科学技术，太阳能也可以直接转变利用，比如太阳能电池，还有风力发电等。所以，在占我国土地面积1/6的国土上，我们是大有可为的。那么多的太阳能，我们要利用好，就可以为人民创造财富。我想到那时候，我们国家的国务院恐怕不只有林业部、农业部了，还会有沙业部，因为上千亿元产值是个大事业。

前　　言

蔡延松
（原林业部副部长、中国治沙学会理事长）

沙产业是21世纪的新兴产业，自1984年著名科学家钱学森首次提出沙产业以来，经过20多年的实践证明，这是一项前景广阔的事业。胡锦涛总书记今年春节看望钱学森时对沙产业给予了很高评价。这是防治土地沙漠化的根本措施，也是沙区人民群众脱贫致富的突破口，是缩小东西部经济发展差距的捷径，为了推动全国沙产业发展，繁荣沙区经济、促进沙产业领域的交流与合作，加大政府和社会各界对沙产业建设投资和融资力度，促进沙产业的发展，经国家林业局批准，由中国治沙暨沙业学会、国家林业局防沙治沙办公室、国家林业局西北华北东北防护林建设局（简称：国家林业局三北防护林建设局）、中国绿化基金会、中国绿色时报社联合举办“中国首届沙产业高峰论坛暨新成果推广交流会”于2008年9月在银川召开。

这次会议以论坛为平台，展示中国20多年沙产业和防沙治沙的成就和经验、先进技术、材料、设备，交流沙产业信息，沟通国际组织、政府、企业的投资融资渠道，促进政府和非政府组织，社会和企业在防沙治沙，合理利用土地，积极发展沙产业的结合，达到社会、经济、生态的可持续发展。全面总结我国沙产业25年来的工作，表彰在沙产业领域涌现出的先进企业、先进人物，促成一批治理荒漠化、发展产业化项目的签约；推广和考察“治理荒漠示范基地”，促进国家沙产业经济的发展。

本次会议邀请了有关政府的官员，大专院校、科研单位国内外知名沙产业专家学者，沙产业的企事业单位的代表，外国商会、跨国投资企业代表。“以落实科学发展观，促进沙产业可持续发展”为主题，畅所欲言，献计献策，沟通了产业信息，交流了新成果、新经验、新模式。充分体现了专家学者与政府之间的民主和谐，相互合作的精神。为了宣传推广论坛的成果，我们精选了一批论文，汇编成《中国首届沙产业高峰论坛文集》，以期望促进中国沙产业可持续发展。

目　录

综 合 篇

产 业 篇

防 治 篇

典　型　篇

综 合 篇

留下阳光是沙产业立意的根本

——对沙产业理论的理解

刘　恕

（中国科协原副主席、中国治沙学会名誉理事长）

由于工作关系，我有幸参加了钱学森院士倡导的有关第六次产业革命－农业型知识密集产业的五大类型之一沙产业的理论研讨和实际饯行活动，亲历了多次丰富沙产业理论内涵和概念界定的过程；又聆听过钱学森和宋平两位令人敬重的长辈、师长和领导耳提面命的教导，曾不自觉地认为自己对沙产业理论已有理解和认识。但随着光阴流逝，客观形势的发展变化，我又深感自己对这一理论的实践价值和钱老超前的预见性认识不足。借此会议良机，奉献此拙文和与会者共同研讨。

一、要在钱学森有关产业革命的见解中理解沙产业概念

1984 年，时任国防科工委科技委副主任的中国科学院学部委员钱学森，应邀就新技术革命和产业革命方面的问题，做过多次讲演，阐述一系列独到的见解，印发了两篇针对农业的宏论：《第六次产业革命和科学技术》[1] 及《创建农业型知识密集产业——农业、林业、草业、海业和沙业》[2]。这两篇论述，从马克思主义哲学观出发，认为科学技术发展如同所有事物发展规律一样，有时平稳，有时却呈现变革和飞跃。当“人认识客观事物进程有飞跃的时候，这个叫科学革命”，“人改造客观世界在技术上有大的进步、大的变革，叫技术革命”，“有了科学革命，有了技术革命，最后它直接作用到生产，就会引起生产关系、生产结构的变化。当这种变化从量变到质变，有了飞跃，这个时候就出现了产业革命”。据此，钱学森先生把人类历史进程中的产业革命梳理成为六次：第一次，农牧业的出现和兴起，大约发生在公元前七八千年；第二次，商品生产的出现和发展，大约公元前一千多年；第三次，大工业生产，18 世纪末 19 世纪初；第四次，国家以至跨国大生产体系，19 年纪末 20 世纪初；第五次，电子计算机、信息组织起来的生产体系；即将到来的第六次产业革命，并预见性地提出第六次是高度知识和技术密集的大农业的产业革命，将出现在 21 世纪中叶的中国。论述中他指出，农业型的产业是指像传统农业那样，以太阳为直接能源，靠地面上植物的光合作用来进行产品生产的体系。由于阳光是取之不尽用之不竭的能源，与其他类型产业相比，农业型产业具有得天独厚的优势，但受制于各方面条件，当前太阳能通过光合作用转化成产品的比率仅占 1% 左右，比例很小。所说农业型知识密集产业，就是依靠科学、技术成果，（包括新技术革命的成果）应用到农业型产业体系中，把农业变成一个高度知识密集、技术密集的产业体系，提高光合作用效能和产业效率。

由于农业型产业是以阳光为能源靠生物光合作用进行生产的体系，凡属有阳光普照，又

具有可直接进行光合作用生物的空间区域，都可作为农业型产业的空间，因此，农业型知识密集产业体系按生产空间和生产活动的差异可区分为，农业、林业、草业、海业和沙业五种类型。由是，沙产业这一具有明确内涵的名词便出现在人们眼前。沙产业是农业型知识密集大农业系统的子系统，是钱学森先生所预见的第六次产业革命中，一个高度知识、技术密集的农业型产业体系中的类型之一。虽然沙漠、戈壁中太阳能、风能资源丰富，“可以利用发电是项大产业”，但它是“直接利用太阳能没有通过植物光合作用，不属于农业型生产”，不是第六产业革命的沙产业。

沙产业是以太阳为直接能源，靠植物的光合作用来进行产品生产的体系。这是我们讨论钱学森倡导的沙产业在开初伊始就应明确的概念。沙产业与其他四种知识密集农业型产业，有着共同的特点。那就是，“既然说是知识密集型的产业，那就要充分运用自然科学、社会科学、工程技术以及一切可以运用的知识来组织经营它。”在生产过程中，“一方面充分利用生物资源，包括植物、动物和微生物；另一方面又利用工业生产技术，也就是把全部现代科学技术，包括新的技术革命的成果。不但技术现代化，而且生产过程组织得很严密，一道一道工序配合得很紧密，是流水线式的生产，这就是农业型的知识密集产业。”

由于沙产业进行生产空间地域在地球表面的独特的地理单元——阳光充沛、多风少雨、天然生产力低下，系统平衡脆弱，因而，沙产业又有其独特的特征。20 世纪 80 年代初，钱学森提出农业型知识密集产业论述时，对沙产业解释用的笔墨不多，但论点明确。如在 1984 年 12 月 23 日钱学森先生在中国农科院第三届学术委员会的报告中，对沙产业阐明如下内容：一是从科学视角出发，具有充沛阳光资源的沙漠、戈壁是可以发展成为农业型产业空间；二是当前广袤的沙漠戈壁上阳光资源的潜力远未被开发利用；三是沙产业研究还是空白，真正做到沙产业大发展还有待时日。他认为，沙产业“真是大发展”，是当沙漠戈壁成了取之不竭的地面油田时。（注：地面油田系指沙漠戈壁可能生长出可以用来提炼燃油的植物）

这些言简意赅的论述，是钱学森对沙产业最基本、最初始的目标和任务的勾画。今天，当我们重读这些论述时，除了惊叹他超前的预见性外，更能体会到留下阳光，充分发挥沙区阳光优势，是他倡导的沙产业立意的根本和追求的目标。

二、沙产业理论内涵的丰富和技术路线的形成

如同任何事物的发展完善，需要相应的过程一样，沙产业理论在 20 世纪 90 年代初，经宋平同志关心和钱学森院士指导，通过不断地研讨和在部分地区的实际饯行，已经有了进一步的丰富，沙产业的技术路线也已逐渐形成。

钱学森 1994 年在纪念沙产业理论十周年的讨论会上和 1995 年甘肃武威沙产业工作会上对沙产业概念也有进一步说明。他提出开拓思路，找出新路子，提高利用太阳光生产食品的效率[3]，并进一步明确，“沙产业就是在‘不毛之地’搞农业生产，而且是大农业生产，这可以说是又一项‘尖端技术’！”发展尖端技术的沙产业，也就是用现代生物科学的成就，再加上水利工程、材料技术、计算机自动控制等前沿高新技术，一定能够在沙漠、戈壁开发出新的、历史上从未有过的大农业，即农工贸一体化的生产基地。[4]

众所周知，沙漠地区的太阳辐射虽然全年之内都是充沛的，但植物赖以生存的条件却异常严酷。无论依靠天然植被还是人工植被，都难以达到高效地固定转化太阳能的目标。这是

因为，太阳能转化器——绿色植物的生长，需要相应的积温、肥沃的土壤、足够的水源；沙漠地区植物生长的自然条件极不稳定，变幅异常剧烈。植物生长基本上服从于最小因素律，即生物的生产量受最差条件的满足所制约的。满足程度最差的因素成为主导限制因子，它的状况不加改善，其他生态因子的优势都不会产生增产的效果。沙漠戈壁地区虽有充沛阳光优势，但由于其自然地理特点限制，加上太阳能量辐射的不稳定性，太阳能转化、利用的效率低，自然状态下大体不超过0.1%，沙漠中天然生态系统的净初始生产力低下。因此，按照沙产业理论的要求，提高光合作用效率必须应用现代科学技术的强大手段，构想利用沙漠阳光资源的科学方案。所构想的方案能否奏效，将直接影响沙产业理论的实践效果。“方案”就是技术路线，十多年来通过研究和实践，共同总结出提高绿色植物的光合作用效率，分为两个行动方向：一是改善光合作用的环境条件；另一是优化或置换太阳能转化器的科学方案。

（1）通过设施装置克服不利的农业生产条件的限制，把光合作用条件转换为可调整控制的和可优化完善的人工环境。目前的办法，是用新的材料构筑一个能起隔离作用的薄膜或介壳。这种薄膜或介壳，有很好的阳光通透性能，但不利于水、热的逃逸散失。地膜覆盖、设施保护地塑料大棚，都是这种膜、壳应用的目前形态。当前在干旱、半干旱地区普遍使用覆盖技术可称得上是改善光合作用环境的最简易的措施了。地膜覆盖的功能机理简单。一是增温效应。地膜有阳光的通透性，太阳辐射热提高土温。由于地膜阻隔，减弱了热对流，减少土温的散失。地膜阻隔土壤水分的蒸发消耗，也减少了汽化热的损失。武威地区，覆膜玉米使5cm深土温增加3.4℃，10cm深增加2.4℃（苗期到拔节）；全生育期可增加有效积温260～340℃，原本不能种植棉花的农田，由于地膜覆盖，开始种植棉花。二是增光效应。膜及膜下凝结的细小水珠，能较强地反射阳光，增加近地表层空间的光量和光照强度。三是保水效应。四是促进土壤养分活化。目前地膜覆盖技术正在不断优化完善，各种类型的农用地膜、光降解膜、超微膜等品种很多。最为有效的膜下滴灌在新疆棉田大部分应用。但是，在真正意义的渺无人烟的大漠上，还是用透亮的塑料构筑全封闭的设施大棚来改善光合作用环境。我国沙区每年约有120～200天不能进行大田农作，相当于每年丢失一半阳光，用塑料大棚设施这种容易掌握的农艺技术，可以把丢失的一半阳光保存下来，再加上棚内滴灌、无土栽培、二氧化碳气肥的添加、透光材料的改进、病虫害的防治等技术应用，设施大棚构成了良好的光合作用环境，可以有效地提高光合作用效率。当前，在干旱不毛之地采用大棚设施有三个方面值得重视：一是温室结构的改进。温室建造在半地下，国外称坑道式、沟槽式、堑壕式温室，是一种升温快、保温好、抗风沙、经久耐用、四季适用特点的因地制宜的温室形式。二是种植温室综合利用方面的扩展。把种植（蔬菜）和养殖（家禽、牲畜）结合起来，把种植绿色植物和栽培真菌结合，把种植和养殖的伴生废弃物厌氧发酵的沼气池建在温室内并与种养结合一体，就构成了符合生态理念的组合。三是要注意农产品的质量和市场的需求。总之，设施装置将克服不利的农业生产条件限制，把光合作用条件转换为理想的、可调整控制的、可优化完善的人工环境，可提高光合作用产品的产量和质量。

（2）优化和置换太阳能转化器。所谓优化太阳能转化器，实质为优选改良进行光合作用的品种。随着生物技术的广泛应用，新品种产生成为现实。鉴于沙产业发展区的特殊环境，将微型藻类养殖，置换以高等植物作太阳能转化器的做法，作为倍增固定太阳能效率手段。早在20世纪40年代中叶，科学家开始将微型藻类培养看作探索新食品的理想出路，原因是附着在微型藻类生命体上的叶绿体通过光合作用能产生大量的蛋白，极大提高光合作用效率。据土库曼科学院资料，从每公顷阳光照射面积上，可获60吨微藻干粉，将含30吨蛋白，产生的蛋白量相当于20倍玉米蛋白产出。相对高等植物而言，微藻用作光合作用的转化器，具有体积小、比表面积大、叶绿体丰富、生长繁育快、水分消耗少等诸多转化太阳能效率高的优点。但是，如同高等植物需要有优化的光合作用环境一样，养殖微藻，也需要创建相应的环境条件，构建生物反应器，使反应器内的绿色光合作用主体—微型藻类，一年四季周而复始地高效率进行光合作用，将光能截留下来，转化为优质、安全的营养素。如果我们把在干旱不毛之地，用设施棚、膜构建而成的集群，称之为“沙产业的现代新绿洲，则以微藻生物反应器构建组成的集群，称为未来绿洲”。(田裕钊，1992)[5]

(3) 我国幅员辽阔，从东到西的沙漠地区，自然、地理属性和农业生产条件以及社会经济发展水平很不一致，发展中的沙产业也有着类型的差别，比如利用天然生或人工栽植、沙生、旱生植物光合作用产生的次生代谢物，诸如甘草酸、黄酮、苦味素等，将不毛的沙地打造成独具特色的植物药源地和营养源基地。按沙产业理论的要求，此类型沙产业的全部产品的生产加工过程，主要体现为运用系统工程和生态学的原理，不断延伸产品链条，使生产体系形成资源－产品－再资源的流程，构筑成资源和能量最大限度的利用效率，以期在生产全过程中，无废弃物产生或少产生废弃物，逐渐达成循环经济的理想化要求。理想的沙产业的光合作用流水线和产品的加工工业，应能创造高效率、高附加值和高效益。效益是沙产业发展所追求的目标。十几年来，内蒙古巴丹吉林沙漠、库布齐沙漠、毛乌素沙地上兴起的此类型产业是沙产业发展过程的新亮点。

沙产业技术路线的探讨，丰富了沙产业理论内涵，更是理论转为实践的技术保证。十多年来，东起科尔沁沙地，西到天山南北，一些以发展沙产业，建设新型绿洲经济和沙生植物资源适度产业化开发，集生态效益、经济效益和社会效益为一体的实践案例，证明在我国干旱、半干旱地区，具有发展农业型知识密集沙产业的需要和条件，有可能依托沙漠戈壁地区充沛的阳光，发展沙产业以换回丰厚的收入，从而使农村经济不再是西部开发的羁绊。例如，在甘肃张掖、武威等地，创建沙产业综合开发示范区。山丹县沿312国道在不毛的戈壁滩上建成235座大棚，其中有多座实行无土栽培，成为沙产业最早的示范地。1997年建设的雨水汇流工程，汇集雨季暴雨径流引入棚中灌溉，变戈壁为绿洲，实现着不毛之地成沃土的理想。其他，如建成示范性微藻干粉的生产基地，以及电脑管理的4600m^2全自动化温室。滴灌、参灌、微喷等各类节约用水设施，都在展示沙产业技术路线可行性。同时，按照“龙头带基地，基地连农户”，以及通过“公司－协会－农户”形式，探索产业化，贸、工、农一体化经营方式。在内蒙古鄂尔多斯地区，一些产业集团用产业化开发扩大沙生植被面积，使绿化和产业化结合，绿起来和富起来相结合。伴随时光延伸，20年前钱学森院士所论述的高度知识和技术密集的大农业，不仅为我国示范区所验证，更为国际上实践所佐证。例如，以色列将“太阳”列为富国强民的宝库，依靠出卖地中海阳光筑造农业商机之园。

上述改善植物光合作用环境条件，以微藻置换高等作物作光合作用阳光转化器，以及循环经济流程，被认可为当前沙产业发展初期的技术路线，并被总结成群众通俗易懂、方便记忆，又能把握要领的“多采光、少用水、新技术、高效益”的12字守则。作为第六次产业革命内容的沙产业的技术原则，它不是某项单一技术的推广，也不能理解为某种先进方法的采用。沙产业的技术路线是围绕着留下阳光这个主旨，促成生产力大提高的生产体系的建立，实现“变不毛之地为沃土”描绘出的努力方向，保障沙产业目标实现的技术措施和途径。

三、沙产业的基本原则和标准

按照钱学森院士的构想，“沙产业属第六次产业革命，是21世纪中叶才能开花结果的”[6]。半个多世纪跨度的未来岁月，整个科学和技术的快速进展将使得生产体系产生难以准确预期的巨大变化。因此，今天讨论沙产业的内涵，无论概念和技术路线，都只能涉及一些最基本的原则。在十余年研讨实践中，目前对沙产业基本原则有如下认识：

（1）最大限度地固定转化荒漠地区的太阳能，是沙产业追逐的目标。沙产业理论将不毛之地——荒漠戈壁地区，与农田、草原、林地、海洋并列，统一认定都是地球表层接受阳光的辽阔表面。干旱、半干旱地区的荒漠戈壁，坐落在地球表层赤道南北一定范围内，具有天赋的、最为充沛的阳光，这里蕴涵了发展农业型产业的高生产力要素，充沛的阳光是其他地区所不具备的。沙产业理论不是要从根本上改变荒漠戈壁的自然地理特征，而是主张利用它的天赋的阳光优势。

（2）知识密集型的、以人工控制生境条件为特点的沙产业，广集人类智慧和现代知识之大成，用现代科技手段驾驭自然界中光合要素的盈缺，将从根本上摆脱沙区农业传统生产依赖自然条件造成的限制和破坏环境的风险，能充分利用大自然天赋的阳光优势，造就“地球最高水平的生产力”（《简明不列颠百科全书》荒漠 desert 词条）。

（3）农业型沙产业的基地是农工贸一体的生产基地。不但生产技术现代化，而且生产过程组织严密，各工序配合紧密，不断延伸产品链条，使生产体系形成资源－产品－再资源的反馈流程，构筑成资源和能量最大限度的利用效率，以期在生产全过程中，无废弃物产生或少产生废弃物，逐渐达到循环经济的理想化要求。理想的沙产业的光合作用流水线和产品的加工工业，应能创造高效率、高附加值和高效益。

（4）把握人与自然的和谐是发展沙产业的守则。沙产业发展的特定发展空间是在沙漠戈壁地区脆弱的生态环境，这里的植物性生产所必需的光、热、水、土等自然资源不匹配，天然形成了开发与保护的矛盾。因而，发展沙产业必须遵循沙产业特具的新农业文明的内涵，在重视沙产业发展的诱人潜力的同时，要求人们审慎地把握人与自然界的和谐和协调的发展原则，将保护生态环境寓于开发之中，寻求生态保护、经济效益双赢。这是沙产业发展过程中必须始终遵守的原则。

沙产业的基本原则由沙产业理论内涵所决定。把握住创建沙产业的基本原则，就能从理论和实践的结合上，把握住沙产业的要义。因而，上述沙产业的基本原则也被认定为沙产业的标准。（1997年9月，中国农业发展银行支持沙产业信贷河西走廊研讨会上就把：是否促进了光合作用转化效率的提高，是否使用了高新技术，是否在生产过程体现出循环经济内容，以及是否将保护生态环境寓于产业开发之中等4条，作为界定和衡量是否是沙产业，是否应当予以信贷支持的标准）。

四、结束语

知识密集型的沙产业，虽然在一些示范地的实践中初见成效，但这仅仅是“小荷初见尖尖角”万里长征的起步。沙产业属第六次产业革命内容，真正意义上的农业型知识密集型沙产业，其最终的完善和形成，“要在100年内逐渐地做”[3]。这表明，产业革命的发生发展，不仅有科学和技术革命的蓄积和贮备，而且需要时日以待的由量到质的变化飞跃。同时，一个沙漠开发利用的科学构想和新的理论完善，需要长期的实践和不断充实，需要在形成和发展的过程中，在多元和多角度扩展中优化。更何况沙产业特定的生态平衡脆弱、自然条件严酷的干旱沙区，有着光热资源与水资源不相匹配的天然矛盾，因而发展沙产业不能急于求成，一步登天，更不能空用其名而无其实。最好的办法是从当前实际水平和条件开始起步，用实践检验和筛选实用技术，在创建形成和壮大过程中，学会优选和完善。早在1991年8月钱学森先生就曾以书信方式告诉我：要尊重地理学规律。这个宏观理论在沙产业比在农产业、林产业、草产业和海产业要突出得多——一方面人有改造沙漠美好设想的诱惑，一方面又有地理（气象、水文、土质等）自然规律的限制。——只能就实际情况开发沙产业，不要轻举妄动![6]审慎、有序作为沙产业发展的规则只是体现出沙产业理论内涵的科学性，丝毫不能减弱沙产业作为一种新的科学概念对事物超前预见和对实践指导价值形成的理论品格，以及在人类知识宝库之中熠熠生辉的地位。当今人类面临着能源危机、环境恶化及伴随人口暴增（每增加10亿人口只需要十多年时间）粮食需求量增加的挑战。有人预测，当2020年世界人口从目前60亿增加到80亿时，粮食需求量将比现在增加40%。今天，世界上已经有数以亿计的人挣扎于食品匮乏的环境之中，加之联合国已把“千年发展目标”作为神圣任务摆在世人面前，面对如此严峻的现实，再认识沙产业理论的意义和价值，使我们的认识有了飞跃。

以干旱沙区为发展空间的农业型沙产业，不追求耕地面积的扩大和地理景观的改变，而是将目标锁定在充沛阳光独特的资源上，依靠人的智慧和技能，支配、驾驭固有光合作用要素的盈缺，集约经营占地球陆地表面35%的阳光充沛的干旱地区的不毛之地，将阳光固定保留下来，转换成人们所需求的食物和营养品。干旱地区具有取之不竭用之不尽的阳光优势，干旱区域内不毛之地范围广袤，新知识、新手段、新技术、新材料层出不穷，使留下阳光技术难题已不再困难。留下阳光构建新的农业空间可为人类提供需求营养物品，这已不再是远不可及的构想；留下阳光，以绿色的碳氢化合物直接转化为生物柴油，已在国内外开始试验研究，让沙漠成为“地上”油田已不再是梦幻的预言。人们大可不必为化石能源枯竭、食物短缺而哀叹，沙产业理论已给人们指出了破解这一世界性难题的方向。

参考文献

1. 钱学森．第六次产业革命和科学技术．中国农科院学术委员会办公室，1984，12
2. 钱学森．创建农业型知识密集产业——农业、林业、草业、海业和沙业．农业现代化探讨，第38期，中国科学院农业研究委员会，1984，8
3. 钱学森．1994年9月29日会见沙产业研讨会代表时的讲话．//刘恕．沙产业——跨世纪的沙漠利用战略构想．北京：中国环境科学出版社，1996，11
4. 钱学森．在甘肃河西走廊沙产业开发工作会议上的书面发言．//刘恕．沙产业概述．北京：中国环境科学出版社，2001，3
5. 田裕钊．新绿洲——沙产业的建设基地．//刘恕．沙产业概述．北京：中国环境科学出版社，2001，3.
6. 钱学森．给刘恕的信．//刘恕，涂元季．钱学森论第六次产业革命通信集．北京：中国环境科学出版社，2001，10

鄂尔多斯模式：从单一生物固沙到“防、治、用、管四结合”可持续发展的嬗变

夏　日
（内蒙古沙产业草产业协会会长）

摘　要：以崭新视角总结了内蒙古鄂尔多斯沙区的科学发展经验，指出了正确的沙漠观、生态观、发展观来源于正视历史、尊重规律、创新思路、坚持双赢的群众实践。回顾了鄂尔多斯经历防沙、治沙、用沙、管沙的四个阶段，提炼了十三个特点，开掘了鄂尔多斯模式给我们的五大启示，强调了钱学森沙、草产业理论的指导意义和鄂尔多斯模式的当代价值。

关键词：鄂尔多斯模式；防沙、治沙、用沙、管沙结合

鄂尔多斯市（原为伊克昭盟）是历史上开垦的第一线，沙化的时间长、程度重。鄂尔多斯的年降雨量由西向东 150 ~ 350mm，正常年景平均降雨量在 200mm 左右，蒸发量 2600mm 左右，蒸发量是降雨量的 13 倍。库布齐沙漠和毛乌素沙地横跨南北，覆盖鄂尔多斯的乌审旗、鄂托克旗、鄂托克前旗、杭锦旗四个牧业旗和伊金霍洛旗、达拉特旗、准格尔旗的部分乡镇及其周边地区，占全市总面积的 48%，20 世纪 70 年代中期两大沙漠（地）大面积“握手”扩散，沙化面积一度占到全市面积的 80%，当时年平均 8 级以上大风日数 40 天。水土流失严重，流失面积占总面积的 54%。1978 年全市国内生产总值仅有 3.64 亿元，几项主要经济指标长期居全自治区末位。

但是鄂尔多斯各级党委政府在党中央国务院和自治区党委政府的正确领导下，带领全市各族人民经过近 60 年长期不懈的艰苦奋斗、探索和治理，取得了奇迹般的成效。目前，植被盖度达到了 70% 以上，这期间经历了一个由单纯生态治沙到产业化和综合性防、治、用、管沙的嬗变过程。

一、鄂尔多斯防沙、治沙、用沙、管沙的四个阶段

第一阶段。清朝民国期间的反放垦运动。发生在鄂尔多斯高原上有名的“独贵龙”运动，除了反帝、反封建的政治意义之外，还有反垦荒保护生态的斗争，乌审旗、伊金霍洛旗、准格尔旗的反放垦运动此起彼伏，先后坚持斗争 80 多年。客观上讲，这是一次旷日持久的“防沙保卫战”。

第二阶段。建国后到十一届三中全会期间的局部治理。早在 20 世纪 50 年代，政府就明文规定“禁止开荒”，并号召广大干部群众植树造林，各地出现了营造民兵林、青少年林等造林活动。后在 1958 年乌兰夫同志主持制定的防治沙漠化规划的鼓舞下，鄂尔多斯各地掀起了一个植树治沙的小高潮。各地都陆续建立了国营林场、治沙站，以后看到的数千亩、上万亩不等的星星点点的林地，就是这些场站做出的贡献。这一时期先后出现了伊金霍洛旗、

达拉特旗、准格尔旗、乌审旗等地的治沙造林种草先进集体。1964 年伊克昭盟就提出：“种树、种草、基本田”，将有条件耕种的土地作为基本农田，其他广种薄收的土地都退出来，种树、种草，恢复植被，这是我国西部地区最早的“退耕还林还草”。70 年代中期，盟委面对占全盟总面积 80% 的沙化土地，在充分调查研究的基础上，制定了第一个攻水治沙规划，进一步明确了“以牧为主”的方针，“禁止开荒”提上了各级党委政府的议事日程。这又是一次有组织、有规划的防沙治沙战役，只是还没有想到如何用沙、管沙，仍然停留在单纯生态建设的层面上。

第三阶段。十一届三中全会以后到 20 世纪末的大规模治理。一是农村改革，结合土地家庭联产承包责任制，将大面积的沙化土地退耕还林还草，并且严禁开荒；二是实行畜草双承包，把草场包括沙化草场划分到牧户，打破了草牧场的“大锅饭”，牧民由“三乱一超”（乱垦、乱采、乱伐、超载过牧）转变为“水、草、林、料、机”五配套的小草库伦建设；三是盟委行署确定了把生态建设作为最大的基本建设来抓，后又进入“三开一治一转换”战略方针，列计划、定指标、搞评比、立奖项；四是把各地经验归纳为“三种五小”（即种树、种草、种柠条、小水利、小草库伦、小流域治理、小经济林、小农机具），并且规定“三种”任务，每年各 100 万亩，列入各地目标管理责任考核指标；五是为禁止乱垦、乱采、乱伐，初期阶段实行了薪炭配送和薪炭林补贴政策，解决牧民做饭取暖问题；六是国家陆续实施了三北防护林、水土流失治理、退耕还林还草等六大工程，并且逐年增加投资；七是严格贯彻房前屋后、荒坡沙地造林，谁造、谁管、谁有、可以继承的国家政策，极大地激发了广大农牧民零星植树造林的积极性；八是长期坚持春秋植树造林的活动，从盟所在地到旗县、乡苏木镇所在地周围的造林绿化工作，基本上是靠义务植树实现的；九是坚持推广小草库伦建设。鄂尔多斯草库伦建设的经验是“分、封、建、管、用”五个字。草场沙地划拨到户为“分”，然后封闭起来进行水、草、林、料、机配套建设，草库伦内草场轮牧，牲畜舍饲半舍饲，草库伦内的沙丘、沙地除建设外，就是在隔离破坏的情况下自我修复；十是采取强有力的推动措施，定期（多数是一年一次）召开全盟（市）性的生态建设大会，进行总结表彰、动员部署，不断组织流动会、现场会，互相考察学习，形成很浓、很强、很大的保护生态、建设生态、治沙造林、恢复植被的社会氛围；十一是组织春秋植树造林、种树、种草、种柠条“大会战”，领导带头，动员所有有劳动能力的男女社员，以村、社或民兵建制为单位，住在现场、吃在现场、并且进行评比竞赛活动；十二是盟旗几大班子包括人武部、直属机关分片承包上千亩、上万亩荒沙进行绿化，出现了不少人武部林、政协林、人大林等绿化典型。然而，在 1998 年至 2002 年连续大旱中，据林业部门估计植被盖度骤降到了 20% 多，除了柠条、沙柳、乔木以外，沙蒿死光，沙蒿草场变成了沙地，其他草场没发青，暴露了生态的脆弱性、不稳定性和不巩固性。这一时期的后一阶段，已经采取了综合措施，把“防、治、用、管”结合了起来，有了产业化治沙的理念和简单的做法。

第四阶段。进入新世纪，党中央国务院，开始实施西部大开发战略，把生态建设作为西部大开发战略重点之一，采取了包括加大投资在内的一系列重大措施，为鄂尔多斯的防沙治沙、生态建设事业，提供了前所未有的历史机遇。与此同时，鄂尔多斯党委政府在继续坚持过去战略方针的基础上，迈出了两大历史性、革命性步伐。一是进行草原畜牧业经营管理方式的变革——“禁牧舍饲”。草牧场在落实“双权一制”划拨到户的基础上，实行“禁、休、轮、限”（封闭禁牧、定期休牧、可用草场划区轮牧、以草定畜限牧）牲畜实行舍饲半舍饲（详见我的《走进西部》一书专题报告55～75页）。这一变革，是对传统散放畜牧业的一场革命，是草原畜牧业发展历史上的与时俱进，从根本上解决了草、畜、人在发展之中的矛盾，使生态、经济和社会三者之间的恶性循环转变为良性循环。二是企业进入治沙，利用沙漠资源选种可以加工增值有经济价值的适地植物，如沙柳、甘草、沙棘等植物发展沙产业，以及有水利条件的地方打井种草，进行饲草加工等草产业，有力地推动了防沙、治沙、用沙、管沙的防治荒漠化和生态建设的发展，也极大地调动了广大农牧民植树、种草、种药材治沙、管沙的积极性，深刻地证明了钱学森沙产业草产业理论的科学性和适用性。人民科学家钱学森倡导的沙产业草产业理论是：利用沙漠沙地阳光充足的优势和草原生产力优势，按照“多采光、少用水、新技术、高效益”的技术路线发展知识密集的农业型产业，即草产业、林产业、海产业、农产业、菌产业、虫产业等。鄂尔多斯的实践和探索，为沙产业、草产业的“产业化经营、企业化管理、市场化运作”提供了宝贵的经验，同时产生了“三效五增”的结果，即经济效益、生态效益和社会效益“三效”统一，沙漠增绿、资源增值、企业增效、农牧民增收、政府增税“五增”同步。2001年5月，人民科学家钱学森复信高度赞扬了“内蒙古民营企业排头兵”之一的东达蒙古王集团，说他们实施的“沙柳综合利用产业化”工程，“将林、草、沙三业结合，开创我国西部沙区21世纪的大农业，并且实现了农工贸一体化的产业链，达到沙漠增绿、农牧民增收、企业增效的良性循环”。除此之外还有像伊泰集团、亿利资源集团、宇航人集团、天骄公司等一大批企业集团进军沙产业、草产业。最近又引进了李京陆先生用沙柳发电的项目，可带动毛乌素沙地剩余600万亩沙漠的治理工作。从此，鄂尔多斯不仅由单纯的防沙治沙发展到了沙产业、草产业、林产业的新阶段，而且已经成为鄂尔多斯地区脱贫致富、开拓新的生存发展环境的重要途径。用钱学森沙产业草产业理论指导防沙治沙，使生态产业化、产业生态化。产业化治沙是鄂尔多斯防沙治沙事业的又一大贡献，是又一个历史性、革命性的创举。

二、鄂尔多斯防、治、用、管沙的13大特点

鄂尔多斯的生态植被由20世纪70年代80%的沙化面积发展到现在70%以上的植被盖度；治理模式由单一的植树造林项目治理到三种五小、禁牧舍饲、防、治、用、管相结合的综合治理；投资体制机制由政府一家投资到企业、个人、股份、社会多元投资建设；经济、社会与生态的关系由恶性循环到良性循环。这种飞跃性变化是实事求是、解放思想、与时俱进思想路线的胜利，是辩证唯物主义的胜利，是钱学森沙产业、草产业、林产业理论的胜利。从中我们可以看出以下13大特点：①自觉性，②主动性，③长期性，④坚忍不拔，⑤理论指导，⑥符合实际，⑦不断创新，⑧战略规划，⑨政策保证，⑩群众关心，⑪综合治理，⑫企业投资，⑬生态产业化。以上十三条可以分成三组或三个专题。前四条是面对恶劣环境、面对沙漠化、面对困难的立场、态度和精神，是责任心、使命感、自信心的表现。中间四条，是主观对客观的认识，是思想路线，是指导思想；没有正确的理论指导，就没有正确的实践行动；没有正确的思想路线就不会使自己的主观认识符合客观实际，也不会形成正确的指导思想和正确的决策。后五条是具体方法措施，是办法路子。鄂尔多斯生态建设的实践和防、治、用、管沙的成果，完全证明了鄂尔多斯干部群众理论指导思想和路子办法的正确。我以为，以上三类十三条是鄂尔多斯生态建设、沙漠化治理取得阶段性成功的主要原因，也是他们的经验所在。当然，是在中央、自治区的路线、方针、政策和投资的大环境下

取得的，任何一个局部地区的成功、成就都不能离开中央的领导、上级的领导和有利的大环境。过去的开垦破坏，不也是受上级的大环境的影响吗？

三、鄂尔多斯生态变化给我们的启示

（一）人与自然是可以和谐相处的

人与自然是一对运动着的矛盾统一体。近几年鄂尔多斯经济发展，生态好转，农牧业经济同步发展，农牧民生活同步提高。以2000～2005年为例，粮食总产量稳定在11.75亿kg，年末牲畜存栏数由418万头（只）增加到794.7万头（只），牧业年度达到1383.2万头（只），农牧民人均纯收入由2453元增加到4601元，而且人与自然出现和谐局面。鄂尔多斯经验告诉我们，迄今为止，人与自然的关系，经历或正在经历着三个阶段。初期阶段，人与自然是和谐的，但人对自然无能为力，人是被动的，如同鱼虫草木，被自然任意伤害或淘汰，以达到原始的生态平衡。人类是高级动物，随着生产力的不断发展进步，能力增强，为满足自身需要，向自然大量索取甚至掠夺资源，当索取超出自然本身的承载、再生能力滞后，便形成了破坏，人与自然的矛盾激化，出现了不和谐，这就是人与自然关系的第二阶段。目前正在进入第三阶段，即人与自然新的更高的和谐阶段，人类认识的提高、科学的发展，有能力提高资源利用率和对自然的反哺能力，既满足自身发展需要，又补偿对自然的欠账，逐步缓解人与自然的矛盾，按照自然规律办事。

由和谐到不和谐，再到更高层次的和谐，是人与自然的关系矛盾运动的必然规律。由于人类社会各个国家发展的不平衡，人与自然的三个阶段，作为问题和趋势目前都同时存在。规律是一种趋势和必然，但过程的长短还要靠人们不断的认识和努力。追求人与自然和谐的过程就是改善人与自然关系的过程。和谐的重要性就是在它受到破坏并且两败俱伤之后，才更加深刻地被人类所认识，更为重要的是懂得了采取行动去扭转和改变造成不和谐的因素，寻求和建立新的更高层次的和谐。今天我们所讲的人与自然和谐，就是在社会生产力有了飞速发展、社会财富有了多种增长渠道和创造手段、人们生活水平显著提高的基础上，寻求和建立与之相适应、相匹配的新的更高水平的和谐。和谐伴随社会进步而不断升华。因此，人与自然和谐的本质是动态的、演变的，追求和谐的过程就是人类不断认识自然、适应自然的过程，就是人类不断修正自己的错误、调整与自然关系的过程，也就是人类不断发展自己、提高自己的同时不断改善自然、完善自然的过程，是一个由必然王国走向自由王国的过程。人类社会发展到今天，人与自然的和谐相处、和谐发展的关键，是端正人的思维，校正人的认识，调整人的发展行为。就是在发展中求和谐，在发展中建立和谐，在发展中完善和谐，在发展中升华和谐。政府在建立人与自然和谐相处中的重要作用和根本任务就是创造条件，解决人们不用过量掠夺自然资源就能发展生产、提高生活的问题，提高人们在不破坏生态平衡的范围内利用可以利用的自然资源，增加、创造财富进而满足自身需要的知识、技术、本领和素质。

（二）深入贯彻落实科学发展观，是实现人与自然和谐相处的基础、前提和保证

科学发展观的本质是以人为本、全面、协调、可持续发展。胡锦涛总书记在2004年中央人口资源环境工作座谈会上的讲话中指出：“必须清醒地看到，中国人口多、资源人均占有量少的国情不会改变，非再生性资源储量和可用量不断减少的趋势不会改变，资源环境对经济增长制约作用越来越大，人民群众对生态环境质量的要求也越来越高。从长远看，经济

发展与人口资源环境的矛盾会越来越突出，可持续发展的压力会越来越大。”“要牢固树立人与自然和谐相处的观念，发展经济要充分考虑自然的承载能力和承受能力，坚决禁止过度放牧、掠夺性采矿、毁灭性砍伐等掠夺自然、破坏自然的做法。要研究绿色国民经济核算方法，探索发展过程中的资源消耗、环境损失和环境效益，纳入发展水准的评价体系，建立和维护人与自然相对平衡的关系。”胡锦涛总书记的讲话从资源、环境、人口和可持续发展等方面对人与自然和谐问题进行了深刻地论述，运用浅显而深刻的道理指出了科学发展观是人与自然和谐相处的基础、前提和保证。应该用科学发展观来衡量、检验、总结和完善所有的社会、经济和生态建设发展方针、政策、体制、机制。以人为本是第一条。

鄂尔多斯生态建设、沙漠化治理的路子、办法、措施，是符合科学发展观的。正因为如此，才取得了目前阶段性成绩。鄂尔多斯的经验证明，只要按照科学发展观办事，人与自然的和谐才能实现和持续。科学发展观是我国社会主义建设长期实践的总结，是当代中国最新的马列主义，是认识和处理中国特色社会主义建设中一切关系、一切问题的立场、观点和方法。鄂尔多斯生态建设、沙漠化治理取得阶段性成果，能不能巩固和发展，还要不断地用科学发展观来检验，在深入贯彻落实科学发展观的实践中，不断总结经验、深化认识、纠正不符合客观实际的主观行为。

我们知道，处理好人类与自然关系的最终归宿，还是为了人类自身的发展。认识和尊重自然规律的目的在于合理和科学地运用自然规律为人类服务，更好地认识自然是为了调整和改善人与自然的关系，进而更好地利用自然。人与自然关系发展演变到今天，自然已经受到人类太多的伤害而大伤元气，同时人类自身也受到并且继续承受着自然界的报复。人类掠夺自然造成的欠账太多，现在正处在“还账”时期，人类不仅要严格地保护自然，尽快地恢复自然，更重要、更紧迫的是要在尊重自然规律的前提下，充分发挥人的主观能动性，运用自然规律去科学地改造自然，在更高的层次上实现人与自然的和谐相处。

（三）发展沙产业、草产业是落实科学发展观的核心技术措施

早在1984年，人民科学家钱学森就提出了沙产业、草产业理论，只是当时人们没有认识到它的重要意义。真正认识到并开始实践这一具有战略性、前瞻性、适用性的理论，内蒙古包括鄂尔多斯在内是从20世纪90年代后期才开始的。通过十多年的实践证明，发展沙产业草产业，坚持“多采光、少用水、新技术、高效益”的技术路线，是落实科学发展观的核心技术措施，“产业化经营、企业化管理、市场化运作”是最有效的操作规程。在有大量农牧民居住的沙漠戈壁、沙漠化土地上发展沙产业、草产业，能起到因地制宜，变害为利、变破坏为建设、变掠夺为补偿、变沙化为绿洲、变粗放为集约、变人与自然矛盾对立为和谐共处的作用；能起到以“有用”促“不用”、以“少用”促“多封”、以精种精养代广种薄收和超载粗放，以高效、多效、长效代单效、低效、短效、负效的作用；能取得防、治、用、管结合，沙漠增绿、资源增值、农牧民增收、企业增效、地方增税“五增”同步，经济效益、生态效益、社会效益“三效”结合，生态、生产、生活“三生”统一，沙漠沙地绿起来，沙区农牧民富起来，沙区农村牧区活起来的良好效果。

（四）综合治理才符合自然规律

基层的同志们都知道：包括鄂尔多斯地区在内的干旱、半干旱沙区和退化草原区，因为干旱少雨、地下缺水，加上人口快速增长，牲畜高速发展，为了生存，要吃饭，要烧火，还要发展，在没有其他办法的情况下，只能乱垦乱采乱伐，超载过牧，久而久之，植被破坏了，土地沙化了，草场退化了，生态失去了平衡，又影响了气候出现变化，大风扬沙、沙尘暴频频发生，水位下降，河湖干涸，造成了生态、经济、社会的恶性循环。可见造成沙漠化的原因是多方面的、综合性的。还有，恢复生态的含义也带有综合性，一要恢复植被，二要消除破坏源，三要实现平衡。因此，治理也必须是综合性的，而且还是一项系统工程。须减少人口、生态移民、围封转移、发展沙草产业、变革生产经营方式，解决沙区人民和生态移民的生产生活和发展问题；须运用工程项目治理，还要适地、适种（品种）、适用、适法；须法律、法规、政策、制度等综合管理，只有采取综合措施，统一规划、统筹协调、集中力量、整合资源、兴利除害，经济效益、生态效益、社会效益才会同步实现；只有实现“三效统一”，才能逐步变恶性循环为良性循环；只有与群众利益挂钩，才会充分调动沙区人民及社会各方面参与建设管护的积极性；只有综合治理，才符合自然规律，才会取得事半功倍的效果。

（五）改革投资管理的体制和机制

需要按照客观实际和综合治理要求，改革目前防治荒漠化和生态建设的投资管理体制和机制，鄂尔多斯的经验为我们提供了最现实、最有说服力的证据。鄂尔多斯的财政实力和社会力量越来越雄厚，可以自己配套进行综合治理，那些实力不强的沙区怎么办呢？只能按现行体制慢慢治理，这样，治理效益和速度很难最大化。在认识不能完全统一的情况下，第一步先改无偿投资为无偿与有偿相结合，用政府投资引导社会投入；改政府治理为主为政府治理与产业拉动、社会群众参与相结合；改条条的项目管理为项目管理与分地区综合治理相结合；改单纯的防治为防、治、用、管相结合；改单纯的以林治沙为主为从“防、治、用、管”沙出发“因地制宜”、“适地适种适用适法”治沙；要特别防止防治沙的钱由“林家”管理使用的局限性和片面性，正确的关系是防沙治沙不能没有林，但干旱、半干旱沙区防沙治沙不能全靠林。改革投资管理的体制和机制是进行综合防治、提高投资效益和防治沙效率，落实科学发展观的关键。

钱学森的第六次产业革命预见和沙产业

涂元季
（钱学森办公室主任）

钱学森的沙产业理论来自他关于第六次产业革命的科学预见。1984 年我国著名科学院钱学森在中国农业科学院作学术报告时提出，由于生物科学技术的发展，人类社会将会出现一次新的产业革命，按照他的观点，这是人类社会发展史上的第六次产业革命。这是一个重要的科学预见，它揭示了科学技术与人类社会发展的关系，体现了邓小平同志提出的“科学技术是第一生产力”这一马克思主义的基本论点。20 世纪 80 年代初期钱学森同志在讲新技术革命问题时曾提出，随着微电子、通信和计算机技术的发展，人类社会将面临一次产业革命，即信息革命，在预测信息革命的同时，作为一名具有战略眼光的科学家，钱学森同志还大胆地预测了 21 世纪将会出现的另一次产业革命，即第六次产业革命，这次产业革命的核心是生物科学技术。由于生物科学，特别是分子生物学和生物技术像遗传工程等的发展，对于农业、工业、医药卫生、食品营养等等人类生活的许多方面都会产生深刻的影响，改变人类社会的产业结构，因而它是又一次产业革命。生物科学技术的这一发展及其意义，在今天看来已不是遥不可及的事情了，在美国，有远见的资本家都在大量投资，开发这一意义深远的产业。所以，在今天看来，这次产业革命已不是会不会发生的问题，而是第六次产业革命的钟声已经敲响，我们要为迎接这一产业革命加大生物科学研究的力度，积极开发生物技术和生物工程。

钱学森认为，以生物科学技术为核心的第六次产业革命，将首先改造今天的农业，创建一种知识密集型的农产业。这是一种大农业的思想，界定为利用阳光，通过生物的光合作用，制造人所需要的产品的产业，它包括农产业、林产业、草产业、海产业和沙产业。对于这几项产业，钱学森同志都有科学的论述，本文则专门讨论沙产业问题。

实际上，关于我国沙漠戈壁的状况和可否开发利用沙漠戈壁的问题，早就在钱学森的内心酝酿着。从 20 世纪 60 年代到 70 年代，钱学森同志负责我国火箭、导弹和卫星事业的技术工作。每次发射试验，他都到试验基地现场办公，解决随时出现的技术问题。因此他的足迹曾到过甘肃的酒泉，内蒙古的额齐纳旗，新疆的库尔勒、马兰等。从那时起，戈壁沙漠条件之恶劣，边疆人民生活之艰辛，给他留下了深刻的印象，并时刻在他的脑海中浮现。但那时他发现，戈壁荒漠并不像外人所形容的那样，是寸草不生的死亡之海。在茫茫的戈壁也有耐干旱、抗风沙、耐盐碱的植物顽强地生长着。有些植物，像沙棘、甘草等还有很高的药用价值和经济价值。游牧的骆驼，奔驰的黄羊，给戈壁注入了生命的活力。但由于当时科研试验任务繁重，他没有精力进一步思考和研究这个问题。

到 80 年代中期，钱学森提出沙产业时指出：“我国沙漠和戈壁大约 16 亿亩，和农田面积一样大。沙漠戈壁并不是什么也不长，极干旱不长植物的只是少数，大部分还是有些降水，有植物生长，有的还长多年生植物，也有少部分干旱地沙漠化了，可以考虑引水灌溉。目前人们从沙漠和戈壁获取的只限于特产的药材，但也只采不种。沙漠和戈壁的潜力远远没有发挥出来。作为沙产业，廊该既采又种，提高产量。”1995 年 11 月，钱学森同志在由林业部、中国科协和甘肃省联合召开的沙产业工作会议上的书面发言中则更进一步地明确指出，“什么是沙产业？沙产业就是在‘不毛之地’搞农业生产，而且是大农业生产。这可以说是又一项‘尖端技术’！”作为一名耄耋之年的老科学家，在他看到这一事业的光辉前景和伟大意义之后，满怀激情而又充满信心地说：“这能行吗？近年来甘肃人民在省领导和地区领导的带领下，不是创造了‘多采光、少用水、新技术、高效益’的中国沙产业吗？这一成就不就启示我们发展尖端技术的沙产业，也就是用现代生物科学的成就，再加水利工程、材料技术、计算机自动控制等前沿高新技术，一定能够在沙漠、戈壁开发出新的、历史上从未有过的大农业，即农工贸一体化的生产基地，在外国，以色列已经走在前面，我们要用从前搞‘两弹一星’的精神赶上去，超过他们！再次用行动证明我们中国人是了不起的！”

我体会，钱学森同志这一沙产业思想和理论有以下特点：

（1）辩证思想的特点。干旱、风沙和沙漠戈壁对人类来说的确是一个危害，但在沙漠戈壁上也有一些特殊条件是内陆平原所没有的，这就是日照和温差。强烈的日照和昼夜较大的温差是有利于植物生长的，这就是同一事物的正反两面。只要我们采取节水措施，克服干旱缺水的不利条件，再充分利用其有利条件，就能在沙漠戈壁上开发出现代化的大农业，其中某些作物的生长甚至优于内陆平原。

（2）积极进取的主动精神。由于钱老的辩证思维，他所提出的沙产业理论就不单单是治理沙漠，堵住沙化的漫延。而是包含有一种积极进取的主动精神，看到沙漠上有利条件，将沙漠作为一种资源，去开发，去利用。这是一种观念的转变，认识的转变。当然，钱老这种沙产业的理论绝不排斥对沙漠的治理；相反，他是在我国人民防沙、治沙取得成就和经验的基础上，提炼出其积极的内核，使其更进一步，更上一个新的台阶。

（3）强调科学技术的推动作用和产业化思想。钱学森同志指出，搞沙产业一定要用科学技术来推动，而且要使用全部的高科技，而不是哪一项两项技术。其中的核心是生物科学和生物技术。他预料，实现农业生产工厂化。到那时（也许是 21 世纪中叶）第一产业农业和第二产业工业就没有本质的差别了。和前几次产业革命不同的是，这次产业革命将发生在广大农村和集镇。农、工、贸一体化的集镇居民点，将会和大城市一样，具有相当高的文化水平、文化设施和商业设施，传统的“城乡差别”也将会随之逐步消失了。

作为一种科学的理论和实践，沙产业必将在我国大发展。这是毫无异议的，为了推动沙产业的发展，首先要进一步宣传沙产业的理论、思想和观点。钱老关于沙产业的理论，是建筑在高科技，特别是以生物科学技术为核心的第六次产业革命的基础上的，是一种高瞻远瞩的新理论、新思想；是钱学森同志运用辩证唯物主义的思维来思考我国农业问题的成果、是有中国特色的。

钱学森同志不仅提出了沙产业的理论。而且身体力行，将他所获何梁何利基金优秀奖的 100 万港元捐给了促进沙产业发展基金，带头为推动沙产业的发展作出了贡献。但是大家所不知道的可能是，作为一位著名的科学家，钱老本人的生活十分简朴，他一生早把名利二字置之脑后，早年抛弃美国的优厚物质待遇，不顾美国政府的阻挠和迫害，毅然回国，后来就一心扑在祖国的科技事业上，为我国科学技术事业的发展，呕心沥血，从不计较个人得失。他生活简朴，工资是他唯一的收入，回国后他曾写过好几部重要的理论著作，并有几笔在当时十分可观的稿费收入，但他都作为党费上交组织了。他父亲早年在杭州的房产也都一概上交国家。所以，在金钱和物质上，钱老可以说是清贫的。他拥有的只是渊博的知识，高尚的人品和超前的思想。

水是沙漠戈壁中搞绿色农业即沙产业的一个关键问题，而沙漠中缺水，所以必须搞节水农业。也可以说沙产业必须是节水型的农产业。所以钱老特别重视以色列等国的经验，并建议有关同志要到以色列去考察，到北京通县中以示范农场去参观。他深知中国水资源十分缺乏，而农业用水效益又低，浪费很大。但水的问题涉及到水利、农业、林业、环保等许多部门，所以是一项复杂的社会系统工程。为此，他曾对宋健同志说："水在中国是件大事，我觉得分四个方面：第一叫治水，包括现在说的水利工程，也包括污水的处理等。不管是治洪、防涝、还是防治污染，科学方法、技术都是成熟的。昨天我看报纸报道河南省宁陵酒精厂就是一个例子，他们把酿酒排出的污水利用起来，产生沼气，而沼气又用来供给全市作燃料。所以这里面是大有可为的，但这样的技术由于各种原因推广不开。第二是节水，我们现在的灌溉技术对水的浪费很大。据说采取节水措施以后，只需现在用水的一半或1/3，就可以达到同样的效果。这样一来，水的危机就可以大大地缓解了。第三是调水，就是大范围的调水，这不用说您都清楚。第四叫造水，我指的是海水淡化。我认为通过治水、节水、调水、造水，中国水的问题是可以根本解决的。当然，问题是涉及的部门太多，难点和困难就在于此。所以光议论，总是各说各的，找不出一个总体的办法。"他并建议宋健国务委员亲自抓抓这件事，他说："您抓了'夏商周断代工程'，给我启示，而且您还是国务院环境保护委员会主任，是系统科学、系统工程专家，所以我国水的问题应该请您来抓总，从全局的高度汇集社会科学、自然科学和工程技术方面的人来研究。可不可以设想，到2000年提出一个'水建设在中国'的思路和总体设想？"当他看到《人民日报》1997年11月3日第10版用整版的篇幅报道节水灌溉事业时非常高兴，说现在节水灌溉引起了各方面重视，是大好事。我们提倡的沙产业就是节水型农业，我们要带好这个头。

沙产业是助推三北工程科学发展的有力武器

潘迎珍
（国家林业局三北防护林建设局局长）

1984 年，我国著名的科学家钱学森院士，首次系统地提出了“知识密集型沙产业”的理论，并预言“沙产业属第六次产业革命”。24 年来，我国科技工作者和广大沙区干部群众，深入研究沙产业的理论基础和科学内涵，积极探索沙产业的有效实现形式，创建了一大批不同类型的沙产业典型，有力地促进了沙产业理论和实践的不断成熟和完善。

我结合三北工程建设和这次论坛的主题，同各位嘉宾交流探讨三个方面的问题，不妥之处敬请批评指正。

一、三北工程取得了重大阶段性成就，为我国林业生态建设做出了重要贡献

土地沙化是当前全人类共同面临的重大环境问题之一，防沙治沙是 21 世纪世界各国面临的共同任务。中国是世界上遭受沙化危害最严重的国家之一，而中国的西北、华北、东北地区，也就是“三北地区”，不仅是沙化土地的集中分布区，而且也是沙化危害的重灾区。中国的八大沙漠、四大沙地和广袤的戈壁全部分布在这里。严重的土地沙化不仅无情地吞噬着三北地区广大人民群众的生存和发展空间，而且也成为导致贫困和阻碍经济社会可持续发展的重要因素。

1978 年，中国政府从事关中华民族生存与发展的战略高度出发，做出了建设三北防护林体系工程的战略决策，开创了我国重点林业生态工程建设的先河。按照总体规划，三北工程建设范围包括我国西北、华北、东北 13 个省（区、市）的 551 个县（旗、市、区），建设总面积 406.9 万 km^2，占全国陆地总面积的 42.4%。规划期限 73（1978 ~ 2050）年，分三个阶段八期工程进行建设，规划造林 3507 万 hm^2。

时至今年，三北工程已走过了 30 年的光辉历程。30 年来，在中国政府及有关部门的正确领导和大力支持下，在世界上一些友好国家和国际组织的密切关注与无私援助下，三北工程累计完成造林保存面积近 2583 万 hm^2，提高工程区森林覆盖率近 5 个百分点。工程区风沙危害和水土流失状况得到了不同程度的改善，工程建设对区域经济社会发展的支撑和保障能力显著增强，在国内外产生了广泛而深远的影响，为进一步发展奠定了坚实的基础。

一是增加了林草植被，改善了生态状况。在东起黑龙江西至新疆的万里风沙线上，采取封、飞、造相结合的措施，营造防风固沙林 577 万 hm^2，治理沙化土地 30 多万 km^2，保护和恢复沙化、盐碱化严重的草原、牧场 1000 多万 hm^2，与 1999 年相比，内蒙古、陕西、甘肃、宁夏、山西、河北 6 省（区）沙化土地净减少 7921km^2，重点治理的毛乌素、科尔沁两大沙地率先实现土地沙化逆转；在以黄土高原为主的水土流失区，营造水土保持林和水源涵养林 817 万 hm^2，治理水土流失面积 20 多万 km^2，使黄土高原 50% 的水土流失面积得到不

同程度治理。减少入黄泥沙3亿多吨。

二是构建了防护林体系，保障了粮食安全。在东北平原、华北平原等粮食主产区营造农田防护林223万hm^2，使1753万hm^2农田得到了林网的有效庇护，林网化程度达57%，基本根除了危害农业生产的“三刮四种”现象，减轻了干热风、倒春寒、霜冻等灾害性气候对农业生产的危害。三北地区的粮食单产由1985年的125kg/亩，提高到2005年的309kg/亩，总产由0.6亿吨提高到1.6亿吨。东北平原有66.7万hm^2昔日的风蚀沙埋地变成了稳产高产田，成为我国重要的商品粮生产基地。

三是调整了产业结构，促进了农民增收。坚持生态经济型防护林体系建设，工程区森林蓄积量由1977年的7.2亿m^3，增加到10亿多m^3。营造各类经济林400万hm^2，年产干鲜果品3000多万吨，产值在450亿元以上。泾河、渭河流域等苹果主产区，年产果品800多万吨，产值达200多亿元，人均果品收入达1500元。营造薪炭林107万hm^2，年产薪材800多万吨，解决了700多万户农民的烧柴问题。营建灌木饲料林500万hm^2，为畜牧业发展提供了丰富的饲料资源。与1985年相比，三北地区大小牲畜头数翻了近1番，达到2.64亿头（只），占全国的49.6%。

四是强化生态意识，推动了社会文明进步。三北工程为我国大规模开展林业生态工程建设进行了有益的探索，发挥了示范和带动作用。形成了以“自力更生、艰苦奋斗、不畏艰难、顽强拼搏、团结协作、锲而不舍”为主旋律的“三北精神”，工程建设造就了以石光银、牛玉琴、王有德、刘宝华等为代表的全国劳动模范和先进个人558名，培植了内蒙古通辽、陕西榆林、山西临汾、甘肃平凉等一大批先进典型。1987年以来，先后有三北局、新疆和田等十几个单位被联合国环境规划署授予“全球500佳”称号；2003年三北工程荣获世界上“最大的植树造林工程”吉尼斯证书。

三北工程的建设实践深刻表明，人类在恶劣的自然环境面前并不是无能为力，无所作为，只要我们遵循自然、经济和社会发展规律，坚持科学的态度，发扬自力更生、艰苦奋斗的精神，坚持不懈，顽强拼搏，就一定能够创造沧海变桑田的人间奇迹。

二、三北工程探索走出了一条治沙与富民良性互动的发展道路，有力地促进了中国沙产业的快速发展

三北工程是一项生态公益性事业，追求生态效益、向社会提供丰富的生态产品是工程建设的永恒使命。1978年工程启动之时，我们国家的人均GDP只有190美元，实施覆盖半壁江山的跨世纪生态工程，就是发达国家也难以想象。30年来，工程建设者们在长期的实践中，不断深化对林业生态建设本质和属性的认识，打破了单纯追求生态效益、建设单一生态型防护林的思想桎梏，创造性地提出了建设生态经济型防护林体系的战略思想，特别是1984年钱老沙产业理论提出后，为三北工程的防沙治沙又开辟了新的空间，注入了新的活力。生态经济型、沙产业等理论的付诸实践，极大地丰富了三北工程的建设内涵和外延，找到了一条在经济欠发达地区推动生态与经济、兴林与富民有机结合、良性互动的发展路子。

一是坚持建设生态经济型防护林体系，加快了农村产业结构调整步伐。立足三北地区的资源、区位优势，大力发展特色林产业、沙产业，建成了苹果、红枣、核桃、花椒、板栗、香梨、葡萄等一大批特色突出、布局合理、具有较强竞争优势的经济林产业带，成为繁荣农村经济、增加农民收入的新增长点。晋陕峡谷发展红枣基地40多万hm^2，年产量33万吨，

产值近10亿元，枣区农民人均红枣收入达600多元。新疆基本形成了南疆、东疆、北疆三大各具特色的林果生产基地，林果业年创产值113.6亿元，农民人均林果业收入达到近450元。山西昕水河流域目前林果总产值比1978年增长了18.3倍，人均果品收入726元，占到农民人均收入的32%。

坚持典型示范和样板带动，初步建成了一批具有辐射作用的沙产业典型。经过20多年的实践，沙产业已由理论探索进入了较大规模的生产实践，涌现了一大批各具特色的沙产业典型。甘肃河西走廊已陆续建立了一批以果品、蔬菜、啤酒原料、酿造葡萄、制种、饲草料加工等为特色的支柱产业，带动了当地农民增收致富，促进了区域经济发展。武威市采用"公司+基地+农户"的产业经营模式，在沙荒地建成了以葡萄、红枣、中药材、食用菌等为主的沙产业示范样板，辐射带动了45万农民从事沙产业开发。内蒙古鄂尔多斯积极开发沙柳、沙棘等灌木资源的加工利用，逆向带动农牧民种植沙柳等灌木资源93.3万hm^2，全市森林覆盖率由2000年的13.6%增加到现在的20.07%，2007年全市林沙产业增加值达到了13亿元，农牧民来自林沙产业的人均纯收入突破1000元。

坚持资源建设与开发并重，特色沙产业体系初具规模。30年来，三北各地立足区域光、热、土、生物等资源优势，因地制宜地发展以甘草、苁蓉、沙棘、葡萄等为主的沙区特色种植业，发展日光温室、沙地养桑蚕，开发微藻、卤虫资源，推进林纸一体化工程等，初步形成了资源建设与开发并举的产业格局。据不完全统计，三北地区已发展沙棘资源近200万hm^2，以沙棘为原料开发出的新产品有200多种，年产值在10亿元以上。内蒙古建成了一大批成规模的特色沙产业试验示范基地，成为带动全区沙产业快速发展的重要"引擎"。据统计，全区已建设以甘草、沙棘、沙柳、锁阳等为主的灌木原料林、经济林基地3500多万亩，培育了年销售收入在100万元以上的沙产业企业364家，2007年全区实现林沙产业总产值193亿元。

坚持发挥龙头带动作用，以民营企业为主的沙产业开发蓬勃兴起。20多年来，大批民营企业以战略眼光投身沙产业开发，采取"公司+基地+农户"等有效形式，为这一朝阳产业的崛起和壮大发挥了推波助澜的作用，成为沙产业开发中的一支生力军。特别是一些龙头企业，如内蒙古亿利集团、盘古集团、东达蒙古王集团，甘肃的绿洲生态科技，宁夏的美利纸业，新疆的新天国际等大型企业集团的强力介入，为沙产业的资源建设、产品研发、市场开拓、人才培养等发挥了强有力的带动作用，推动沙产业逐步走上了"沙地增绿、资源增值、企业增效、农牧民增收、政府增税"的新型生态产业化发展之路。应邀参加这次高峰论坛的很多企业，就是它们中的杰出代表。借此机会，我代表三北防护林建设局，对各位企业界人士多年来对三北工程建设的关心和厚爱表示衷心的感谢！

总之，通过20多年的实践探索，钱老提出并倡导的沙产业这棵参天大树，已深深植根于三北大地，并孕育出越来越丰硕的果实，成为推进三北工程防沙治沙快速发展的不容忽视一支重要力量，展现出生态与产业相得益彰、共生共荣的美好前景。

三、坚持以科学发展观为指导，着力推进三北工程建设又好又快发展

今年是我国改革开放30周年，也是三北工程启动建设30年。包括沙产业在内的三北工程阶段性建设成就，必将载入我国林业改革开放的光辉史册。但是，我们也清醒地认识到，三北地区依然是我国植被最稀少、生态环境最脆弱、沙化危害最严重的地区。据第三次全国

荒漠化、沙化土地监测结果表明，三北地区有沙化土地总面积达148.2万km^2，占全国沙化土地总面积的85.2%，有潜在沙化土地31.8万km^2，占全国的99.8%；黄河首曲、三江源头、甘肃民勤、呼伦贝尔等一些重点、敏感地区的土地沙化仍在扩展。三北地区依然是我国沙化危害最严重的地区，是我国防沙治沙的主战场。在全面落实科学发展观、建设生态文明的新形势下，持续推进三北工程建设，遏制土地沙化，对于促进人与自然和谐，逐步消除生态恶化对区域经济社会发展的瓶颈制约，实现全面协调可持续发展，意义十分重大。

站在新的发展起点上，我们在深刻总结三北工程30年建设历程的基础上，明确提出未来工程发展的基本思路是：高举中国特色社会主义伟大旗帜，以邓小平理论和“三个代表”重要思想为指导，全面落实科学发展观，以建设区域性防护林体系和特色林业产业体系为目标，以防沙治沙和水土保持为重点，坚持巩固、发展、提高并重，遵循自然、经济和社会发展规律，推进体制、机制和科技创新，实现由人工措施为主向人工措施和自然修复相结合转变、由单一营造林向造林经营和保护利用并重转变、由分散治理向区域规模治理转变、由数量扩张型向质量效益型转变，为实现三北地区生态根本好转、建设生态文明和构建社会主义和谐社会做出贡献。

围绕上述发展思路，当前和今后一个时期要着力抓好以下几项工作：

第一，抓重点，构筑区域生态防线。要按照“统一规划、分步实施、分区治理、重点突破”的原则，继续实施抓点带面战略，集中力量在国家发展战略区、经济发展活跃区、关系国计民生的热点区，建设100个具有代表型的高标准县级防护林体系建设示范县，构建三北防护林体系框架支撑点，为经济社会发展构筑区域性生态防线。沙区要保护优先，坚持治理与提高相结合，在半干旱农牧交错地带，要继续抓好毛乌素、科尔沁、呼伦贝尔三大沙地的集中治理，建设稳定高效的沙地生态经济系统；在干旱荒漠地带，着力抓好河西走廊、阿拉善、新疆绿洲等区域的荒漠植被封禁保护工作，切实保护好自然生态；水土流失区要综合治理，坚持蓄水保土和培育资源相结合，优先抓好以黄土高原为主的水土流失治理，确保水资源安全；平原农区要围绕社会主义新农村建设，坚持农防林建设和更新改造相结合，重点抓好东北平原、华北平原、黄河河套等地的防护林建设，构筑保障粮食安全的生态屏障。

第二，抓基地，培育林业产业资源。坚持产业带动工程发展战略，正确处理兴林与富民的关系，实现生态建设与产业发展的良性互动，因地制宜，培育各具特色的区域性林业产业资源。在平原农区，要结合农田防护林的建设与改造，建设防护－用材兼用型的资源基地，打造平原森林；在黄土丘陵区，要结合农村产业结构调整，建设名特优新干鲜果品基地建设，打造优势品牌；在广大沙区，要结合农牧民脱贫致富，科学编制《三北地区沙产业发展指导性规划》，加快建设一批有影响力、带动力、辐射力的区域性特色产业带。当前，要着力建设以沙生灌木为主的特色资源种植基地、灌木饲料林基地、生物质能源基地等，打造特色沙产业，努力走出一条“多采光、少用水、新技术、高效益”的新路。

第三，抓调整，转变工程发展方式。要从工程建设进入攻坚克难的实际出发，以调整结构为主线，转变发展方式，提高发展质量。调整造林方式，加大封育力度，树立“精造林、大封育”的发展理念，采取“围封、育林、保护”三管齐下的措施，重点抓好蒙、甘、新、青等江河源头和沙源地的植被封育保护，着力改善三北地区大范围、大区域的生态状况；调整发展方式，加强森林经营工作，重点抓好低产低效林的更新改造和中幼林的抚育管护，建设稳定、高效的防护林体系；调整所有制结构，加快推进林权制度改革，按照稳定所有权、放活经营权、保证受益权的原则，大力发展非公有制林业，加快林木、林地使用权的合理流转，努力形成全社会协同共建、多种经济成分并存的发展格局。

第四，抓示范，强化科技创新能力。坚持“科技兴林”的方针，围绕工程建设面临的重大技术“瓶颈”，大力推广一批技术成熟、优势明显、综合配套、先进适用的技术，着力在困难立地营造林技术、抗逆性强的优良品种应用、不同类型区的治理模式上实现新突破。要结合发展沙产业，着力加强节水、特色资源开发、规模种养业等的科技推广步伐，用高新技术助推沙产业。根据建设内容和治理重点，按照不同地域类型区，建立一批代表性强、辐射面广、类型齐全、效益显著的综合示范区，发挥以点带面、推动全局的作用，促进工程建设质量、效益、管理取得新进展。加强技术培训体系建设，建立“四位一体”的培训网络，开展多形式、多层次的技术培训，着力在培养懂技术、会管理、善经营的工程建设队伍上再上新台阶。

第五，抓管理，夯实工程发展基础。一是要加强工程建设技术标准体系建设，与时俱进地修订完善工程建设现行的技术标准，确保工程建设全过程有章可循、有据可依；二是要加强工程建设监督考核体系建设，强化督导检查，把管理延伸到规划设计、种苗培育、整地造林、经营管护等各个环节，建立情况通报、考核评比、择优扶持、末位淘汰的制度，推行奖优罚劣的激励机制；三是要加强工程监测管理体系建设，建立健全三北局—省—县三级监测网络，开展对工程建设动态监测和效益评价，推动工程建设逐步走向信息化、科学化的管理轨道。

辽宁省土地沙化、荒漠化治理对策

曹　元
（辽宁省林业厅党组书记、厅长）

摘　要： 土地沙化、荒漠化是当前全球最严重的生态问题之一，它直接影响到人类的经济发展和生态安全，防治土地沙化和荒漠化已成为当今世界面临的重大责任。本文依据辽宁省土地沙化、荒漠化现状和多年来的治理状况，指出我省在防沙治沙方面存在的困难和问题，提出治理对策。

关键词： 土地沙化；荒漠化；治理对策

辽宁省位于我国东北地区南部，东部隔鸭绿江与朝鲜民主主义共和国相望，南邻黄海和渤海，西北与内蒙古接壤，西南与河北省毗邻，北部和东北部与吉林省相邻。南北宽约530km，东西长约574km。土地总面积14.8万km^2。

一、辽宁省沙化、荒漠化土地基本情况

目前我省现有沙化土地面积为54.96万hm^2，占全省土地总面积的3.7%。其中，流动沙地0.22万hm^2，半固定沙地1.66万hm^2，固定沙地37.66万hm^2，露沙地0.08万hm^2，沙化耕地15.34万hm^2。按照分布区域和成因，我省的沙化土地可划分为科尔沁沙地、辽河水系沿河沙地和辽东湾沿海沙地三个沙区。科尔沁沙地主要分布在辽宁北和西北部地区，属科尔沁沙地南部，北与内蒙古科尔沁沙地接壤，东至招苏台河，南与沿河沙地为界，西至建平县与内蒙古赤峰市为界，沙化土地总面积46.40万hm^2。该区地处半干旱气候区，属辽北低丘平原和辽西丘陵山地地貌，自然条件恶劣、生态环境脆弱，治理难度也最大。辽河水系沿河沙地主要分布在辽宁中部地区的辽河干流两岸，沙化土地总面积3.29万hm^2。该区地处半湿润气候向半干旱气候的过渡地带，是我省主要商品粮基地。辽东湾沿海沙地主要分布在渤海的辽东湾沿岸，西起绥中，东止瓦房店，沙化土地总面积5.27万hm^2。该区属于半湿润地区，是我省三个沙区中降水量最多，气温最高的地区。

我省荒漠化土地主要分布在朝阳市的朝阳县、北票市、凌源市、建平县、喀左县、龙城区，共涉及70个完整乡镇，29个不完整乡镇，荒漠化土地面积为68.72万hm^2，占全省土地总面积的4.6%。另外，我省还有明显沙化趋势的土地60.66万hm^2。

二、治理成效

从1978年开始，我省相继在沙区开展了防沙治沙工程、三北防护林工程、退耕还林工程、海防林工程、009外援项目、2772外援项目、德援项目、小流域综合治理，特别是2001年启动的三北四期工程、退耕还林工程等生态治理工程，以沙区生态建设为重点，以防沙治沙为主要内容，进一步加大了沙区治理力度，减缓和遏制了风沙对我省西北部地区及

中部城市群的侵袭，取得了显著的治理成效。据全国第三次沙化和荒漠化土地监测结果显示，我省沙化土地十年间累计减少 32.54 万 hm^2，荒漠化土地五年间累计减少 7.72 万 hm^2，并且呈现由极重度向重度转移，中度和轻度向非荒漠化方向转移的趋势。上述结果说明，我省沙漠化土地治理取得重大突破，沙漠化扩展趋势已经得到初步遏制，基本实现了由“破坏大于治理”到“治理与破坏相持”的历史性转变。

目前全省沙区有林地面积已由治理初期的 5.33 万 hm^2 增加到 42.73 万 hm^2，森林覆盖率由建国初的 2.8%，提高到 22.3%。科尔沁沙地边缘的风沙线南侵趋势已经得到初步遏止，辽河水系沿河沙地得到初步治理，辽东湾沿海沙地海防林建设初具规模。沙区水土流失面积比 1986 年下降了 28.2%，土壤侵蚀模数由每年每平方公里 3788 吨，下降到每年每平方公里 2600 吨。沙区生态条件明显好转，生产和生存环境有了较大的改善，对促进沙区经济社会发展、农民脱贫致富以及社会主义新农村建设起到了重大作用。

在实施生态为主发展战略的同时，我省毫不放松产业发展，在建设和保护生态的前提下充分发挥沙区的资源优势和地域优势，坚持生态和产业兼顾、治沙和致富双赢的方针，大力发展沙区种植业、养殖业、加工业等特色产业，努力实现沙区增绿、资源增值、农牧民增收、企业增效，促进区域经济社会可持续发展。截至 2007 年底，全省沙区已发展大枣 70 万亩，大扁杏 50 万亩，苹果 6 万亩，桑蚕 7 万亩，沙棘 150 万亩，其他经济作物 30 万亩，杨树速生丰产林 120 万亩，林下药材 1.2 万亩，花果蔬菜等 24 万亩；林下养殖、木材加工和森林旅游等也得到了长足发展。目前，沙区产业发展初具规模，年产值可达 30 亿元，占沙区农民收入约 10%，已经成为带动地方经济发展和农村种植结构调整的又一新兴产业。

三、存在问题

尽管我省的防沙治沙工作取得了显著成效，但是，治理成果还是阶段性的，沙区的生态环境还十分脆弱，还面临着一些困难和问题。一是任务繁重。全省现有沙化和荒漠化土地 123.68 万 hm^2，另外还有明显沙化趋势的土地 60.66 万 hm^2，主要集中在辽西北和辽河水系及辽东湾 23 个县（市、区）。按现有的治理速度，至少需要几十年的时间才能完成治理工作，任务相当繁重。二是自然条件恶劣。我省沙区生态环境极其脆弱，长期以来干旱少雨，水资源严重匮乏，加上近年来全球气候变暖、持续干旱等自然因素，不仅影响到现有植被的存活，还为沙区造林种草和植被恢复带来极大困难。许多地区因降水量严重不足，致使树木枯死，植被衰败死亡，部分已经治理的沙地，又重新成为流动沙地，局部地区沙化土地有扩展趋势。三是防护体系不完备。目前，我省沙区森林覆盖率为 22.3%，低于全省平均水平，其中重点沙区森林覆盖率只有 18.5%，部分地区树种比较单一，结构不尽合理，防护功能不强，还不能彻底地改变沙区恶劣的生态环境。治理形成的植被尚处于恢复阶段，植物群落稳定性较差，如果管理不到位，就有可能导致植被的衰败死亡，致使治理工作前功尽弃。另外，由于受经济条件制约，一些地区还没有建立起完备的防护体系和管护队伍，植被保护工作开展的也很不平衡，部分沙区乱砍滥伐和零星盗伐的现象时有发生。四是资金缺口大。由于我省没有防沙治沙方面的专项工程，防沙治沙主要依托三北四期工程和退耕还林工程，资金严重不足，加上我省沙区经济基础十分薄弱，地方财政普遍困难，治沙资金投入量少，远达不到治理任务和质量的要求，再加上取消农民义务工制度，增加了治沙造林成本，防沙治沙工作面临着巨大的资金缺口。五是农林牧矛盾突出。沙区普遍存在人口增长速度快、密度大，经济条件落后、生产经营方式粗放等问题，不仅加重了土地负担，也造成了对资源的不合理开发利用，滥采、滥垦、滥牧等现象严重，在一定程度上加剧了土地沙化的进程。特别是，近年来随着花生等农产品价格的不断上涨，花生等无茬作物种植面积不断扩大，导致种植地土壤表层覆被物、土壤结构被破坏，种植层土壤被根系带走，加剧了土地沙化程度，而且种植区域和种植面积还有继续扩大的趋势，这一现象已经成为我省沙化土地治理的又一新问题。六是沙产业发展严重滞后。我省沙产业发展尚处于起步阶段，发展速度比较缓慢、生产规模普遍较小，主要集中在种植业、养殖业等第一产方面，加工业、服务业、旅游业等第二、三产业发展还不成熟，特别是在沙区利用风、热、光、能等资源进行开发以及开展生态旅游等高新项目更显薄弱，更缺少具有市场竞争能力和辐射带动能力的龙头企业和知名品牌。

四、治理对策

（1）加强领导、明确责任。防沙治沙，事关绿色辽宁、生态辽宁建设，事关全省城乡经济社会和谐健康发展，事关全省人民的生存质量和切身利益，要切实加强领导，明确责任，建立政府行政领导防沙治沙任期目标责任考核奖惩制度，将防沙治沙年度目标和任期目标纳入沙区地方各级人民政府政绩考核范围，为防沙治沙提供有力保障。

防沙治沙是一项涉及多部门、多行业、多学科的系统工程。各有关部门要按职责分工，加强协调，密切配合，建立起各级政府统一领导下的部门分工协作的防沙治沙机制。各级防沙治沙工作领导小组要充分发挥组织领导作用，及时研究解决防沙治沙工作中的重要问题，协调、督促有关部门做好防沙治沙工作。

（2）科学规划、分区施策。各沙区市、县（市、区）政府林业主管部门要依据省级总体规划，结合本地实际，科学编制本区域的防沙治沙规划及实施方案，明确防沙治沙工程建设任务、时限和具体措施。坚持分类治理、分区施策的原则。科尔沁沙地以保护和增加林草植被为核心，控制草畜平衡，普及节水灌溉，改善生活能源结构，依法限制人为滥垦、滥采、滥挖，实行综合治理，重点抓好辽西北边界防护林体系建设等项目，形成完备的风沙防护体系，遏止科尔沁沙地南侵；辽河水系沿河沙地以农田防护林建设为核心，结合社会主义新农村建设和辽河水系防洪治理，建立高标准的乔、灌、草相结合的防护林体系。适度发展平原高效林业，通过生物能源林和林草畜一体化等项目，建设生态经济型防护林体系，促进区域生态经济协调发展；辽东湾沿海沙地结合防灾和沿海旅游业的发展以及“五点一线”战略的实施，加大植树造林种草力度，控制流动沙地扩展。

（3）深化改革、增加投入。继续在全省推进集体林权主体改革和配套改革，进一步建立完善的林业社会化服务体系、新型的林业合作经营体系、规范的森林资源流转体系、科学的林业发展支持体系和高效的林业管理体系。通过实施主体改革和系统的配套改革，逐步建立起促进沙区林业发展、林农致富和生态保护的长效机制，实现沙区林业可持续发展和林兴民富的目标。

加大对防沙治沙的投入力度，逐步建立起以省级投资为主、地方投资为辅、国家重点生态工程项目倾斜和吸纳社会资金的投入机制。积极落实林业贷款财政贴息政策，对符合相关规定的防沙治沙工程贷款给予财政贴息，扩大农户小额信用贷款和农户联保贷款，不断完善税收优惠和信贷扶持等政策，最大限度地吸引社会力量参与防沙治沙。进一步优化治沙投资环境，积极引导社会资金参与，争取扩大利用外资规模。

(4) 提高科技含量、实施综合治理。加强与重点院校、科研院所的合作，加大防沙治沙的科技支持力度，不断加强防沙治沙科技创新体系建设。开展多学科、多部门的联合技术攻关，重点研究解决制约我省防沙治沙的关键性技术难题。加快现有科技成果和实用技术的推广运用，筛选一批技术成熟、适应面广、见效快、效益好的科技成果，尽快推广应用于防沙治沙工程建设。同时，加强技术服务体系建设，建立健全省、市、县三级防沙治沙技术培训网络，加强对治沙管理人员、基层技术骨干和沙区农民的技术培训，普及治沙技术，提高林农素质，提升工程建设质量和水平。

本着因地制宜，因害设防，综合治理，注重效益的原则，治理中坚持带、片、网结合，乔、灌、草兼容，封、飞、造并举，实行生物措施和工程措施相结合，重点防治与区域防治相结合，人工治理和自然修复相结合，实现沙、水、林、田、路综合治理。在立地条件较好的地区，以“造”为主，大力发展经济林和速生丰产林；在立地条件较差的地区，以“封”为主，通过大自然的自我修复，增加林草植被，逐步形成稳定的沙区生态系统。同时，整合防沙治沙、“三北”防护林体系、退耕还林、海防林等生态建设工程，并与水土保持、农田基本建设、扶贫开发、生态移民等项目统筹安排，合理布局，形成综合治理的合力。

(5) 积极发展沙产业、促进农民增收。实施生态为主发展战略的同时，充分发挥森林产品资源丰富、可再生、绿色、无污染的优势，在沙区大力发展林草畜一体化、灌木饲料林和生物能源林，强化杨树、薄皮核桃、两杏一枣、沙棘、荆条等沙产品的精深加工利用，找准生态与产业、治沙与致富的结合点，努力实现双赢。积极转变沙区经济增长方式，在“沙”字上做文章，把广大的沙地、丰富的劳动力资源潜力和新兴的沙产业市场潜力充分挖掘并有机结合起来。一方面，通过在沙区增加林草植被，治理沙化土地，改善区域内农业生产条件，实现农业高产稳产；另一方面，充分发挥沙区资源优势，大力发展特色种植业、养殖业和沙区旅游业等新兴产业，特别是发展资源消耗低、科技含量高、市场前景好的沙产业项目，推动防沙治沙后续产业发展，促进沙区产业结构的不断优化和农民的持续增收。

(6) 依法严格治理、切实保护治理成果。认真贯彻执行《中华人民共和国森林法》、《中华人民共和国防沙治沙法》等一系列法律法规，做到依法治理，依法管护。不断完善地方性的法律法规建设，尽早出台《辽宁省防沙治沙条例》，同时加大执法力度，有针对性地组织开展各种专项整治行动。切实搞好沙区既有植被保护，严格禁止在沙区滥开垦、滥放牧、滥樵采和破坏水资源。重点沙区要实行全面封沙禁牧，一般沙区要实行季节性封沙禁牧，实行以草定牧，严格控制载畜量。对沙区滥垦的耕地要逐步还林还草，重点沙区的沙化耕地要有计划还林还草。要严格沙区林地、草地资源保护，对非法占用沙区林业用地和牧场的行为要依法查处，严格沙区林地征占用审批，严禁非法改变林地用途。要积极预防森林、草原病虫鼠害和火灾，保护防沙治沙建设成果，切实做到治理一片、绿化一片、保护一片。切实保障治沙者的合法权益，积极为各种社会主体参与防沙治沙创造良好环境，努力营造全省动员、全民尽责、全社会参与防沙治沙的浓厚氛围。

参考文献

1.《辽宁省防沙治沙规划》(2006～2010 年)
2. 朱俊凤，朱震达，等．中国沙漠化防治．北京：中国林业出版社，1999.
3. 朱俊凤．中国沙产业．北京：中国林业出版社，2004.
4. 焦树仁，等．辽宁西北部地区土地沙化状况、发生原因及防治措施．防护林科技，2008 (4)．

河北省沙区产业发展战略布局与目标研究

白顺江[*]　冯长红　任保俊

（河北省林业局）

摘　要： 发展沙区产业是防沙治沙工作的重要组成部分。本文针对河北省重点沙区后续产业发展现状，总结出河北省沙产业发展的有利条件和制约因素，提出了今后沙区发展后续产业的指导思想，发展重点，并从政策扶持、壮大龙头、加强科技支撑、强化行业管理和加大招商引资力度等五方面提出了发展对策。

关键词： 沙区；产业；研究

近几年，特别是2000年以来，河北省坚持"发挥区域优势，治理、开发相结合，长、短期效益相结合，生态效益和经济效益并重"的工作方针，对沙区进行了农、林、牧统筹规划，加快了沙化土地和水土流失治理工作，先后启动实施了京津风沙源治理、退耕还林、三北防护林、小流域治理、草地治理和生态移民等工程，土地沙化的趋势得到初步遏制，沙化土地由扩展转变为逐年缩减，坝上等沙化重点地区生态环境明显改善。与1999年相比，全省沙化土地减少143.9万亩，351.7万亩的流动和半固定沙地转变为固定沙地，森林覆盖率由19.48%提高到23.25%。近年来，我省在发展沙产业方面进行了有益的探索。依托防沙治沙工程，坚持以大工程带动大发展，在实施防沙治沙工程建设的同时，高度重视沙产业发展，始终坚持以生态带产业、以产业促生态、向沙地要效益，初步形成了种植业、养殖业、果品业、森林旅游业、木材加工业、野生动植物驯养繁育利用业等沙产业。对调整沙区产业结构、转移农村剩余劳动力、增加农民收入、促进地方经济发展具有重要作用。2007年京津风沙源工程区农民人均纯收入达到3055元，比2000年的1416元增长了115.7%。

一、河北省沙产业发展现状

1984年5月，著名科学家钱学森做了《创建农业型的知识密集产业农业、林业、草业、海业和沙业》为题的科学报告，首次提出了沙产业的概念。指出沙产业是以太阳为直接能源，靠植物的光合作用来进行产品生产的体系，预言沙产业将成为在社会主义中国21世纪出现的第六次产业革命。河北省在大力实施防沙治沙、改善生态环境的同时，积极开发利用沙区资源，逐步走上了生态改善、生产发展、生活提高的防沙治沙路子。

（1）速生用材林基地和木材加工业快速发展。我省平原沙区土地资源丰富，光热条件较好。近年来，依托防沙治沙工程，大力发展以杨树为主的速生用材林，目前，我省速生丰产林已达800多万亩，每年至少可新增活立木蓄积600多万 m^3。仅速生丰产林抚育间伐所

---

* 白顺江：河北省林业局副局长、党组副书记，河北省林学会理事长。

产生的供枝丫材达200多万吨，可满足全省纤维板、刨花板所需原料50%的需求。大力实施林板一体化方略，龙头企业基地化配置和深加工体系日趋完善，原料林基地、人造板生产、特种板加工、家具、室内装修系列化、一体化的龙型经济体系开始形成。2007年全省人造板企业2550多家，总产量达943万m^3，占全国总产量的1/9强，居全国第三位。全省人造板产值120.6亿元，占全省林业第二产业的53%。形成了文安、邢台、正定三大人造板产业集群。初步形成了以批发市场为骨干，以乡镇集贸、个体运销为补充、内运外购和“两头在外”的市场发展格局。

（2）果品产业化水平不断提高。2007年全省果树总面积2300多万亩，产量1039万吨，均居全国第二位。梨、红枣、京东板栗、杏扁居全国第一位，桃、葡萄、柿子居全国第二位，核桃全国第三位，苹果居全国第四位。赵县、沧县等30个县（市）被国家命名为“中国名特优经济林之乡”，赞皇、乐亭等28个县（市）被评为“全国经济林建设先进县或示范县”，总数量位居全国之首。初步形成了平原沙地梨、黑龙港及太行山红枣、燕山京东板栗、桑洋河谷和冀东滨海葡萄、冀西北山区仁用杏，石黄高速及307国道两侧果品产业带、太行山和燕山浅山丘陵区果品产业带等“五片两带”果业发展格局。规模化基地面积、产量分别占总面积和总产量的80%、90%以上。

（3）养殖业结构发生了新变化。在坝上等重点沙区按照以草定畜，积极调整畜牧业结构，大力发展舍饲圈养，发展奶牛，圈养小尾寒羊、波尔山羊等，压缩山羊等畜种。据统计，张家口市2006年山羊出栏28.71万头，存栏19.07万头，与1999年相比分别减少了30.3%和59.9%；良种及改良种奶牛数量43.60万头，牛奶产量706145吨，与1999年相比分别增加了9.69倍和12.88倍。

（4）生态旅游业开始崛起。森林公园“吃、住、行、游、购、娱”六大服务要素日臻完善，旅游接待能力大幅度提高，森林旅游收入稳步增长，“九五”以来森林公园、自然保护区等旅游收入增长速度保持在15%以上。2007年有省以上正式批复的森林公园68处，森林旅游经营面积683万亩。其中国家级森林公园24处，森林旅游经营面积442万亩。赛罕坝、雾灵山、御道口、中都草原等以森林、草原、沙地景观为主的旅游景点吸引了来自国内外的宾客。2007年，全省森林公园接待游客841万人次，其中海外游客21.12万人次。实现旅游收入3.31亿元，其中门票收入2.25亿元。旅游从事旅游业人员2.3万人，实现社会性总收入达到约20亿元。

（5）野生动植物驯养繁育逐渐壮大。全省现有野生动物园一家，重点保护野生动物驯养单位355家。野生动物养殖规模300多万头（只），野生动植物产品的年贸易额达200亿人民币，年均出口创汇1亿美元，带动中药、服装等相关产业增加收入60亿元。形成了全国最大的药材市场——安国祁州药市，全国最大的皮毛市场——蠡县留史皮毛市场。全省中药材产值从1999年的24416万元增长到2006年的134411万元，增长了4.5倍。

（6）特色蔬菜、食用菌和种苗业健康发展。2006年，张家口市建成了以坝上四县为主的蔬菜主产区，面积127.1万亩，产量449.3万吨，成为全国五大蔬菜基地之一。承德市利用刺槐等资源发展食用菌栽培，食用菌规模发展到1.35亿盘，年产量11.3万吨，产值达到9亿元。全年林木种苗培育完成产值2.1亿元，成为促进农民增收的新的增长点。

二、沙区后续产业发展前景分析

（一）有利条件

（1）党中央、国务院和省委省政府高度重视。国家下发了《中共中央、国务院关于加快林业发展的决定》、《国务院关于进一步加强防沙治沙工作的决定》。河北省下发了《中共河北省委 河北省人民政府关于推进林业跨越式发展的决定》、《河北省人民政府关于进一步加强防沙治沙工作的决定》和《中共河北省委 河北省人民政府关于推进社会主义新农村建设的指导意见》，并把畜牧、蔬菜和林果业作为农村经济的三大主导产业之一。这些重大政策部署都为后续产业发展提供了千载难逢的发展机遇。

（2）农业结构调整为后续产业提供了广阔空间。农业产业结构调整极大地推动了速生丰产林和经济林建设。目前，在我省平原农区，农民、企业和其他经济实体经营丰产林和名优新果品的积极性非常高，名优果品和丰产林建设已成为农村产业结构调整的新亮点。

（3）国家重点工程建设对后续产业产生较大的带动作用。京津风沙源治理、退耕还林等重点生态工程的实施，强力带动速生丰产林和经济林基地建设，促进了种苗业的发展，特别是对解决木材加工业原料林基地建设滞后、完善产业链条产生了重要作用。重点生态工程的实施，改善了沙区的生态环境，为生态旅游提供了保障，促进了旅游产业的发展。

（4）土地资源和地缘优势突出。河北省的沙区面积广阔，分布广泛，气候条件多样，既有气候冷凉的坝上沙区，又有水热资源丰富的平原，适宜发展的沙产业品种、类型较多；同时，我省地处京津两大直辖市周围，东临渤海，沙产业的产品与京津和国外互补性强，可以面向国内外两个市场，我省的优势果品和特色农副产品将更多地走出国门、打入京津。随着国内经济的快速发展，木材加工产品的市场不断扩大，为林板产业化发展提供了广阔的市场空间。

（二）制约因素分析

（1）产业体系不完善。木材加工业基地滞后于龙头，全省木材加工企业多，木材消耗量巨大，以丰产林为主的原料林基地建设滞后，森林可利用资源匮乏。随着天然林保护工程的实施和林区采伐限额的逐年调减，原材料短缺将成为制约我省人造板业发展的“瓶颈”。果品业龙头企业滞后于基地，突出表现为加工、贮藏能力不足，科技含量低，商品化处理落后，市场体系不健全，组织化程度低。森林旅游业处于起步阶段，扶持力度不够，产业规模小，基础建设、市场发展、经营管理等方面还比较落后。社会化服务薄弱，社会中介组织发育迟缓，产品生产的环保标准和市场准入的质量标准体系亟待健全，

（2）发展资金短缺，税费负担重。我省沙区后续产业企业普遍存在资金缺少、信贷难等问题。由于资金严重短缺，致使一些企业规模较小，难以获得规模经济效益，在市场竞争和产业发展中处于劣势。据调查我省木材税费总额占一次销售价的30%左右，使木材经营者收益减少，制约了农民和企业投资的积极性。

三、下一步沙产业发展的重点和对策

（一）发展重点

（1）加快原料（饲料）林基地建设步伐。对于条件适宜的地区，要紧密结合工程建设建立原料林基地。“十一五”期间，重点建设黄河故道、冀中平原、滦河中下游、滨海平

原、永定河下游、青龙河流域六大丰产林基地，新建基地规模500万亩，形成平原区以生产林板加工原料为主的千万亩用材林基地。发展刺槐基地，为食用菌栽培提供原料。培育柠条等灌木饲料资源，发展饲料加工业，建设沙棘原料林基地，发展沙棘饮料、沙棘油。

（2）完善名优经济林基地。因地制宜，分类指导，科学规划，适当发展名特优新的经济林果，大力发展一些既有较好生态效益、又有较高经济价值的生态经济兼用林。经济林的发展要走规模化、集约化、基地化的路子。到2010年全省果树总面积稳定在2300万亩左右，果品总产量控制在100亿kg，果品业年产值达到360亿元，初步建成“栽植良种化、布局区域化、基地规模化、管理集约化、生产标准化、技术现代化、装备机械化、果农知识化、服务社会化、经营产业化”的现代果业体系，基本实现果品强省目标。

（3）提高林果产品的深加工和商品化处理能力。木材加工业以曲周赛博、冀州华林、正定银港等人造板龙头企业为重点，进行企业技改，促进企业上规模、上水平，带动全省木材加工业高效、持续、健康发展。果品加工业以20家省级龙头企业和80家区域龙头企业为重点，发展出口创汇、精深加工型龙头企业，提高我省果品贮藏保鲜和精深加工能力，逐步建成布局合理、类型多样、资源节约、国际竞争力较强的现代果品产业体系。到2010年全省果品龙头企业辐射带动的果农户数力争占到全省果农户数的50%；果品贮藏能力达到果品总产量的38%，加工能力要达到果品总产量的25%。

（4）大力发展生态旅游业。要充分利用本地区的自然景观优势，加大森林公园和旅游项目的建设力度。切实加大开发力度，着力在基础设施建设、旅游产品开发、服务质量提高上实现突破，形成森林旅游、草原特色旅游、休闲避暑、冰雪运动、狩猎观光、农（林）家乐、民俗游等一批独具特色的生态旅游项目。到2010年，全省建成国家级森林公园28处，省级森林公园50处，森林旅游综合社会产值达到40亿元。

（5）大力发展养殖、种植等产业。要调整畜群结构，改良畜群品种。把舍饲圈养和林下饲养有机结合起来，积极发展特色畜禽类生产。大力发展奶牛，积极推广舍饲圈养，扩大柴鸡、蜜蜂等养殖。按照“加强资源保护、积极驯养繁殖、合理开发利用”的要求，鼓励野生动物驯养繁殖业的发展，促进以野外资源为主向人工驯养繁育为主的转变，确保野生动物资源的可持续利用。充分利用本区适合中药材生长的有利条件，紧密结合工程建设，发展以黄芪、金银花、板蓝根、麻黄等中草药种植业，走“企业带基地，基地带农户”的路子，延长产业链，推进中草药种植业的发展。

（6）积极发展设施农业、特色农业和农产品深加工业。要重点扶持和发展经济效益高、有市场竞争力、促进农民增收的设施项目。利用坝上沙区冷凉资源，适度发展错季蔬菜、瓜果、经济作物。把发展农产品深加工业与乡镇企业发展和小城镇建设结合起来，引导农产品加工企业合理布局，形成规模，更多地转移农村富余劳动力。

（7）食用菌产业。要重点抓标准化生产，对食用菌生产的全过程严格按标准控制，全面提高我国食用菌的质量和安全。切实加强管理，向产业化发展，采取“龙头企业+菇场+专业菇农”等形式，提高劳动生产率，提高产品质量，实现规模效益，增强国际市场竞争力。

（8）种苗产业。要加强种苗基地建设，实现种苗基地化、规模化、集约化生产经营。以市场为纽带，以国有苗圃为主导，走“苗圃+农户”的联合路子，逐步形成一批有特色的、区域化、专业化生产的种苗基地。鼓励集体、个体投资种苗产业，积极参与市场，生产适销对路的种苗。在服务城乡绿化、改善生态环境的同时，积极增加农民收入。

（二）发展对策

（1）加强政策扶持，优化发展环境。加大对沙产业的财政支持力度，对沙产业给以倾斜支持。在切实保护沙区资源和有效防范金融风险的前提下，鼓励有条件的地方吸引社会资本和外资发展沙区后续产业。加强银企联系，抓好国家对治沙信贷优惠政策的落实。对沙区后续产业进一步实行轻税薄费，确立更加合理的产业税目、税基和税率，避免重复收税和多头收费。

（2）扶持龙头企业，提高经营能力和水平。省级重点抓好40个龙头企业，每市抓好2～3个龙头企业，巩固和加强产加销一条龙发展体系。积极发展新龙头，依托现有企业，引进跨国集团及国内企业集团合资合作，实施项目嫁接改造。

（3）加强科技支撑，完善科研和推广体系。对人工培育、加工利用等方面的重点技术进行联合研究攻关，提高后续产业科技含量和资源利用率。加大新技术的应用和推广力度，提高科技成果的转化率，构建产前、产中、产后相结合的社会化服务实体。进一步完善推进技术进步的政策措施，通过技改贴息、税收扶持、财政补助等手段，支持企业科研机构和科研队伍建设，以提高企业自主科技开发能力。

（4）强化行业管理，搞好社会化服务。抓好沙区产业产品经营加工单位清理整顿，规范产品经营加工市场秩序，保证加工业持续、健康发展。抓好产品质量监督检验，促进企业提高产品质量，强化品牌意识，提高市场竞争力。规范经营行为、协调价格、调解利益纠纷，为后续产业的资源培育、生产加工、产品营销提供全方位社会化服务。积极稳妥地发展各种形式的产业行业协会、专业合作经济组织，提高沙区产业的组织化程度。

（5）加大招商引资力度，进一步扩大开放。广泛宣传，积极举办或参加各种招商引资活动，鼓励外商及外省客商在我省沙区投资办后续产业，扩大沙区后续产业利用外资规模；进一步完善有利于扩大产品出口的政策，创新产品出口促进机制，提高产品的国际竞争力。

参考文献

1. 朱俊凤．中国沙产业．北京：中国林业出版社，2004.
2. 刘恕．对沙产业科学内涵的认识．西安交通大学学报，2005，3.
3. 河北农村统计年鉴2000～2007年．北京：中国统计出版社．

近 50 年来中国北方典型地区沙漠化的发展与逆转态势

王　涛

（中国科学院沙漠与沙漠化重点实验室，
中国科学院寒区旱区环境与工程研究所所长、研究员、博士生导师）

摘　要：沙漠化是干旱、半干旱及部分半湿润地区由于人地关系不相协调所造成的以风沙活动为主要标志的土地退化。也可以说，沙漠化主要是发生在人类历史时期，特别是最近一个多世纪以来；强调人地关系及其相互作用，即：只有人类活动对自然环境和资源的不利影响与以风为主导外营力的相互作用下造成的土地退化才是沙漠化。在过去的 50 年里，我国北方沙漠化土地以其广泛的分布和迅速发展构成了区域主要的环境和社会经济问题。对北方 $250\times10^4 km^2$ 范围内的遥感监测和评价结果表明，到 2000 年，主要典型地区沙漠化土地已达到 $38.57\times10^4 km^2$，其中潜在和轻度沙漠化土地 $13.93\times10^4 km^2$，中度沙漠化土地 $9.977\times10^4 km^2$，重度沙漠化土地 $7.909\times10^4 km^2$，严重沙漠化土地面积 $6.756\times10^4 km^2$，它们主要分布在农牧交错带及其以北的草原牧业带、半干旱雨养农业带和绿洲灌溉农业与荒漠过渡带。对 20 世纪 50 年代后期、1975 年、1987 年和 2000 年沙漠化土地遥感监测结果进行对比分析显示，我国北方沙漠化土地自 20 世纪 50 年代后期以来一直处于加速发展的态势，沙漠化土地年均发展速率 20 世纪 50 年代至 70 年代中期为 1560 km^2，1976 年至 1988 年提高到 2100 km^2，1988 年至 2000 年之间达到 3600 km^2。但最近几年来，经过政府和当地人民的共同努力，沙漠化有明显逆转的趋势，大约每年以 1280 km^2 的速度在减少。

关键词：近 50 年来；中国北方；沙漠化土地；态势

1　引　言

荒漠化就是土地退化，主要由沙漠化、水土流失和盐渍化三个部分组成，它作为极其重要的环境和社会经济问题困扰着当今世界，威胁着人类的生存和发展。我国是世界上受荒漠化影响最严重的国家之一。根据《联合国防治荒漠化公约》和我国的实际情况[1,2]，荒漠化可划分为以下各主要类型，即沙漠化（Sandy Desertification）、水土流失（Water Erosion）和盐渍化（Salinization）等，在过去 50 年里，它们的发展速度、分布范围和危害程度都在逐渐增大。我国北方荒漠化表现的主要形式之一就是沙漠化。世纪之交，党中央提出“西部大开发”战略，并提出生态环境建设是西部大开发的首要任务，其中沙漠化的防治就是重要的组成部分。

尽管我国正式提出以“沙漠化”为对象开始多学科综合研究与防治实践是在 1977 年联合国荒漠化大会以后，但实际上在此之前，随着我国北方地区国民经济的发展对防沙治沙工作的需要，我国的科研工作者早就已涉及到一些沙漠化的问题。20 世纪 50 年代后期中国科学院治沙队开展沙漠考察和改造利用研究之初，竺可桢先生在就经常论及到沙漠化方面的问题[3,4]，指出“由于人为的原因，把不应该成为沙漠的地方破坏成为沙漠”，“在陕西和内蒙古伊克昭盟的毛乌素 53 万多 hm^2 沙荒地大都是这样造成的”，即所谓的“人造沙漠”。我国沙漠科技工作者在沙区自然条件与资源、风沙运动规律、农田草场防风治沙、沙区水土资源合理开发利用等方面开展了大量的研究和实践推广工作，为以后在北方地区大规模开展沙漠化研究奠定了坚实的基础[5]。近年来沙漠化研究进入到一个比较全面系统的阶段，其基本的研究思路是：以人—地关系为主线，在时间序列上，将沙漠化环境背景的形成演化、沙漠化与沙尘暴的现代过程及其在全球变化格局下的发展趋势的研究系统化，以揭示沙漠化的形成与演变；在空间结构上，将沙漠化地区的生态环境退化过程与区外乃至全球的大气环流格局视为统一的环境动力系统进行研究，以揭示沙漠化与沙尘暴的空间分异及其对环境和社会经济的影响。通过定量认识人类活动和自然因素影响下研究沙漠化的演变规律及其调控的理论依据和技术途径，为沙漠化防治提供科学基础。

在沙漠化研究中，比较重要的和进展较快的内容之一就是沙漠化土地的动态监测与评价。这在国际上也是活跃的一个领域，通过遥感与 GIS、计算机模拟等先进手段，基本达到理论与实验相结合、定性与定量相结合、现状与预测相结合的水平，这充分反映于“荒漠化指征手册”、联合国粮农组织（FAO）的“荒漠化评价与制图的暂定方法”、“土地退化野外调查手册”和《世界荒漠化地图集》等研究成果中。国内这方面的研究在理论、技术和应用上也都有了长足的进展。

根据近 30 年来在我国北方土地退化区域的研究与实践，我们认为：沙漠化是干旱、半干旱及部分半湿润地区由于人地关系不相协调所造成的以风沙活动为主要标志的土地退化。也可以说，沙漠化主要是发生在人类历史时期，特别是最近一个多世纪以来；强调人地关系及其相互作用，即：只有人类活动对自然环境和资源的不利影响与以风为主导外营力的相互作用下造成的土地退化才是沙漠化。据朱震达等人通过遥感监测以及野外调查的手段统计和分析指出[5]，20 世纪 50 年代末至 70 年代中期，我国北方沙漠化土地以年均 1560 km^2 的速度发展，其中已经沙漠化的土地达 17.6×10^4 km^2，轻度和受潜在沙漠化威胁的土地为 15.8×10^4 km^2；之后的 10 多年里，沙漠化土地则以年均 2100 km^2 的速度继续蔓延，到 1980 年代后期沙漠化土地面积已经达到 33.3×10^4 km^2。为了进一步查明我国沙漠化土地自 1987 年到 2000 年的发展态势及其趋势，我们对 2000 年我国北方沙漠化土地的状况进行了野外调查和遥感动态监测，并通过与前三期监测结果的对比，对近 50 年来沙漠化土地的时空变化特征及趋势进行了分析。

2 主要典型地区沙漠化土地遥感监测结果

为了深入了解我国北方沙漠化地区的土地利用形式，以便更好地分析沙漠化的形成机制，2000 年的监测内容不仅包括了沙漠化土地的分布、分级和分类，还对所有监测区域的土地利用方式做了详细的判读。本文在这里只对沙漠化土地的监测结果（表 1）进行详细介绍。

从对表 1 的分析中可知，2000 年我国北方主要典型地区沙漠化土地以潜在和轻度沙漠化土地所占面积最大，约 13.93×10^4 km^2，占沙漠化土地面积的 36.1%，占监测区域面积的 5%；中度沙漠化土地所占面积次之，约 9.977×10^4 km^2，占沙漠化土地面积的 25.9%，占监测区域面积的 4%；重度沙漠化土地 7.850×10^4 km^2，分别占 20.5% 和 3%；严重沙漠化

表1 2000年北方主要典型地区沙漠化土地分布面积（km^2）

地 区	监测面积	潜在和轻度沙漠化土地	中度沙漠化土地	重度沙漠化土地	严重沙漠化土地	沙漠化总面积	占监测面积比
呼伦贝尔沙地	83615.0	17890.00	852.00	1990.00	161.00	20893.00	25.0%
松嫩沙地	51588.0	1909.76	1386.25	460.43	8.94	3765.00	7.3%
科尔沁沙地	105603.8	30669.32	9008.79	5815.42	4673.99	50167.52	47.5%
内蒙古锡林郭勒盟	181309.8	20999.21	11300.09	7274.83	5595.37	45169.49	24.9%
内蒙古乌兰察布盟	60967.9	9079.36	3782.65	278.44	41.57	13182.02	21.6%
坝上地区	46013.0	7824.30	3680.73	1302.42	243.87	13051.33	28.4%
库布齐沙地	87158.5	5214.02	13025.43	5705.72	2338.44	26283.59	30.2%
毛乌素沙地	97352.0	20509.82	14333.78	7949.56	10679.33	53472.49	54.9%
石羊河流域	120172.0	2243.32	3692.43	16704.70	10005.36	32645.81	27.2%
黑河流域	202946.0	352.72	1568.20	2852.47	10090.82	14864.2	7.3%
库姆塔格地区	172731.0	2594.94	4341.53	1823.95	325.14	9085.56	5.3%
三江源地区	89996.0	7728.00	2586.00	1314.00	1377.00	13005.00	14.5%
柴达木地区	446562.7	3008.38	11170.07	2835.49	2606.50	19620.44	4.4%
新疆北部地区	272552.0	5715.39	13609.29	12948.15	9046.60	41319.43	15.2%
新疆中部地区	158843.0	2238.78	2502.04	4397.90	6552.30	15691.02	9.9%
新疆南部地区	386651.0	1290.28	2929.70	5437.88	3813.08	13470.94	3%
全部监测地区	2564062.0	139267.60	99768.98	78508.85	79091.35	385686.80	15.0%

土地面积 7.909×10^4 km^2，分别占17.5%和3.1%。潜在、轻度以及中度沙漠化土地占了沙漠化土地总面积的60%以上，这说明在我国北方干旱半干旱生态环境脆弱的地区，大面积土地已经进入沙漠化发展初始阶段，面临着严重沙化的危险。因为当原始草地植被出现退化或地表开始出现裸斑等沙漠化初期症状之后，不合理的人类活动的加剧，就有可能出现大面积的流沙，以及随之而来的沙丘，当沙漠化土地发展到严重阶段之后，就很难恢复和治理。同时，潜在、轻度以及中度沙漠化土地的面积较大在某种程度上也有其有利的一面，那就是通过约束人类的不合理活动以及采取有效的治理措施，这些土地较容易得到逆转。

与1987年监测的结果相比较，虽然局部地区经过十几年的治理有所逆转，沙漠化土地面积减少，程度有所减轻，但全局来看，发展大于逆转，尤其近十几年的发展速度较以前有明显增加，到2000年沙漠化土地总面积增加了4.674万 km^2，总面积至少已达到38.57万 km^2，年平均增长3595 km^2。

3 沙漠化土地演变特征及趋势

结合我们以往的研究，可以将近50年来我国北方沙漠化土地发展的特征总结为：面积扩大、速度加快。以发展的速率来说，20世纪50年代后期至1975年沙漠化土地年均扩展速度为1560 km^2、1975年到1987年为2100 km^2，1988年到2000年为近3600 km^2。将我国北方沙漠化土地在1975年、1987年和2000年的分布状态列于表2。

表 2　中国北方典型地区土地沙漠化发展趋势（km^2）

地区	1975 年			1987 年			2000 年		
	监测面积	沙漠化面积	%	监测面积	沙漠化面积	%	监测面积	沙漠化面积	%
河北坝上草原农垦区东部	3471	762.3	21.9	3471	1336.6	38.5	17715	2213.6	12.5
河北坝上草原农垦区西部	13833	1761.7	12.7	13833	3272	23.6	13803	4756.8	34.5
察哈尔草原农垦区及牧区	9056	2848.3	31.5	9056	5992.9	66.1	28957.7	14148.2	48.9
科尔沁地区（哲盟及乌盟）	105573	51384	48.7	105573	61008	57.8	105604	50198	47.5
乌盟后山草原牧区及农垦区	46660	10476.4	22.5	46660	18121.2	38.8	60968	13182.1	21.6
内蒙古伊盟鄂尔多斯草原	49112	43407	88.3	49112	45973	93.6	64453	45751	80.1
神木、横山、靖边、定边	18046.4	7808	43.3	18046.4	8166.9	45.3	23547	8221.7	34.9
鄂尔多斯草原西南（盐池）	6761.2	1368.9	20.2	6761.2	1845.5	27.3	6744	3495	51.8
阿拉善荒漠西部黑河下游	16200	3480	21.5	16200	5955	36.8	82596.3	11435	13.8
柴达木盆地昆仑山前平原	7920	4400	55.5	7920	5573	70.4	74360.4	8694	11.7
古尔班通古特沙漠边缘	/	/	/	/	/	/	272552	41319.4	15.2
塔克拉玛干沙漠边缘	/	/	/	/	/	/	386651	13471	3.5

根据对表 2 分析，1975～2000 年，我国北方主要典型地区沙漠化土地演变的总趋势有以下几个特征：

（1）重点监测地区的沙漠化土地呈现继续发展的趋势：如河北坝上草原农垦区、察哈尔草原农垦区及牧区、鄂尔多斯草原西南、阿拉善荒漠西部黑河下游和柴达木盆地昆仑山前平原地区；

（2）一些典型地区的沙漠化土地在 1975 年和 1987 年间呈现缓慢蔓延的态势，而在随后的 10 多年里则处于稳定的状态：如内蒙古伊盟鄂尔多斯草原、神木－横山－靖边－定边地区；

（3）一些典型地区的沙漠化土地在 1987 年以前一直是发展比较严重的，但在 1988 年和 2000 年间经过治理和恢复，不仅发展的态势得到了控制，而且呈现出逆转的趋势：如科尔沁地区（哲盟及乌盟）和乌盟后山草原牧区及农垦区。

（4）近 10 年来，国家在北方大力实施“退耕还林（草）”、生态建设和“三北防护林工程”等，在人力物力、科技研究和示范推广等方面都加大了投入的力度，经过中央部门、地方政府和人民的共同努力，沙漠化有明显逆转的趋势，大约每年以 1280 km^2 的速度在减少（国家林业局 2005 年数据）。

4　结　论

（1）沙漠化是干旱、半干旱及部分半湿润地区由于人地关系不相协调所造成的以风沙活动为主要标志的土地退化。对沙漠化土地的动态监测，主要是以遥感数据和计算机为手段获取及分析信息方面具有直接应用价值的指标为主：即，风蚀地或流沙面积所占该地区面积的百分比和地表植被覆盖度（主要指草场、林地）。据此，建立并应用了中国北方沙漠化土地分类分级系统。

（2）遥感监测结果表明，2000 年我国北方主要典型地区沙漠化土地总体上仍呈现扩大的趋势，达到 $38.57\times10^4km^2$，其中潜在和轻度沙漠化土地 $13.93\times10^4km^2$，占沙漠化土地面积的36.1%；中度沙漠化土地 $9.977\times10^4km^2$，占25.9%；重度沙漠化土地 $7.850\times10^4km^2$，占20.5%；严重沙漠化土地面积 $7.909\times10^4km^2$，占17.5%。沙漠化土地主要分布在农牧交错带、半干旱雨养农业带、绿洲灌溉农业带和纯牧业带，这些区域是应我国近期实施沙漠化防治工程的重点。

（3）我国北方沙漠化土地自20世纪50年代后期以来一直处于加速发展的态势。沙漠化土地年均发展速率从20世纪50年代到70年代中期的1560 km^2 提高到70年代中期到80年代后期的2100 km^2，80年代后期到2000年则增加为3600 km^2。

（4）但最近几年来，经过政府和当地人民的共同努力，沙漠化有明显逆转的趋势，大约每年以1280 km^2 的速度在减少（国家林业局2005年数据）。

参考文献

1. UN. United Nations Convention to Combat Desertification in Those Countries Experiencing Serious Drought and/or Desertification Particularly in Africa. 1994.
2.《中国荒漠化（土地退化）防治研究》课题组. 中国荒漠化（土地退化）防治研究. 北京：中国环境科学出版社，1998.
3. 中国科学院治沙队. 竺可桢教授在中国科学院治沙队学术会议及工作会议上的历次讲话. 治沙通讯，1959～1961.
4. 竺可桢. 变沙漠为绿洲.//竺可桢文集. 北京：科学出版社，1979.
5. 朱震达，刘 恕. 中国的沙漠化及其治理. 北京：科学出版社，1989.

中国北方农牧交错带社会主义新农村建设的思考（节录）

孙保平[1]　罗弘[2]　杨越[1]　等

（1. 北京林业大学；2. 北京华田茂林生态科技有限公司）

摘　要：本文在现代农业发展与政策环境的背景下，结合国家级新农村示范建设的目标与理念，从中国北方农牧交错带典型区域的实际情况出发，在对区域现状分析及定位的基础上，提出区域社会主义新农村建设的原则、目标、技术路线及措施等方面的内容，并对区域社会主义新农村建设的发展策略及产业构建模式和规划建设管理进行系统的阐述，为最终建成中国北方农牧交错带新农村建设典型示范区和推动我国农村建设与社会经济协调发展做出贡献。

1　概　述

全球经济已即将全面进入绿色经济时代，在中国整体经济强大的发展动力支撑下中国农业的现代化进程应该完成跨越式发展、与全球绿色经济同步实现全球的和谐。

1.1　现代农业发展与政策环境

2007 年中央一号文件明确指出，发展现代农业是新农村建设的首要任务，加强“三农”工作，积极发展现代农业，扎实推进新农村建设，是全面落实科学发展观、构建社会主义和谐社会的必然要求，是加快社会主义现代化建设的重大任务；同时确定了发展现代农业的基本思路，即“用现代物质条件装备农业，用现代科学技术改造农业，用现代产业体系提升农业，用现代经营形式推进农业，用现代发展理念引领农业，用培养新型农民发展农业，提高农业水利化、机械化和信息化水平，提高土地产出率、资源利用率和农业劳动生产率，提高农业素质、效益和竞争力。”

1.2　国家级新农村示范区建设的目标与理念

国家级新农村示范区建设，需要以绿色经济的理念和循环经济的原则参与落实中央关于发展农村经济、切实解决“三农”问题；并且以全国农垦集约化、规模化、标准化农业生产体系为标杆，积极参与国家社会主义建设新农村试点工程，获得以国家投资为主的项目融资体系；整合国内外与现代农业经济发展相关的一切可用资源，将试点项目建设成符合地区农业发展现状的需求，又符合当地乃至全国范围类似农牧区农业产业经济发展特点的现代农业产业发展模式；创新性地打造全新的以循环经济模式组合产业为核心、以绿色经济理念为指导的绿色生态产业基地和以高效农业为特点、以国际现代农业技术及产业管理人才的交流、培训及推广为重点的“全球合作绿色产业示范基地群”，同时，在建立农业龙头企业及区域农村金融系统的基础上，为中央在全国全面推广新农村建设项目提供标准化依据。

1.3 北方农牧交错带典型区域新农村建设的示范作用

我国北方农牧交错带生态脆弱区——张北县，地处河北省北部坝上，是国家京津风沙源治理和水资源保护重点工程建设区；既是天然草场退化、土地生产力下降、风沙危害严重的地区，也是反季无公害蔬菜种植和畜牧养殖重点区域；该区域风、光电资源和生态旅游资源丰富，具备经济发展与农村龙头企业建设的潜力和基础。

2 新农村建设项目区概况

2.1 自然地理概况

张北县位于河北省西北部，总面积4185km^2，总人口 37 万人。张北县气候恶劣，属温带大陆性季风气候，年平均气温2.6℃，气温日较差在13～15℃以上，春季干旱风大，多年平均大风日数63.3天；夏季多降雨，并常伴有冰雹；土壤贫瘠，属栗钙土类，自然植被多为草滩，草场退化、土壤沙化严重；水资源短缺，河流大部分为季节性内陆河流，河床浅，曲率大，径流量小，年平均降水量400 mm，但年蒸发量为年降水量的4～5倍。属于生态环境脆弱区。

2.2 社会经济概况

张北县总人口37万，现辖18个乡镇，366个行政村。张北县农产品产量普遍低而不稳。全县年生产莜麦5万吨，杂豆3.5万吨，亚麻1.5万吨，马铃薯24万吨，甜菜10万吨，秸秆6.4万吨。张北县畜牧业发达，县内建有大型畜牧、皮毛市场，年提供各类活畜30万头，牛羊肉3万吨，毛皮200多万张，羊毛2500吨，张北县依托本地矿产、农畜产品、劳动力等资源，形成以皮革、皮毛、化工、建材、肉食、制糖、酿酒、酵母、服装、鞋帽、机械等产业构建的基本工业体系。2007年全县实现地区生产总值25.32亿元，城镇居民人均可支配收入7930元，农民人均纯收入2773元。张北地区农村产业结构以种植业和养殖业为主，农作物种植有玉米、马铃薯、莜麦、谷子、甜菜、白菜、萝卜、油菜等；家畜养殖以羊、肉牛、奶牛为主。

3 现状分析（SWOT）及定位

3.1 社会主义新农村建设的优势和机会（略）

3.2 （略）

3.3 社会主义新农村建设的相对劣势和主要问题

项目区地处农牧交错带，区内干旱、降水少、土壤贫瘠、风沙较大；植被物种单一，林分结构不合理，生态景观单调；基础设计及公共服务设施有待完善；农业基础设施薄弱，耕作机械化水平低；养殖维持传统方法，新技术支撑不足；农业种植技术不规范，农作物种植施肥不足，特别是缺乏有机肥；农业用水缺乏统筹使用，灌溉技术水平低；区内无规模化加工业，且无龙头企业；所在地村庄规模小，所辖居民点过于分散，不便管理；家庭承包土地，耕作面积小，无法实现轮作和集约化管理；农村文化教育设施简陋，村民文化程度较低；农民人均收入低，经济发展滞后。全球气候变暖及区域内生态状况恶化可能增加自然灾害风险；对生态环境保护认知不高，过度利用等会造成土地退化现象；相近区域产业竞争、资金竞争会影响产业体系构建；市场自身变化可能对经济发展造成波动。

3.4 （略）

3.5 社会主义新农村建设的定位

在可持续发展、循环经济模式下，集成中国生态脆弱带生态修复技术、沙化盐碱化土地改良技术、优良植物种繁育栽培技术、节水抗旱技术、生物多样性优化配置技术和动植物保护技术等，建立稳定的具有高原特征的森林生态、草原生态、农田生态、水环境生态和人文生态系统，构建京津区生态屏障，打造北京后花园，创建最佳人居环境。将张北项目区建设成为国际生态环境保护及生态产业化建设示范与技术展示平台；同时，探索中国北方新农村建设模式和现代管理体系。

4 新农村建设的原则、目标和技术路线（略）

5 发展策略及产业构建模式（略）

6 新农村规划建设管理

管理机构的健全和管理机制的创新决定着新农村建设的水平和步伐。切实加强规划建设管理工作，将新农村建设的总体目标落实到规划编制、基础设施建设、生态环境整治等各个方面。建立健全村镇建设管理机构，理顺管理体制，努力建设一支政治素质高、业务素质精、人员相对稳定的建设管理队伍，实行规划编制、建设管理、执法监察“三位一体”的科学管理体制，以适应建设社会主义新农村的需要。

6.1 新农村规划与管理的理念与方法

（1）以发展经济为目标，合理布局产业规划。从人类社会发展规律来看，生产力决定生产关系，生产力是社会发展的决定性因素。产业是农村经济的支柱，是农民的生命线。新农村建设更应合理利用土地，改善农民生活条件，以农民持续增收为中心。所以，新农村规划建设必须与产业发展规划相协调，否则一切规划将是空中楼阁，只能“墙上挂挂”。编制新农村规划，应根据村庄自身及周边条件的不同，选择不同的支柱产业，积极推动产业结构调整，发展宜农产业。积极引导在产品类型和产业链分工上寻求差异发展，做好切实可行的产业布局规划，分别规划发展效益农业、畜牧养殖业、工业和生态旅游业等产业。

（2）运用“反规划”理论，保护生态空间与环境。“反规划”是规划与设计一种新工作方法。即首先从规划和设计非建设用地入手，而非传统的建设用地规划，从而使生态基础设施得以延续和发展。对于新农村规划设计而言，应极力保持农村原有的田园风光、植被原貌，在细节设计上最大限度保留和利用农村的现有资源，将中国古代“天人合一”的哲学理念融入新农村建设之中，使规划的建筑映在田园式的风光中，使二者有机地合为一体。具体就是要强化整体山水格局的连续性，维护河流和海岸的自然形态，保护和利用农田作为村庄的有机组成部分，保护建立多样化的生物环境系统，恢复乡村原有的风貌格局等。

（3）合理规划公共设施，加大基础设施建设。农村的公共服务设施可分为两类：一类是公益型，如文化、教育、医疗卫生、体育、行政管理等；另一类是商业服务型，如小商店、修理店、农副产品加工点等。农村公共设施的类型、规模、经营模式的规划，要适应农村人口规模、人口结构和农民生产生活方式的转变。公共设施的选址和布局要科学，宜集中布置形成中心。教育、文化和医疗卫生是公共服务设施建设的重点。农村基础设施建设要因地制宜，充分利用本地资源，既要达到改善条件的目的，又要节省投资、减轻农民负担。农村道路建设不必像城市道路又直又宽；农村给水有条件的地方可引入城市自来水，无条件地方可通过高位水池供水，水源采用地下水或山泉水；农村污水处理可采用氧化池、塘，处理后可直接农用和灌溉；农村供气宜推广集中沼气处理技术，农村电源除依靠大电网外，可发展风光伏电利用。

（4）强化安全意识和防灾意识。在我国广大农村和村镇，由于没有相应的部门管理和法律约束，农民住宅一般不进行正规建筑设计，安全隐患多，防灾能力十分薄弱。在新农村建设中，安全应是首先要考虑的问题。一方面应重视村庄选址，要避开洪水淹没区、采空区、沉陷区、地质断裂带和山洪、泥石流、滑坡、崩塌等地质灾害可能发生的地带；另一方面要重视住宅的建筑设计，一并考虑建筑防洪、防火、防雷的配套设计和建设。

（5）利用自然人文资源，突出地方特色。新农村建设应根据村庄整体风格特色、农民生活习惯、传统文化、地形与外部环境条件等因素，确定具体的布局形式、建筑风格和组合形式。建筑要结合地形地貌，对山体和水体要充分利用和合理改造，营造“有山有水、青山绿水、显山露水”的“山水村落”和“生态村落”。利用能反映地域特色的地方材料，保存并维护好村庄中具有一定历史、科学与艺术价值的传统建（构）筑物，村庄建设应有机更新。新建建筑空间形态与建筑风格应充分与环境相协调，规划成具有特色且适合农民生活方式的村镇。

6.2 新农村规划管理实施与保障

（1）健全管理机构，创新管理机制。创建以政府为主导、企业联合体为核心、社区居民委员会为基础的新型管理机制，是社会主义新农村建设成败的关键。应充分发挥政府的主导作用，完善政策保障和社会服务体系，构建发展平台；应打造农业龙头企业，建立现代企业管理制度，利用企业资金筹措、市场开拓和技术创新优势，保障新农村建设的快速发展和经济的稳定持续发展；通过社区居民管理委员会形式，建立民主管理与监督机制，完善农村社会保障体系，保障村镇居民的基本利益。高效合理的新农村建设与发展管理机制建立，将给未来新农村建设的发展带来新的活力。

（2）制定相关法规，创建法制环境。为规范农村社区和村民住宅的规划建设和管理，应尽快研究制定《农村社区规划建设管理办法》等法规。遵循统一规划、合理布局，节约土地、集约发展，因地制宜、突出特色，政府引导、依靠群众，试点示范、逐步推进的新农村规划建设指导原则，建设和验收管理程序与具体办法，做到有法可依、依法办事。

（3）增强农民规划意识，尊重农民建设意愿。农民是新农村建设的主体，新农村建设取得好的成绩，就要增加农民的规划意识，使广大农民主动接受规划，自觉维护规划，严格按规划实施建设。要让农民理解规划意图，规划图纸要简单明了，文本和说明书应言简意赅，文字应通俗易懂。应发挥农民的积极性，不搞大包大揽，增加农民对村庄规划的知情权、参与权，在规划编制中要广泛征求农民意见，反映农民的愿望和要求，保护农民利益，要尊重地方风俗和农民生活习惯，做到农民满意、村委会满意、政府满意。

（4）有序地推进迁村并点工作。迁村并点关系到农民的生存基础和根本利益，宜有序推进，决不能强制推行。我国农村由于历史原因，大多聚族而居，宗族观念较强，为此要做好睦邻友好工作，消除排外思想。必须由乡镇村组织做好迁入村民的征地和拆迁工作，并统一做好规划设计，统一建设好房屋基础、道路、水电等基础设施。

（5）建立培训制度，提高管理水平。加强村镇规划建设管理知识培训，是提高村镇规划建设管理水平的重要手段。针对村镇规划建设管理队伍素质不高、专业水平参差不齐，乡镇领导干部的管理水平和意识有待进一步提高的实际，建立村镇规划建设管理培训制度，分期、分批对村镇建设助理员、技术人员，尤其是中心镇、示范镇的建设管理人员和技术人员的培训。

7 新农村建设的若干建议

（1）社会主义新农村规划建设要以转变观念作先导。建设社会主义新农村的主体是农民，这点一定要明确。既然农民是主体，那首先就要解决农民观念问题。中国几千年的封建社会，形成了根深蒂固传统保守的农民意识。目前大多数农民生产、生活方式及观念仍处于传统落后状况，‘日出而作，日落而息”，“金窝银窝，不如自己的狗窝”。在推进社会主义新农村建设的过程中，难免出现传统观念与现代观念的冲突与碰撞。观念问题不解决好，农民自身的主体作用就不能很好的发挥，社会主义新农村建设就难以实现。所以，在社会主义新农村建设中，观念更新很重要，观念更新要先行。要加强宣传教育，努力提高农民科学文化素质；以直观、形象、眼见为实的事例，加以引导，使现代化的、科学的生产、生活方式和观念为农民所接受，进而发挥他们在建设社会主义新农村中的主观能动作用。

（2）社会主义新农村规划建设要以产业作支撑。生产发展是第一位的，生产发展是基础。要建设好社会主义新农村，一方面是要加大对农村公共基础设施的投入，改善生产、生活的硬件条件，改变竞争中的弱势地位，提高招商引资的吸引力，逐步形成自我发展的能力。而更重要的一方面，是要在社会主义新农村建设的进程中，因地制宜，根据当地的经济和自然条件，不断调整和优化产业结构，形成当地的支柱产业。也就是说要增强其造血功能。要加强农业产业结构调整。即使是农业，也可以形成特色，形成优势。我国的农业大多数处在“社会主义初级阶段”，种植品种单一，经济价值含量低。在看到落后的同时，也应看到，我国农业也有着很大的发展空间和前景。要加强第二、三产业。工业在振兴农村经济中发挥着举足轻重的作用。我国农村普遍第一产业过重，产业结构单一，第二、三产业亟待加强。只有生产发展了，造血功能加强了，才能从根本上杜绝脱贫又返贫的现象，才能夯实农村的经济基础，才能避免一时的虚假繁荣，才能使社会主义新农村建设走上正确的、良性循环的发展道路。

（3）社会主义新农村规划建设要以技术作指导。建设社会主义新农村，重在建设二字。尤其要高度重视以技术作指导。比如在人居环境、农田水利、生态产业、生态旅游、节能建筑、服务保障体系建设中，都有很高的技术要求，因此在当前社会主义新农村规划建设中，应该从实际出发，结合当地自然条件和建筑材料，积极推广适应农村需求的实用技术和产品，为农民提供科学合理的建设发展方案和模式，引导农民将有限的资金用于提高生产和生活质量、改善居住环境、促进经济发展上来。

（4）社会主义新农村规划建设要以体制作保障。建设社会主义新农村，是一个全面的目标，又是一项长期的任务。既不能无所作为，又不能急于求成。关键是要深化改革，稳定完善农村基本经济制度，改革农村投融资体制，拓宽农村资金渠道，深化粮食流通体制改革，建立统筹城乡发展的体制，从体制机制上为新农村建设提供保障体系。

总之，社会主义新农村建设是一个全新课题，其规划与管理尚处于探索前进阶段，如何让规划与管理较好地服务社会主义新农村建设，充分突显社会主义新农村建设重大意义和作用，还需要我们不断探讨与完善。

防沙治沙要以人为本，树立五个观念，发展循环经济，兴办沙产业

朱俊凤
（中国治沙学会副理事长兼秘书长）

摘　要：防沙治沙是世界关注的重要课题。世界防治荒漠化日，是人类共同的行动。防沙治沙要以人为本；树立5个观念，在特定的自然条件下，必须发展循环经济，兴办沙产业。

关键词：防沙治沙　循环经济　沙产业

2006年是国际荒漠化年，2008年6月17日是第14个世界防治荒漠化与干旱日。本次会议原打算在6月17日召开，由于准备工作来不及，所以今天在银川召开“中国首届沙产业高峰论坛”。从会议内容、规模，到出席会议的领导、专家来看，这是一次重要的会议。

中国沙漠化发展趋势依然十分严峻，经过50年治理，一些地区土地沙化仍在扩展，已治理的沙化土地生态比较脆弱。要认真总结经验教训，科学分析沙漠化的原因，解决深层次问题。治沙是一项复杂的系统工程，要多学科、多部门协调配合，从产生沙漠化的“五滥”抓起，按照分类指导的原则，采取不同的技术措施。造成土地沙漠化的原因很多，但归根结底还是人。因此，治沙要以人为本，从源头抓起，解决好沙区农牧民三个实际问题，治沙要与致富相结合，“沙区农牧民不富、沙源永远治不住”。因此，防沙治沙要树立五个观念，发展循环经济，兴办沙产业，这是繁荣沙区的重要途径，也是中国治沙学会多年来研究治沙形成的基本思路。我今天主要讲三个问题：一是世界防治荒漠化与干旱日的来历；二是防沙治沙要树立五个观念；三是以循环经济为指导发展沙产业。

一、世界防治荒漠化与干旱日的来历

“我们只有一个地球”，怎样保护好我们赖以生存的地球，是我们人类共同面临的任务。为了提醒全世界保护全球生态环境，要求各国政府和公众统一行动，强化意识，联合国制定一些活动日、纪念日等，呼吁全世界人民为维护地球生态，改善人类环境而共同努力。

1992年6月在巴西里约热内卢的环境与发展大会上通过的“21世纪议程”决定制定“生物多样性”、“气候变化框架”、“防治荒漠化”三个国际公约。从此将荒漠化防治列入“21世纪议程”优先采取行动的领域。环境与发展大会之后不久，联合国大会通过了47/188号决议，成立了《联合国关于在发生严重干旱和/或沙漠化的国家特别是在非洲防治沙漠化的公约》政府间谈判委员会。公约谈判从1993年5月开始，历经5次谈判，于1994年6月17日完成定稿。由外交部、林业部、国家环保总局等单位的领导、专家组成的中国代表团一行7人参加会议，中国治沙学会副理事长兼秘书长朱俊凤、副理事长朱震达为代表团成员。

6 月 17 日确实是一个令人难忘的日子。第 5 次政府间公约谈判会议是 1994 年 6 月 6 日至 6 月 17 日在法国巴黎召开。经过历时 12 天的大会、小会谈判、协商，终于于 6 月 17 日晚上 7 时大会复会，公约稿进行逐条的通过。在会议进行过程中，各国代表发言踊跃，有些问题争论仍然很激烈。艰苦的谈判，激烈的争辩，严肃认真的气氛，充满整个会议大厅，直到 17 日夜间 12 点“公约”整个内容还没有通过一半。大会主席风趣地说：“谈判日程要求我们 6 月 17 日必须完成，现在钟只好停了，让时间等我们一会儿，我们继续开会。”会议一直开到 6 月 18 日早 8 时，才通过“公约”全部内容，完成定稿。真是艰苦的谈判，难忘的一夜。6 月 17 日是到会的 100 多个国家和世界组织代表难忘的日子，是国际社会的防治沙漠化公约达成共识的日子，是国际社会落实环发大会任务取得的重大成果，也是防治沙漠化领域的第一个全球性公约，确实值得纪念。世界防治沙漠化日定为 6 月 17 日载入史册，意义重大。

根据中国提出的要求，1995 年 4 月 1 日联合国通知中国，“防治沙漠化公约”中文本使用的“沙漠化”术语用“荒漠化”替代。

二、防沙治沙要树立五个观念

50 年来，防治沙漠化取得很大成绩，特别是最近几年加大了工作力度，取得的成效是前所未有的，同时积累许多经验，出现不少典型。但是，“沙进人退”的局面没有得到根本扭转，治沙的任务任重道远。防沙治沙要树立五个观念：

（1）沙漠也是资源、财富，企图消灭不科学。沙漠是地理、地貌的重要组成部分，是自然界的客观存在，有其自身的运动规律。土地沙漠化是人类不合理开发利用资源和自然因素结合的产物。沙漠和沙漠化土地，自然环境恶劣，给人类生存发展带来巨大灾害，同时也有蕴藏着丰富的自然资源和财富，以科学发展观为指导，保护发展沙区资源，合理开发利用，成为未来人类的能源、食品供应基地。

（2）消灭沙尘暴，违反自然规律。沙尘暴是一种自然现象，是不可能被消灭的。沙尘暴的形成已有几百万年的历史，沙尘暴给人类造成损失的同时，也有其正面效应。中央气象局局长秦大河院士说：“没有沙尘暴就没有中国，就没有我们中华民族。”每到春天，一有沙尘暴发生，有人就会怀疑三北防护林、京津风沙源治理等生态工程所取得的成效。其实，消灭沙尘暴是不符合自然规律，我们需要做的就是要尽量减少发生次数和降低它的破坏程度。从这一观点出发，三北防护林等生态工程的作用是巨大的，多年的牧业丰收，农业增产，也应给生态工程记上一点功劳。

（3）土地沙化的深层次原因是贫困。沙漠化主要原因，除自然因素外，直接原因就是人为造成的“五滥”（滥垦、滥牧、滥挖、滥采、滥用水资源）。深层次原因是“贫困”，国内外实践证明，“沙漠化成了贫困的同义语”。

（4）治沙首先要治穷。50 年来，针对“五滥”采取了不少治理措施，结果是治理→破坏→再治理→再破坏→反复多次，治理速度赶不上破坏速度。究其原因，治理沙漠化没有抓住事物本质。有的专家把人类与荒漠化的斗争，形象的比喻“西班牙斗牛”，每次斗牛总是牛以失败而告终，不管牛做出多大努力，胜利者总是“斗牛士”。因为牛选择了错误目标——红布，没有对准“斗牛士”，否则胜利者肯定是牛。因此，治沙首先要治穷，要以人为本，从源头抓起，实行综合治理。“沙区人民不富，治沙永远治不住”。

（5）兴办沙产业，是沙区致富的重要途径。要重新认识沙区、了解沙区，发挥沙区优势，树立新的资源观、科学发展观，应用高新技术，提高太阳能转化率，保护和发展沙区资源，兴办沙产业。使“沙区增绿、资源增值、农民增收、企业增效、国家增税”。这是繁荣沙区的重要途径。

三、以循环经济为指导发展沙产业

（一）什么是循环经济

所谓循环经济是对物质闭环流动型经济的简称，它是相对传统的线形经济而言的一种经济发展模式。循环经济解决人类社会经济发展对资源无限需求和资源有限的矛盾，解决环境与经济发展造成环境污染的矛盾，最大限度地节约资源和减少对环境的污染。

循环经济的特点：循环经济本质是一种生态经济，是把经济活动与环境紧密联系在一起的经济发展理念。达到“低开采、高利用、低排放”的结果。它的主要特点：①改变线性经济末端治理的传统作法。通过再生资源的加工利用，从源头预防和全过程治理，达到污染排放的最小化。②循环经济可以做到最大限度的节约资源。通过高新技术，将废物转变再生资源，重复使用，即节约资源也有益环境的改善。③循环经济和清洁生产，不仅提高资源利用率，缓解资源短缺，减轻环境压力，而且还大大地提高经济效益。

中国对循环经济非常重视。各地生态工业园正在兴建，今年8月循环经济法将提请人大常委会审议。现已有了初步草案轮廓，支持循环经济的行政强制措施、经济激励、政府与有关主体的义务和责任等。

（二）沙区的资源优势和沙产业概念

在沙区搞循环经济，兴办沙产业，首先是要认识沙区，其次要知道什么是沙产业。钱学森同志凭他渊博的科学知识和20世纪60年代初参加火箭、导弹发射试验与沙漠、戈壁接触和细心观察的实际，产生了发展沙产业的思想。他说：“我国还有沙漠戈壁，面积16亿亩，跟农田面积差不多，每年接受的太阳能也差不多，他们从开发利用沙区资源优势的角度提出沙产业。假使我们运用全部的现代科学技术，包括物理、化学、生物学这样的基础科学，能不能让这16亿亩的沙漠戈壁每年也提供几千亿元的产值呢？有没有这个可能是值得研究的问题”。“我想到那时候，我们国家的国务院恐怕不只有林业部、农业部了，还会有沙业部，因为上千亿元产值是个大事业”。并且指出，中国农业的未来在西部，而不是在东部。

今年6月5日，英国《金融时报》一篇文章，题：沙漠的秘密财富来源，专门论述沙区资源和今后发展前景的报告，读者看了也非常受启发。许多沙区植物将为人类做出巨大贡献，沙区丰富的土地资源是今后经济发展重要空间。

什么是沙产业，沙产业的概念：在沙区利用生物机能，采用高新技术，提高太阳能的转化率，经过人工培育和科学管理，使其不断发展和再生，通过资源合理利用，形成以产品生产、加工和经销为主要内容，具有一定规模效益和持续发展的产业体系，为人类提供生活产品，则称为沙产业。

沙产业的理论基础是生物工程学、生态经济学和产业经济学。其技术路线：多采光、少用水、新技术、高效益。经营特点：资源利用率高、产业化程度高、科技含量高、商品率多、劳动生产率高。

（三）以循环经济为指导发展沙产业实例

1984 年中国科学院院士钱学森提出沙产业概念。20 多年来，经过全国各地的生产实践和有关专家的不断探讨，沙产业的理论不断完善，各种典型大量涌现，产业化水平不断提高，对沙区农牧民的脱贫致富起到了重要作用。沙产业的发展是在生态经济理论指导下的一个新兴产业。随着科学技术的发展，工作一开始，人们都探求从无害化转向减量化和资源化，这实际是在更广泛的社会范围或在消费过程中和消费后各个层次上组织物质和能源的循环。按照资源闭路循环和避免废物产生的思想，来经营和管理企业生产。内蒙古东达蒙古王集团和北京通州永乐店镇的沙产业发展是这一理论实践者和受益者。

【实例 1】 以东达蒙古王集团看沙产业的循环经济发展

东达蒙古王集团地处鄂尔多斯市，库布齐沙漠的边缘。始建于 1996 年，最早从事羊绒加工，近年来积极投入沙产业开发，实施“林纸一体化”战略，大规模地植沙柳，利用沙柳为原料发展造纸业，利用沙柳副产品进行舍饲养羊、养牛，发展畜牧业，取得明显成效。

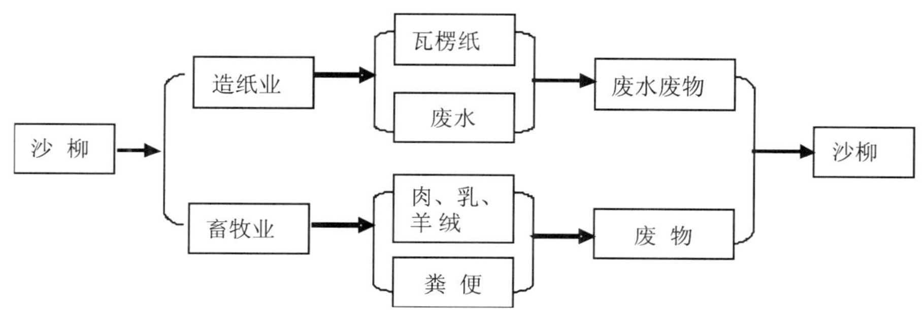

东达蒙古王沙产业循环经济示意图

该公司规划：首期工程年产 10 万吨高强瓦楞纸，箱板纸。种植沙柳已达 70 万亩。利用沙柳三年必须平茬一次的特点，粗枝制浆造纸（约 85%），细梢嫩枝和叶（约 15%）舍饲绒山羊和养牛。并实行林草间作，种植紫花苜蓿、沙打旺、羊柴等优良牧草。目前，饲养 20 万头牛的扶贫工程，其中奶牛和肉牛各 10 万头，总投资 10 亿元。可产鲜乳 2500 吨。饲养 2 万多头绒山羊，建四个羊绒衫厂，上述两项工程达标后总产值可达 42 亿元。可使 3 个贫困县旗的 32 个乡镇 10 万多农牧民脱贫致富。

东达蒙古王沙柳产业化工程，科技是关键：① 抓住沙柳是沙区防风固沙的主要功能和三年必须平茬复壮的特点，发挥沙柳生态功能同时，对平茬后的废物利用的经济效能。② 通过“双高一优”技术改造，解决了造纸厂的污染问题，并且将废水排入芒硝含量高盐碱地变废水为肥田水，从而改造了农田。③ 按照生态工业园区的新概念，运用循环经济的思想，企业之间形成在共生的层次上物质的能源循环。达拉特电厂的冷凝水过去强排黄河，每年还要花 3000 万元污水处理费。现在改为造纸用水，将废水变为回收利用的好水。④ 该集团投入 2000 多万元建立“两所一基地”，即沙漠治理和高产绒山羊研究所以及生态建设基地，为 300 万亩沙柳种植积累经验。山羊绒个体产量由过去 300g 提高到 1080g。⑤ 生态效益与经济效益相结合，是循环经济得以发展的关键，资源节约和环境改善是可持续发展的保证。

【实例 2】 北京通州区永乐店镇沙产业看循环经济发展

北京市林业产业发展取得了突出成绩，2006 年 6 月在通州区永乐店镇召开了现场会，我看了受到很大启示。主要模式有：林菌、林禽、林草、林药、林牧、林桑等。在循环经济指导下，把森林抚育和采伐加工的剩余物等制成菌类的培育基质，废弃的菌棒基质和畜禽粪便经消毒处理后，作为林木、桑树、牧草和药材的有机肥料，提高了产品质量。几种模式紧密联结，形成不同产业链，做到了资源多次利用，是资源节约型和环境友好型的具体体现。2005 年 11 月康德铭等同志，对永乐店镇的林业产业进行了调查，总结出林业产业循环经济示意图如下：

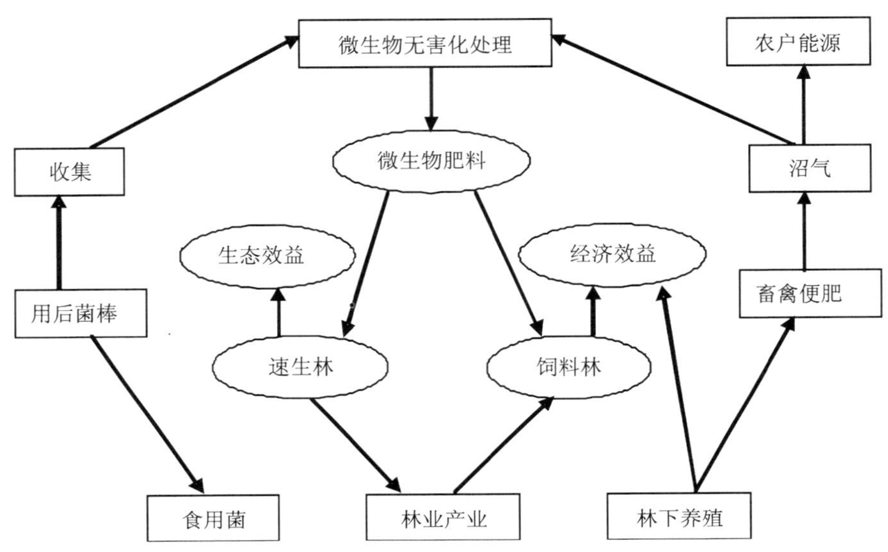

林业产业循环经济示意图

林业产业化促进了农村经济发展、农业增效、农民增收。永乐店镇充分利用林地资源，发展林下绿色经济，实行综合开发，不仅解决了农民增收，还为农林剩余劳动力就业找到途径。仅就林菌间作为例，有的农户纯收入最高达到 14 万元，最少的也有 1 万元，带动农民就业 120 人。全市 150 万亩治沙片林和速生丰产林，如按 5 亩需 1 个人林下种养计算，可以解决 30 万人的就业问题。

参考文献

1. 朱俊凤．中国沙漠化防治．北京：中国林业出版社，1999
2. 中国治沙学会．中国治沙暨沙业研究．北京：石油工业出版社，2003
3. 朱俊凤．中国沙产业．北京：中国林业出版社，2004

我国北方沙区防沙治沙与资源耦合开发高效利用技术研究

申元村
（中国科学院地理科学与资源研究所研究员）

摘　要：本文首先对我国北方沙区域气候、土地、水、生物、矿产资源进行了系统总结，为认识我国沙化区域资源类型、质量、数量，优势资源，劣势资源，特色资源提供了科学依据。其次对防沙治沙技术进行了全面归纳和技术集成。最后以典型区域实施的生态－资源耦合高效开发技术为案例，从单项特色资源开发技术（亿利中蒙药开发技术）、多项治沙技术与综合资源开发技术有机集成（赤峰典型）、区域开发中的大资源，大技术的综合组装（宁夏盐池县沙区）角度进行了开发技术的总结，这些技术将有利于科技成果的转化。

关键词：北方沙区；技术；耦合开发

我国北方沙化区域主要发生于温带、暖温带干旱、半干旱及半湿润易旱区域，面积160.7万km^2，其中干旱区87.6万km^2、半干旱区49.2万km^2及半湿润易旱区23.9万km^2[1]。防沙治沙和发展沙区生产，实现生态－资源－经济－社会可持续发展，已成为今后沙化区域可持续发展的最主要任务。当前的首要任务是必须掌握沙化地区的自然资源、防沙治沙技术，形成防沙治沙－资源耦合开发高效利用技术体系。

1　我国沙化区域自然资源及其利用状况

我国沙化区域具有丰富的干旱区特色自然资源。依据自然资源成分的存在形式和在生产中的作用，可将自然资源划分为气候资源、土地资源、水资源、生物资源、矿产资源五大类。它们的质量、数量及其利用状况如下：

气候资源的生产潜力表现为太阳年总辐射值544～670kJ/（cm^2·a），光合生产潜力11.4×10^4～15.75×10^4kg/（hm^2·a），是我国太阳辐射和光合生产潜力的高值区。但由于地势海拔升高而使温度资源衰减，光温生产潜力降至4.5×10^4～9.0×10^4kg/（hm^2·a）。在降水稀少，年降水量不足400mm，贺兰山以西不足200mm，而蒸发量却在2000mm以上条件下，干旱成为沙漠化区最重要的气候特征，光温水气候生产潜力急剧降低，科尔沁沙地降为3.0×10^4kg/（hm^2·a），河套平原为1.5×10^4kg/（hm^2·a），河西走廊为0.75×10^4kg/（hm^2·a），塔克拉玛干沙漠仅为0.225×10^4kg/（hm^2·a）水平[2]。

土地资源具有如下特点：①区域分异突出，不同区域具有不同土地资源结构，并据结构不同可以划分出暖温带半湿润易旱地区，暖温带干旱地区，温带半湿润易旱地区，温带半干旱地区，温带干旱地区和高寒半干旱、干旱地区等土地资源地区，其下可进一步划分出13土地资源区（图略）。②土地整体质量较低，东部质量高于西部。从整体看，可稳定从事农耕的土地占总土地面积的 17.8%，不宜农林牧利用的土地占 33.94% 。构成上东西差异明显，东部质量高于西部。例如，东部的东北松嫩平原区可稳定从事农耕的土地面积比例为 62.68%，黄土高原东南部占 36.62%，向西部半干旱区减少至 10.0% ~20.0%，超干旱塔里木荒漠区则仅占 1.34%；不宜农林牧业利用的土地面积比例，具有从东部半湿润区域的东北松嫩平原区的不足 8.14% 向西部干旱超干旱区域的塔里木盆地荒漠区增至 77.37% 的特点。③土地限制性因素较多较强，限制强度大都在 3 级以上。东部半湿润易旱地区以水蚀为主，中西部半干旱、干旱地区以风蚀风积、水源条件、盐渍限制为主。④以半旱生、旱生植被为主，生态环境脆弱。植被的生态习性东部为旱中生森林与草甸草原向中部半旱生草原、荒漠草原至西部旱生、超旱生荒漠的更递。旱生植被占植被总数的比例半湿润易旱区占 20%，半干旱区占 25% 和极干旱区占 55%。现状生产潜力（以粮食作物产量计）由东部平均 3000 kg/hm^2、中部 2250 kg/hm^2 至西部不灌溉不能从事农耕业的转变[3]。

沙化地区的水资源，表现为总降水量 8917.1 亿 m^3，单位面积降水量为 23.01 万 m^3/km^2。降水分布不均，区域差异悬殊。总水资源量为 2061.3 亿 m^3，其中地表水资源 1812.9 亿 m^3，地下水资源 1074.0 亿 m^3，地表水与地下水重复计算量为 825.6 亿 m^3；冰川融冻水在干旱区的水资源供应上起着重要作用。冰川面积 35719.97km^2，占全国冰川面积的 60.13%，冰川储量 5590 km^3，占全国冰川储量的 55.06%，冰川融水径流量 214.69 亿 m^3，占出口河川径流量 1034.2 亿 m^3 的 20.76%。不同区域冰川的发育及融冰产水的地区差异很大。天山、昆仑山冰川发育规模最大，而羌塘高原则是冰川发育弱的区域；我国荒漠化区域大于 1km^2 的湖泊共有 1377 个，湖泊面积合计 43329 km^2，总贮水量 5246 亿 m^3，以内陆湖占多数，以咸水为主。其中内陆湖湖面积占 94.3%。咸水湖贮水量占 90.6%。荒漠化区域的用水量，总的开发利用系数已达 40.53%，其中甘肃达 56.33%，新疆达 51.74%，用水量中，农业用水占总用水量的 92.6%[2]。

我国干旱沙区的生物资源，从起源上讲，生物区系主要为古地海成分和东亚成分，特点是种类少，单种科、单种属多，旱生性，古老性特点突出；区系成分以温带成分为主；特有种属所占比重低。从植物资源种群上讲，荒漠化区域共有植物种 1704 种，按生活型，其中草本 1409 种，灌木 60 种，乔木 35 种。按生态型，旱生种 958 种，占总数 56.2%，中生种 436 种，占总数 25.6%，湿生种 35 种，占总数 7.9%，水生种 35 种，占总数 2.1%，寄生种 11 种，占总数 0.7%，短命植物 129 种，占总数 7.57，体现出以旱生为主的特色[2]。利用角度上，森林面积合计 757.45 万 hm^2，森林覆被率仅为 2.02%，天然草场面积 1.99 亿万 hm^2，占总土地面积的 51.33%。其中可利用天然草场约 1.63 亿万 hm^2，占天然草场总面积的 81.7%。能为牧畜业饲用的植物共 137 种。由于草质较差，产草量较低，平均载畜能力为 0.87 羊单位/ hm^2，较高的陕西省北部草场为 2.08 羊单位/ hm^2，新疆仅为 0.67 羊单位/hm^2[2]。

我国沙化区草场超载过牧，滥采、滥挖现象严重，造成草场普遍退化，至 2000 年，退化草场面积已达总草场面积的 52.47%，达 105 万 hm^2。羊的商品率仅约 13%。每年少养活羊只约 5000 多万只，建国以来共有 2.35 万 hm^2 草场变为流沙，平均每年减少草地 520 hm^2[2]。

矿产资源在我国沙漠区广泛分布，经勘查，荒漠区金属矿产资源有黑色金属 5 种，有色金属 13 种，贵金属 8 种，稀有金属 7 种，稀土金属 17 种，稀散金属 7 种；非金属矿产资源中，冶炼辅助原料与其他金属矿产有 14 种；能源矿产资源中的煤、石油、天然气资源丰富，油页岩、铀、钍资源亦有一定分布[2]。

2 防沙治沙的主要技术

我国对沙化土地的治理十分重视，通过半个多世纪的治理试验及治理实践，已经形成了较为系统、较为有效的治理理论与治理技术。归结起来，主要有生物防治技术，工程治沙技术，化学治沙技术。各项技术在典型区域均取得了可喜的治理效果。但我国沙化发展趋势仍未得到根本控制，原因是没有实施综合防治技术和综合防护体系。从重视单项治理技术转变为重视多项技术的综合与组装，形成因区因类治理模式，是当前防沙治沙面临的最主要任务。

2.1 生物防治技术

采用植物固沙原理和手段的一种技术措施。主要包括建立人工植被或封育措施：①农田防护林造林技术：主要类型有紧密结构林带，疏林结构林带，通风结构林带，其中通风结构林带类型效果最好。②流动沙地固沙造林技术：丘间地和沙丘中下部位水分条件稍好，固沙造林较易成活。可选择沙生植物进行插植、压枝、植苗等技术进行。③防风阻沙带造林固沙技术：绿洲外围与沙漠、戈壁过渡带营造阻沙防护林带，造林固沙应形成规模，宜建乔、灌、草植被防护带；贯彻由近及远，先易后难，以及生态效益优先原则。④封沙育草保护技术：在高大密集流沙中心地域，依据生态环境具有自然恢复的功能，只要进行封育，生态环境亦能逐渐恢复。技术上宜根据危害程度划分重点封育地、一般封育地，并要进行严重管理。⑤退耕还林还草技术：把不宜农业利用的土地退耕还林或退耕还草。基本方向是干旱及极干旱地区以退耕还草为主。半干旱地区以退耕还灌（木）为主，半湿润易旱地区以退耕还林或乔灌混合林为主。品种选择和恢复技术上，还要因地类不同而选择合适的技术。⑥飞播造林技术：利用飞机播种沙生植物技术已经成熟。主要适用区域是半干旱沙区、半湿润易旱沙区及干旱区特定地段。在品种选择、种子处理、播种时间和相应的配套技术上，已经有成功的经验。⑦山区小流域水土保持林营造技术：我国干旱沙区分布着众多山地，是水源的重要供给地。水土保持技术一是要以小流域为治理单元，二是要实施生物的、农业的、工程的综合防治技术，三是在水土保持林和植被建设上，必须选择与流域生境相适应的乔、灌、草品种。

2.2 工程防治技术

工程防治技术是利用各种机械手段，达到防治风沙危的技术。基本途径是从阻止风沙流动上，布设沙障、立体栅栏和网膜覆盖；从输导风沙上，实施引水拉沙、治沙造田技术等。①草方格沙障技术：采用麦、草、稻草、芦苇等材料，以 1m×1m 规格或其他标准，在流动沙丘上埋设草方格，达到防止沙丘移动，改善沙地水分，提高植被恢复能力的作用。②高立式栅栏阻沙技术：在沙丘迎风坡前沿设置 1m 高度左右的高立式栅栏。材料可用芦苇、灌木枝条、玉米、高粱秆等为原料，编成小孔隙的笆块，钉在木桩上，制成防沙栅栏，埋入沙层，以牢固为准。③尼龙网栅栏技术：利用尼龙网膜构建阻沙栅栏，选用空隙度 20% 的尼龙网膜，栅栏高 1.8m，沿主次风向分别埋设尼龙网栅栏，能有效防止流沙的前进，在敦煌莫高窟试验中取得极大成效。④引水拉沙治沙造田技术：在有水源和有流沙分布地区，可采用引水拉沙技术。这技术只宜在有水源之地适用。这一技术在陕北靖边地区取得可喜成绩。

2.3 化学治沙技术

利用化学原料及适宜工艺治沙，依化学原料差异，可分为以下几种技术：①黏土固沙技术：利用黏土物质铺设或喷洒于沙丘表面，形成保护层，能有效抵御风力的侵蚀。②高分子化学材料固沙技术：利用高分子材料，如聚丙烯酰胺（PAA）、聚乙烯醇（PVA），聚酯酸乙烯乳液（PVAC），水解聚丙烯腈（HPAN），丙烯酸钙树脂等。制成适宜的浓度，在沙面上喷上薄层液体，能有效固定沙丘，防止沙漠为害目的。③石油沥青治沙技术：利用石油产品，如重油、渣油、沥青等原料，经乳化处理后喷洒于沙面，固沙效果好。④化学剂品保水技术：利用一些化学剂品，如聚乙烯醇，聚乙酰胺、乳化沥青等，制成治沙保水液喷洒于沙地表面，对防止沙害和提高造林成活率有一定促进作用。

上述各项技术应遵循因区、因类原则，采取综合组装，集成为有效体系的途径进行应用。例如：宁夏中卫沙坡头铁路防沙治沙技术，宁夏盐池沙边子区域综合防治技术，河西走廊民勤县生物固沙技术，新疆和田县农田防护林防沙技术，内蒙古科左旗生态防治综合技术，敖汉旗草场综合防治技术，都是采用综合防治思路，突出其中一项或两项技术，而取得显著治沙效果的典型，均具有一定推广意义。

3 防沙治沙与资源耦合开发高效利用的技术研究

沙化土地治理是环境建设并实现区域可持续发展的重要措施，资源的高效开发则是实现区域社会经济发展的基本途径。两者协调发展则是建立人与自然和谐共进关系的基础。前者属于生态建设，后者属于资源产业化开发。从技术角度考虑，探索和寻求防沙治沙与资源高效利用的结合技术，则是当前亟待解决的问题。通过典型案例研究去回答上述问题，是当前条件下所能实现的

3.1 高效利用技术开发对象的选择

3.1.1 适宜沙区开发特点的生物资源的选择

通过资源产业化开发实现沙地区经济的发展，基本思路是必须摒弃高耗水的传统绿洲农业发展模式，采用高新技术建立特色产业的发展模式。我国干旱沙区具有大量耐旱的生物资源，这些生物资源在与市场接轨条件下，将可能获得高经济效益。按功能种类可归纳为以下几类：①药用生物资源：具有药用高价值的资源有几百种。其中作为镇咳祛痰的有甘草、远志、山杏、百合、桔梗、沙参、百里香、车前等几十种；作为发散风寒的药有麻黄、乌头、柴胡、防风、野薄荷、茵陈蒿等几十种；作为滋补壮阳药的种类如肉苁蓉、梭梭、黄芪、蒲公英、玉竹、党参、枸杞等上百种；作利尿药的品种如芦苇、泽泻、灯心草、车前等几十种；作清热解毒消炎的药有刺儿菜、野蓟、狼毒大戟、地锦、水蓼、地肤、毛茛、黄芩、玄参、狼毒等上百种；具有镇痛、镇静、安神的药如曼陀罗、苦豆子、野罂粟、酸枣、侧柏、芍药、苍耳、天南星等数十种；用于止血的药如问荆、木贼、黄花蒿、鹿蹄草、白茅等近百种。上述具有各种疗效的生物资源的适度开发均能建设具有干旱区特色的资源产业，如果采用建立人工基地和高新技术下开发，则能建立起高效益开发体系，将能促进沙漠化土地的进一步治理。②食用植物资源：沙漠化区域的植物资源中，有的含有丰富的淀粉、蛋白质、油脂、糖分、维生素等食用成分，可以开发出特殊的食用产品，这类品种如沙枣、手掌参、藜、盐角草、枸杞、沙棘、白刺等，如果开发成饮料产品，增值效果甚大。③工艺及香料植物资源：可供轻工产品开发的种类有胡杨、盐爪爪、盐穗木、盐节木、盐角草、香藜、猪毛

菜、洋甘草、沙枣、活血丹、荆芥、黄花蒿、大叶麻、白麻、芦苇、芨芨草等数十种。④可供城镇绿化及产业开发的植物品种亦有数十种：白榆、祁连圆柏、多花柽柳、锦鸡儿、枸杞、扁桃、蔷薇、绣线菊、毛蕊花、神香草、千屈菜、罂粟、婆婆纳、凤毛菊、郁金香、红门兰等均具有城镇绿化功能。

3.1.2 具有高效益开发的现代技术的选择

对沙区资源进行高效益开发已经有较为配套的技术，主要有：①高效利用太阳能的技术有温室技术、塑料大棚、四位一体日光技术、沼气技术、太阳灶技术等。②高效利用水资源技术有渠道防渗漏技术、管道输水灌溉技术、膜上灌溉技术、塑料隔水层防漏技术、控制性分根交替灌溉技术、管灌技术、滴灌、微灌技术、地面膜盖节水技术、化控节水技术、计算机调控灌水技术、防蒸发覆盖技术等。

3.2 高效益开发技术的集成

当前，治沙中寓资源开发，资源开发中寓治沙的耦合技术的应用仍不普遍，仍然是单项技术应用多，综合技术应用体系仍未建成；个例开发效益显著，整体效益仍然较低；沙业集团虽有产生，但未形成区域优势；典型案例虽然较多，整体辐射仍未形成的阶段。但从不少案例中，我们可以乐观地认为，今后沙区生态－资源耦合高效益开发技术的应用，将会为沙区可持续发展开拓广阔的前景。

（1）干旱荒漠草原区生态-资源耦合高效开发集成技术——以亿利资源集团开发药材为例。干旱荒漠草原区主要分布于鄂尔多斯高原中西部至贺兰山以东，是沙漠化发展严重区域。以资源开发促进治沙，实现资源－生态－经济协调高效发展的好典型有内蒙古亿利资源集团（根据2005年调查资料整理）。亿利资源集团处于库布齐沙漠内，自然植被为荒漠草原，具有特色品种的资源有甘草、大白柠条、半日花、四合木、苦豆子等。亿利集团利用这些品种，通过新技术产业链式开发，达到了改善生态又获得丰厚经济效益目的的。他们的技术及设计体系是：生态-资源耦合高效开发方针是：“治之有道，护之有理、取之有度、用之有方”。体现了治理、管护、开发和利用的有机协调，是现代科学观在沙漠化防治和资源产业化开发的具体体现。资源培育和产业开发体系的建设。该集团打破传统绿洲农业模式，选择特色品种－甘草、苦豆子、黄芪等当地品种，采用培育式、基地式经营方式，从1998～2003年，先后在生产基地——杭锦旗封育天然甘草4.33万 hm^2（65万亩），建立种苗基地0.067万 hm^2（1万亩），防止了滥采滥挖现象的出现，实现了生态环境和资源数量、质量的快速、同步发展。为稳定和提高畜牧业生产，对生产基地内原有草场进行了改造，采用飞播手段建设了8万 hm^2（120万亩）优质牧草场，退耕还草2万 hm^2（30万亩），建设了高产草场，种植紫花苜蓿优质草场0.13万 hm^2（2万亩），将基地内畜牧业由自由放牧转向控制性放牧，半舍饲放牧。利用加工增值原理，对特色产品甘草、黄芪等产品进行第二代、第三代精品化系列加工。第一代产品为甘草饮片，甘草粉，加工后的甘草渣又作为畜牧饲料扩大养殖。第二代产品为甘草滴丸、胶囊、口服液、水丸等。第三代有甘草良咽、复方甘草片、甘草合剂、复方炙甘草颗粒、甘草锌片、小儿锌片等。特色产业的开发，尤其是中蒙药甘草产业的开发，已为亿利资源集团的经济发展取得了突破。根据该集团估测，在现有基础上发展，有可能在未来5年内实现销售收入100亿元，年利润7亿元的水平。生态保护与生态环境体系建设。该集团为了资源和经济的发展，对生态环境实施了保护战略建设路线。基本做法是：除对4.33万 hm^2（65万亩）封育甘草实行保护外，在重点防护区栽植防护灌木

200 余万株，铺设沙障0.1 万 hm^2（1.5 万亩），在库布齐沙漠北沿来风向带营造242km 长的甘草防沙带，初步取得了基地内沙漠不再扩大，生态开始好转的局面。

（2）半干旱草原区生态—生产耦合高效开发集成技术——以内蒙古赤峰市生态建设为基础发展资源产业为例。内蒙古赤峰市（根据2005 年调查资料整理）地处我国内蒙古高原东部及科尔沁平原地区，沙地面积（242.5 万 km^2）占全市总面积27%，秋、冬、春三季风沙危害严重。该市沙区群众在防沙治沙中，采用富有经济效益的品种进行治沙，培育了资源家底，开辟了一条生态－资源协调发展之路，其技术体系可归纳为：①生态建设技术配套实施，治沙技术体系初步形成。不同的沙地类型实施相应的防沙治沙技术，形成了较为完备的防沙治沙技术体系。在水分条件较好的冲积河湖滩地，施农田防护林造林技术，基本建成完备的农业防护林体系。在农田外围风沙侵入区营造乔灌草防护林带，选择经济价值较高的山杏、苜蓿等品种，形成沙地林牧型复合体系。该体系具有更强的治沙能力，亦为山杏进一步加工开发和饲养畜牧业的发展打下了坚实基础。在沙丘上实行封育、飞播与营造固沙灌木相结合技术，加快了沙地固定步伐，尤其在沙丘广泛分布的翁牛特旗、克什克腾旗，实施综合造林防沙技术以来，生态环境改善显著。②资源赋值大大提升，为产业经济的发展建立了坚实的资源家底。在防沙治沙中营造的生态经济林，至2003 年，山杏林已达42.67 万 hm^2（640 万亩），进入结果期的山杏林达25.8 万 hm^2（387 万亩），年产山杏仁1500 万 kg 以上，为山杏加工产业打下了坚实基础；沙棘生态经济林已发展到10 万 hm^2（150 万亩），年采集沙棘鲜果达65 万 kg，同时建立了沙棘良种繁育基地1.33 万 hm^2（20 万亩）；沙区绿色食品资源如黄花、蘑菇、山韭菜、蕨菜资源丰富，它们的有效利用，促进了沙区产业的开发；在封育沙地和生态保护区，赤峰市还建立了生态养殖林场，其中巴林左旗乌兰坝、石棚沟、林东等沙区林场，已成为亚洲最大的马鹿繁育基地，成为我国著名的养鹿企业。与生态－资源开发密切相关的新技术，如温室技术，节水技术，育苗技术，庭院经济等也普遍得到应用和推广，初步形成了生态－资源开发的经营体系，大大提升了沙区资源的整体赋值。③特色资源高效益产业开发，推进了沙区生态和社会经济的发展。在资源赋值大大提升以后，特色资源达到了可以规模开发的强度，加工工业便迅速得到了发展。目前，赤峰市的木材加工企业已发展到200 余家，年加工木材12 万 m^3，乔灌木加工年产值已达1.6 亿元，发展势头强劲。山杏加工生产企业如敖汉赤波集团，宁城宁露集团等，年生产杏仁饮料合计已达6 万多吨，产值2 亿元以上。利用加工后的山杏核皮有1000 万 kg，还每年生产活性炭550 吨，产值达1200 万元。利用黄花、蘑菇保鲜加工的绿色食品，年产量达2000 万吨，产值达400 万元。利用沙棘原料开发的B 型沙棘油，沙棘饮料，沙棘茶、元力口服液、沙棘乳膏等，年创产值已越过300 万元。沙区林场养马鹿合计已有3500 只，年产鹿茸2600 多kg，年创产值1200 余万元。每年加工生产马鹿滋补酒、营养液、鹿茸胶囊、鹿精华生物化妆品和其他副产品，远销韩、日及东南亚国家，还可得到1000 万元，实现利税200 万元的效益。利用新技术发展了冬季日光温室养殖，建成养畜暖棚86165 座，养畜1200 万只（头），年产值2 亿元。在向阳坡坎普遍发展日光温室，四位一体种植等模式。高效益技术的应用，成为当前资源合理配置和高效利用技术结合的典型。

（3）实施高效综合技术，促进沙区发展的盐池县经验。宁夏回族自治区盐池县（根据2005 年调查资料整理）沙漠广布，水资源不丰富，区域生态环境脆弱。要避害兴利地防治沙漠，发展经济，必须选择现代高新技术的集成，形成大技术体系，而选择优势资源开发，形成高效益产业，方能达到生态—资源开发有机结合目的。高新技术集成形成大技术体系，其构成包括太阳能采光及转化技术；高效利用水资源及节水技术；大农业结构调整与品种优化栽培新技术；大农业产品系列化精加工增值技术；以及各个环节都必须贯穿的环境保护技术。在综合实施过程中，沙区大农业合理结构建设，特产产业的培育与系列化精加工开发，高效利用太阳能技术与节水技术的综合应用，被认为是高效生态－资源耦合开发的基础。宁夏盐池县在这方面走出了可喜的第一步。该县的北半部地貌为鄂尔多斯台向斜的西南边缘，海拔1400～1600m，生态环境处于荒漠草原和草原的过渡环节。沙丘广布，风沙土面积占51.07%。该县应用大技术集成思路，从1991年开始实施大科技支援大农业举措，依据土地适宜性评价成果，大力压缩农耕地；依据特色资源，建立特色产业；依据草场承载能力，大力发展人工草场和农牧互补型畜业。目前生态－资源开发格局逐渐步入较合理轨道，取得较好效益。农林牧用地结构已从1：0.61：4.22调整到1：1.73：4.32。科学养畜，畜群改良，农牧产品互补型机制开始形成。特色资源产业——麻黄、甘草、黄芪的天然封育与人工集约栽培体系初步建立，高效益局面已经出现。高效利用太阳能技术、四位一体技术广泛应用、推广。农产值已从1991年的2100万元增加到2003年的16596万元，人均年纯收入从300元增加到1500元以上。

参考文献

1. 申元村．荒漠化．北京：中国环境科学出版社，2001.
2. 朱俊凤．中国沙产业．北京：中国林业出版社，2004.
3. 徐冠华．“三北”防护林地区再生资源遥感的理论及其技术应用．北京：中国林业出版社，1994.

基于 GIS 和 CA 的荒漠化动态演化模型研究
——以盐池县为例
（节录）

赵廷宁[1]　祁有祥[1]　史辰曦[2]　陈志泊[3]
（1. 北京林业大学水土保持学院；2. 北京大学资源与环境学院；
3. 北京林业大学信息学院）

摘　要：荒漠化以其发展速度和严重的灾害性而引起国际学术界的广泛关注，开展荒漠化与其驱动因素之间的量化及动态模型研究，对荒漠化防治具有十分重要的意义。本文综合利用 3S 技术，结合元胞自动机（CA）理论架构出荒漠化动态演化模型，进而对盐池县荒漠化发展趋势进行预测，结果显示，到 2009 年盐池县荒漠化土地受非荒漠化土地的限制，其面积将会减小。实验证明，此法是对荒漠化演化机制从宏观和微观两方面进行模拟的有效方法。

关键词：荒漠化；元胞自动机；动态模拟

荒漠化已演变为全球性的环境问题之一，对人类生存发展构成严重威胁。中国是世界上受荒漠化影响最严重的国家之一，建国以来，经过 50 多年的不懈努力，荒漠化研究和防治取得了显著成效，荒漠化动态研究亦在不断深入，高会军等在晋陕蒙接壤地区进行荒漠化动态监测研究，祁元等对盐池实施荒漠化动态分析，弋良朋等对塔里木河下游土地荒漠化进行动态变化研究。研究方法主要以 3S 为支撑，建立荒漠化灾害信息数据库，利用不同数据接口与地理信息系统相连接，实现与各种专题要素的复合、匹配和更新进行荒漠化动态研究，但通过叠加分析只能反映过去一段时间荒漠化发展的程度和不同荒漠化程度土地的面积变化，难以对同一地区不同地段做出微观分析。

CA 是由 John von Neumann 和 Stanislaw Ulam 于 20 世纪 40 年代末开发，此后，CA 模型在自然科学领域得到了广泛应用，例如土壤腐蚀和扩散、流体动力学、甚至银河系中的天体碰撞等。S. Wolfram 则第一个从动力学的角度对 CA 模型进行了理论上的系统研究，为 CA 模型理论研究奠定了基础。Tobler（1974）最早将标准 CA 引入地理学，此后逐渐形成了地理学 CA 模拟技术。美国学者 Helen 对城市发展动态模拟 CA 模型进行了开创性研究。20 世纪 90 年代初期，White 和 Engelen 多次成功地应用 CA 模型模拟了城市土地利用变化趋势，从而将 CA 模拟与地理分形模拟融会贯通。国内许多学者也在地理学研究中也引入了 CA 模型，主要应用于城市土地利用变化，城市空间演化模型构造，城市发展模拟，以及交通流控制等领域。其核心都是利用 CA 的扩展性。

CA 应用于土地荒漠化研究尚处于尝试阶段。Jenerette 用 Markov-CA modeling 研究了亚利桑那州中心地区凤凰城城市化造成的土地沙化。国内有陈建平等把 CA 模型用于北京及邻区土地荒漠化动态演化评价，史晓霞等用于半干旱区土壤盐碱化动态模拟研究，马力等用于不同土地利用模式下土壤侵蚀空间演化模拟研究。本文通过 GIS 和 CA 的结合尝试，充分利用 GIS 对空间数据强大的管理功能，并由 CA 弥补 GIS 动态研究中的不足，通过建模探索新的荒漠化动态研究的方法。

1 元胞自动机（CA）原理（略）

2 研究方法与技术路线（略）

3 模型校验及动态演化预测

3.1 模型检验

笔者采用 1986、1989、1995、2000、2003 年共 5 期宁夏盐池县同期遥感数据，进行三次模拟校验模型，即分别以 1986、1989、1995 年数据为始端运行模型，将模拟结果与模型运行始端年以后各期原始数据进行相关分析，对模型进行校验。

结果表明，以 1995 年原始数据为始端运行模型，获得 2000 年与 2003 年模拟数据与原始数据相关系数最高，分别为 0.88、0.90（$\alpha=0.05$），显著相关（表 2、图 10）。

表 2 模拟数据与原有数据的相关系数

起始运算	模拟原始	1989	1995	2000	2003
以 1986 年数据为起始运算	1989	0.82			
	1995		0.77		
	2000			0.74	
	2003				0.72
以 1989 年数据为起始运算	1995		0.82		
	2000		0.78		
	2003			0.81	
以 1995 年数据为起始运算	2000			0.88	
	2003				0.90

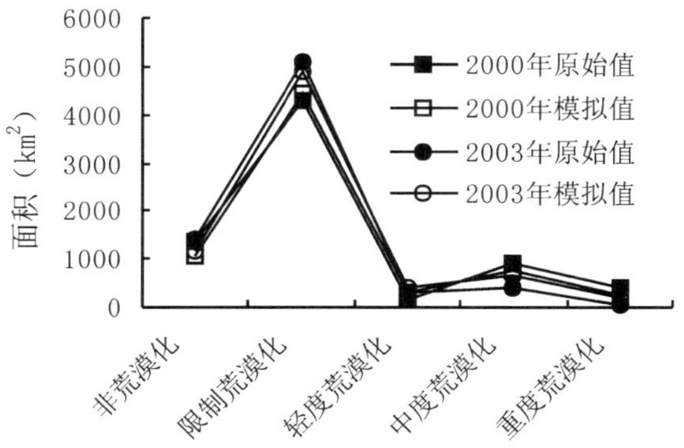

图 10 盐池县 2002 年、2003 年荒漠化实际与模拟情况相关趋势

3.2 动态演化预测预测

以1995年原有数据为始端运行模型，模拟结果和实际情况高度吻合，可以反映实际荒漠化发展趋势，因此，确定1995年模型运行参数为该模型最终参数，继续运行模型，预测2009年研究区域土地荒漠化动态演化。预测结果表明（图11），限制荒漠化土地面积不断增加，到2009年为5452km²，比2003年增长近8%，中度和重度荒漠化土地面积有比较明显的下降，同2003年相比降幅分别是73%和65%；而轻度荒漠化土地面积较2003年下降仅7%。可见未来盐池荒漠化发展趋势较为乐观，荒漠化土地面积将会减少，危害减轻，治理的重点将是轻度荒漠化土地单元。

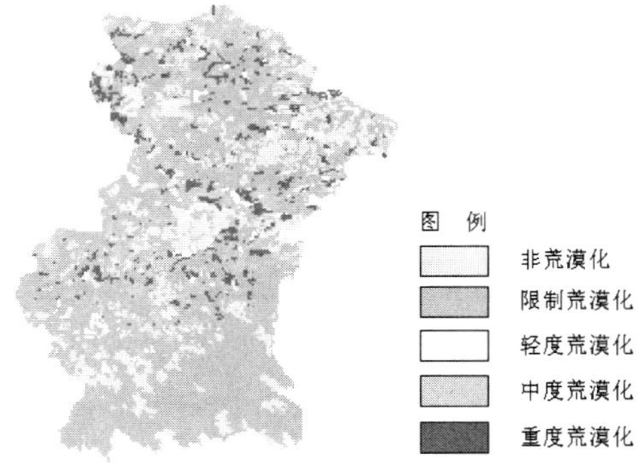

图11 盐池县2009年荒漠化演变模拟趋势

4 结论与建议

综合利用3S技术，结合CA（元胞自动机）模型，依靠Visual Basic实现了荒漠化动态演化模型，并对模型采用5年同期数据进行了3次校验，校验结果表明，此法是可行有效的荒漠化动态演化模型研究方法；

以1995年原有数据为起始运算，利用该模型预测了盐池县2009年土地荒漠化趋势，结果表明：与2003年相比，限制荒漠化土地面积增长近8%，中度和重度荒漠化土地面积降幅分别是73%和65%；而轻度荒漠化土地面积下降7%。2009年盐池县荒漠化土地面积减少，危害减轻，其治理重点将是轻度荒漠化土地单元。

本模型为不涉及人为因素的自然状态下土地荒漠化过程的单层次模型，如何把人口预测模型、载畜量预测模型、土壤侵蚀模型等动态地嵌入到模型的控制因素中，并将模糊推理与CA模型相结合，这些技术的解决将进一步提高模型预测的精度。

参考文献

1. Layoub A. Degradation of Dryland Ecosystems：Assessment and Sugested Actions to Combatit［A］. //BlumeH P. Towards Sustainable LandUse I. Advancesin GeoEcology 31［C］. Reikirchen：Catena Verlag，1998.

2. 高会军，邱少鹏. 基于3S技术的沙质荒漠化动态监测. 陕西环境，2001，8（4）：41～44.

3. 祁元，王一谋，王建华，等. 基于遥感和GIS技术的荒漠化动态分析——以宁夏盐池为例. 中国沙漠，2003，23（3）：69～73.

4. 弋良朋，尹林克. 基于遥感和GIS的塔里木河下游土地荒漠化的动态变化. 吉林大学学报（地球科学版），2005，35（01）：86～90.

5. Hegselmann R，Flache A. Understanding Complex Social Dynamics：A Plea For Cellular-automata Based Modelling［J/OL］. Journal of Artificial Societies and Social Simulation，1998，1（3）（http：//jasss. soc. surrey. ac. ur/1/3/1. html）.

发展能源林，解决农村居民生活用能短缺问题

孟新华
（国家林业局三北防护林建设局）

摘　要：应用调查研究和量化分析的方法对三北地区能源林解决农村生活用能问题进行了探讨。阐述了能源林解决农村生活用能的科学性、合理性和有效性，并提出了优化转化利用林业生物质能源，农村生活用能不仅要充裕而且要逐步实现优质、高效、清洁等主要观点。

关键词：能源林；解决；农村；生活用能

社会主义新农村建设的目的在于改善农村居民的生产、生活和生态环境，提高农民的生活福利水平和持续的自我发展能力，最终建设成为经济繁荣、设施完善、环境优美、生活幸福、文明和谐的新农村。在我国三北（西北大部、华北北部、东北西部）欠发达地区，农村居民的生活用能短缺问题尚未有效解决，影响着农民生活质量的提高，也是急需解决的问题之一。

1　三北地区农村生活用能情况

1.1　农村用能情况

三北地区虽然有煤炭、石油、天然气等多种矿物质能源，但由于矿物质能源日趋紧缺，价格不断盘升，绝大部分只能用于国家重点建设项目、工矿企业、城镇居民生活等。使用煤炭等矿物质能源对绝大多数农村居民来说因路途遥远，运输成本高，价格昂贵，可望而不可即。而能够用于广大农村的能源资源则主要为农作物秸秆、薪柴、畜粪、小矿煤和小水电，以及沼气、太阳能、风能等，特别是前5种为目前使用的主要能源。

1.2　农村用能特征

三北地区农村用能有以下几个特征：一是农村用能仍以生活用能为主，约占60%～70%[1]。能源消耗主要用于饮食、采暖所需。二是新型能源在农村推广应用所提供的能量还极其有限。太阳能、风能和沼气等新型能源具有许多优点，但受自然环境条件、经济实力等多方面制约，推广应用的范围、数量都不大。三是秸秆、薪柴、畜粪等生物质能源提供了绝大部分农村生活用能。在煤炭资源多、经济条件好的地区生物质能使用比重约占50%左右，而在煤炭资源少、经济条件差的地区生物质能使用比重高达90%以上。四是生物质能源总量不足，缺口近3000万吨（薪柴）。五是生物质能利用尚处于直接燃烧利用的初级阶段，利用热效率低，浪费严重。

2　三北地区能源林建设成就、问题与发展目标

（1）建设成就：1978年国务院在批转《关于在“三北”风沙危害和水土流失重点地区建设大型防护林的规划》文件中指出：“我国西北、华北、东北西部风沙危害和水土流失十分严重，木料、燃料、肥料、饲料俱缺，农业生产低而不稳。大力造林种草，特别是有计划地营造带、片、网相结合的防护林体系，是改变这一地区农牧业生产条件的一项重大战略措

施。”根据这一批示，三北地区经过20多年的不懈努力，第一阶段共完成造林面积2200多万 hm^2[2]。其中：营造各类防护林1300多万 hm^2，使20%的沙化土地和40%的水土流失面积得到初步治理，2000多万 hm^2 农田得到有效保护；营造用材林、经济林、薪炭林和饲料林基地900万 hm^2，农村“四料”俱缺矛盾得以缓解。其中：共营造薪炭林91万 hm^2，年产薪柴547万吨，加上抚育修枝和多能互补，解决了农村近600万户居民的烧柴问题，每年节约燃料支出30多亿元。辽宁省朝阳市过去农民主要用畜粪、秸秆作燃料。通过三北工程建设，营造薪炭林6万 hm^2，70万农户的烧柴基本实现自给，每年节省用煤210万吨。

（2）存在的问题：①能源林资源总量不足。三北地区有551[3]个县（旗、区），其中有300多个县属于能源资源缺乏区，农村人口近8000万（约2000万户）。三北工程第一阶段营造薪炭林91万 hm^2，占薪炭林规划总任务量的38%，只解决了600万户农民的生活用能问题，尚有1400多户农民生活燃料依然短缺，主要靠燃烧农作物秸秆和畜粪维持生计。②利用不科学。薪柴、农作物秸秆和畜粪等生物质燃料，采取直接燃烧的方式进行利用，热效率很低，仅为10%～20%[4]，既不经济，也不卫生，既浪费资源，又污染环境。

（3）发展目标：①资源建设 依据三北防护林体系建设总体规划，薪炭林建设总任务量为239万 hm^2[3]。按规划建成后，三北地区年产薪柴1434万吨，除此每年通过对其他林木（用材林、经济林、四旁树等）抚育修剪获枝丫材2000万吨，合计为3434万吨，是目前薪柴产量的2.6倍，人均0.43吨，加上多能互补，科学利用，三北地区农村的生活用能问题将得以解决。人均年节约燃料开支130多元，相当于三北地区农村居民每年增加经济收入100多亿元。②林业生物质能源优化转化利用《国民经济和社会发展第十一五规划纲要》提出，要“大力发展可再生能源。加快开发生物质能，建设一批秸秆和林木电站，扩大生物质固体成型燃料、燃料乙醇和生物柴油的生产能力。”国家林业局依据《规划纲要》对发展林业生物质能源工作已进行了全面安排，预计到2015～2025年，林业生物质能源将逐渐成为最便宜、最有竞争力的能源[5]。

3 发展能源林，解决农村生活用能短缺问题

（1）能源林解决农村生活用能具有经济、生产和生态方面的合理性。从长远看，能源危机将在今后很长时间内对国内外经济社会的发展带来影响。煤炭、石油、天然气等是十分宝贵的非再生能源，应当节约使用，并考虑投能效益，这类能源资源不宜作为农村生活用能；另外，三北地区因沙化、水土流失严重，土壤有机质含量较低，农作物秸秆、畜粪是宝贵的有机肥料，不宜作为燃料长期利用，而应尽可能多地作为优质肥料还田，培肥地力，提高粮食作物产量和质量，确保粮食安全。同时，营造能源林解决三北地区农村生活用能问题，具有经济、生产和生态方面的合理性。除此，能源林对于保护环境、防止水土流失、开发新能源资源、促进农村经济繁荣等均具有十分重要而深远的意义。

（2）营造能源林能够解决农村生活用能短缺问题。薪柴是三北地区农村的传统能源，其所提供的能源量一般指各种树木允许修枝打权的合理采伐量，薪柴量占不同林种总生物量的比例从10%到40%不等。三北地区多为严重缺柴区和烧柴困难区，加之森林资源少，森林覆盖率低，风沙危害和水土流失还没有得到根本遏制，可采伐的薪柴和可修剪的枝丫材十分有限，只有大力营造能源林，才能从根本上解决农村居民生活用能问题。宁夏的西海固地区和甘肃的定西地区在1978前是生活燃料最缺乏的地区，农村居民为了烧炕、做饭，把山上的草根都铲光了，造成了非常严重的水土流失。三北防护林体系工程实施后，通过大力营造

薪炭林、防护林等，加上退耕还林工程，现在已年产薪柴近百万吨，加上多能互补，已有效解决了农民的烧柴问题。

（3）能源林是可再生能源资源。能源林是有别于用材林、经济林的一个特殊林种，它具有如下特点：一是能源林基地建设只需要少量的人力、物力、资金和农村不适于发展农业生产和用材林、经济林等林种的荒山、荒沙、荒滩地上就可建立起来。发展能源林，既绿化了三荒地，又增加了能源资源；二是在能源林正常生长和利用过程中建立起了自然环境中 O_2 和 CO_2 的良性生态循环；三是通过合理经营，能源林几乎是“取之不尽”、“用之不竭”的可再生能源资源。

（4）能源林是发展高效清洁生物质能源的基础。随着我国经济、技术的发展，林业生物质能优化转化利用已提到了重要的议事日程。优化转化利用林业生物质能源，是农村生活用能的一场大的变革，对新农村建设将起到巨大的推动作用。农村生活用能不仅要充裕，而且要实现优质化、清洁化。林业生物质能源优化转化利用的物质基础是林木生物质资源，只有大力营造能源林，才能为生产高效清洁的生物质能提供资源保证。

4 优化转化利用林业生物质能源

（1）优化转化利用林业生物质能源。林业生物质能源是通过植物的光合作用而贮存于植物中的太阳能，是一种可再生能源。林业生物质能的优点是燃烧容易，灰分较低；缺点是热值及热效率低，浪费和污染严重，体积大不易运输，很难形成商品进入市场。只有通过对林业生物质能的优化转化，提高其利用率和商品率，农村居民才能使用上高效清洁的生物质能源产品。

（2）林业生物质能优化转化利用方法。林业生物质能优化转化利用就是将林木生物质资源通过优化转化变成高效清洁的能源，主要方法有：①通过干馏技术将能量密度低的生物质转化为热质高的固体炭或燃气；②通过生物质热裂解技术，包括气化、液化和炭化，生产可燃气、生物油和炭燃料；③通过冷压缩成型技术，生产固体成型燃料（如块型、棒型燃料），以便集中利用和提高热效率。“十一五”期间将重点推广固体成型燃料生产技术。

（3）建立激励机制：①国家应鼓励在盐碱地、荒山、荒沙、荒滩上营造能源林，享受和生态公益林同等的资金扶持政策。能源林谁造谁有，在经营、利用方向不变的前提下可作为商品在市场上流通。②国家应鼓励具有重大意义的林业生物质能源及生物化工生产技术的产业化示范，以增加技术储备，对示范企业予以适当补助。③林业生物质能源企业优先得到优惠贷款。对产业化龙头企业进行技术改造，生产生物质清洁能源产品的技改项目，给予贴息贷款。④在若干年内，对利用生物质资源生产高效清洁能源产品的企业，减免税收，以弥补较高的生产成本。

参考文献

1. 黄河水利委员会西峰水土保持科学试验站．黄土高原水土流失及其综合治理研究[M]．郑州：黄河水利出版社，2005：405～408.
2. 褚卫东．三北防护林体系建设生态经济效益探讨[J]．林业资源管理，2005，3：29～32.
3. 林业部西北华北东北防护林建设局．中国三北防护林体系建设[M]．北京：中国林业出版社，1992：103～127.
4. 中国可再生能源网．首页 > 科普宣传 > 生物质能
5. 齐联．林业生物质能源：我国蕴藏巨大潜力[N]．中国绿色时报，2006－4－7(1).
6. 三北防护林建设局．三北防护林工程林木生物质能源培育开发项目建议书．2005.

历史时期宁夏沙漠化与人类活动（节录）

景　爱
（中国文化遗产研究院研究员）

摘　要：宁夏地处中国内地腹心地区，距海洋比较远，气候干燥少雨。由于地质构造原因，地下有丰富的沙源，为沙漠化提供了物质基础。自公元5世纪以来，由于战争频繁，破坏了生态环境，导致沙漠化的产生和发展，从而形成了以沙坡头为代表的流动沙丘和河东沙区。事实证明沙漠化是人类与自然相互作用的结果，具有二重性的特点。防治沙漠化必须约束人类的自身活动，与大自然处于和谐状态，谋求共同发展。这就是科学发展观。

关键词：宁夏；沙漠化；人类活动；二重性

一、宁夏沙漠化的物质基础

宁夏位于北纬35°14′至39°23′、东经104°17′至107°39′，与内蒙古、陕西、甘肃相邻。地处黄河上游，北流的黄河将宁夏分成河西、河东两部分。黄河以西称银川平原或宁夏平原，以灌溉农业为主，黄河以东属鄂尔多斯草原南部，地表多沙，称河东沙区，属于农牧区。

银川平原属于冲积洪积平原。银川平原以西为高大的贺兰山，主峰海拔3556m。它成为太平洋暖湿气流西进的屏障，出现地形降雨，山前形成洪积扇。最初的黄河是沿贺兰山北流，后来黄河不断东移，一直移到今日的位置。在黄河东移的过程中，遗留下深厚的泥沙和砾石。在黄河东移的过程中，地势低洼的地方留下了沼泽。平罗县的沙湖（不是今日旅游区沙湖），永宁县的海子湖，都是黄河东移留下的残迹。

宁夏河东地区是鄂尔多斯的一部分。在地质时期，鄂尔多斯是大沼泽，有深厚的河湖相沉积物。在无定河上游萨拉乌苏河沿岸，河湖相沉积物厚达70m。在晚更新世玉木冰期的影响下，出现了风沙堆积和黄土夹层。在全新世初期，气候转暖，植被繁茂，风沙堆积走向固定半固定，不过仍有一部分处于裸露状态。鄂尔多斯草原，即由此而产生。

宁夏地处内陆，距海洋遥远，且有高山大岭阻隔。海洋水蒸气至此，已成强弓之末，很难成云降水。陶乐年均降水量187mm，灵武年均降水量212.2mm，盐池年均降水量303.2mm，银川平原年均降水量200mm。属于干旱区。这里气候受蒙古高压区控制，春季多大风，风蚀作用强烈，往往飞沙走石。

地质构造和干旱气候表明，这里的风沙活动具有必然性，具备了沙漠化的物质基础。

二、银川平原周围的沙漠化

银川平原北起石嘴山，南止沙坡头，长约320km，最宽处在银川市，宽约40km。自汉、唐以来，这里的灌溉农业即相当发展，相传汉延渠、唐徕渠即是汉、唐时代的水渠。不过汉、唐时代这里的居民不多，对生态环境影响不大。

到了党项羌建立西夏（1032～1227年）政权以后，由于其都城设立于兴庆府（今银川市），使银川平原得到了大力开发。宋朝人记载说：“西羌之俗，岁以耕稼为事，略与汉同。”[①]这里所说的西羌即西夏。西夏耕种的范围，比汉、唐时代有了扩大，除了水田以外还有旱田，在西夏文献中既有“蓄粳稻”，又有“糜熟，国人收割”的记载[②]，糜属于旱田作物。水田主要是在银川平原中部，即适于引水灌溉的地方。旱田应是在银川平原的边缘山区，难以引水灌溉的地方。

大量的农业开垦，特别是旱田的种植，很容易引起土地风蚀作用，久而久之便会出现沙漠化。西夏文献《圣立义海》透露了有关的信息，此书将西夏境内的地貌分为五种，即山林、坡谷、沙窝、平原、河泽，“第三沙窝，山兽虫藏，牲畜牧肥，不种谷熟。”[③]所谓沙窝，即今日所说的灌丛沙丘，由此可知在西夏时期宁夏平原的边缘已出现了灌丛沙丘。灌丛沙丘是沙漠化初期的特征，说明在西夏时期银川平原的边缘已经出现了沙漠化现象。

银川平原最南端的沙坡头（北纬37°27′40″、东经104°57′06″），在西夏末年即出现流沙。1226年成吉思汗‘踰沙陀，至黄河九渡，取应理等县。”[④]应理县即今中卫市区，九渡指黄河上的九个渡口，沙陀即今沙坡头。这里的流沙来自腾格里沙漠，在贺兰山余脉以北是腾格里沙漠，贺兰山余脉生长有原始森林，在西夏时遭到破坏，于是腾格里沙漠便越过贺兰山余脉，堆积在黄河岸边，还有一部分流动进入黄河之中，黄河河水变混与此有关。到了元末，沙坡头的沙丘变高变大，已由沙陀改称沙山，即证明这一点。到了明代，沙坡头沙丘有了“万斛堆”之称。古以十斗为斛，“万斛”形容沙丘特别高大。明代修长城时，将沙坡头弃之于外，因为按余子俊之意，“草茂之地，筑之于内，使虏绝牧；沙碛之地，弃之于外，使虏不庐。”[⑤]

到了清代，沙坡头的沙丘，向西扩大到长流水一带。乾隆二十五年（1760年）成书的宁夏《中卫县志》称：“沙山，在县西五十里，因沙所积，故名。为西通兰、凉驿路。随沙岭曲折而上，三十里至长流水。人马惮行，浮沙没胫。”[⑥]不久，明代在这里修筑的长城被流沙掩埋。到了民国年间，从中卫经沙坡头通往兰州的驿路，完全为流沙掩埋而废弃。

明代宣德年间（1426～1435年），曾在今石嘴山市修建一道西起贺兰山、东到黄河岸的长城，称作镇远关墙或外边。后因缺乏粮饷，戍守的士兵多逃亡而废弃。嘉靖九年（1530年），在镇远关墙以南25km另修新边墙，然而却半途而废，其原因是“地土沙漠，一草不生。”[⑦]所谓“地土沙漠”，就是黄河东移时所留下的流沙砾石，由于地表土层被破坏，直接暴露于地表，难以施工。说明沙漠化已经很严重了。

明代修筑边墙，破坏了地表土层，加剧了沙漠化。嘉靖十年（1531年）在今三关口至大坝之间，曾“役屯丁万人”，挖掘壕堑御敌。然而所挖掘的壕堑，“风扬沙塞，数日即平。”由于风沙活动强烈，“随挑随淤，人不堪其困难”，最后只好停工。此事说明军防施工加剧了沙漠化，成为最典型的例证。

① 李焘：《续资治通鉴长编》卷135，仁宗庆历二年（1042年）二月辛巳。

② 克洽诺夫、李范文、罗予昆：《圣立义海研究》第58页、52页。

③ 克洽诺夫、李范文、罗予昆：《圣立义海研究》第57页。

④ 《元史》卷1，《太祖纪》。中华书局校点本，第24页

⑤ 《嘉靖宁夏新志》卷1，《边防》。天一阁本第9页A。

⑥ 《续修中卫县志》地理志考之一，宁夏人民出版社1990年排印本第8页。

⑦ 《嘉靖宁夏新志》卷1引《秦边纪略》。

三、河东沙区的形成

宁夏河东沙区原本是良好的草原，流沙的产生和沙地的形成，与战争对生态环境的破坏有关。

汉代将匈奴逐出河南地(鄂尔多斯的旧称)以后，出于军事考虑曾在鄂尔多斯设立郡县。其中朐衍县在今盐池县柳杨堡，灵州在今灵武县崇兴乡。汉代实行灌溉耕种，所开垦的耕地面积不大，只限于局部地区，主要是在黄河沿岸可以灌溉的地区。不过城镇和居民点的出现，却砍伐了许多林木。树木是烧砖的主要燃料，居民死后所用的木棺也需要砍树。因此，河边的林木遭到了破坏。林木破坏以后，地下潜伏的粉沙随即暴露出来，四处飞扬扩散。到南北朝时期，流沙已经很严重了。《魏书》记载说，从薄古律镇去沃野镇八百里，“道多深沙……每涉深沙，必致滞陷。”①薄古律镇在灵州(今灵武县)，沃野镇在内蒙古乌拉特前旗，从薄古律镇前往沃野镇是沿黄河东岸而行，可知这时从灵武县北上，经陶乐县到乌拉特前旗一线已出现了深厚的流沙。

宁夏盐池县北邻内蒙古鄂托克前旗，东邻陕西定边县、靖边县。盐池县、定边县、靖边县以北是毛乌素沙地。毛乌素沙地的形成，与东晋时统万城修建有关。统万城在今靖边县北部，是匈奴人赫连勃勃所筑。统万城濒临无定河上游红柳河，红柳河沿岸生长有林木，在修建统万城时曾砍伐了大量的树木作为夯筑用的木夹板(今称模板)和生活燃料，在夯筑城墙时又挖取了具有黏性的地表土。这样既破坏了森林植被，又破坏了地表土层，导致水土流失。无定河本称奢延水，由于水土流失，泥沙沉积河床摇摆不定，后来改称无定河。盐池县距统万城不算远，统万城的修建波及到周围地区，盐池县、鄂托克前旗等地也程度不同的受到了影响。

隋唐时期，党项羌已由青海内迁到无定河流域，由游牧改为农耕。北宋时期，范仲淹屡次上书谈防御西夏的对策，提出春季征讨西夏最宜，因西夏“马瘦人饥，其势易制，又可扰其耕种之务。”②可知北宋时西夏在无定河流域从事农业耕种。北宋为防御西夏，在邻近西夏的边界上修筑城堡，屯垦耕种。耕种、筑城都破坏了脆弱的生态环境，导致流沙的扩大。

北宋与西夏的战争，加剧了环境破坏和流沙出现。在环州(今甘肃省环县)、韦州(又作威州，今同心县韦州镇)至灵州(今灵武县)的苦水河流域，出现了大范围的流沙，被宋朝人称作“瀚海七百里”，又被称作“不毛之地”。张洎在其奏疏中，有详细记述。③ 此地区是北宋征讨西夏的重要战场，张舜民做诗说：“青岗峡里韦州路，十去从军九不回。白骨似沙沙似雪，凭君莫上望乡台。”

明长城的修建，进一步加剧了宁夏河东地区的沙漠化。这里缺山少石，修建长城完全是夯土墙，外加壕堑为辅。夯打城墙必须采用具有黏性的土质，松散的沙土是无法夯筑墙体的。在这里具有黏性(即团聚性)的土质，只有地表土层。这草原地区的地表土，是经过数万年的自然演化形成的，土层很薄，只有数厘米或十余厘米，是草根草茎腐朽以后，侵入沙层使沙层增加了有机质而生成的。当把地表黏性土挖取以后，表土以下的粉沙即暴露出来，

---

① 《魏书》卷38，《刁雍传》。中华书局校点本第868页。

② 李焘：《续资治通鉴长编》卷130，中华书局排印本第3080页。

③ 李焘：《续资治通鉴长编》卷39，中华书局排印本第837页。

在大风作用下飞扬扩散，形成流动堆积，出现平沙地和流动沙丘。因此，在草原地区修建长城，是对生态环境和地表土层的严重破坏，必然导致沙漠化。

宁夏河东地区在历史上有两次修筑长城之举，第一次是隋代修长城，第二次是明代修长城（当时称作边墙），都造成了生态环境的破坏，加剧了沙漠化。

四、结　语

宁夏银川平原和河东地区，地下多沙、气候干燥，属于生态环境脆弱之地。古代的放牧，牲畜数量不多，不存在超载放牧问题，可以维持生态平衡。然而大规模的军垦屯戍，却超过了生态负荷；特别是隋代和明代大规模地修造长城和城堡，严重地打乱了生态平衡，引起了沙漠化，而且愈演愈烈。

事实说明，沙漠化是人类与自然相互作用的结果，它既是自然现象，又是社会现象，具有二重性的特点。在人类与自然相互作用中，人类是主动的，自然是被动的。沙漠化在很大程度上是由人类活动引起的，是人类活动破坏生态环境的结果。因此，为了避免沙漠化、防止沙漠化，人类必须尊重自然，在利用自然的同时，努力保护自然，实现人类与自然的和谐相处，以求得人类与自然的共同发展，这就是科学的发展观。

沙漠草原地区有丰富的自然资源和生物资源，自然资源主要是石油、天然气、煤炭、金属和非金属矿藏，生物资源包括牧草、胡杨、红柳、沙枣、梭梭以及野生动物。过去人们重视矿产的开发，而忽视了生物资源的利用，这是一种片面的认识。钱学森院士提出沙产业思想，其宗旨是将沙漠地区丰富的太阳能转化为生物能。不过按我的理解，沙产业不能停止在此层面上，其内容应当更广泛一些，科学的、合理的利用沙漠草原地区的生物资源，也应当是沙产业的重要方面。现在许多沙漠草原地区的企业家，在这方面做出许多努力，取得了巨大的成就，这是令人振奋、令人高兴的，应当向他们表示崇高的敬意。

还应该看到，沙漠本身也是一种资源，可以用来加工制作硅沙砖，这种免烧砖的强度大大超过了黏土砖。为了保护耕地不受破坏，国务院有关部门多次提出要禁止黏土砖生产，硅沙砖成为良好的替代产品，应当予以提倡和宣传。加工制作硅沙砖，可以化废为宝，有利于环境保护，属于绿色产业，大有发展前途。希望企业家能够在这方面多做一些努力。沙雕、沙塑和滑沙，成为沙漠公园吸引游人的重要景点，充分利用了沙漠沙的特点，很有创意。

沙产业属于新兴产业，有无限的生命力。它有节省资源的优点和循环经济的特点。要通过各种会议进行推广和宣传。中央的、地方的各种新闻媒介，应当加大宣传力度，把沙产业推向一个新高度、新阶段。

参考文献

1. 景爱．中国北方沙漠化的原因与对策．济南：山东科学技术出版社．1996.
2. 景爱．沙漠考古通论．北京：紫禁城出版社，2000.
3. 景爱．关于开发硅沙砖生产的一点建议．//沙产业专辑．北京：中国科学技术出版社，1991.
4. 景爱．沙产业理论的充实和发展．//纪念钱学森沙产业理论十周年文集．北京：中国科学技术出版社，1995.
5. 景爱．沙产业大有可为，硅沙砖前途无量．//纪念钱学森沙产业理论十周年文集．北京：中国科学技术出版社，1995.

试论发展沙产业在社会主义新农村建设中的地位与作用

贾文龙
（国家林业局三北防护林建设局）

摘　要： 沙区是农村的一个重要组成部分，发展沙产业是沙区社会主义新农村建设的保障和必需。“沙产业”的理论，应该在实践中不断的得到发展和完善，以有利于经济发展，有利于生态和环境改善、有利于人民群众生产条件和生活水平提高为依托背景。党和各级人民政府对沙产业的发展要给予重视和支持并给予规范和引导。保障沙产业健康发展，保障沙区社会主义新农村建设。

关键词： 沙产业；生态；环境；社会主义新农村建设

有资料显示，目前我国沙化土地面积已达已 174.3 万 km^2，占国土面积的 18.2%，超过全国耕地面积的总和，沙区总人口约 7465 万。全国有 1300 万 hm^2 的农田和 1 亿 hm^2 的草场受风沙危害，沙化扩展速度最高达到每年 3400 多 km^2。我国的西北地区更是全球范围内沙尘天气高发地区，严酷的生态与自然条件，使生活在这里的人民群众，长期处于艰难困苦之中。

沙区是我国农村一个很重要的组成部分，改变沙区的生态、生活、生产环境和条件，在沙区建设社会主义新农村，是摆在人们面前一个迫切和不容忽视的问题。

作为实施西部大开发和在沙区建设社会主义新农村的重要战略内容，发展沙产业是我国西部沙区开发与发展的正确方略，也是西部地区农村实现跳跃式发展的一个突破口。

1　如何理解沙产业

目前，沙产业的概念、定义、范围、含义与沙产业的理论，还存在着一定的争论。一种是以专家、学者为代表的观点：既“多采光、少用水、新技术、高效益”型农业，或者说在“不毛之地”上搞农业，解决中国 21 世纪人多地少矛盾的大农业生产，它充分利用现代高新技术，通过植物光合作用，最大限度固定转化沙漠地区取之不尽的太阳能，发展节水、节能、节肥、高效的大农业型产业；另外就是以政府和民间为代表的一般观点：既以生产要素中是否有沙漠或沙地为标准判断沙产业，那些只要与沙漠或沙地打交道的生产活动，基本上都被看作沙产业的组成部分。从种树、种草等传统生态建设，到种植中药材、发展养殖等活动，从利用这些活动的产品发展加工工业，到以沙为原料生产建筑材料，还有沙漠旅游等，都视作沙产业并将沙产业的特征演绎为：“绿化—转化—产业化”。将发展沙产业的目标描述为：“生态增绿、农牧民增收、资源增值、企业增效”。

无论争论的结果如何，沙产业的概念、定义、范围、含义与理论，都是应该在实践中不断地得到发展和充实的，以有利于经济的发展，有利于生态与环境的保护，有利于人民群众

生活水平的提高，有利于建设和谐与全面小康社会为依托背景的

2 目前我国沙产业发展的概况

自1984年我国著名的科学家钱学森提出沙产业以来，经过二十多年努力，我国的沙产业已初具规模，取得了一定的成效。据新华社的报道：到2003年我国的沙产业已累计向国家提供利税近100亿元。目前在沙产业开展比较好的内蒙古、甘肃、新疆、宁夏等省(区)、市，主要以企业和民营为主，以种植业为主要形式，如内蒙古的东达、亿利和蓝太等集团和公司、新疆吉木萨尔县博林科技发展有限责任公司，在沙地种植甘草、肉苁蓉、利用沙柳为原料做人造板，宁夏的美利纸业集团公司，在沙漠中营造原料林生产基地，还有的地区发展沙棘产业及温棚种植业的等等，有些已经取得了明显的效益。

由于对"沙产业"的概念、定义、内涵和理论的界定，在人们的理解和认识中还存在着一定的差异，加之沙产业在我国还属于刚刚起步的阶段，因此，对全国的沙产业发展情况，目前还没有一个明晰和准确的说法与统计。

3 发展沙产业应注重的几个问题

3.1 国家应加大对沙产业开发的支持力度

沙产业的开发，是沙区建设社会主义新农村的关键。我国沙区的社会经济与广大人民群众的生活水平都是比较落后的，首先是自然条件的恶劣与先天不足和人才与科学技术的缺乏，更是限制了沙区的经济和社会的发展。在沙区建设社会主义新农村，至关重要的要数经济指标，要提高沙区农、牧民的经济收入和生活水平，就必须在沙产业上做文章。因此，国家与各级人民政府，给予必要的政策、资金和科学技术等方面的支持，是非常必要的。

3.2 沙产业的开发，必须建立在保护和改善现有生态和环境的基础上

沙产业的开发，是为了追求更高的经济利益，首先遇到的问题就是如何处理发展与环境之间的关系。现有的生态系统、屏障，是发展沙产业的基础，必须在保护好和改善现有生态与环境的基础上，才能发展沙产业，不能以牺牲生态与环境为代价去发展沙产业，否则，就会造成更严重的生态灾难。通过沙产业的发展，再反过来促进沙区生态与环境的建设与改善。

3.3 充分利用沙区丰富的光、热、风能等资源

发展沙产业，除了利用沙区丰富的光、热能等，开展种植业外，值得重视的一点，就是沙区能源的转换。在人口相对集中的村、镇建设小型的太阳能或风力发电站(组)，解决沙区农牧民的燃料、照明等问题，缓解人为的乱砍滥伐、乱采乱樵，同时要努力保护好原生植被，防止乱开垦土地。

3.4 大力发展草业，保障沙区畜牧业发展

畜牧业是沙区农牧民经济收入的主要来源，长期以来，由于草场的建设和保护一直跟不上畜牧业的发展步伐，给沙区的生态与环境造成了沉重的负担，人为造成的土地与草场沙化现象，越来越严重。大力发展草业，鼓励牲畜舍饲圈养，实施封禁保护等，这样，不仅发展了沙产业，也保护和改善沙区的生态与环境，有利于沙产业的可持续发展。

3.5 推广节水农业技术

沙区多为缺水地区，传统的农业就是靠天吃饭、广种薄收，以往人们不惜以大量开垦土

地，破坏植被为代价，来养家糊口，解决吃饭问题。结果却导致了越垦越穷，越穷越垦，使大片土地沙化，生态与环境遭到了破坏。反观世界范围内的沙产业发展情况，如以色列利用沙地的光热资源发展节水型高效农业，使 $1m^3$ 水资源创造出 2 美元多的经济价值，效益高于我国西部地区几十倍。

3.6 加强沙产业的知识普及与技术培训和推广工作

科学技术的缺乏与落后，是限制我国沙产业发展的一个非常重要的和瓶颈问题。由于沙区的社会、经济、文化、交通等都比较落后，人们的文化水平普遍不高，掌握的科学技术也不多，这些都限制了沙产业的开发与发展。因此加强对沙区农民的沙产业知识普及和技术培训与在沙区的技术推广工作，就显得尤为重要，这是从根本上解决沙区农民致富的办法。国家与地方的各级人民政府，都应该充分意识到这一点。

3.7 发展沙产业必须要沙区大多数人受益

要建立和谐社会，要实现全面小康社会，要建设社会主义新农村，就必须要让最广大的人民群众，在改革中受益，充分享受到我国改革开放所取得的成果。改革与开放成功与否，不仅要看经济效益和指标，更重要的是要看其社会效益与指标，只有大多数人受益，改革开放才算成功，否则，即使经济指标再好，而没有大多数人的受益，也不能视为完全成功。因此，在今后的沙产业开发中，要充分顾及到大多数人的利益，要带领和引导最广大的沙区农民群众，投入到沙产业的建设与开发中来，实现共同致富。

4 小 结

我国的沙产业还刚刚起步，任重而道远。沙产业的概念、定义、范围、含义与理论，还需要在实践中不断地发展和丰富。基于我国的经济实力和国情，目前还不能由国家全部包下来，必须发挥和动员全社会各行各业与广大人民群众的积极性与才智，加之国家给予必要的资金、政策与科学与技术等方面的扶持，我国的沙产业必将会取得更大的成绩，沙区一定会建成社会主义的新农村。

钱学森沙产业理论与西部生态文明建设

郝诚之
（内蒙古沙产业草产业协会副会长兼秘书长）

摘　要：西部大开发，生态是重点，沙漠化防治是难点，沙区各族群众脱贫致富是焦点，突破口是“绿化—转化—产业化”，现实的选择是发展钱学森先生倡导的知识密集型沙产业。沙漠资源是可以利用的宝贵财富，沙产业理论是科学开发西部、建设生态文明的中国特色理论，内蒙古的试验、示范给我们带来了希望和信心。

关键词：钱学森；沙产业理论；生态文明

一、沙漠不应是生态文明建设的禁区

党的十七大报告把抓好“生态文明”作为全面建设小康社会的新要求，这是有里程碑意义的大事。

生态历史学家罗炳良先生在《生态环境对文明兴衰的影响》中指出：“在中外历史上，各个历史时期生态环境的优劣，不仅直接关系到人类的生存质量，而且对社会文明的昌盛与衰亡产生了巨大影响。”我们认为，说到底，生态文明是一切文明的安全底线。没有生态文明，就没有可靠的物质文明、精神和政治文明。它要求人类与自然和谐，人类与社会和谐，互为依存，坚持双赢，共同繁荣。

以钱学森先生为代表的中国科学家认为，新世纪的口号应该是“换一种思维看沙漠环境、看生态文明”，重点包括沙漠化的防治、利用。用科学思想、科学方法和市场观念变自然界的生物链、食物链为效益链、价值链。通过尊重规律，“寓防治于开发之中”，善待自然，造福人类，构建新的生态文明的平衡系统。钱学森先生作为有全球眼光、人本思想、系统观念、未来设计的战略科学家，很早就介入了应对地球“四大危机”之一的生态危机的思考，并做出了巨大的科学建树。20 世纪 60 年代，他利用在内蒙古额济纳河流域（东风航天城所在地）搞国防科研的机会，业余考察了巴丹吉林沙漠。80 年代，他应《内蒙古日报》之约，专题研究并在《人民日报》发表了对内蒙古草原进行历史反思和科学利用的专论《草原、草业和新技术革命》。1984 年 7 月，他提出了面向 21 世纪的第六次产业革命的理论构想—《创建农业型的知识密集产业—农业、林业、草业、海业和沙业》，为人类广视野、深层次认识生态文明指出了极具时代感的正确方向。

二、钱学森沙产业理论的解读

钱学森先生倡导的知识密集型的沙产业、草产业、林产业理论，是科学开发地球沙区的优势资源，“用科学技术经营管理沙漠”，变害为利，变废为宝，实现“沙漠增绿，农牧民增收，企业增效的良性循环”的系统工程。是创新的阳光产业、节水农业、扶贫工程、知识经济。其技术路线是“多采光、少用水、新技术、高效益”，通俗表述是“利用阳光，通过生物，延伸链条，依靠科技，对接市场，创造财富”。钱老所以要强调“防沙治沙也是沙产业”，但“沙产业比防沙治沙难得多”，是因为林、草、沙三业很难严格区分，沙上长草就延伸出草产业，沙上长树就延伸出林产业，把“林、沙、草三业结合”，才能“开创我国西北沙区21世纪的大农业”。沙产业重视的“绿化—转化—产业化”，就是要治用结合，以用促治，以治保用，减少破坏源，变沙漠为绿洲；在保护生态的前提下，向沙漠要效益。科学发展沙产业的标准是六条：一、太阳能的转化效益；二、知识密集的程度；三、与市场接轨；四、保护环境；五、持续发展，永续利用；六、良性循环，实现人与自然、人与社会的和谐。

钱学森先生的生态文明创新理论，强调用新的科学成果来综合利用、合理开发、深度加工沙生动植物，让生物转化太阳能，为人类创造财富。钱学森先生深刻分析了我国沙区农业气象资料、土地资源特征，指出沙区不仅具有发展农业生产的制约因素，也具有独特的自然优势。关键在于如何利用独特的自然优势，克服其不利因素。我国资深沙产业专家刘恕教授指出：“沙产业愈发达，第一性产品的产量就愈多，人们为追求生活必需品而进行的盲目开垦和放牧就会得到控制，脆弱的自然资源就会得到休养生息的机会。”

钱老要求我们既要保护环境，珍惜资源，因地制宜，适树适种；又要面向市场，科学经营，通过生产终极产品，获取应得效益；并坚持良性循环，确保发展后劲。既不是搞西方的工业化，以牺牲生态环境作代价；也不是搞单一的城市化，置沙区、草原农牧民的贫困于不顾。认清荒漠化的根本原因是贫困化，坚持“既见沙漠又见人”，努力做到：生态、生计兼顾，治沙、致富双赢，绿起来、富起来结合。“用科学技术解决农牧民的富裕问题”。

钱学森沙产业理论所以是有中国特色的面向21世纪、造福老百姓、开创生态文明新局面的理论，是因为它的指向表现在五个方面：一是战略的前瞻性；二是科学的整体性；三是跨行业、跨部门、跨地域、跨文化的关联性；四是节约再生、高效和谐、运作平稳、人地兼顾、后劲可靠的可持续性；五是变以色列“高投入、高产出”的“贵族农业”，为中国式的“工农联手、城乡一体、用得起、推得开”的“平民农业”，有很强的可操作性和普及性。

知识密集型沙产业的特征可概括为四个字：围绕一个“省”字，走节约再生的循环经济之路；突出一个“链”字，走“草畜工贸四结合”、“农工贸一体化”的龙型生态经济之路；强调一个“转”字，走新型的涉农的工业化的集约经营之路；追求一个“增”字，走技术创新、成果集群、系统耦合、利用综合、文化衔接、效益叠加的知识经济之路。专家们认为，它是我国西部民族地区告别贫困、走向富裕、建设和谐、实现小康的首选之路和必由之路。

三、西部开发科学之路的选择

因为我国西部地区既是大江大河大沙漠的源头，也是我国矿产资源和绿色资源的富集带。“西煤东运”、“西气东输”、“西电东送”、“西乳东供”的物质保障靠它，少数民族聚居区的绿起来、富起来也靠它。资源的丰富性和生态的脆弱性在这里兼而有之，必须科学开发，合理利用，统筹兼顾，以人为本。

打开地图看看，我国的八大沙漠、四大沙地和五大草原都在西部。水土流失面积的80%在西部，每年新增荒漠化面积的90%以上在西部，农村牧区60%以上的贫困人口在西部。55个少数民族中的50个集中分布在西部。据统计，目前西部地区人口虽占全国的近

30%，但人均国内生产总值只占东部地区的40%，农牧民人均纯收入只有东部地区的一半，约2000万人还没有解决温饱问题。这种日益扩大的东西部发展差距，不但阻碍着国民经济发展新格局的形成和全面建设小康社会目标的实现，而且影响着21世纪的可持续发展和国家的长治久安。

钱学森先生在给中央领导的信中说，我国对西部的开发，“一五”计划和“小三线建设”时已搞过两次大的建设，因为没有充分考虑对西部地区民族经济的带动，所以农牧民弟兄“仍然贫穷落后”。他提出跨世纪的西部大开发“应该有新的思路”，“起点一定要高”，让少数民族兄弟与汉族一样，享受“政治平等、经济平等、文化平等”，必须尊重西部特殊的自然规律、生态规律、经济规律，不能照搬东部的一套。内蒙古党委书记储波同志高度重视钱老的西部开发理论，2001年8月31日，在郝诚之的《钱学森与西部开发》的研究报告上批示：“看后很受启发和教益，办任何事都要尊重客观的自然规律和经济规律。要重视应用系统工程的观念来指导生产建设与产业发展。”党委责成杨利民副书记落实储书记批示精神，协商政协牵头筹建内蒙古沙产业草产业协会，邀请钱学森担任名誉顾问。2002年12月22日，我国第一个省级沙产业草产业协会在内蒙古自治区成立，钱老破格担任名誉顾问。他在给自治区领导的信中说：“内蒙古的优势产业是什么？我认为就是沙产业和草产业，这是内蒙古新的经济增长点。只要内蒙古的同志紧紧抓住了这两大产业，真正建设成知识密集型的沙产业和草产业，内蒙古社会主义现代化建设就会迈上一个新的台阶，内蒙古生态环境也会得到改善。”

四、鄂尔多斯沙产业模式的特点

2001年5月他在给内蒙古政协常委、鄂尔多斯市东达蒙古王集团民营企业家赵永亮和郝诚之的信中说：“您二位2001年5月20日给我的信和关于内蒙古东达蒙古王集团在库布其沙漠实施沙柳综合利用产业化工程的材料我都看到了，非常感谢！看了您们的材料，我认为内蒙古东达蒙古王集团是在从事一项伟大的事业—将林、草、沙三业结合起来，开创我国西北沙区21世纪的大农业！而且实现了农工贸一体化的产业链；达到沙漠增绿，农牧民增收，企业增效的良性循环。我向你们表示祝贺，并预祝你们今后取得更大成就！”这是钱学森先生对内蒙古鄂尔多斯沙产业模式的具体指导，也是对鄂尔多斯沙产业模式三大主要特征的高度概括：一是“林、草、沙三业结合”，二是“实现农工贸一体化的产业链”，三是“达到沙漠增绿、农牧民增收、企业增效的良性循环”。

实践证明，沙产业、草产业、林产业体现的，就是科学发展观，就是中国特色的生态文明。在有限的沙产业可开发区内，实现生态好转、生活好转、环境好转和社会经济协调发展、人和自然和谐共存，核心是为沙区人民谋福祉、谋利益。任务光荣而艰巨。2008年1月19日，中共中央总书记、国家主席胡锦涛看望钱学森先生时，高度肯定了老科学家的两大“科学建树”：一是系统工程理论；二是沙产业理论设想。总书记说：“前不久，我到内蒙古自治区鄂尔多斯市考察，看到那里沙产业发展得很好。沙生植物加工搞起来了，生态正在得到恢复，人民生活水平也有了明显提高。钱老，您的设想正在变成现实。”总书记总结的鄂尔多斯沙产业重要成果的三句话和钱老肯定过的三大特征是高度一致的！

五、内蒙古为我国生态文明建设带来了希望

在宣传践行钱学森沙产业、草产业、林产业科学思想方面，内蒙古做到了八个全国率先：率先把“发展沙产业、林产业、草产业”写进《党代会工作报告》、《政府工作报告》；率先把“大力发展沙产业、林产业、草产业”写进了自治区“十一五”规划；率先在全国注册并开通了利用国际互联网的《中国沙产业、草产业网站》；率先编印了一套三本的《沙产业、草产业、林产业理论实践丛书》；率先举办了《钱学森与内蒙古沙产业、草产业图片展》；率先提出了以钱学森沙产业、草产业、林产业理论为指导的“生态小康”概念；率先培育了“鄂尔多斯沙产业模式”；率先把“科学发展沙产业”写进《内蒙古自治区人民政府关于切实加强防沙治沙工作的决定》。为什么内蒙古要把钱学森先生的创新理论与自治区的科学决策结合？自治区代主席巴特尔同志说得好，因为“沙产业在内蒙古是一项具有战略意义的产业，是造福人民，促进可持续发展的大事”！

用党的十七大报告建设生态文明的要求衡量，西部大开发应把发展知识密集型沙产业当成战略之举，做到六个结合：资源利用与环境友好结合，植被建设与产业发展结合，以绿为荣与以人为本结合，民族团结与文化传承结合，道义回报与物质回报结合，政策动力和市场动力结合。建国以来，内蒙古自治区鄂尔多斯市为探索中国特色的生态文明之路，付出了几代人的心血，总结了正反面的经验，终于摸清了规律，找准了方向。一首反映50年生态文明演变的“顺口溜”很能说明问题：“20世纪50年代，风吹草低见牛羊；60年代，滥砍滥牧乱开荒；70年代，沙进人退无躲藏；80年代，人沙对峙互不让；90年代，禁牧轮牧变模样；新世纪，产业链上做文章，工农联手闯市场。”

鄂尔多斯市副市长白玉岭同志在《2007首届中国生态小康论坛》上讲演，深有感触地说：“50年过去了，我们终于明白了人要吃饭，羊要吃草。西部大开发，生态是重点，沙漠化防治是难点，沙区各族群众脱贫致富是焦点。突破口是产业化，现实的选择是发展钱学森理论指导的沙产业、草产业、林产业。不解决沙区、牧区‘人往哪里去，钱从哪里来’，彻底解决‘三农’、‘三牧’问题就是一句空话。”2001年鄂尔多斯市的沙化面积曾占全市面积的70%；2007年，植被盖度超过70%。全市沙产业、草产业、林产业的增加值达11.3亿元，农牧民人均纯收入就此增加891元，开始实现沙漠增绿、资源增值、农牧民增收、企业增效、地方增税。温家宝同志1995年11月9日曾在刘恕教授的报告上批示：“钱学森同志和宋老(指宋平同志，原中共中央政治局常委)提出，在我国西部戈壁沙漠发展沙产业，这些重要的理论和意见值得重视。一些地区的成功实践充分说明，办好这件事不仅有经济意义，而且有社会和生态意义。”宋平同志2004年7月实地考察鄂尔多斯市恩格贝沙产业示范区后高兴地说，植被恢复到这个样子，看了实在使人高兴。原来认为这是很难做到的事，现在实现了。恢复到这个水平，付出了很大努力，也证明找对了办法。

作为我国沙产业理论的孕育、构思、试验、示范之地，24年来内蒙古逐步走到了西部生态文明建设的前列。钱学森先生为此十分欣慰，2007年3月给中国沙产业、草产业网站题词时说：“内蒙古各民族人民过去在‘两弹一星’事业做出了贡献；现在又在沙产业、草产业上给全国带了个好头，做出了榜样。我希望他们在沙产业、草产业上继续做贡献，并把沙产业、草产业推向全国去!”

沙区发展森林旅游，要“慎”字当头

金正道
（中国治沙暨沙业学会办公室主任、高级工程师）

摘　要：针对我国沙区旅游产业的发展现状、存在问题，提出要加快发展沙区的旅游产业，实现现代旅游发展目标，必须在科学发展观的指导下，选择超常规的快速旅游发展战略、资源精品开发战略、生态环境保护协调发展战略和构建合理的沙区旅游业发展布局。

关键词：沙区；旅游产业；现状问题；发展对策

旅游业在国际上被誉为永不衰落的朝阳产业。世界旅游业，经过一个多世纪的发展，现已相当成熟，它对各国国民经济的发展、科技文化交流、扩大就业等作出了重要贡献。我国旅游业经历了从无到有，从小到大，从弱势到优势的发展过程，现已成为国民经济的支柱产业之一。我国沙区，由于特定的自然条件，天然旅游资源丰富，西北的祁连山、昆仑山、天山和阿尔泰山，山体庞大，垂直分布明显，巍峨的雪山、茂密的森林、美丽的草原，景观奇特。广袤的沙漠、戈壁，更是沙区所特有的景观。新疆的火焰山，甘肃的河西走廊，早已成为历史的传奇。此外，还有各种野生动植物自然保护区。这些旅游资源，将赋予人们的大自然的美，是作家创作的源泉，科学家考察研究的对象。同时，我国沙区人文旅游资源也十分丰富，有世界奇观的万里长城，著名的古代丝绸之路，敦煌壁画，成吉思汗墓葬……。因此，我国沙区具有丰富的天然和人文旅游资源，发展沙区旅游业前景广阔。

一、沙区旅游业发展形势

（1）起步较慢，发展较快，旅游人数稳步上升，旅游收入大幅度增长，但省际差异大。以旅游作为产业列入政府议事日程为标志，我国沙区旅游业起步是较晚的。最早确定旅游业为主产业的陕西省，1985 年才有文件，而青海、宁夏 1998 年、1999 年才有决定。近几年来，我国旅游业发展较快，首先是各省及地州市及大部分县均设立了旅游局，加强了政府对旅游业的领导，其次是加大了对旅游业的支持力度，各省、自治区均从不同程度上对旅游业进行了政策、财政、信贷和资金的支持。我国从 1954 年 4 月第一家旅行社——中国国际旅行总社诞生起，新中国旅游业已走过 50 多年的历程。我国旅游业在 1981 年前强调国外游客，并未开展国内旅游。直到 1986 年国务院才将旅游业纳入全国国民经济和社会发展计划，确立旅游业在国民经济中的地位，但发展较快。我国沙区近几年接待国外旅游人数呈现稳步上升趋，旅游创汇收入大幅增长。这一方面说明，近年来各省、区旅游业呈快速发展状况；另一方面也说明，发展还不平衡。

（2）旅游基础设施日臻完善，但配套建设仍很薄弱。旅游业是凭借旅游资源及设施从事招徕、接待游客，为其提供交通、游览、住宿、餐饮、购物、文娱等六大环节服务的综合性产业。旅游基础设施建设是发展旅游产业的基础，尤其是旅游景区、旅游饭店、旅游交通和邮电通讯建设更为重要。这些方面我国沙区近几年取得了突破性进展，表现在旅游景区景点建设速度大大加快，特色旅游精品正逐步得到刻画和完善；以省会、旅游城市为核心的高等级公路和国道、省道提及改造已相继完成；新欧亚大陆桥双轨改造，青藏铁路和宝中铁路已经完成；省会和重要旅游城市的机场建设已陆续得到扩建或新建；交通“瓶颈”正逐步得到缓解；县级以上城镇和重要景区的程控电话和移动电讯网络亦基本建立，已初步奠定了发展旅游业的基础。建立配套基础服务设备，以满足游客所需的全部服务是旅游业发展的必备条件。我国沙区旅游设施建设仍很落后，均与现代旅游必备的条件相差甚远，严重削弱了接待能力，不能满足日益增长的消费需求。

(3)旅游资源开发步伐加快，特色旅游精品知名度不断提升，但旅游发展总体水平仍然低下。旅游能直接带动交通、金融、电信、医疗、商贸(购物)、基本建设(住房、道路)、宾馆和餐饮等服务行业，也能通过拉动消费，间接推动工业消费品和农副产品的生产和销售，确实是一业带来百业兴，已成为人们的普遍共识。“十五”期间，我国沙区各有关省(区)已普遍将旅游业定位为优势产业(青海)、先导产业和支柱产业(见表1)，并大大加快了开发步伐，在特色旅游精品、重点旅游景区和区域旅游热线等方面取得重要进展，也相应提升了其知名度，如甘肃的敦煌莫高窟、丝绸之路，宁夏的沙湖、沙坡头、青海的塔尔寺、青海湖等。但从总体上看，旅游业发展水平仍然较低。

表1 我国沙区各有关省(区)“十五”旅游产业定位和发展情况

省(区)	“十五”产业定位	发展目标	旅游业总产出占GDP比重(%)		
			1996年	2000年	2005年
中国	支柱产业	世界旅游强国	3.8	4.6	5.6
陕西	重要支柱	旅游大(名)省	5.3	7.0	8.0~10.0
甘肃	先导支柱产业	2015年成为支柱产业	1.1		3.3
青海	优势产业	高原生态旅游大省	0.5	2.0	5.6
宁夏	支柱产业	西北特色旅游基地	0.7	3.0	5.4
新疆	优势产业	中国旅游大省、后备战略基地	0.5	6.0	
内蒙古	支柱产业	北方地区旅游大省	1.44		

资料引自[刘锋，2001]

二、我国沙区旅游业发展中存在的主要问题

(1)旅游资源家底不清，仍处于接待型的初级旅游阶段。目前对于我国沙区旅游资源仍然缺乏系统全面的普查和评价。对各区域旅游资源的种类、数量、质量、自然环境及开发价值、客源前景缺乏科学的分析与研究。如何依据资源特点建立特色旅游精品与品牌产业缺乏科学规划，基本仍处于接待型的初级旅游阶段，与现代旅游业的水平仍差距甚远。

(2)交通网络不便捷，制约了景区深度开发和旅游业快速发展。发达旅游业，必须有方便快捷的交通网络。我国沙区交通网络，虽然取得突破性进展，但基础设施短缺仍然是制约旅游业发展的瓶颈，表现在整个我国沙区机场、铁路、公路网络较为稀疏，尤其是机场数量少，吞吐能力小；铁路纵横体系未形成，往返线路重复，公路密度疏，通达不快捷。其次是

大部分景区与周边的旅游中转城市缺少快捷的直达班车，游客进出不便，制约了景区的深度开发。再次是航空口岸数量少，国际旅游条件严重滞后。

(3)人才缺乏，管理水平低下，跟不上旅游产业快速发展需要。人才是事业发展的保证。目前，我国沙区旅游专业人才十分短缺，不仅策划管理人才缺，而且经营管理人才也缺。不仅人员数量少，而且管理水平较低。现有的业务人员、管理人员及导游等大多没有受过专门和系统的培训，其业务素质和管理水平不适应沙区旅游产业发展的需要。

(4)冬春季不利的自然环境对旅游业的收益大降。我国沙区的冬季和春季，寒冷、干旱、多大风，不适宜进行普通旅游，成为旅游淡季，时间长达5～6个月，造成设备、设施闲置、人员过剩，收益大降。提高旺季旅游质量，增大旺季收益水平，调整旅游结构，扩宽旅游服务范围，缩小旺淡季差距，是我国沙区旅游产业发展必须解决的问题。

三、我国沙区加快旅游业发展的四条必然选择

我国沙区生态环境十分脆弱，经济落后，社会发展水平低，如果旅游产业的发展仍然选择常规模式，步我国东部地区经济发展后才发展旅游业，或旅游业的发展不同时重视生态环境保护的话，我国沙区的旅游业将举步维艰，建设现代旅游产业的目标将难以实现。为此，在科学发展观的指导下，选择超常快速旅游发展战略、资源精品开发战略、与生态环境保护协调发展战略和构建合理的沙区旅游业发展布局，将是我国沙区旅游发展的四个必然选择。

(1)超常快速旅游发展战略。这是欠发达区域通过后发优势，用超前发展速度实现快速发展的战略。超前发展，必须达到超前于当地国民经济发展速度，超前于全国旅游业平均发展速度，达到后来居上目标。上述目标的实现途径，首先是要用新的旅游产业观，营造旅游新形象，引导旅游产业朝着特色产业目标，做到人无我有，人有我精，人精我专的思维设计。其次是对旅游精品进行高起点，高水平的策划，形成特色精品，提高竞争能力，赢得市场。第三是要从政策、融资上创造吸引投资、新技术应用、人才培养的环境，通过政府调控获得开发资金、技术和人才，才能实现超常快速发展目的。

(2)资源精品开发战略。我国沙区的旅游资源开发一定要突出地方特色和民族特色，才能形成自己的区域优势，并最终体现在旅游精品上。抓好旅游精品的“特”、“奇”、“新”精品开发，则是实现旅游业发展最重要的工程。精品工程包括：以观光旅游为内容，大力开发生态旅游和区域旅游精品。据世界旅游组织预测，未来世界时尚旅游为生态、探险、文化、沙漠和海洋五类。我国沙区除海洋外，其他四类均占有很大优势，都能打造旅游精品，其中包括大漠生态、冰川生态、绿洲生态、山地生态，并能创造特色风光旅游，登山探险、冰川探险、沙漠探险、江河源探险、黄河漂流、高原览胜、民俗旅游、丝绸寻踪、宗教旅游、科考旅游、文化旅游、原始长城旅游等特色精品。可优先打造专项新型旅游精品，如冰雪旅游、探险旅游、文化旅游、宗教旅游，宜加快开发。能成为垄断的专题旅游精品，如文成公主、成吉思汗、马可·波罗、左宗棠等中外历史名人行踪线路考察，以及“丝绸之路”线、“青藏铁路”线、“唐蕃古道”线均可成为旅游精品线。我国西北部沙区与多个国家相邻或相近，地缘上可联合开发，跨国精品旅游，如跨国边境旅游、边境购物旅游，跨国观光旅游等。精品旅游的开发与组合旅游系列设施的建设，将能为我国沙区沙产业的发展构成巨大的动力。

(3)与生态环境保护协调发展战略。我国沙区生态环境脆弱，而旅游业又是一项对生态

环境依赖性很强的产业，因此，在旅游业开发过程中，必须十分重视生态环境的保护与建设，决不能因为旅游业的开发破坏生态环境，否则，旅游业将会成为不可持续的产业。为此，必须贯彻保护性开发的方针，在保证生态安全条件下适度地开发旅游资源，做到旅游精品开发规模控制在生态容量范围内，并实施保护生态环境的系列法律法规，旅游开发与生态环境的协调发展。

(4)构建合理的沙区旅游业发展布局。根据我国沙区旅游资源的分布特征，景区地域组合及其相关的交通、城市、社会经济条件，旅游业布局总体上应实行旅游中心城市为核心，旅游集散点为节点，重点景区为支点带动区域旅游业发展的战略，布局上应遵循因地制宜，找准定位，分别对旅游业不发达的地区，开发成长区，相对发达区，特殊类型区进行分类指导，有序布局，逐步建设起特色鲜明、联系紧密、管理有序、旅游方便快捷的旅游产业体系。

宏观布局上应按层次构建两大旅游系统区、三级旅游增长中心、专题特色旅游热线为内容的层状格局体系。两大旅游系统区——根据大区域景观差异，首先可分为西北干旱大漠旅游区和青藏高原高寒旅游区(见表2)。三级旅游增长中心——旅游增长中心担负着区内外旅游客源的组织和旅游集散网络的运作功能。根据景类、景型的丰度、特点，区位及旅游发展现状，我国沙区的旅游增长中心大致可分为三级：第一级为西安、乌鲁木齐，具有建成一流国际旅游大都市的条件与基础；第二级为兰州、银川、呼和浩特、西宁、敦煌、海拉尔、承德等，具有建成国内一流旅游都市的条件和基础；第三级则为第二级辐射的更次一级旅游中心城市，具有建成地区性旅游城市的条件和基础。上述旅游中心的网络体系，可成为我国沙区的旅游布局体系。若干特色旅游热线的建设——我国沙区旅游业的发展，依据资源类型及分布，推出若干专题特色旅游线路是十分有基础和必要的。如丝绸之路、石窟、野生动物观赏旅游热线，漂流旅游、登山探险旅游和宗教朝圣旅游等。

表2 我国沙区两大旅游系统区特征

区域	自然风光	人文资源	发展重点	客源市场
西北干旱大漠旅游区(新疆、甘肃、宁夏、陕西、内蒙古)	沙漠、戈壁、高山、冰川、草场、湖泊为特色的漠境风光。	丝绸古道文化、古长城、民族文化、古历史遗址、石窟、寺院。	以丝绸之路为主线，开发旅游支线，逐步建成旅游网络，开发中加大保护力度，加强旅游形象策划。	海外市场主要为日、美、德、法、英、俄、哈；国内市场为京、粤、沪、浙、苏等。
青藏高原高寒旅游区(青海、西藏)	世界海拔最高高原、高寒、干旱、高山、雪山、冰川、草场、湖泊、咸湖、森林为特色的山原风光。	藏传佛教文化，藏、土、门巴族风情和宗教建筑。	分层次开发相应风景资源，开发相应特殊旅游。开发中加大对环境的保护。	海外市场主要为德、日、美、法、英等发达国家，国内市场为广东、香港、澳门、台湾及东部较发达省区。

参考文献

朱俊凤．中国沙产业．北京：中国林业出版社，2004

采取定点精量灌溉技术 发展荒漠地区路域经济

马宇龙
（内蒙古巴彦淖尔市草原站）

摘　要：道路是人类文明沟通与延伸的经络系统，在道路沿线的物质、能量、信息交换十分活跃，人员和资金流动频繁，在道路两侧一定区域内生产力比其他地区要高的多。目前我国西北地区交通线的主要功能是实现点到点的对接，即城镇之间的沟通与连接，而中间许多地段未能有效利用起来，造成道路交通投资的巨大效益盲区。本文探讨了如何利用荒漠地区现有道路交通便捷的优势，使当地人口通过生态移民，在公路两侧集中居住，然后采用定点精量灌溉技术，发展集约化的高效种植业，解决西部地区人多、地少、水缺的困境，逐步提高定居人口生活水平，以此带动沿线的路域经济，促进社会就业，提高人民收入，同时促进天然植被尽快恢复生态功能，这是一项关系国计民生和西部地区可持续发展的重大科研课题。

关键词：定点精量灌溉；荒漠地区；路域经济

我国西北荒漠戈壁地区地域辽阔，近几十年来，由于人口的增长以及不合理的经营方式，生态环境出现快速退化趋势，各种自然灾害频繁发生。按照传统的生产经营方式，许多地区已不适应人类的继续生存，而在一些绿洲地区，发展传统的种植业对水资源的利用率又很低，造成珍贵水源的极大浪费。如何利用荒漠地区现有道路交通便捷的优势，使当地人口通过生态移民，在公路两侧相对集中居住，然后采用定点精量灌溉技术，发展集约化的高效种植业，逐步提高定居人口生活水平，以此带动沿线的路域经济，同时促进天然植被尽快恢复生态功能，是关系国计民生和西部地区可持续发展的重大科研课题。

（1）发展路域经济的必要性。路域经济是指在以道路为骨干的两侧地带，集中发展生产的经济模式。道路是人类文明沟通与延伸的经络系统，由于人类活动的参与，在道路沿线的物质、能量、信息交换十分活跃，人员和资金流动频繁，在道路两侧一定区域内生产要素得以强化，因而与距离道路较远的非路域系统相比，生产力要高的多。目前我国西北地区交通线的主要功能是实现点到点的对接，即城镇之间的沟通与连接，而中间许多地段由于水源缺乏，未能有效利用起来，仍然保持原始景观，造成道路交通投资的巨大效益盲区。

（2）路域经济种植业的生产模式。西北地区干旱少雨，但只要有水就有生命。可以考虑在穿过戈壁荒漠区的主要交通干线（县道、省道、国道）二侧，选择地势相对平缓的地段，在地下铺设与交通线平行的输水系统，利用当地充足的光照和热量资源、广阔的土地、昼夜温差大的特点，集中建移民带，通过定点精量灌溉，发展高附加值、劳动密集型的种植业，以帮助生态恶劣地区的人们实现生态移民和永久定居。西部地区虽然缺水，但如果发展定点精量节水灌溉，水量还是充足的。水的来源主要依靠冰山融雪和抽取沿河地下水。作物生长期一般只有四五个月，其余时间可以让河流自由流淌，以便维持河流沿岸的生态环境。

（3）定点精量灌溉技术。精量灌溉技术指相对于传统的大水漫灌模式的灌溉技术，如喷灌、滴灌、渗灌、膜下滴灌等，以便最大限度利用水资源。而在种植小区采用的定点精量灌溉技术，是指主输水管进入田间后，再采用人工办法，把灌溉水源分批次、按需要直接浇到作物的根部，使作物得到彻底吸收利用。采用这种办法，可以大大减少铺设和维护田间支毛水管的费用，且不受地形起伏的影响。农户每天的工作以浇水为主，没有翻地、整畦、除草等繁重的体力劳动，省工省水，便于扩大生产规模。施肥浇水在不同的作物生育期有不同的量化指标，便于精确管理作物。采取定点精量灌溉种植哈密瓜，每亩用水量为50吨，而采取漫灌的方式，每亩的灌溉用水高达200吨，是定点精量灌溉的4倍。

（4）种植小区的布局模式。设计每个精量灌溉的种植小区离开公路200m，占地面积为$4km^2$，即2 km×2 km，共6000亩土地，其中1500亩作为居住区和农田道路用地，其余4500亩作为农田。每户种植地块的面积为15亩，即$1hm^2$，面积为100m×100m，地块之间用50cm高的石头墙隔离，以便减小风速。这样每个种植小区总共可安排大田种植户300户600人，农户到田间劳动的最远距离为2km，步行仅需要半小时，比较适宜。

（5）定居点的建筑模式。每个种植小区设计建立居民小区一个，占地面积200亩，定居点的住房一律建成平房，每户住房面积为$50m^2$，两间，墙体建筑材料就地解决，利用当地的碎石、沙子和胶泥打墙，这样建筑成本远远低于砖房，而保暖性能却高于砖房。除种植农户外，每个定居点另外安排50户100人作为管理和服务人员，如安保、医疗、卫生、教育、食堂、种植蔬菜、少量养殖、沼气制作等，使一个定居点成为一个完整的社区。住宅小区建成类似四合院的结构，所有住房用廊道连接，便于人员往来时避开风吹日晒。每两排院墙之间的面积为10亩，可以种植蔬菜供居民自己食用，以解决外地调用蔬菜用量大，保鲜期短的难题，同时实现小区绿化，由于靠近居住区，管理起来也方便。为减少建筑成本，每排房统一使用卫生间、淋浴室和洗衣房。定居点周围可以利用处理后的生活废水，栽种一些树木，如梭梭、沙枣、白刺、胡杨、红柳等当地树种，作为风景树木和防风林。

（6）精量灌溉小区的具体技术措施。① 建输水管。输水管道直接埋在冻土层下，类似新疆的坎儿井，防止输水过程中的水分蒸发。在每个农户的种植地块的面积为15亩，在每个地块的中央，安装一个出水龙头，春天浇灌时接到外边，秋天拆下，防止冻结。农户在灌溉时，到田间任何一点的距离小于50m，以便减少农户田间作业劳动量。② 选择适宜的种植作物品种。种植的作物品种应以节水的藤蔓植物为主，如西瓜、哈密瓜、香瓜、南瓜、籽瓜、葫芦等，目前西北地区种瓜技术已经非常普及。瓜类作物地上部分覆盖面积很大，而根部所占空间很小，特别适宜定点的精量灌溉，以便适应戈壁滩地面广阔而水源稀缺的特殊环境。这样既充分利用了地面空间，又能大大减少对作物的管理强度，使有限的水肥资源集中在作物根部，得到最大限度的利用，而传统的农区因此也可以空出大量以前种植瓜类的土地，来种植其他优势作物如小麦、玉米、葵花等。③ 土壤肥力。戈壁滩的土壤经过千万年的风化，营养元素非常丰富，许多地带是优质的沙壤土，完全可以满足瓜类植物正常生长的需要，无需施肥。当然随着种植小区人口的增加，用沼气技术处理人畜粪便然后还田，还可以用于补充土壤营养元素的消耗。另外可以考虑在这里建一些小型养殖场，以解决大城市近郊许多养殖场的粪便污染问题。④ 灌溉方式。输水管道直接把清水输送到种植小区，由种植户每天用水车拉水，再用软管按照作物不同生长期的需水量直接浇灌到作物根部。每株作物根部用直径40cm、厚度为2mm的白铁皮圆碟倒扣，便于保墒，起到塑料地膜的作用，而且可以重复使用。铁皮顶部开3cm×5cm的小孔，便于植物钻出和注水浇灌。采取这种办法可以避免使用地膜，减少投资、劳动量和环境污染。⑤ 灌溉时间及用水量。农户浇灌作物和其他田间作业，可以安排在一早一晚天气凉爽的时间，天亮到半上午3小时，半下午到天黑3小时，每天工作6小时，中午气温升高时回去休息。以哈密瓜为例，每亩500株瓜，按照95天生长期计算，需要水50吨，平均每天拉水7.5吨浇地的工作量可以承受。（苗期很少）另外可以分开时间种植，从5月初到6月初分3次播种，避免整枝、浇水的劳动过于集中，同时错开蜜瓜上市时间。按照每个种植小区每年消耗水22.5万吨，生活小区每年人均生活消耗水20吨、年总耗水1.4万吨计算，建设这样一个小区年需水约23.9万吨水，加上种菜用水，每个小区每年有40万吨水就可以满足需求。另外西部虽然干旱，在生长期内一般也能保证50mm的降雨量，相当于每亩32吨水，可以作为人工灌溉的有效补充。⑥ 经济效益分析。仍以种植哈密瓜为例。按照上述方案，设计每户居民经营15亩土地，以1亩地种植500株哈密瓜计算，远低于大田800株的种植密度，以便人工浇水作业，而且这里土地资源丰富。每株控制结1颗瓜，以每颗瓜平均单重3kg，每公斤1.2元计算，每亩可收获蜜瓜1500kg，经济收入1800元。15亩地产量为22500kg，收入27000元。除去自然损失，每个种植户在一个生长期内毛收入20000元还是有把握的，相当于每人3个月的收入为1万元。⑦ 运输与销售。由于定居点靠近公路，种植小区的农产品可以方便地销往沿线的城镇，同时农户所需的粮食和其他生活用品也可以方便地沿公路从外地拉进来。戈壁滩充沛的阳光，极大的昼夜温差，尤其适宜瓜类作物进行有效的糖分积累，生产出来的瓜类品质优良，糖分充足，而且耐贮存、耐运输，是其他地方难以具备的。小区可以通过不断提高技术含量，创造自己独特的品牌，占有市场。⑧ 定居人员组成。种植小区的农户主要由来自退牧还草地区的牧民、自然保护区外迁移民和人口过多的绿洲农区的农民。另外随着城镇产业结构的调整，存在大量失业人员，这部分人群文化素质较高，与其为他们提供最起码的生活保障，不如利用农业种植为他们提供最起码的就业保障。而每年秋冬季节农户的时间成本几乎为零，可以搞蜜瓜果脯的制作，或者从事内地因为劳力成本高而无法进行的来料加工，增加收入。⑨ 能源。我国西部绝大部分地区，全年风速大于每秒6m的时间为2500～3000小时，年日照时数接近3600小时，属于全国日照最多地区，太阳能和风能资源丰富，可以用来烧水、做饭、照明等，加上自备沼气，小区的大部分能源可以自行解决。

（7）路域经济带的管理模式。可以考虑由各地政府将城市的最低生活保障金、失业救济金、扶贫抗灾款、退牧还草等资金，集中起来统一使用，作为最初的运转资金，这部分资金也可以看作是城乡运行效率提高以后，对其他地区经济、生态效益“反哺”。移民住房统一规划修建，移民入住生产满一定年限后，房产、土地和生产设施归个人所有，并允许拍卖、转让、继承。由于人口集中，便于保障生活用电、用水、有线电视、分机电话入户，使移民与现代社会同步发展。移民在生产上服从社区统一管理，由社区负责统一对外联络，销售产品、购买农资，对内调度和技术培训、文化管理，以提高移民点的运行效率和人员素质。

（8）综合效益。在西北荒漠戈壁地区利用现有交通线，集中建移民带，发展定点精量灌溉种植业和路域经济，最大的优势是充分高效利用了现有道路交通便捷的条件和西北荒漠戈壁地区珍贵的水资源，解决西部地区人多、地少、水缺的困境，而且不与现有农田争地，同时减轻草原荒漠地区的生态压力，促进社会就业和西部生态环境的恢复以及社会经济的发展，提高人民收入。类似的种植和移民小区可以复制。

目前在生产上已经有了成功的例子，比如在宁夏中宁市环香山地区，当地的年降水量不足200mm，人畜饮水艰难，种植粮食经常颗粒无收，农民生活长期靠政府补贴救济。2002年开始在戈壁沙滩上采取卵石压沙保墒技术种植西瓜，2007年种植面积达到70多万亩西瓜，畅销20多个省区市，创造了旱区农业的奇迹，为群众脱贫致富闯出了一条新路。

而地处干旱戈壁深处额济纳绿洲，利用黑河水生产的远近闻名的居延蜜瓜，外形美观，色泽鲜艳，果肉脆甜，现在每年种植5000亩，年产蜜瓜达到16000吨，成为当地极具特色的农业产品。

西部地区水源紧缺，更应该高效利用。位于额济纳旗的居延海水域面积为35km^2，近几年为保障其生态用水，每年要通过上游黑河从祁连山千里迢迢调水，而调来1亿吨珍贵雪水，绝大部分在无遮无拦的大风和烈日下被白白蒸发掉。如果采用定点精量灌溉技术，1亿吨雪水利用一半即5000万吨，就可以在沿公路一线建125个这样的种植小区，种植蜜瓜56万亩，生产蜜瓜接近85万吨，每年实现产值10亿元，解决8万人就业，相当于阿拉善盟现有总人口的40%，同时可以对因移民而空出的5000万亩荒漠草场上实施禁牧保护，恢复生态。

（9）结论。从光照和热量条件来说，北纬40°左右、海拔1000～2000m的地带，是地球上最适合人类生存的纬度地带，我国西北地区大部分在这个纬度地带。在西部草原荒漠区的交通干线二侧集中建设移民带，利用精量灌溉技术发展路域经济，创造适应当地自然环境的优化人工生态系统，可以极大地缓解天然草地的生态压力和整个社会的就业压力，变传统的资源索取型农牧业为现代的资源创造型农牧业。一个个戈壁新村可以使重要的交通干线（如312国道），变成经济、生态、文化、有机农畜产品的走廊，居民在搞好农业生产的同时，也可以协助保障输气、输油、输水、输电、电信等经济的命脉畅通。对恢复后的天然草场应以生态公益效益优先，以保证千里牧区草色长青，永续利用。

缓解水土资源危机的根本出路在于灌溉技术创新

——用历史唯物主义的观点研究灌溉技术的过去、现在和未来

邱为铎

（北京科发农业水资源高效利用研究所）

摘　要：本文指出：由于人口的增加，人类的生产生活对水资源需求量大幅度增加，打破了淡水资源的供需平衡，在世界范围内产生了淡水资源危机。水资源短缺直接影响到土地资源开发，形成了水土资源的连带危机。文章指出：我国由于灌溉技术落后浪费的水资源高达国民总用水量的50%以上，明确指出灌溉技术落后是造成我国水土资源危机的主要原因。文章列举以色列在中东极端干旱的地区，利用最省水的滴灌技术在沙漠里建立起举世闻名的农业奇迹。说明，中国的水土资源危机仅仅是技术型危机，并非资源型危机。强调指出，缓解我国水土资源危机的根本出路在于灌溉技术创新。

灌溉技术不仅受经济因素和自然因素的制约甚至也受到社会人文因素的制约。各国的国情不同，不可能从国外搬来一套适合中国国情的灌溉技术。中国灌溉技术的更新换代，只能结合中国的国情，通过科技创新来实现，别的方法是没有的。

中国的科技人员结合中国国情经过30多年的不懈努力，创造的科发（燕山）滴灌技术，包括全固定式滴灌技术、Ⅰ型半固定式滴灌技术、全移动式滴灌技术、Ⅱ型半固定式滴灌技术和利用黄河水滴灌有效的防止了泥沙堵塞的技术，其建设成本只有国外引进技术的2%～6%，打破了国外因为滴灌工程投资大，只能用于产值高的经济作物的现状，开创了最水的滴灌技术用于大田粮食作物的先河。以科发滴灌为核心形成的灌溉工程投入低、灌溉技术用水量低、种植作物需水量低、产值高的“三低一高”开发模式，以很小的资金投入和水资源投入，激活了荒漠地区丰富的土地资源和宝贵的光热资源、植物资源，使土地荒漠化防治由传统的社会公益事业变成一项生态效益巩固、经济效益丰厚、社会效益突出的朝阳产业，开创了土地荒漠化防治的新纪元。

综上所述，科发滴灌理所当然地成为我国漫灌技术的替代技术，成为缓解我国水土资源危机，建设生物能源基地的有效途径。

文章最后提出推广科发滴灌技术攀登五个农田水利科技高峰的奋斗目标，它们是：①改造旱作自流灌区使灌区节水70%～80%，实现灌溉技术的彻底革命。②改造引黄灌区实现一条黄河顶4条黄河的战略目标。③将死亡之海逐步变成特色农牧业区、高效农牧业区。④结合生态建设将荒漠化地区建成永不衰败的生物能源基地。⑤利用就地拦蓄暴雨径流，小水大用实现山区水利化。作者深信通过深化科技体制机制改革，上述目标一定能够实现。

一、漫灌技术已经历史地走向自己的反面

漫灌也叫地面灌溉，在人类生息繁衍的历史长河中，发挥了巨大的积极作用。人们先是伴水而居，利用季节性的洪水泛滥灌溉土地，种植农作物，获得食物来源。

后来随着人口增加，这种完全依靠自然的力量形成灌溉方式，不能满足人类日益增长的

衣食需求。推动人类利用洪水漫灌的原理，发明了拦河筑坝提高水位，并人为地引水漫灌，形成了延续至今的漫灌技术。极大的扩展了灌溉的范围，也极大地提高了农作物的产量，为人类的繁衍创造了丰富的物质基础。

但是，这种漫灌技术水资源的利用率很低，是对水资源的掠夺性开发。我国农田灌溉是国民经济的用水大户，灌溉用水量高达国民总用数量的70%以上，西北地区高达80%以上。但到目前为止，我国几乎100%地灌区仍然沿用五千年前人类创造的漫灌技术。这种灌溉技术，水资源的有效利用率很低。骨干渠系上测得的有效利用率仅有40%。骨干渠道以下，还有斗渠、农渠、毛渠和灌溉沟，这些渠道不仅也有渗漏，还有水面蒸发。就算真到了地里，也还有深层渗漏和由于漫灌后使土壤处于超饱和状态，造成田间大量的棵间无效蒸发。如果把这些损失都计算在内，灌溉水的有效利用率恐怕连30%都到不了。也就是说，在我国，仅因灌溉技术落后浪费的水资源即高达国民总用水量的50%以上。落后的灌溉技术是造成我国水资源紧缺的主要原因，是形成水资源危机的罪魁祸首。这说明漫灌技术已从先进的生产力，转化为社会生产力的制约因素。

二、我国水土资源短缺仅仅是技术性短缺并非资源性短缺

以色列2/3的国土是沙漠和荒山，全年7个月无雨，人均水资源仅有270m^3，只有世界人均水平的3%，中国人均水平的12%。在这样恶劣的自然条件下，以色列建国初期即把农业作为立国之本，并确认以色列的未来在于南方的沙漠。该国于20世纪60年代初发明了最省水的滴灌技术，并修建145km的输水管道从北方引水进入沙漠。滴灌使农业用水量大幅度减少，灌溉水的有效利用率达到90%，每立方水的生产能力达到2kg以上，而我国只有0.87kg。以色列早在20世纪80年代就消灭了地面灌溉，现在以色列的滴灌面积高达耕地面积的80%，而我国喷灌和滴灌两项合计只占有效灌溉面积的2.8%。滴灌使那里农作物的产量翻了5番，并带动了工业和服务业的发展，使以色列的人均GDP达到1.8万美元，位居世界第十二强。

虽然以色列人均拥有的水资源仅为我国人均水平的12%，可他们的专家说，他们不缺水。所以我认为，我国虽然水资源短缺现象严重，但和以色列相比，我们只能算是技术性缺水，并非资源性缺水。土地资源也一样，如果有了水，就可以把占耕地面积60%的旱地变成水浇地；有了水，还可以将荒漠化沙化地区优越的光热资源充分利用起来，将广大的荒漠化沙化地区建成高效农牧区，特色农牧区和永不衰败的生物能源种植基地。所以我国土地资源短缺也只是技术性短缺，并非资源性短缺。

三、缓解水土资源危机的根本出路在于灌溉技术的自主创新

农田灌溉是受自然和人为因素影响较大的一项实用技术，各国的自然条件、经济条件，甚至人文条件不同，都可能对这项技术的推广应用产生直接的影响。即便在同一个国家，因为地区不同，气候条件不同，种植作物不同，也不能一成不变地推广一种方式。中国农田灌溉技术的发展，不可能用引进照搬的方法来实现，只能在广泛吸收国内外各方面的相关经验的基础上，用自主创新的方法来解决。

滴水灌溉，简称滴灌，是迄今最省水的灌溉技术。但是国外的滴灌是适应发达国家的条件发展起来的，以色列是滴灌技术的发源地，从他们的国情出发，滴灌主要用于面向国际市

场的产值高的经济作物。他们执行的是一条高投入、高产出的技术路线。从发达国家劳动力昂贵的实际出发，他们要求尽可能实现运行自动化，以减少劳力投入。现阶段用引进以色列等国外的滴灌技术和设备，每亩投资高达2500～3500元，国内用引进的滴灌设备生产线生产的国产滴灌设备，每亩投资也高达1000～2000元。

滴头是滴灌设备中的一个重要部件，滴头堵塞是滴灌技术普遍存在的一个世界性难题，国外设计的滴头，同样从国外的条件出发，设计成堵塞后不可以经过维修重复使用的结构形式。一旦堵塞即告报废，给滴灌工程的管理带来了很大的困难。近20年来，我国各地各部门重复引进国外滴灌技术和设备，实践证明，国外滴灌技术不仅造价高，管理难度也大，不可能成为中国漫灌技术的替代技术。要解决中国灌溉技术的更新换代问题，只能依靠自主创新。实际上中国并不是没有漫灌技术的更新换代技术。早在34年前，中国水科院的科技人员，遵照周总理的指示，在学习以色列滴灌技术的基础上，结合中国国情进行研发创新。先后研发成功具有鲜明中国特点的燕山滴灌技术，现改称科发滴灌技术，包括全固定式滴灌技术、半固定式滴灌技术、全移动式滴灌技术、利用黄河水滴灌技术及温室滴灌技术。先后获得18项实用新型专利和一项发明专利，并获得香港国际新产品新技术博览会金奖、首届中国新技术新产品展评会金奖、国家级科技进步三等奖、国家级优秀星火项目奖和国家级推广一等奖。“八五”“九五”均被国家科委列入国家级科技成果重点推广计划项目，并作为重中之重推广项目。科发滴灌技术自20世纪80年代开始在全国各地试点推广，1992年在山西文水县举办的1000亩小麦滴灌试点，每亩投资仅120元，滴灌小麦比旱地小麦增产300%，受到干部群众的一致好评。农民群众称滴灌好，滴灌生出金元宝。20世纪80年代科发滴灌在甘肃累计推广2万多亩，有些试点已经运行了近20年至今还在使用。事实证明，发展灌溉技术必须解放思想走自主创新的道路，别的道路是没有的。

四、“三低一高”开发模式开创了荒漠化防治的新纪元

我国荒漠化、沙化（以下简称荒漠化）土地占国土面积的45.58%。广大的“荒漠化”地区，日照充足、热量丰富、太阳辐射强、昼夜温差大，这些都是发展特色农业和高效农业不可缺少的宝贵的光热资源，唯独缺水使这些宝贵资源无法利用，并成为沙尘暴的发源地。

我国土地资源紧缺，“荒漠化”地区土地资源十分丰富，因此，如何治理“荒漠化”应该成为有关部门的重中之重。

“荒漠化”地区，不仅有雪山星罗棋布，更有黄河蜿蜒其间，这些雪山和黄河不停地向“两化”地区补充地下水和地表水。应该承认，这是大自然给我们中华民族建造的得天独厚的有利条件。这些水资源若用于地面灌溉实属杯水车薪，但若用于最省水的滴灌，许多地方则绰绰有余。全新的滴灌技术已经使以色列的农民改变了对沙漠的看法，他们宁愿在沙漠里种植，因为那里的气候条件更能促进作物优质高产。因此，我们也应该对沙漠充满信心。

我国广大的干旱半干旱地区，不仅有一定数量的水资源，还生长着许多非常珍贵，经济价值很高，既耐旱，又耐寒，又耐盐碱的沙生植物，包括食用植物、药用植物、生物能源植物、牧用植物和造纸原料植物。以甘草为例，国际市场每吨3000美元，在有灌溉的条件下，3年生亩产可达1吨以上；种植肉苁蓉每亩年产值可达5000元左右；种植牧用香花槐发展牧业，每亩年产值可达4000元以上。这些植物资源在极其恶劣的自然条件下可以生存，在得到用滴灌提供的少量水分滋润后可大幅度提高生物量，既绿化了荒沙，又创造了财富。

以科发滴灌为核心形成的灌溉工程投入低、灌溉技术用水量低、种植作物需水量低，经济价值高的“三低一高”开发模式，使“荒漠化”地区的水、土、光、热、生物等自然资源实现了优化配置，使土地“荒漠化”防治事业从传统的社会公益事业，变成一项经济效益丰厚，生态效益巩固，社会效益突出的朝阳产业，开创了防治土地“荒漠化”的新纪元。“三低一高”开发模式和传统技术不同之处就在于利用创新科技，高效利用当地有限的地下水资源，主动积极地为种植作物实施灌溉，以少量的资金投入和水资源投入激活相关自然资源，用大幅度提高生物量，来保证生态效益和经济效益的和谐统一。只有这样才能实现水土资源的合理开发和高效利用，才能实现发展经济和改善环境的和谐统一。

为了合理开发和高效利用内陆河流域丰富的土地资源，针对已往在土地开发中存在的问题，结合科发滴灌的特点，我郑重地建议要改变传统的漫灌式的开发方式，采用河畅其流、输水回灌、地下水库、机井滴灌、“三低一高”、发展无限，六句话 24 个字的开发方式，相信会引领内陆河流域走出困境，开创良性发展的新局面。

五、推广科发滴灌技术，攀登农水科技高峰

【高峰 1】用滴灌取代漫灌实现灌溉技术的彻底革命

粮食不论在中国还是在全世界，都是影响社会稳定的头等重要的战略物资，不断提高粮食产量是摆在中国和全世界人民面前的重大战略课题。水资源短缺是制约粮食生产的主要因素。科发滴灌通过大幅度降低成本，开创了将最省水的滴灌技术用于大田粮食作物的先河。利用这项技术取代传统的漫灌技术，将使农业水资源的利用率大幅度提高，促进水浇地面积大幅度扩展，为突破干旱对粮食生产的瓶颈制约，推动粮食生产进入一个大发展的新的历史时期开辟了一条可行的新途径。

1985 年在美国召开的第三届国际滴灌会议上，这项成果引起与会专家的高度重视。会后发现有七家国外的重要媒体作了大篇幅的报道，并收到 30 多个国家 50 多个单位来电来函要求提供资料或开展合作，突显了这项成果的重大意义。因此我们应该将灌溉技术创新，用滴灌取代漫灌技术，作为农水科技的第一高峰，努力把它变成现实。

【高峰 2】用滴灌改造引黄灌区，实现一条黄河顶 4 条的战略目标

黄河是我国北方地区最大的地面水源，黄河水 90% 用于农田灌溉。高效利用黄河水对我国北方的农业生产有重大的战略意义。

滴灌系统运行中普遍存在的滴头堵塞问题，是影响滴灌技术健康发展的世界性难题。黄河是世界上含沙量最大的河流，利用黄河水滴灌无疑使这一难题难上加难。但由于科发滴灌技术采用的是具有光滑流到的微管滴头，在同样的水质条件下，使堵塞的几率大幅度降低。加上在取水、输水、管理等环节上采用了科学合理行之有效的配套技术，已经成功地攻克了利用黄河水滴灌，并有效地防止滴头堵塞的技术难题。成功地将黄河水中的悬移质泥沙通过滴头滴灌到田间，在使农田解除干旱的同时，还增加了土壤肥力。引黄灌区由漫灌改成滴灌，可节水 75%，使黄河的灌溉效益提高 3 倍，实现一条黄河顶 4 条黄河的宏伟目标。这项技术不仅已经通过了现场试验，还在宁夏同心、盐池两县分别通过了生产考核。

【高峰 3】将死亡之海建成特色农牧区和高效农牧区

广大的荒漠化沙化地区不仅有丰富的土地资源，还生长着许多多年生的名贵植物。因为这些植物的应用价值和经济价值很高，引发当地民众乱挖滥采，使许多名贵的植物资源濒临

灭绝的境地。“三低一高”开发模式的实施，可以通过少量的资金投入和水资源投入，使这里丰富的土地资源，优越的光热资源和植物资源实现优化配置。充分利用这些植物耐旱、耐寒、耐盐碱的生物学特性，每年仅需滴灌2～3次，每亩仅用水15m^{3}左右，即可以大大提高生物量。将荒漠化，沙化地区建成特色农牧区，高效农牧区，成为国民经济新的增长点。

【高峰4】建立永不衰败的生物能源基地

人类社会刚刚进入21世纪，一个全球性的能源危机便迎面扑来，化石能源不久即将耗尽，可再生的生物能源被作为重要的后续能源推上历史舞台。推广科发滴灌技术，在广大的荒漠化沙化地区，结合生态环境建设种植生物能源植物，将太阳能转化为生物能，无疑是一个不错的选择。文冠果和菊芋是适合在北方荒漠化沙化地区种植的两种生物能源植物。文冠果的果仁含油量高达66.39%，既是高级食用油，又可以转化为生物柴油，一次种植三年见果100年有效；菊芋的块根可以代替玉米制造燃料乙醇，地上部分可做饲料，一次种植几十年有效，每亩可年产菊芋2000～5000kg，可生产燃料乙醇50～100kg。用滴灌种植上述两种能源植物，每亩年用水量仅需50m^{3}左右，可以在收到巩固的生态效益的基础上，将广大的荒漠化沙化地区建成永不衰败的生物能源基地。

【高峰5】山区水利化建设

我国山区丘陵地区占国土面积的70%，山丘地区由于地形复杂，地面坡度大保水能力差，暴雨到来不仅会造成水土流失，还会加重下游的洪涝灾害，几日无雨，又会因为土地保水能力差而出现旱象。这类地区因为水源缺乏，地面坡度大，给发展地面灌溉造成很大的困难，干旱是造成山区贫困的主要原因。滴灌不受地形限制，凡是能够种植的地方都可以实施滴灌，科发全移动式滴灌技术的诞生，为这类地区发展灌溉提供了有利条件。水窖、水窑、水柜、水池是农村常用的微型蓄水工程，但由于蓄水容量小，一般只能作为人畜饮水的水源。如果用这些微型水源与最省水的滴灌技术配套，即可以做到小水大用，等于将这些微蓄水工程放大了8～10倍，使其变成一种可靠的灌溉水源。利用这类微蓄水工程就地拦蓄暴雨径流，既减少水土流失，又减轻下游洪涝灾害，还能推动山区发展灌溉一举三得。推广科发全移动式滴灌，可以做到以很低的资金投入，推动山区水利化的快速发展，成为山区农民增收致富的一条重要途径。

我自1975年起正式受命主持滴灌课题研究工作，已经走过了33个年头。33年来，不论是“文化大革命”，还是法定的节假日，都未能使我停下心爱的科研工作。在今天，在我国水土能三大资源危机越演越烈的历史时刻，使我越来越感到将这项工作坚持下去的重要性，深深地体会到她所蕴涵的重大战略意义。攀登前面列举的五个农田水利科技高峰，不仅是时代赋予我们的光荣使命，也是33年科研成果的必然归宿。根据现有的科技积累，我们有理由相信，上述目标是完全可以实现的。

但同时也要清楚地看到，实现上述目标还存在许多困难和挑战。除了技术上在某些方面尚待提高和完善外，最最主要的是科技体制和机制上存在的诸多弊病，它不仅严重地阻碍了科技创新事业的发展，同时也为科技成果转化设下重重障碍。除此以外，在使用单位生产管理体制上也需要作相应的调整和创新。但克服这些困难都已经有了正确的方法和明确的方向，已经不是行不行的问题，而是作不作的问题。我相信，在党中央国务院正确方针指引下，我们的目标必将变成现实。

北京市退耕还林经济效益调查研究（节录）

朱启酒　石进朝　钱静　夏振平　杨永杰

（北京农业职业学院）

退耕还林是党中央、国务院从中华民族生存和发展的战略高度出发，为合理利用土地资源、增加林草植被、再造秀美山川、维护国家生态安全，实现人与自然和谐共进而实施的一项重大战略工程。

北京市根据国家《京津风沙源治理工程规划》和市委市政府的统一部署，以科学发展观为指导，按照构筑山区绿色生态屏障的总体思路，以培育优化资源为主导，以发展绿色产业为纽带，圆满完成退耕还林任务105万亩，为我市实现绿色奥运的承诺做出了显著贡献。

北京各地退耕还林项目完成后，我们在对北京昌平、密云、怀柔、延庆、平谷、门头沟6个区县14个乡镇46个行政村，采取问卷调查、座谈与走访相结合、广泛听取意见和建议，到农户家中或田间地头与退耕地造林户直接交流等方法，对2000～2005年6个区县14个乡镇46个行政村的退耕还林现状进行了调查，分别对退耕还林面积、经济补偿以及退耕还林后的经济效益方面等方面进行了统计分析，表明退耕还林政策极大的调动了山区农民退耕的积极性，退耕还林后农村的产业结构更加合理，退耕还林后经济效益显著增加。

一、退耕还林总体状况及分析

（一）退耕还林的总体规模

据抽样调查结果统计，截至2005年北京市退耕还林总体规模如表1：

表1　工程区调查村退耕还林总面积及平均面积

调查区县	调查村数（个）	退耕还林总面积（亩）	村均退耕还林面积（亩）
昌平	4	1826.8	456.7
密云	6	2196.0	366.0
怀柔	13	3840.2	295.4
延庆	8	3019.5	377.4
平谷	10	3801.0	380.1
门头沟	5	2918.0	583.6
合计	46	17601.54	374.5

调查结果显示：昌平、密云、怀柔、延庆、平谷、门头沟6个区县14个乡镇46个行政村，截至2005年退耕还林总面积17601.54亩，村均退耕还林面积374.5亩，在295.4～583.6亩之间。其中最多的有1000亩，最少仅为72亩。

表 2 退耕还林后土地利用现状表

土地类型	有林地	荒山荒地	工业用地	农田	果园	菜地	合计
比例(%)	19.6	74.5	0.6	2.0	2.8	0.5	100

(二)退耕还林后土地利用现状统计表

退耕还林后，昌平、密云、怀柔、延庆、平谷、门头沟6个区县14个乡镇46个行政村土地利用现状是有林地占19.6%，荒山荒地占74.5%，工业用地占0.6%，农田占2.0%，果园占2.8%，菜地占0.5%，退耕还林后农业土地利用更加合理。另外，由表2可以看出，退耕还林后，有林地及荒山荒地两项合计占94.1%，荒山荒地的绝大部分可用于造林。

二、退耕还林直接经济效益分析

目前，中央已累计拨付北京市粮食补助12900万kg，折合资金18060万元，现金补助2580万元，种苗补助5250万元；市、县配套15250万元；总计投入资金41140万元。据测算，工程区农民目前人均直接增收700元，消除了年人均纯收入2600元以下的低收入村，经估算政策兑现期末累计兑现资金折合87120万元，年人均至少直接增收1500元，年人均纯收入将达到或超过4000元，实现了富民目标。

(一)退耕还林产业经济效益明显

由表3可知，退耕还林后，农村各产业经济收入发生了明显的变化。退耕后农业及工业收入在总收入中的比例下降了，分别是2.9%及9.0%；而林业、畜牧业、水产业、旅游业

表 3 退耕后农村各产业经济收入比例统计表

行业	农业	林业	畜牧业	水产业	工业	旅游业	其他	合计
退耕还林前(%)	26.7	6.0	1.6	0.1	27.2	1.3	37.1	100
退耕还林后(%)	23.8	11.3	12.1	0.2	18.2	3.6	30.8	100
净增殖(%)	-2.9	5.3	10.5	0.1	-9.0	2.3	-6.3	

的经济收入则增长了，其中林业收入增长了5.3%，畜牧业增长了10.5%，水产业增长了0.1%，旅游业增长了2.3%，其他如农民工外出打工等收入则下降了6.3%。这从一个侧面说明了退耕还林后农村的产业结构发生了转移，退耕前农村经济收入主要是农业(占26.7%)、工业(占27.2%)及其他如农民工、采药、果树、蔬菜等产业(37.1%)。退耕还林后农村的产业结构向林业、畜牧养殖业及旅游业等行业转移，使得这三个行业的经济收入比退耕前增加了。

(二)退耕还林增加了农民收入

退耕还林农户退耕还林后经济效益变化方面，从表4可知：除了门头沟色树坟村户均收入下降20%外，其他9个村户均年收入都增加了，变化在3.36%~71.05%之间；有8个村种植粮食收入比退耕还林前下降了，下降幅度在-140~-3600.00元/年之间；全部10个村户均林业或果树收入增加了，变化在14~10980元/年之间；有1个村(昌平半壁店)旅游业户均年收入增加了13120元/年。因此，在退耕还林户退耕还林前后经营性收入变化方面，退耕还林后比退耕还林前有显著的增加。

表 4 退耕还林农户经济效益变化统计表 单位：元

编号	区县村	户均退耕面积（亩）	户均年收入	退耕户年收入来源						增长比例（%）	增减值
				政府补贴	粮食种植	林业	果树	旅游	其他		
1	平谷靠山渠	1.5	500	200	-2700.00	3000	0	0	0	11.11	300
2	平谷小车沟	1	620	120	-2000.00	2500	0	0	0	25.00	500
3	延庆小川乡	5.8	6500		1100.00	400	0	0	5000	67.71	6500
4	延庆井庄	2.3	5030		970.00	3000	0	0	1050	71.05	5030
5	门头沟色树坟	1	400	200	-800.00	0	1000	0	0	25.00	200
6	门头沟色树坟	2	-500	400	-2700.00	0	1800	0	0	-20.0	-900
7	昌平半壁店	15	6400	2700	-3600.00	0	10980	13120	-16800	18.14	3700
8	昌平上西市	9	13590	1440	-3150.00	0	4980	0	10320	53.88	12150
9	怀柔道德坑	9	540	180	-1800.00	180	0	0	2000	4.00	380
10	怀柔下山子	0.7	112	14	-140.00	14	0	0	224	3.36	98
	平均	4.73	3319.2	493.4	-14820	9094	18760	13120	1794	25.93	2795.8

（三）退耕还林增加了土地收益

退耕还林前后单位产值的变化分析（见表 5）：

表 5 退耕还林前后单位产值的变化

时 间	农业（元/亩）	林业（元/亩）
退耕还林前	776.22	18.65
退耕还林后	987.12	44.85
变化幅度	+27.2%	+140.5%

退耕还林前后单位产值的变化，农业与林业两项退耕还林后比退耕还林前都明显的增加了，分别是 27.2% 及 140.5%。

（四）退耕还林优化了产业结构

退耕还林调整优化了农村产业结构，使以种植业为主的农业生产向林果产业、畜牧业以及二三产业过渡，农村经济发展呈现多元化，农民的就业方式和创收渠道增多，产业链条延长。各区县在县委、县政府的正确领导下，有计划、有步骤地实施退耕还林，改变过去广种薄收的粗放经营生产方式，使大批劳动力从单一粮食生产中解放出来，从事种植、养殖、加工、劳务输出以及社会化服务行业，使设施农业、舍饲养畜、农村商贸、农产品加工等产业得到发展壮大，农村产业结构逐步趋向合理。同时，在退耕还林政策范围内发展的板栗、仁用杏、核桃、柿等，与地方主导产业和农民脱贫致富紧密结合，选择优良品种，实行集约经营、高标准建园，已成为农民增收和地方经济发展新的增长点。据统计，北京市郊区仅退耕还林工程新栽植的生态经济型树种板栗、核桃、杏树、大桃、苹果等果树已超过 40 万亩，为绿色朝阳产业的发展奠定了坚实的基础。北京市密云县穆家峪镇庄头峪村，地处潮河岸边，2000 年进行退耕还林，栽植良种红香酥梨 1600 多亩，全部自行采取小管出流的节水灌溉措施，兴建了 2 个集雨池，收到很好的效果。今年梨树结果 20 多万 kg，平均单果重 220g，获收入 100 多万元，户均增收 2000 多元。

依托工程建设创造的良好生态环境，推动了城乡互动、协调发展。山区旅游、采摘、特色民俗游等观光休闲产业蓬勃发展，更多的市民被优美的风景吸引，来到山区休闲、旅游、度假。森林旅游、民俗旅游已成为郊区经济发展、农民致富的增长点，越来越多的农民依靠生态环境的改善而吃上了旅游饭，走上了致富路，郊区农民生产生活开始向文明富裕迈进。今年上半年北京山区农民的收入增长高于平原地区近3个百分点。

三、结　　论

经调查分析，得出如下结论：

(1)退耕还林后农村的产业结构向林业、畜牧养殖业及旅游业等行业转移，使得这三的行业的经济收入比退耕前增加了。退耕还林调整优化了农村产业结构，使以种植业为主的农业生产向林果产业、畜牧业以及二三产业过渡，农村经济发展呈现多元化，农民的就业方式和创收渠道增多，产业链条延长。

(2)退耕还林后，无论是退耕还林村还是退耕还林户经营性收入变化方面，退耕还林后比退耕还林前有显著的增加。村退耕还林前比退耕还林后平均每年增加1226250.0元，户退耕还林前比退耕还林后平均每年增加3319.2元。

(3)退耕还林后农村经济收入的组成主要由政府补贴、农业、林业、畜牧业、水产业、工业、旅游业及其他产业等组成，所占比例变化在0.2%～30.8%之间，其中退耕还林后农业、林业、畜牧业、工业及其他产业的比例比退耕还林前明显的增加了。

(4)退耕还林前后单位面积产值的变化，农业与林业两项退耕还林后比退耕还林前都明显的增加了，分别是27.2%及140.5%。

(5)在退耕还林种植树种结构中，发展经济林可以做到以短养长，长短结合，在退耕还林早期有一定的经济收入，调动农民退耕还林的积极性。

参考文献

1. 王欧，宋洪远．建立农业生态补偿机制的探讨．农业经济问题(月刊)，2005，6：22～27.
2. 王金锡，郝云庆，金锡．李力北川退耕还林不同经营模式的经济效益分析．四川农业大学学报，2005，23(3)：313～316.
3. 王爱民，魏红侠，纪妹晶．对当前退耕还林运行模式的评价．河北林业科技，2005，2：26～27.
4. 王鹂，宋强，李宁．贵州省退耕还林工程存在的问题与对策．贵州林业科技，2004，32(3)：63～65.
5. 冯俐丽，张丽君，赵建东．河南省退耕还林后续产业发展分析．河南林业科技，2004，24(4)：21～22.

以科学发展观为指导 强力推进沙区新农村建设

赵百选
（山西省造林局副局长、教授级高级工程师）

关键词： 沙区　新农村建设　特点　建议

我国土地沙化严重、生态脆弱、自然灾害频繁，大约三分之一国土面积处于沙化荒漠化和石漠化状态，严重制约和威胁着整体社会的和谐发展。社会主义新农村建设、缩小城乡差别的难点和重点在沙区，发展经济和改善生存环境是生态极度脆弱的广大沙区弱势群体的双重重任。防沙治沙既是遏制沙害的主要举措，也是沙区经济发展的重要契机。因此，必须依据沙区客观实际自然条件和社会经济特点，按照科学发展观要求进行部署和实施，融防沙治沙于新农村建设伟大实践中，紧紧依托国家防沙治沙生态建设重点工程，强力推进沙区新农村建设。

一、沙漠化地区新农村建设的条件、特点和任务

沙化和荒漠化地区自然条件恶劣，土地开垦度高，经济发展原始落后，是我国贫困人口和贫困乡村集中分布区，因此社会主义新农村建设的难点、重点必然是这一区域。发达地区的一些农村已经达到甚至超过沙区的大多城镇水平，目前仍相对比较落后的村庄也可以在发达的当地经济支撑、辐射和带动下得到改善和提升。而沙区广大村镇则没有这个条件和优势。沙区新农村建设基础薄起点低，就其发展条件和特点来讲：一是自然条件极度恶劣，生态环境颇为脆弱。高频度的干旱、沙尘暴等自然灾害严重吞噬着沙区群众的基本生存条件，也极大制约了当地经济社会的和谐发展；二是交通、医教、吃水和居住环境等公共基础设施建设落后，沙区群众生产生活缺乏基本保障；三是资源相对丰富，但开发利用无度。靠资源、挖资源、吃资源，资源型经济特点明显；四是工业原始、农业粗放。手工作坊式生产大量存在，滥挖、滥垦、滥牧，广种薄收、靠天吃饭仍是沙区群众的主要生产生存方式，缺乏可持续发展能力；五是观念落后，发展无道。缺知识、缺技术、缺人才，群体善良淳朴但素质较差；六是经济底子薄，缺乏自我发展能力，国家重输血轻造血，计划经济盲目指令过多、实事求是科学发展乏力。

面对沙区恶劣的客观自然条件和弱势经济发展现状，真正解决好三农问题，全面建设小康社会难度何其大、任务何其艰巨?！广大沙区新农村建设既缺资金又缺人才和技术，没有一个良好的生存生产生态环境，没有一个比较完备的公共基础设施建设条件，何以引来人才、引来资金、引来技术？因此，沙区新农村建设必须首先打好基础、抓好关键，栽下梧桐

树才能引来金凤凰。因而沙区新农村建设的主要任务首先是抓好基础教育，特别是职业培训和观念教育。沙区广大基层干部和群众作为当地新农村建设的主体，要通过对文化知识、市场经济、法律法规、思维观念、民主意识和职业技能等宣传教育和培训，提高其参与意识、民主意识、自强意识、发展意识和参与能力、管理能力、发展能力、创新能力等综合国民素质。要力戒等靠要惰性心态，力戒吃饱穿暖的满足心态，力戒传统经济靠天吃饭的封闭保守心态。要树立自强自立勇于改变贫穷落后面貌的信心，要树立保护生态保护环境意识，彻底摒弃传统原始落后的粗放生产和发展方式，不能再走一挖（煤、矿、野生药材）二垦（毁林毁草开垦种地）三放（无度散养放牧）的老路，千年历史已证明这条路是一条毫无希望之路，也是一条罪在当代贻害子孙的死路。据权威院士调查研究成果，在我国内蒙古传统牧区建国以来靠放牧造成的生态与经济损失是其所创造的 GDP 的 1.7 倍。因此抓好培训、提高素质、转变观念、增强发展能力是沙区新农村建设的首要任务。其次是大力抓好生态建设和环境综合整治工作，在沙区构建完备的生态防护安全体系。按照中央部署进一步明确把生态建设作为沙区新农村建设的重要基础工作来抓。三是把村容村貌整治、水电路学校等基础设施建设与生态保护和建设密切结合起来，相关项目组装配套、统一规划、科学实施。四是在国家政策和资金强力扶持下，努力发展沙区特色产业。按照循序渐进、注重实效的原则，稳步推进沙区新农村建设。

二、防沙治沙在沙区新农村建设中的地位和作用

防沙治沙的主要目的是通过对植被的有效封禁保护和采取大规模人工恢复林草植被等措施，在沙区构建一个功能较强的遏制土地沙化、减缓自然灾害、庇护生存生产条件的生态安全防护体系，促进当地传统经济结构和发展模式的调整、转变和优化，实现国家生态安全和沙区群众增收双赢目标。而在沙化荒漠化地区开展新农村建设培植发展经济是核心，公共基础设施建设是关键，防沙治沙生态建设构建良好的生存和发展环境是基础。没有基础关键只是一句空话，核心更是无从谈起。建设社会主义新农村必须找准工作切入点，从基础抓起，积极有序稳步推进。沙区新农村建设必须从遏止沙害生态建设入手，依据当地自然条件和地形地貌及灾害特点，合理规划、科学布局，在沙化荒漠化地区生态区位重要地段建设一批区域性规模性防风固沙骨干绿色屏障，在城市和村镇周边因地制宜建设有一定面积的具有较强防护功能的环城环村林带和容生态、景观、经济为一体的休闲、旅游、栖息森林公园，按照城市绿化的标准实施园林化村镇建设工程。通过带片网点高强度防沙治沙生态建设，构建沙区良性生态安全体系，彻底改善风沙区生态、生产、生活环境，为沙区经济建设提供一个人与自然和谐相处的优质大环境。同时，把防沙治沙与扶贫工程、生态移民、后续产业、农业综合开发、人畜吃水、环境整治、自然保护区建设及村镇庭院经济建设等工程紧密结合起来，从而强有力地推进沙区社会主义新农村建设。由此可见防沙治沙工程建设在沙区新农村建设中占有突出重要的基础地位，对于推动沙化荒漠化地区新农村建设具有举足轻重的作用。可以讲，在沙区如果没有防沙治沙生态建设的强力支撑，新农村建设成效将大打折扣。或者说即使初步建起了一些新农村，也必然是基础极不稳固，更不具可持续性，随时可能出现返贫返困。

三、几点建议

科学抓好防沙治沙工作，强力推进沙区新农村建设，事关国土安全、生态安全、经济安全、社会稳定和沙区新农村建设战略的成败，务必引起国家决策高度重视。为此建议：

（1）按照国家《防沙治沙法》和国务院《关于进一步加强防沙治沙工作的决定》精神，在安排部署新农村建设中要进一步明确防沙治沙在广大沙区新农村建设中的地位和作用，依据国务院批准的全国《防沙治沙规划》启动防沙治沙重点工程，通过实施防沙治沙大工程带动沙区新农村建设大发展。

（2）提高当地干部和群众的整体素质是沙区新农村建设关键。建议国家林业、农业、水利、环保、扶贫、科教和社会劳动保障等部门，围绕沙区产业经济和社会特点大规模开展职业教育和适用技术技能培训，造就一大批沙区新农村建设人才队伍，为彻底解决沙区三农问题提供人才支撑。

（3）资金投入是沙区新农村建设的重要保障。土地沙化是全人类的公害，防沙治沙是确保国土安全、生存安全、发展安全的社会公益事业，受益的是全体国民，其建设投入应以国家公共财政全额投入为主体。特别是我国沙区经济目前普遍落后，当地公共积累和自有财力极其有限，因此建议国家在今后实施防沙治沙推动新农村建设中，不要再强行要求地方进行高比例资金配套，但应明确要求各级地方政府在年度财政预算中按不低于上年度 GDP 或财政收入的 3% 对当地防沙治沙生态建设做出安排。

（4）尊重规律、科学实施是确保防沙治沙新农村建设成效的强力支撑。在防沙治沙推动新农村建设中，应注意严格把握实事求是、尊重当地客观实际和群众意愿的原则，坚持治理、发展与巩固提高保护相结合，确保防沙治沙新农村建设成果安全。国家在实施防沙治沙重点工程建设时，只明确投资、任务、标准和原则，具体实施地点、范围、重点和方法应更多地听取地方意见，赋予地方政府依据当地实际和科学发展观要求的具体操作决策权。各地情况千差万别，靠一道指令行事，必然会导致官僚主义和脱离实际，剥夺了地方政府的科学发展自主权，就可能会使国家的资金使用成效大打折扣。

（5）沙区新农村建设改善绿化美化村容村貌、发展沙区特色产业经济、增加群众收入是核心。因此，建议在防沙治沙重点工程建设中应相应配套安排一部分资金，大力扶持发展沙区特色经济和后续产业，并切除部分资金用于沙区村镇生态园林化建设，发展沙区庭院经济和生物再生能源，促进沙化荒漠化地区新农村建设持续稳步高效健康发展。为实现国家强国富民宏伟战略目标做出扎实而富有成效的贡献。

宁夏沙区生态环境的建设与沙产业开发的思考

苏亚红　张仲举　马　芳

（宁夏林业局）

摘　要：通过调查研究，结合宁夏实际和当前的市场需求，分析研究多年来宁夏沙区生态环境建设与沙产业开发取得成效，针对新形势下存在问题，提出用特色、科技和体制创新的措施发展壮大沙产业，为治沙工作探索新的途径，提出宁夏新形势下沙区生态环境建设与沙产业开发的措施与建议。

关键词：宁夏沙区；生态环境；沙产业；思考

1　引　言

宁夏地处黄河中上游地区，国土面积6.64万km^2，总人口610万人。宁夏是我国干旱及沙漠化危害最为严重的省区之一，沙化土地面积118.3万hm^2，占全区总面积的22.8%，主要分布在黄河以东的毛乌素沙地84.6万hm^2，占全区沙化土地面积的71.5%；腾格里沙漠12.4万hm^2，占10.5%；宁夏灌区中北部零星沙地8.9万hm^2，占7.5%；西南部同心、海原零星沙地12.4万hm^2，占10.5%。党中央、国务院高度重视宁夏生态环境问题，改革开放以来，特别是西部大开发战略实施以来，宁夏回族自治区党委政府紧紧抓住西部大开发的历史机遇，认真落实科学发展观，把经济社会可持续发展同生态建设、人与自然和谐发展结合起来，把生态环境保护与建设摆在突出重要位置，率先在全国实施了全境内禁牧封育，放牧牛羊全部实行了舍饲圈养，先后实施了退耕还林、退牧还草、天然林保护、三北防护林、防沙治沙等一系列重大生态环境保护和建设工程。取得明显的生态效益、经济效益和社会效益。但由于受干旱气候条件、地方经济、人为因素等原因，沙区生态环境极其脆弱，尽管近年来，不断实施现代治沙理念，不仅让沙区绿起来，更重要是的让它在绿的同时让沙漠作为一个经济增长点，实现沙漠绿化与沙产业发展的结合，把治沙与致富相结合，实现生态环境改善与经济发展双赢的目标。因此，认真总结宁夏区沙漠开发现阶段成效和充分认识沙漠特征的基础上，思考和寻找新阶段、新形势下，宁夏沙区的生态建设理念、新的产品和新的治理发展模式显得尤为迫切。

2　发展现状与成效

宁夏已累计治理沙化土地700万亩，1994～2004年沙化土地净减少79.5万亩，减幅达4.3%，在全国率先实现了土地沙化趋势整体逆转。沙区植被逐渐恢复，林草资源不断增加，农牧民生产生活条件明显改善，沙区经济结构得到优化，农牧民收入进一步增加，许多重点治理区已经走上了人与自然和谐相处、生态与经济协调发展的轨道，有力地推动了社会主义新农村建设和全区经济社会可持续发展。

宁夏遵循科学规律，总结和推广先进防沙治沙技术，实行生物措施和工程措施相结合，人工治理与自然修复相结合，依法管理和禁止破坏沙区生态环境的违法行为，实现“沙逼人退”向“人逼沙退”的转变，为全国防沙治沙工作起到显著的示范带动作用。新中国成立初期，为保障我国第一条沙漠铁路——包兰线的畅通，宁夏几代治沙人经过不断总结完善，创造出了“五带一体”铁路防沙护路林建设模式。同时，在引黄、扬黄灌区腹地运用“一水、二林、三田”模式，结合基本农田建设和中低产田改造，建设农田防护林体系，营造沙漠绿洲；在干旱流动沙丘、半固定沙地推广生物固沙造林技术，大力发展以柠条为主的灌木治沙造林，遏制土地沙化和草原退化。在政策方面更是加大创新力度，积极探索适合宁夏沙区生态建设的政策措施，其中在税收方面，对单位和个人开展的防沙治沙及经营活动，在建设期免征各项税费；在信贷方面，允许治沙权利人依法以林地、林木、草原使用权作抵押，申请治沙贷款；在补助方面，对承包经营防沙治沙的企业和个人，实行“先造后补”政策，建立了“人”与“树”挂钩、“造”与“管”并重、“投”与“收”相连的重要机制。这些政策，吸引了各种生产要素向沙区流动，促进了生产力要素的优化配置，带动了多主体参与、多元化投资防沙治沙格局的形成。目前，全区治沙面积在1500亩以上的企业有60多家，投入资金近10亿元，开发治理沙荒地30多万亩；个体造林治沙户近15万户，吸纳社会资金4亿多元，造林60多万亩，涌现出了全国治沙英雄王有德等一批典型事例。随着荒漠化防治和生态建设的稳步推进，草原植被迅速恢复，林草资源总量迅速增加，沙化和水土流失面积逐年减少，生态环境和农业生产条件得到了明显改善。

3 存在的问题

（1）沙漠化土地仍然较多，危害仍然较重。目前，宁夏荒漠化土地面积占全区总面积的57.24%，其中沙化土地占全区总面积的22.8%，有22万hm^2半固定、流动沙地急需治理，有35万hm^2的土地有明显沙化趋势，有13个县、40个乡镇、600多个村庄、13.2万公顷农田、121万hm^2草场直接遭受沙化危害。特别是今后需要重点治理的地方，沙化程度更重，自然条件更差，治理难度更大。

（2）草原严重退化，恢复任务重。全区现有天然草原3665万亩，虽然经过4年的禁牧封育，植被有所恢复，但草原主要分布在荒漠和半荒漠区，草原覆盖度仍然较低，植物种群单一，稳定性差。全区中度和重度退化草原面积达2273万亩，占草原总面积的62%，在各类退化草原面积中，沙化面积大约为25%，主要集中在中部干旱带的10个贫困县(区)。调研中，基层普遍反映，退牧还草缺乏人工基本草场、棚圈建设等补助内容，靠地方财政和群众自筹难以解决，影响到工程顺利实施。

（3）治沙投入不足。宁夏属于西部经济欠发达省区，地方投入极为有限，治沙资金投入不足。加之治沙工程至今未被列入国家专项建设工程，宁夏每年的治沙规划任务在50万亩以上，而纳入治沙示范区的治沙面积小，投资少，荒漠化防治工作缺乏投入保障。同时，因干旱等自然灾害的原因，造林补植次数增加，大大增加了工程建设费用。

（4）治理成果稳定性差。截止2006年，宁夏有林地、疏林地、灌木林地、未成林造林地共1898万亩，其中生态公益林1831万亩，已纳入生态效益补偿和天然林保护工程范围的845万亩，退耕还林471万亩，尚有515万亩缺少必要的管护经费。后续管理困难重重，巩固治理成果难度大。一些已治理的地区植被刚刚恢复，稳定性差，极易反弹，如果得不到有效巩固，就会前功尽弃。因宁夏水资源严重短缺，且分布不均，沙区农牧业传统生产方式没有得到根本转变，滥采滥垦、偷牧滥牧、水资源不合理利用等问题依然存在，一些地方荒漠化防治工作还存在薄弱环节，措施不力，执法不严，边治理边破坏的现象还时有发生。

（5）总体科学治沙水平不高。在治沙的过程中，虽然推广了大量的治沙先进技术，但由于受资金、技术等因素的影响，新技术推广的面还不广，科技含量还不高，盐碱地改造难度还很大，造成部分地段治沙造林成果不显著。

（6）沙产业发展有待进一步提升。扶持、优惠政策措施不完善，沙区治理自我积累、自我发展能力弱。同时，投入力度不够，与治理的要求不适应，严重制约着治理的规模和速度，沙区生产方式落后且农民收入来源少且不稳定；治沙方式与沙产业开发结合不紧密，且沙产业不发达，导致治沙经济效益低。必须积极引导培育龙头企业，结合生物技术，加快沙地资源及沙生植物开发利用，全力打造知识密集型沙产业。

4 对策措施与建议

（1）加强防沙治沙体系科学研究和技术推广。建立健全防沙治沙技术推广和服务体系，加大先进适用技术和科技成果推广应用力度，进一步加大科学选育和大力推广植物良种，积极推广先进适用的造林种草技术和治理模式。积极探索科技推广新机制。针对防沙治沙工程的关键性技术难题，开展多部门、多学科、多层次的联合攻关。重点针对沙区沙生植物的开发利用，特别是白沙蒿籽的加工利用是重中之重，目前，宁夏境内分布有近 10 万亩的白沙蒿。应多渠道争取资金，加快科研攻关步伐。以便能够今后大量提取沙蒿胶和沙蒿油，使其尽快造福于人类。同时，需要投资开发生产甘草、苦豆子等沙区药用植物药用及保健系列产品；开展以沙生灌木为原料的固体生物质燃料能源、造纸原料、饲料加工的技术设备引进和技术改造攻关等。

（2）建立稳定的投入机制。建议国家将防沙治沙列为一项重点工程，提高投入标准，加大支持力度，对严重沙化及潜在沙化地区整合项目和资金，在基础设施建设、综合治理、科技支撑、沙产业的开发等方面予以重点倾斜。加大生态建设的投入，提高申请国家重点生态林业工程投入标准，增加地方配套资金。整合各部门在沙区安排的项目，集中力量办大事，加快防沙治沙工作进程。同时，积极引导社会资金、扩大利用外资规模，拓宽筹资渠道，增加防沙治沙投入。

（3）加大沙产业开发支持力度。在不破坏沙区生态环境的前提下，充分利用沙区丰富的光热、土地及沙生植物资源，以市场为导向，以效益为中心，引导和支持沙产业，建立沙产业科技示范区。特别是沙生灌木固化型生物质燃料的开发，以开发促发展，实现生态、经济双赢，达到沙漠增绿，农牧民增收，企业增效的良性循环。加大沙产业发展的贷款贴息的扶持力度，调动企业、个人从事沙产业开发的积极性。同时，进一步调减从事沙产业开发的各项税费，以促进其快速发展。鼓励和支持各种社会主体投资防沙治沙事业，发展沙产业，形成全社会参与防沙治沙工作的氛围，开拓建设沙区“绿色银行”。

（4）因地制宜　因势利导地建设沙区生态环境和开发沙产业。在沙区大面积种植白沙蒿、柠条、沙柳等可用于沙产业开发的沙生植物。在沙产业发展上：一是倡导农户适度开发利用沙区地下水，在满足生活用水的基础上，发展小规模的温棚设施栽培，充分利用沙区光热资源，提高农作物栽培的比较效益，作为经济收入的主要来源。二是调整区域种植业结构，增加牧草种植比例，发展适度规模的家畜舍饲养殖业；同时，在林区发展以家禽为主的天然散养养殖，打造生态家禽品牌，提高经济收入的同时，以弥补粮食产量不足的问题。三是合理对柠条、沙柳等沙生灌木进行平茬利用，根据市场情况，可作为造纸纸浆原料出售，或发展柳编，或加工饲料，或加工生物质固体燃料解决生活能源问题等。四是树种配置中扩大白沙蒿比例，培育基地，为沙蒿胶生产奠定基础。通过不同内容的组合，构建具有该区域特点的“流动沙地生态经济圈”模式。五是利用全国各地乃至全世界考察学习的机会，不断宣传宁夏沙漠旅游产业，充分挖掘沙漠资源的优势，提炼宁夏沙漠旅游新的亮点，打造出一批新型旅游企业，带动宁夏沙漠旅游产业全面发展，实现构筑“沙漠旅游生态经济圈”。

（5）按照市场化运作要求，创新机制，增强沙产业的活力。一是要把政府规划纳入重要前提，尤其在沙产业的开发上规划管理上，一定要坚持政府的主导地位，以保证沙区生态建设的系统、科学、规范、有序进行。二是采用企业化运作，产业化组织方式，解决沙区生态治理资金长期投入不足，实现沙产业高科技示范区高科技产业集群战略。要为沙区生态开发治理企业提供优惠的政策和全方位的服务，加强引导，激发民间资本投入沙区生态建设的积极性，全面加快宁夏沙区生态建设和沙产业的开发。三是必须将科学技术导入沙区生态建设，重点依托已有一定产业化基础的龙头企业，加强现代科技和人才的引进，加快形成宁夏沙区“以产业化龙头企业为带动、以高科技技术为支撑、以政府支持为保证”的沙产业发展体系，尽快把宁夏建设成为全国防沙治沙示范省（区）、沙区植物种植资源基地、沙区生物技术推广基地和沙区工程技术推广基地，带动西部全面加快沙漠化治理速度。

（6）积极推行现有林权制度改革，为沙区生态建设注入新的血液。目前，《中共中央 国务院关于全面推进集体林权制度改革的意见》已经印发，应尽快积极推进此项政策的落实，在明晰产权、放活经营权、落实处置权、保障收益权四方面强化落实，为宁夏沙区生态环境建设和沙产业开发注入新的血液。《意见》规定，“各级政府要建立和完善森林生态效益补偿基金制度”；“逐步提高中央和地方财政对森林生态效益的补偿标准”；地方政府应尽快建立有利于保护生态环境的财政转移支付制度。

5 结束语

通过对宁夏沙区生态环境和沙产业现状的分析和思考，找到了一些制约和阻碍沙区生态环境建设和沙产业发展的内因和外因，针对其中重点因素，提出了相应的应对措施，必将推动宁夏沙区生态建设和沙产业迈向新的阶段有一定的指导意义。

参考文献

1. 钱学森．草原、草业和新技术革命[N]．人民日报，1985－03－07
2. 钱学森．创建农业型的知识密集产业—农业、林业、草业、海业和沙业．1984
3. 贾治邦．在全国防沙治沙现场会上的讲话．2007－11－7
4. 郝诚之．对钱学森沙产业、草产业理论的经济学思考〔A〕.//郝诚之瀚海凭栏——郝诚之作品集[C]．呼和浩特：内蒙古人民出版社，2003：383～384
5. 何承刚．发展磴口沙产业的思考．内蒙古农业科技，2008(1)：83～84
6. 宁夏林业调查规划院．宁夏第四次荒漠化监测成果．2005
7. 徐忠，李贤．宁夏毛乌素沙地百万亩沙漠化土地整治与沙产业开发建设总体规划．2007
8. 国务院西部开发办农林生态组．宁夏回族自治区生态环境保护与建设问题的调研报告．2007
9. 苏亚红，徐忠，张仲举．宁夏沙质荒漠化土地现状与防治．2007

产　业　篇

沙产业经营与管理

朱俊凤
（中国治沙学会副理事长兼秘书长）

摘　要：沙产业是一种特殊的产业类型。在其特定的自然地理和社会经济条件下，必须实行生产专业化、企业规模化、产品商业化、经营一体化、服务社会化。沙产业的经营原则、模式和目标是经营的重要组成部分。

关键词：经营管理；沙产业

沙产业主要是以生产产品、加工和经销为主要内容，具有一定规模效益和生命力的产业组合。长期以来，由于受传统农业经济的影响和计划经济的束缚，加工、经销环节长期得不到发展。千家万户的小规模生产，自给自足的生产习惯，商品意识、团队意识差，分散的小农的经济思想意识与大市场经济形成尖锐的矛盾。因此，沙产业的发展必须实行产业化经营和科学化管理与大市场对接。

一、沙产业经营环境资源的特点

沙产业是在特定的自然地理和社会经济技术条件下，形成的一种特殊产业，与其他产业相比较具有明显的特点。因此，发展沙产业要重新认识沙区，了解沙区，改变过去“不毛之地”的印象。其实沙区蕴藏着巨大的生产潜力和资源优势，要根据其特点，采取相应的经营技术和措施，达到产业持续发展的目的。

（一）沙产业经营环境特点

沙产业的特点主要表现在生产空间的特殊性、生态环境的脆弱性和资源产品的多样性。

（1）生产空间的特殊性。沙产业的生产空间为沙漠、戈壁、沙漠化和风沙化土地，这种土地过去被人们称为“不毛之地”，风沙、干旱、植被稀少，生态环境十分恶劣，塔克拉玛干大沙漠的腹地被人们视为生命的禁区。只有在沙漠里的一些绿洲和沙漠边缘有水的地方，才有生产活动。因此，沙产业生产的空间，自然地理条件很差，干旱、雪灾、寒潮、冰雹、风沙、冻害、干热风等自然灾害严重，给开发利用沙区资源，兴办沙产业造成极大困难。但是也要看到沙区光能资源丰富、热量资源好、雨热同期、风能丰富等优势，这是东部地区不可比的。

（2）生态系统的脆弱性。沙区主要是在我国干旱、半干旱地区和半湿润干旱区，主要植被类型以灌木和半灌木为建群种，以及耐干旱的沙生植物，植被多为丛状，不连续旱生群落组成，植被盖度很低，绝大多数都在50%以下。生态十分脆弱，可逆性非常差，一旦被破坏，恢复非常困难。

（3）资源产品的多样性。沙产业的经营对象和产业的交叉性决定了产品的多样性。沙区的生物资源种类繁多，再经过加工，可想而知其产品可以说是成千上万种。沙区的植物资源种类繁多，据不完全统计，约有各类植物3500多种。从生产的实际出发大致可分别归属于农作物、森林、牧草和野生经济植物资源。

（二）沙产业经营的特点

沙产业是一种特殊的产业类型，根据产业的对象、资源特点、环境条件，一定要“扬长补短”，采用高科技、提高资源利用率，降低资源消耗率，特别是水资源的消耗。提高产业成效，要高投入、高产出，提高商品率，达到高效益。要充分发挥农业知识密集型的优势，克服产业发展的不利因素，提高产业效益。因此，在沙区兴办沙产业具有以下经营特点：

（1）资源利用率高。沙区生态环境脆弱，发展资源是非常困难的，同样的生物产量，在东部地区和沙区相比较，投入产出比要差2～5倍，有的要相差十几倍，因此，必须珍惜资源，尽量减少资源浪费和消耗。特别是水资源是农业型产业生产的命脉，面对沙区水资源的缺乏，更要采取高科技、循环使用水，或节水型灌溉方式。对生物资源要根、茎、叶、全株利用，乔、灌、草等综合开发，提高生物产量的利用率和转化率。

（2）产业化程度高。产业化经营、科学化管理是当今企业效益提高的重要手段。必须采取系统工程的方法，把各项高新技术、新成果组装配套，形成新的工艺流程，种养加、产供销一条龙的产业链，实现规模效益、持续发展。

（3）科技含量高。产业的核心内容之一就是高新技术，因此，兴办沙产业就是要在每个生产环节上提高科技含量。从种植业的种子、栽培、经营直到收获加工利用，尽量采用现代科技成果，促进其增产、增收。在不同历史时期的高科技有不同的水平和内容。2000年前新疆的“坎儿井”当时就是高新技术，不亚于成都的“都江堰”，今天的节水技术，生物遗传工程，基因工程以及电子、信息技术就是高科技。要在沙产业的发展中不断采用、加快产业化发展的进程。

（4）商品率高。沙产业属社会化大生产，生产的产品不是自给自足，而是面向市场，商品率的高低是衡量企业兴衰的重要标志之一。因此，必须以市场为导向、以效益为中心，发展名、特、优、新产品，树立品牌意识，提高产品质量，在市场竞争中占领一席之地，只有这样才能保证企业的商品率。

（5）劳动生产率高。劳动生产率是企业综合指标，影响劳动生产率的因素很多，主要是企业管理问题。投入产出比例，市场信息把握、决策等都是企业管理方面重大问题，在全面掌握市场和内部生产结构确定之后，实行专业化生产、区域化布局、一体化经营、社会化服务、企业化管理，达到增产、增收、增值，提高劳动生产率的目的。

二、产业化经营的概念和理论基础

产业化是社会大生产的范畴，在市场经济条件下，沙产业的产业经营势在必行。我国沙业的产业化经营，比农业产业化较晚，这主要是因为沙区经济、文化、技术落后，再加上人们的观念、意识和市场开放较晚等因素。但是在沙区也出现一些产业化的典型，最近几年，特别是随着西部大开发速度加快，产生化经营逐步地步入轨道。

（一）产业化经营的概念

在农业产业化的理论概念上有十几种表述。但是总的是大同小异，意见趋于一致。国外一些发达国家农业产业化经营，有的称“农业综合体”、“农工商联合体”等，沙漠之国以色列是以合作社区为载体的“农工一体化”，虽然沙产业属于农业型的，但还不完全同于农业产业。“沙业”作为一业有它自身的特点，其技术路线、涵盖内容、工艺过程等均有区别。因此，根据目前沙业发展的实际，产业化概念应概括为：以市场为导向，以高新技术为核心，以龙头企业为载体，与分散的、小规模的农户相结合，建立大群体的商品生产基地，形成以生产、加工、经销为主要内容的产业链和利益共同体，与大市场对接，实现企业增效、农民增收、国家增税，持续发展的新型经营组织，称为沙产业的产业化经营。

（二）产业化经营理论基础

产业化的理论基础，实际是体制创新、规模经营、产业经济、交易费用、市场机制和知识经济等理论在产业化经营中的应用。所谓体制创新，就是制度变迁。沙产业长期以来受计划经济和传统沙产业的影响，不适应当前市场经济和对外开放的新形势，特别是面临入世的机遇和挑战，必须在体制上进行改革，克服地区封锁和小农的局限性。规模化生产，是克服效率低、成本高、小而全的弊病的有效途径。有利于区域化布局、专业化生产和新技术的应用和提高产品质量。当然规模化经营，不是越大越好，农业上提出要适度规模经营。这主要根据产业类型、产品特点和经济条件许多因素来确定。

沙产业是属于产业经济范畴。沙产业的内容很多，品种、产量、类别上看区别很大，不论经营哪些产品生产，必须遵循产业经济理论，简单地说就是按经济规律办事。交易费用和市场机制是产业经济学的重要组成部分。所谓交易费用是指商品在市场交易过程中除产品交易价格外，所需一切费用的总和。因此，在产品交易时，个人、团体、企业、国家等不同交易对象都要付出一定的交易费用。采取什么样的交易形式把交易费用降到最低，则是一门重要的科学。沙产业的产业化经营，通过产业链，把千家万户分散的，封闭式的经营个体连在一起，批量生产，集中服务，既解决了“买难、卖难”，又减少了交易的环节，降低了交易费用，这是产业化经营的重要课题之一。关于市场机制理论的价值规律、效益理论，更是产业化经营必须遵循的理论。

沙产业是知识密集型的产业，这里要特别说明的是沙产业的产业化经营，要把知识经济理论作为重要理论基础，并在实践中予以重视。沙产业是高新科技为核心的产业，因此，知识经济是沙产业产业化的经营智力支撑。

（三）产业化经营的特征

沙产业的产业化经营是大生产的范畴，主要表现是生产专业化、企业规模化、产品商品化、经营一体化和服务社会化。这“五化”也是中国农业产业化经营的实践总结，已在沙产业的产业化经营中广泛应用。

（1）生产专业化：沙产业经营的专业化，实际是对传统产业的“小而全”、分散的、封闭式的生产方式而言的。所谓专业化，就是沙产业的专业化社会分工，把产品生产通过专业化分工，变为商品性生产，其部门变成商业部门，由自给自足的多种经营转变成专一的大规模的商品性生产。在满足社会对沙业产品需求方面占主导地位。内蒙古沙棘产业化开发，就是向专业化生产方向迈进的典型。全区有沙棘林240多万亩，年产鲜果1.8万吨。目前以沙棘为原料规模较大的加工企业有凉城鸿茅集团、飞龙饮料厂和宇航人高技术产业有限责任公司。

（2）企业规模化：沙产业是高科技、知识密集型产业，企业必须实行规模化经营，否则先进科技成果，先进技术，新工艺的应用就要受到限制。因此，沙产业的种植业、养殖业、运销业等产业化经营优势比较明显。在龙头企业的带动下，出现了许多专业村、专业区，有的称“产业带”、“仁用杏之乡”、“苹果之乡”等，实际这是企业的第一车间，龙头企业以技术、管理、资金和市场的优势，以企业+农户+基地组织形式，使企业规模不断扩大，发挥产业化经营的优势，赤峰市每年种植山杏60万亩，改造山杏经济林40万亩，使山杏面积达到900万亩，山杏核产量达到9万吨。宁城集团已形成年产2万吨杏仁露生产能力，同时进一步扩大加工能力，计划投资3057万元，扩建杏仁饮料生产线，企业的经营规模化，能发挥大生产的优越性，人们常讲的规模效益，在企业的经营中，也是适用的。

（3）产品商品化：传统沙产业被打破后，沙产业的产品不是自给自足为主，而是面对市场需求来决定产品生产，产品靠市场变成商品。所以沙产业的产品商品化，根据市场的需求，以合同的形成，靠订单来决定产品的生产规模。否则会产生产品积压或不足，造成企业盈亏波动。目前我国沙产业刚刚在起步，有待进一步完善，有些企业在商品生产中，存在对市场把握不准，风险性较大的问题。产品商品化，不单是数量问题，更重要的是市场产品的竞争。因此，质量、品牌、包装等成为市场竞争的重要内容。从市场发展看，随着城乡一体化的发展，集贸市场逐步被超级市场代替，传统的农村市场将消亡，城乡市场实现一体化为“经济共同体”、“联合体”。地域性的综合市场逐渐被专业市场、超级市场取代，主要原因是减少商品交换环节，降低成本，所以市场的发展变化，也是商品化生产重要影响因素。

（4）经营一体化：沙产业经营一体化是产业化经营的重要特征。它是以市场为导向，以主导产业为核心，以产业链为基础的现代大生产的一种表现形式。有人也称沙产业的“经营一体化”、“产供销一体化”、“经营一体化”都是一体化的不同表现形式。龙头企业+基地+农户实际是经营一体化的一种模式。内蒙古东达蒙古王集团利用沙柳的更新，耐干旱的特征，生态与经济于一身的特点，既能防风固沙又能产生很好的经济效益，拉起沙柳的产业链条，开发沙柳的工业加工，帮助农民致富。造纸的新产品、经冷、热磨中试，都已取得成功，初步规划，首期工程10万吨项目。据专家论证，沙柳木浆生产高强瓦楞纸、箱板纸是第一步成果，再解决漂白问题后，沙柳木浆还可生产新闻纸，提高产品附加值。通过沙产业经营一体化，市场牵“龙头”，“龙头”带基地，基地连农户，形成了一体化格局。

（5）服务社会化：服务社会化是产业化经营的重要特征。无论是企业内部还是产业链、合作组织，必须通过一定的手段（合同、契约），本着扬长避短的原则，发挥各自的优势，尽到各自的责任。所谓社会化服务主要将产前、产中和产后各环节统一起来，形成综合生产经营服务体系，这种全方位的社会化服务体系，使整个沙产业的生产水平会大大提高，经营风险减少。因此，服务社会化，对产业化经营非常重要，每个环节看起来，不一定花钱太多，但影响很大。作为公司或企业主要是信息服务、资金、科技、生产资料、种子、加工、仓储、运输、销售等环节，进行系列化服务。

三、产业化经营原则模式和目标

沙产业的产业化经营比起农业产业化经营条件要差很多，比如市场环境、商品率、商品意识、基础设施等，但是这些只要政府重视，随着西部大开发力度的加大，会很快赶上去。产业化经营原则模式是产业化经营的重要组成部分。

（一）产业化经营原则

产业化经营原则，主要包括：利益原则、效率原则、协调原则、平衡原则和公益（环境）原则。利益是参与主体的目标，是一体化经营的首要条件，效率则是实现主体参与者利益的基础。这两项原则在产业化经营中具有重要的地位。

（1）协调原则和平衡原则。在产业化经营中这两项原则比较复杂，是纵横交错的综合管理系统，也没有固定的模式。一般讲协调主要指企业内部专业化的分工，在整体目标的要求下，做到更有效，完成部分目标。产业化协调是保证系统活动的协调一致，使企业协调运转，取得较好效益。平衡原则一般是企业与企业外部关系的处理，组织系统中有许多相对独立的利益主体，一体化的各个部门在经营中，利益水平、贡献大小要保持相对平衡，保证互惠互利的关系不断发展。

（2）公益性（环境）原则。公益性原则对沙产业来讲尤为重要，沙产业的经营环境是在生态环境非常脆弱的沙区进行，要求产业生产不但不污染破坏环境，而且要把环境治理作为企业发展的一项重要任务来完成，否则企业很难做到持续发展。因此，沙产业经营，必须把沙化治理与沙产业开发相结合。内蒙古达拉特旗乌兰境内的恩格贝，为我们树立了良好典范。

（二）产业经营模式

沙产业的产业化经营模式，主要有三种类型：一是种植模式，指各类主导产品生产的种植形式不同而划分的，如各种林木的混交形式，农作物间作形式，品种不同引起的类型差别等，都属于种植模式。二是管理模式，主要是企业、公司、社团等不同组织类型，在企业内部管理和对外关联的一些做法和模式。三是经营模式，这就是我们经常所指的联合体的模式类型，产业链的形成、组合模式。其中公司＋农户的模式各地比较广泛，但是模式本身不完全相同，这种模式主要是龙头企业与基地农户组合，龙头企业带动基地发展。市场＋农户，是由批发专业市场为主，与基地收购市场组成群体，为农民提供全方位服务，力求做到公平交易、取信于民。

（三）产业化经营的总体目标

产业化经营的总体目标是产业升级，实现可持续发展。这是对所有企业都适用的一条总的方向性目标。就沙产业而言，其目的就是“沙漠增绿、资源增值、农民增收、企业增效、国家增税”。这“五增”是相互关联，又相互促进，只有处理好这五者的关系，才能达到资源、人口、环境协调发展，最终实现产业的升级、可持续发展。

参考文献

1. 朱俊凤，朱震达．中国沙漠化防治．北京：中国林业出版社，1999.
2. 朱俊凤．中国沙产业．北京：中国林业出版社，2004.

生态利用沙资源，赢利发展沙产业（节录）

孔德凯

（中合微电热科学技术研究院院长、高级工程师）

摘　要：本文提出以和谐生产力导向“生态开发沙资源、赢利发展沙产业”三步蛙跳（以生态干燥与灶具装备发展治沙快餐与药膳引领现有生态沙资源先增值；发展生态高科技改变沙漠种植环境引领现有生态沙资源再增产增值；发展新的优良品种及深加工产业引领生态沙资源稳定增产增值）引领“以沙治沙、以沙养沙、生态治沙、赢利治沙”的沙产业发展战略与措施。

关键词：和谐生产力；四水技术；清洁能源助动的地磁能工程车；生态干燥及灶具；三步蛙跳

国务院《关于进一步加强防沙治沙工作的决定》指出：防沙治沙，事关国家生态安全，事关中华民族生存与发展，事关全面建设小康社会进程。防沙治沙既是实施西部大开发战略、是东北地区等老工业基地振兴战略的迫切需要，又是增进民族团结，维护边疆稳定、拓展中华民族生存和发展空间的战略选择；既是改善生态、保障生态安全的重大举措，又是推进构建社会主义和谐社会的重要保障。我国现有沙化土地 263.62 万 km^2，占国土面积的 27.46%，仅新中国成立以来，全国有近 5000 万亩草地、耕地和林地恶化为流动沙地，每年因沙化造成的直接经济损失高达 540 亿元，沙化影响了近 4 亿人口的生产与生活。尽管国家投入了巨大的举措治沙并取得了由 20 世纪末年均扩展沙区 3436km^2 转变为目前年均缩减 1283km^2（占沙区面积 0.074%）的成效，但从总体上看，我国北部地区生态环境建设“局部治理、整体恶化”的面貌没有得到根本改变。其中宁夏回族自治区土地沙化占自治区国土面积的 70% 以上，草场退化面积高达 90%。

党的十七大以来，一个“开创和谐生产力”的理念与方法已经破土，和谐生产力是指“在经济发展行为中以二氧化碳、污水等不良资源为积极资源，最终物为氧与纯水等绿色资源”规则的生产力，以和谐生产力取代“以消耗地球资源创造财富相应排放出废气废水废土”为规则的惯性生产力是人类社会发展的必然趋势，用和谐生产力技术与理念治沙开创的治沙创新局面可概括表达为“生态利用沙资源、赢利发展沙产业”。其方案如下：

一、以生态干燥与灶具装备发展治沙快餐与药膳引领现有生态沙资源先增值

当前由于认定油炸食品在人体内存贮垃圾导致肥胖引起了麦当劳销售业绩滑坡，麦当劳明智地将翻盘希望寄托在中国发展中式美味快餐市场，显见引领先天绿色的沙食品资源发展绿色的中式美味快餐有望引领新的食潮流。超越麦当劳的瓶颈是拥有在汽车上使用的灶具和食品的绿色领先水平。和谐生产力推出成熟的具“集波”功能的“车居两用微电热行灶”体积轻巧，重量只有 550g，仅需 90～100W 电耗就能分别使用汽车电瓶电源或市电源在汽车里或居家烤制面包或煮、煲出大米为主体的营养美味中式快餐，突破了须使用 700W 以上电

力才能烤制面包或煮煲的电热技术限制（烤制面包通常采用1000W以上烤箱），“车居两用微电热行灶”还包括了柔性卷绕式快餐加热器，其只需50W，即可多次方便反复使用将袋装食品加热到70℃时撕开食用，“车居两用微电热行灶”工作无明火，塑料外壳不热变形，制造成本低，特别是可不损伤食品低分子营养，无论是生煮熟还是冷加热快餐或菜肴，均因能保留低分子营养而且味道鲜美且养胃，显见“车居两用微电热行灶”的瓶颈突破可为生态利用沙食品资源生产出绿色美味的中式快餐特别是美味药膳快餐填补国际绿色食市场真空提供“杠杆式商机”。

和谐生产力推出成熟的具“集波”功能的绿色干燥及食品机械装备又为提质增值沙食品资源再次提供了“杠杆式商机”。以生态干燥与灶具装备为杠杆拉动的沙食品资源特色的快餐与药膳具有巨大的市场，世界汽车保有量已达8亿辆，仅以1/6汽车族（相当于2020年时中国汽车市场的保有量）拥有微电热行灶每日一次方便食用绿色（可丰富选择）的沙产业美餐计，需年耗美味中餐450亿份以上（约900亿美元销售额），这一市场足以拉动发展沙食品资源特色的快餐与药膳重点跨越、引领未来。显见沙食品资源特色的快餐与药膳的国内目标市场每年达2373亿份。这一市场足以拉动发展现有沙食品资源特色的快餐与药膳创造巨大的财富引领现有生态沙资源增值。

二、发展生态高科技改变沙漠种植环境引领现有生态沙资源再增产增值

国务院发展研究中心县域经济专家委员会、中国东北亚国标技术经济合作促进会、中国儒学研究会及国际绿色生态合作组织就开创和谐生产力改变沙漠种植环境引领现有生态沙资源增产增值出台了一批生态专利技术：

（一）开创“四水”开源节流技术

治沙必先治水，经过改革开放获得发展的中国已有了经济能力提出“南水北调”方案之壮举，“南水北调”工程不论有多壮观，其实现毕竟还很遥远，科学治沙不仅需要开河引水，还需要“广开水源”与“节水开源”，目前已经创新出台的“水的开源节流治沙”工程技术方案内容如下：

（1）“天水”技术，该方案为利用沙地低凹地、沼泽地加筑堤坝后形成蓄水条件，使用可实现近似无成本工业回收的CO_2干冰（专利技术），适时截留“干打雷”云层使局部降雨积水成水库；太阳每分钟投向地球热能1176万亿千卡，相当于2.4亿吨标准煤，太阳能每年将52万km^3的水蒸发进天空的对流层中使处于南北向大气闭合循环流动中，只需人工导向定点降下3‰的流动在天空中的“天水”，就能使174万km^2的中国治沙区获得年1000mL的降水量，其投入成本还不到“南水北调”工程的1%，其还可缩短开发时间。

（2）“温水”技术，该方案为恒增温滴灌技术，沙漠地区多为大陆性气候，“早穿棉袄午赤膊，怀抱火炉吃西瓜”成为气候写真，恒增温滴灌技术的核心技术是在滴灌管中持续串接一批成本只有40余元的高效安全轻巧的电热水棒，能连绵不断保持滴灌水水温在20℃左右，不仅能阻止晚上滴灌水结冻，而且可保持作物根部湿度与温度，还能在酷暑时期滴灌冰水实现降温，节水达50%以上，能使截留1000mm的“天水”相当于获得2000mm的治沙用水效能效益。

（3）“蓄水”技术，该方案为反季节膜下种植技术，使用了低成本自然能制冷制热专利技术，沙区多年生作物能实现在膜下环境中四季常青连续生长多年而获得高产，膜下种植反

季节育苗造林可获得高成活率，又能蓄住水汽节水50%以上，“蓄水”和“温水”技术显见可使截留下1000mm的治沙用“天水”相当于获得3000mm以上的治沙用水效能效益。

(4)“活水”技术，该方案为滴灌水充氧技术，利用了可接近“零成本”分解水制造氢能源的专利技术伴生获得的大量的无成本氧；充氧滴灌水可相对提高植物的水吸收率42.9%（将滴灌水的可吸收率从70%提高到100%），还可促进作物亩产量提高30%。

“四水开源节流技术”将使人工达到年平均截留下的雨水（或利用特别丰富的地下水资源）的治沙水利用效率实际达到4倍左右而成为实用、低耗、高效的治沙高科技绝招。

（二）开创既有清洁能源助动的地磁能发动机功能又兼有清洁能源助动的地磁能发电机功能的工程车

一个相当于200匹动力发动机的清洁能源助动的往复式地磁能发电机每天可供出3600kW电力，若地磁能能耗占80%以上，即使用可移动的清洁能源助动的地磁能发电机取代市电，每年也可节约出电费100多万元，显见面向治沙工程的既有清洁能源助动的地磁能发动机功能又兼有清洁能源助动的地磁能发电机功能的工程车在平沙整地中不仅节耗降低成本，而且环保，还可解决沙产业的电力问题，推动“生态开发沙资源、赢利发展沙产业”事半功倍创造奇迹。

（三）普建降耗保鲜库

“生态开发沙资源、赢利发展沙产业”不仅可通过改变农业环境反季节种植供应市场增值，还可通过保鲜贮存利用反季节时差上市增值，关键是增值利润必须远能高于保鲜成本，和谐生产力技术所涉的4个制冷发明专利98117685.2，US6，339，936，B1，200510053502.1，200510058836.8提供了无氟低耗电优势可在输送电力网薄弱的治沙区甚至可在盲电区使用清洁能源助动的地磁能发电机实现运作大型冷保鲜库；可实现电耗成本与反季节销售增值利润相比几乎是微不足道的冷保鲜作业及时为来不及物流进入市场的各类沙资源产出的农副产品提供保质贮存，利用反季节时差上市增值二倍以上，还可为食品厂提高食品、果饮产品全年实现新鲜度并降低成本提高利润。建设一座3300m^{3}大型冷保鲜库的投入费用大约600万元（如果采用农村建设砖瓦厂挖黏土形成的凹坑可巧用资源节约冷库造价10%），年保鲜增值利润在1000万元左右（利润与经营品种有关），其中每座每年节约用电约300万度，显见每年利用这种大型保鲜库的部分利润或三年所节约的电费就可扩建出一个大型保鲜库。

三、发展新的优良品种及深加工产业引领生态沙资源快速稳定增产增值

（一）开创九药一生沙特色产业

使用反季节膜下种植装备在环保节能前提下顺势利用沙资源优势高产与发展药菜、药草、药花、药材、药树、药禽、药饲、药膳、药饮“九药产业”，其中药菜的精华部分用于药膳原料，药菜的边皮部分（添加赖氨酸、骨粉等加工成复合药饲料）用于饲养药禽，药禽可成为药膳连锁店产业的创新优势（含烧烤、炖煲、快餐业）。可以预见，由“药膳、药饮”和“精细绿色中药、生物医用制品”组成的“九药一生”治沙生态生物产业链的巨大绿色市场，可以在符合我国国情、顺应时代要求、凝聚人民意志的“生态开发沙资源、赢利发展沙产业”中伴生形成中国特色的“生态农业、生态生物、生态生命产业链”健康产品产业的大发展，获得国际市场商机创造“滚动发展生态治沙”前景。传统中医因为拥有沙产业自然优势发展中药的反季节种植、无损伤提炼及加工机迁而可创新出台高药效低价成

药，目前正在技攻出台的“量子检测、量子处方、量子治疗”一体化中医量子处方仪，其检测疾病能力超过磁共振但费用降低了 80%，中医量子处方仪轻便，方便上门服务，能立即判断出疾病及发病原因，相应由电脑打印开出药膳食疗或新型中药处方，该计划不仅将为及时获得正确治疗、减少医疗费用的新农村医疗改革开创普及健康的前景，而且显见可拉动生态治沙稳定获得高赢利。

（二）引进美国黄麻种植发展深加工产业

20 世纪 60 年代美国、加拿大农业部选择了 500 种麻料植物进行改良及长期培育优良品种研究。在 90 年代初期，经不断培育改良基因，终于选定 TN4 洋麻之新品种，其优势如下：①特别耐干旱及适应贫瘠土壤（盐碱地、沙漠地、荒滩地、坡地、壤性土、半水地等）种植。②成长期短，可当年生长收获，6 个月可长到 5m 高，其纤维萃取量可达 90%，远可超过松木 50% 的纤维萃取量。③由于洋麻基因经改良后含有特殊的化学物质，在种植过程中基本不需要杀虫剂、除草剂和化肥而完全可以自然生长。拥有纯天然无污染、促进土壤质良性发展，改善地域土壤环境伴生优势。④洋麻在生长过程中，可大量吸收二氧化碳，经大面积种植可降低地球温室效应，改善种植地区的生态环境，防风、防沙尘暴、防止土地荒漠化。每种一亩洋麻可吸收掉 3 吨二氧化碳排放量。可拿到国际市场进行碳汇交易使每亩增加收入 50 美元。⑤洋麻的每个部位均有经济价值：如洋麻属韧皮纤维，纤维长度较长、木质素含量较低，是大大优于长纤维软木和短纤维硬木的极佳造纸原料，洋麻杆芯纤维的理化指标近似软木纤维，因此以麻代木进行造纸是解决我国的木材短缺的有效途径之一。

综上所涉，实施“生态开发沙资源、赢利发展沙产业”行为是一个足以显示出拥有高理念高科技高投入能力的国家才能进行的拥有巨大经济价值潜力的积极的战略行为。

四、提升治沙理念是关键

显见提升治沙理念是落实国务院关于进一步加强防沙治沙工作的决定的关键。一是积极设立能特事特办的“治沙银行”，能从“生态开发沙资源、赢利发展沙产业”专业角度面向生态治沙项目实现“小的风险投入、跟进发展投入、导向热钱流向赢利治沙项目”；二是使各级治沙机构能从专业角度有权监督和促进对“生态开发沙资源、赢利发展沙产业”相关项目的立项支持，既要堵住借治沙名义骗取资金的漏洞，又能帮助消除叶公心态使应获支持的项目得到及时支持；三是建立专家论证跟踪奖惩制，专家评审制度是必要的，但应出台跟踪责任制，对超前支持过生态治沙项目的评审专家给以奖励甚至“伯乐”重奖，对同行相杀行为的专家、对参与重大评审失误的专家和南郭先生或叶公，都应立法跟踪经过实践检验采取相应的制裁办法以纯化治沙科学发展观的环境；四是建立治沙专项重奖制度，对能用知识治沙的能人，包括经权威治沙机构认证的治沙示范基地、对经权威治沙机构认证的治沙专利发明人、对引进国内外治沙先进技术或项目的热心人、对能超前支持治沙高招项目的专家均给以重奖，而且应提前给处在艰苦治沙前沿的功臣评奖颁奖使奖励能用在最需要的关键时刻。

综上所涉，以和谐生产力导向“生态开发沙资源、赢利发展沙产业”三步蛙跳（以生态干燥与灶具装备发展治沙快餐与药膳引领现有生态沙资源先增值；发展生态高科技改变沙漠种植环境引领现有生态沙资源再增产增值；发展新的优良品种及深加工产业引领生态沙资源稳定增产增值）。引领“以沙治沙、以沙养沙、生态治沙、赢利治沙”的技术方法与方案如果能跟进提升治沙理念措施，不仅可为拥有沙资源的地区带来商机与财富，而且可为落实国务院关于进一步加强防沙治沙工作的战略目标作出特别政绩。

人工接种肉苁蓉是发展沙产业的有效途径之一（节录）

曹　瑞[1,2]　马　虹[1,2]　陈安平[2]
（1. 内蒙古大学生命科学学院；2. 内蒙古梭梭肉苁蓉研究所）

摘　要：自然资源既要做到合理利用，又要进行有效的保育。目前随着肉苁蓉人工接种技术的逐渐成熟，产业化推广的任务十分繁重。本文就肉苁蓉人工接种及产业化，结合发展沙产业和沙区生态环境治理与农牧民致富等方面的现状和存在的问题，进行分析讨论。

关键词：肉苁蓉；产业化；保护与合理开发；生态治理

肉苁蓉 *Cistanche deserticola* 是列当科 Orobancheceae 多年生根寄生草本植物，寄生在黎科植物梭梭 *Haloxglon ammodendron* 的根部；以其肉质茎入药，有滋阴壮阳、补益等功效，有“沙漠人参”之称，已成为我国西部地区著名的中药材。肉苁蓉其专一寄主是梭梭，为藜科强旱生耐盐植物，是我国西部荒漠区极为重要的建群小半乔木，植株高大，生长迅速，抗旱力极强，耐盐碱，能形成“荒漠森林”景观，枝条可做饲料，是我国荒漠区最重要的固沙树种之一，也是当地一种极好的薪材，肉苁蓉产业在我国的沙产业中已形成一定规模，必将在我国西部大开发中起着重要作用。但是，随着肉苁蓉价格的上涨，乱采乱挖现象屡禁不止，造成肉苁蓉资源濒临枯竭的状态，过量的放牧也破坏了寄主梭梭的生长。

一、肉苁蓉资源的合理开发利用

从目前看，只有采取沙漠治理与建立肉苁蓉栽培基地相结合，才能解决这一紧张状态，既种植梭梭等沙生植物，保护生态环境，防止土地进一步沙化，同时采用科学的现代化的栽培技术方法种植肉苁蓉，合理而科学地进行采挖，这样既提高了生态效益也增加了农牧民的经济收入，是实现富民、治沙、环保三结合的一条有效途径。

内蒙古大学肉苁蓉研究项目组曾对肉苁蓉种子生理（种子活力）、种子萌发及与寄主梭梭的关系、形态多样性、染色体核型、胚胎发育过程、种子结构、肉苁蓉人工接种技术等方面作了系统的研究。2003 年已正式通过了内蒙古科技厅主持国内专家进行的项目鉴定（科学技术成果鉴定证书，内科鉴字［2003］第 113 号）；2005 年内蒙古大学被国家科技部批准为《国家科技成果重点推广计划》项目“肉苁蓉人工接种及梭梭种植的产业化”的技术依托单位；2006 年获内蒙古自治区科学技术进步奖。肉苁蓉的人工接种技术已日趋成熟，为本研究项目的推广实施奠定了良好的基础。但是，目前该技术推广范围和推广力度明显不够，还未形成产业化。人工接种肉苁蓉，寄主植物梭梭是必不可少的。因此，要想得到更多的药材肉苁蓉，其前提是大面积保护或人工种植梭梭。众所周知，若在我国西部沙漠地区成功地封育保护天然梭梭林，或是大面积种植梭梭，形成人工梭梭林，那么，当地的生态环境就会逐步得到改善，这也符合我国干旱地区生态环境治理中所采取的“放大”和“治小”并重的对策。即大面积封育保护、移民，使天然植被逐步得到恢复；小范围、小面积绿化，建设人工绿洲，也是防止土地进一步沙漠化的有力措施，将会得到很好的生态效益。应该加大人工种植梭梭的面积。以内蒙古西部沙漠地区为例，在巴丹吉林、乌兰布和及库布齐三大沙漠边缘地区的裸沙地上人工种植梭梭并接种药材肉苁蓉，数年过后，逐步实现使“沙漠增绿、资源增殖、农牧民增收、企业增效”。另一方面，人工接种药材肉苁蓉，有望大大提高肉苁蓉的产量，进一步扩大药源，满足市场需求。同时，更重要的是使其形成产业化链条，可以增加当地农牧民的收入，改善人民群众的生活，促进我国西部干旱区地方经济的发展。如果能够对肉苁蓉产品进行深加工和精加工，拓宽市场需求，将会刺激相关企业消化更多的原料，很有可能将改变当地的经济产业结构，促使当地群众更大面积地种植梭梭、接种肉苁蓉，得到更好的经济效益和社会效益。

二、内蒙古野生肉苁蓉的资源利用的现状简析

内蒙古西部阿拉善盟和巴彦淖尔市西部及鄂尔多斯市西北部，在历史上广泛分布着梭梭及其名贵药材寄生植物肉苁蓉，传统认为内蒙古自治区所产肉苁蓉质量最为上乘，畅销全国各地，并出口日本、韩国及东南亚等周边地区已有三百多年的历史。随着国内人们生活水平的逐渐提高，肉苁蓉的需求量也在逐年增加，导致其价格上涨，当地乱采乱挖现象屡禁不止，造成肉苁蓉资源濒临枯竭的状态；过量的放牧也破坏了寄主梭梭的生长。例如，仅20世纪80年代到现在，内蒙古阿拉善盟的梭梭林面积由1700万亩缩小到800万亩，作为肉苁蓉地道产地的内蒙古西部沙漠地区，据统计2006年，内蒙古仅收购2000kg肉苁蓉干品，国内外年需求量日渐增达2.5万~3万吨左右，远远满足不了实际的需要。

一方面，野生肉苁蓉的合理利用，首先是在保障一部分植株能有效开花、结果、种子成熟的前提下，对于即将开花出土的部分植株进行科学采挖。即在不伤害寄主根和吸盘的基础上，保留幼小植株，建立持续利用机制，合理采挖即将出土的成熟植株。因此，建议当地相关保护区和林业监管部门，合理组织当地群众采挖。不应只发放采挖证和收费，不进行规范监管的采挖无序状态。另一方面，肉苁蓉为专主寄生植物，不同于一般的中药栽培，其药材品质十分稳定。因此，只有采取人工接种肉苁蓉，建立种植基地，提高其产量，才能缓解这一紧张状态，可见市场前景良好。

三、肉苁蓉人工接种的现状及社会和经济效益分析

我国肉苁蓉人工接种技术研究是从20世纪80年代初开始的。到目前的科技查新结果，内蒙古、新疆和宁夏等省（自治区）均有一些研究报道。包括种植的方法，如开沟直播法、胶泥土培法、泥浆接种纸法、草籽混拌法、细沙木炭或焦炭粉拌种法等；同时，在接种前还有一些种子的处理方法，如用不同的营养液和消毒液浸泡等。但是，接种的效果差异较大，发芽率和成活率均偏低。该项目推广后，将扩大到内蒙古西部地区的整个沙区近10个旗（县）的30多个苏木（乡），并且有望推广到宁夏、甘肃和新疆的部分地区。可使这些地区的农牧民在退耕和禁牧后大量种植梭梭、接种肉苁蓉，使他们的产业结构得到调整，并使当地群众增加经济收入。

然而，若在我国西部沙漠地区成功地封育保护天然梭梭林，或是大面积种植梭梭，形成

人工梭梭林，那么，当地的生态环境就会逐步得到改善，这也符合我国干旱地区生态环境治理中所采取的“放大”和“治小”并重的对策。即大面积封育保护、移民，使天然植被逐步得到恢复；小范围、小面积绿化，建设人工绿洲，也是防止土地进一步沙漠化的有力措施，将会得到很好的生态效益。另一方面，人工接种药材肉苁蓉，有望大大提高肉苁蓉的产量，进一步扩大药源，满足市场需求。同时，更重要的是使其形成产业化链条，可以增加当地农牧民的收入，改善人民群众的生活，促进我国西部干旱区地方经济的发展。如果能够对肉苁蓉原料及其产品进行深加工和精加工，拓宽国内和国际市场，将会刺激相关企业消化更多的原料，改变当地的经济产业结构，走自然资源利用和生态环境保护相结合的可持续发展的道路。

四、区域试验基地建设情况

在内蒙古西部地区，阿拉善盟、巴彦淖尔市、乌海市地区部分旗县进行了人员培训，并在试验地召开肉苁蓉接种技术现场会。近些年来，结合西部生态环境综合治理的统一部署，阻止沙漠化进程，当地政府和人民群众积极开展退耕还林和治沙、禁牧工作，人工种植了大面积的梭梭，现在已初见成效，大多数沙丘已得到固定，并已形成了不同面积的人工梭梭林。另外，结合飞播工作，当地植被得到了较好的恢复，取得了良好的生态效益。也为肉苁蓉接种试验工作提供了较理想的基础条件。

五、我国肉苁蓉药材人工接种现状的初步调查和存在的问题

近年来，通过对我国肉苁蓉的主要产区，包括内蒙古、新疆、宁夏、甘肃和青海等省（自治区）进行药材原植物实地调查，同时结合所承担的国家自然科学基金项目。重点考察了内蒙古、新疆和宁夏人工接种肉苁蓉的现状，特别是有关在生产和销售等方面存在的问题，进行讨论。

第一，目前人工接种肉苁蓉的技术已经逐步成熟，接种面积也在逐年扩大。例如，在内蒙古阿拉善盟（阿拉善左旗、阿拉善右旗、额济纳旗）、巴彦淖尔市（磴口县、乌拉特后旗、杭锦后旗）、鄂尔多斯市（杭锦旗、达拉特旗）；在新疆南疆和田地区的多数县、巴音郭楞州和喀什地区的部分县、北疆的吉木莎尔、奇台、金河等县；在甘肃河西走廊地区；在宁夏中宁县等地，中国肉苁蓉属的三种药用原植物：肉苁蓉 *Cistanche deserticola*、管花肉苁蓉 *C. tubulosa*、盐生肉苁蓉 *C. salsa* 分别被人工接种。梭梭人工种植和肉苁蓉接种，首先应该进行当地的植被生态建设，要动员社会的力量，包括地方政府、公司、企业和有识之士出资出力，直接参与项目的推广，大面积种植固沙植物梭梭，在取得生态效益和社会效益的同时，再取得应有的经济效益。

第二，农牧民产业结构的变化。国家和地方政府在我国干旱和半干旱地区实施的禁牧、退耕还林还草、牲畜舍饲等一系列有关生态环境保护和恢复相关政策的前提下，这些地区人工接种肉苁蓉之后，当地农牧民的生产和生活状况发生了很大的变化。人工接种药材肉苁蓉，有望大大提高肉苁蓉的产量，进一步扩大药源，满足市场需求。同时，更重要的是可以增加当地农牧民的收入，改善人民群众的生活，促进我国西部干旱区地方经济的发展，是一件利国利民的好事。例如一些公司和企业，直接参与了梭梭人工种植和肉苁蓉接种，并对肉苁蓉及其产品进行深加工和高技术研发。

第三，目前有一个十分严重的问题出现。一些单位和个人，在进行梭梭人工种植和肉苁蓉接种产业化，首先盲目开荒，利用推土机进行大面积的平整土地，使当地的原生植被遭到破坏。我们认为，在我国的荒漠地区，尤其是在干旱的沙漠地区，生态地理环境十分严酷和脆弱，原生植被一旦遭到破坏，将无法恢复。因此，只有保护好原生态环境，因地制宜，进行梭梭人工种植和肉苁蓉接种。

第四，销售和销售渠道问题。野生的肉苁蓉，其产品有肉苁蓉中药材生药、饮片等。然而肉苁蓉是被列入《濒危野生动植物种国际贸易公约》（CTTES）附录二中，产品的出口是被国家所限制，在我国其主管部门是国务院设在国家林业局的“国家濒危物种进出口管理办公室”。近年来，随着各省人工接种肉苁蓉产量的不断增大，其销售状况受到国内肉苁蓉销售市场和价格的限制。因此，一些单位、公司或个人经常以人工接种的肉苁蓉的名义，将所收购的野生肉苁蓉药材，办理出口业务。为此，我们建议国家有关部门，补充和修改相关条款。并可根据已在国家和地区注册的肉苁蓉人工接种生产基地的证明材料，办理贸易业务。

参考文献

1. 国家环保局，中科院植物研究所．中国珍稀濒危植物．上海：上海教育出版社，1989
2. 中国药学会．首届肉苁蓉国际学术研讨会论文集．2000 年 5 月
3. 中国药学会．第二届肉苁蓉国际学术研讨会论文集．2002 年 4 月
4. 中国药学会．第三届肉苁蓉国际学术研讨会论文集．2005 年 5 月
5. 马毓泉．内蒙古肉苁蓉属植物的初步分析．内蒙古大学学报，1960（1）：61～66
6. 张志耘．中国植物志．第六十九卷．北京：科学出版社，1990
7. 李天然，许月英，等．肉苁蓉（*Cistanche deserticola* Ma）种子的萌发及与寄主梭梭（*Haloxylon ammodendron*）的关系．内蒙古大学学报，1989，20（3）：395～400
8. 佐藤倜，等．肉苁蓉的药理学研究．药学杂志（日本）1985（12）：111～113

浅谈发展苁蓉产业在促进沙漠资源综合高效利用与可持续发展中的作用

袁 野

（内蒙古磴口县科学技术协会）

摘 要： 肉苁蓉是沙漠地区特有的名贵中药材，素有“沙漠人参”的美称。它是寄生在治沙先锋植物梭梭和红柳根部的多年生草本植物。具有很高的药用价值和广阔的市场前景。发展苁蓉产业，可实现沙漠生态、经济、社会、三效共赢目标，完全符合著名科学家钱学森院士提出的第六次产业革命理论中“多采光，少用水，新技术，高效益”技术路线，对沙漠资源综合高效利用与可续发展将产生巨大的促进作用。

关键词： 苁蓉产业；沙漠资源；高效利用；持续发展

磴口县地处乌兰布和沙漠东部边缘。有沙漠面积32.6万hm^2，占全县总面积的68.3%，是全国生态治理重点县。多年来县委、县政府高度重视乌兰布和沙漠资源的综合高效利用与可持续发展，确立了立足沙漠资源，发展苁蓉产业，促进生态文明，实现可持续发展的战略目标。完成了十大生态工程，构建了五大产业基地，特别是在以肉苁蓉为主的林沙产业开发方面，进行了一系列积极有效的探索，走出了一条恢复生态、发展生产，提高农牧民生活“三生统一”的可持续发展之路。值得借鉴，根据本人十几年在乌兰布和沙漠的探索与实践，认为发展苁蓉产业，是促进沙漠资源高效综合利用与可持续发展的重要途径。

1 肉苁蓉有极高的药用价值和广阔的市场前景

肉苁蓉是沙漠地区特有的名贵中药，具有独特的补肾，抗衰老，抗老年痴呆，调节免疫，抗氧化，增强体力，抗辐射，镇静，促进创伤愈合，保护缺血心肌，提高消化功能，保护神经，保肝，通便，肿瘤辅助治疗，提高记忆力等十五六种药用功能，被誉为“沙漠人参”而驰名中外。原全国人大常务会副委员长吴阶平院士在首届肉苁蓉学术研讨会上称肉苁蓉是“大漠绝品、中华奇药”。在《神农本草经》中将其列为上品，在历代增力中药典籍中，肉苁蓉出现频度最高，而在抗衰老、延年类药古方中，其出现频率仅次于人参，居第二位。目前，随着经济发展，生活水平的提高和社会人口老龄化、养生保健和绿色原生态产品已起来越被人们青睐，“回归大自然”和“绿色消费”的热潮风靡全球，天然药物在消费者心目中的地位不断提升，人们普遍希望于靠天然药物治病，以解决化学药物的毒副作用，抗药性及药源性疾病等问题。因此，人们纷纷寻求健康的希望转向了纯天然、无污染、素有绿色药品美誉之称的中草药。肉苁蓉作为中草药在中国已有2000多年的应用历史，目前，其主要产品有苁蓉酒、苁蓉口服液、苁蓉胶囊、苁蓉保健饮料、苁蓉茶、苁蓉浓缩液以及各种含有肉苁蓉成分的药丸、药膏、片剂、粉剂等产品。此外，不断研发推出的新产品跨越了医药领域，广泛进入食品、美容保健、养生等高档生活领域。肉苁蓉产品消费不但在国内日渐看好，而且开始进入国际市场，为日、韩、东南亚各国甚至欧美国家所青睐。需求逐年加大，目前国内市场每年大约需要肉苁蓉干品3000吨，国际市场因受法律限制不能出口暂不计算，而全国实际供应量每年仅为150吨左右，缺口很大，供求矛盾将逐步加大。因而市场前景十分广阔。

2 发展肉苁蓉产业可促进沙漠资源综合高效利用

单从种植肉苁蓉初级产品分析，肉苁蓉接种时间一般为每年的4～6月为宜，第一年种植第三年开始收获，前两年平均每公顷投入37500元左右，第三年即可收回成本。从第三年起可连续收15～20年。第一、二年无产品，从第三年至以后的15～20年间平均每年每公顷可产苁蓉鲜品4500kg左右，折合干品约900kg，每公顷产值约61995元，按15年计算每公顷总产值为930000元，投入产出比为1∶7.2而常规农田以玉米为例。据权威部门统计每公顷投入7155元产出18900元，投入产出比仅为1∶2.6。

从经济效益来分析，种植梭梭接种肉苁蓉是长期投入，长期受益，回报率很高的项目。从小苗定植开始接种肉苁蓉虽然收回投资期较长，但从第三年即可获得高额赢利。如果进一步延伸产业链条开发深加工产品，如药品、食品、饮品等，其效益又会是呈几十倍甚至几百倍的增长。

3 肉苁蓉产业有着极高的生态和社会效益，是实现可持续发展的朝阳产业

3.1 就生态效益而言，主要表现在3个方面

（1）肉苁蓉是寄生在荒漠矮丛植物根部生长的一种名贵的中药材，通过寄主的根吸收和积累养分，在完成其生活周期后，软缩腐朽成为腐殖质还原回土壤，对土壤有改良作用。腐朽后形成的松散坑穴又有利于寄主的落种更新和降水及地表径流的下渗，为寄主提供一定的水分和养分条件，促进寄主的生长发育，从而提高荒漠矮丛植物的防风固沙效应。

（2）目前肉苁蓉主要来自产区农、牧民的自由野生采挖。每采挖一株肉苁蓉要毁坏一株或数株沙生植物，加上大量挖掘肉苁蓉后，不注意及时填埋，使得植物根系裸露干死。沙漠生态环境恶化，野生肉苁蓉越挖越少，甚至从局部地区灭绝。尽管林业部门三令五申严禁采挖，但受金钱驱使，偷挖者仍屡禁不止。肉苁蓉因其野生寄主种群及资源急剧减少，2000年国务院和卫生部专门下文将其列为严禁采挖和买卖的中药材，被国家列为二级保护植物。

（3）人工接种肉苁蓉首先是为寄主提供营养，让寄主在一定的时间内有足够的营养，让它的根系有良好的生长条件，形成健康庞大的根系，便于和肉苁蓉种子结合，利于肉苁蓉的生长。人工接种肉苁蓉不仅使寄主生长旺盛，同时为一些短命植物如沙米、绵蓬等提供了良好的生长条件，使沙漠植物盖度增大，削弱风沙危害，防止了沙漠化。肉苁蓉的肉质茎也养育着沙区一部分兽、鸟、虫，这些动物在维持沙区的自然生态平衡中起着一定的作用。更是保护和恢复荒漠植被，维护荒漠生态系统平衡，发挥生态效益的双重好事。

3.2 从社会效益的角度看

在沙区推广和种植肉苁蓉，不与农业争水夺地，凡是不能作为农用的沙地均为发展种植肉苁蓉的好地方。沙地种植生产快，既可防风固沙、保护农田，又可以在灌木丛根部接种肉苁蓉，可谓一举多得。也是沙区人民脱贫致富、广开财路的一条极好的途径。

4 对发展肉苁蓉产业，促进沙漠资源综合高效利用与可持续发展的建议

（1）抓住机遇，超前认识，科学规划，系统推进。我们要立足高起点、高境界、远眼光，换种思维看沙漠，把沙漠变成资源，变沙害为沙利，靠沙吃沙，经营沙漠，把肉苁蓉当作一项产业来培植。结合新农村新牧区建设，把肉苁蓉产业的发展纳入“十一五”整体战略布局发展规划之中，并制定扶持政策，统一规划，坚持保护优先，有序开发的原则，把艰苦创业精神与科学理性结合起来，因地制宜搞好苁蓉产业的发展规划，把生态治理项目与苁蓉产业一同规划，把生态建设与发展后续产业一同规划，把资源开发与产业集群、综合利用一同规划。真正形成农工贸一体化的产业链和农牧民的致富链。

（2）积极扶持各类企业发展苁蓉产业。同其他产业一样，苁蓉产业要发展，培育龙头企业是关键环节，以龙头带基地，以龙头开拓市场，确立递进推动的思路，逐步形成公司＋农户，基地连农户的利益机制，让广大农牧民从产业发展中感到实实在在的利益，达到农企双赢的目的，这是推动肉苁蓉产业发展的根本动力。各级政府和有关部门要在努力争取国家发展西部优势特色产业政策倾斜和项目，资金支持的同时，还要在税收、信贷等各个方面对发展苁蓉产业提供优惠政策。在技术、市场等方面提供优质服务。特别是要按照创建知识密集型产业的要求，支持企业开发新产品，延伸产业链，提高资源利用率和效益。

（3）加强领导，规范和完善肉苁蓉管理机制。要把肉苁蓉产业发展提上重要议事日程，组建肉苁蓉产业开发领导小组，建立健全领导责任制，层层抓落实，明确分工。同时，成立专门的研究、开发、管理机构和产业协会，专业技术协会为肉苁蓉产业的健康发展提供组织保障。统一管理，专项推进。

（4）调动农牧民的生产积极性，尽快实行人工种植肉苁蓉联产承包责任制。把现有的梭梭林地和沙漠以家庭联产承包责任制的形式承包给有生产经营能力的农牧民手中，调动农牧民生产管理的积极性，有效解决管理、盗挖等问题。

（5）依靠科技，加快相关科研技术攻关，解决技术难题。通过走出去，请进来，互相考察，研讨等多种形式，统一规划，有效开发。继续积极与科研院所合作，广纳苁蓉界的英才，整合各地的技术力量，联合进行技术攻关，通过自己更大范围的试验、示范、研究，打通关键的技术环节，在最短的时间里研究出易于普及推广的新技术，制定出适于当地栽培的技术规程。

（6）积极总结和推广各地在实际操作中的成功经验。对从各个不同渠道引进的技术，进行观摩、交流，分析对比，从中总结出适合当地客观条件的成熟技术。

（7）建立健全苁蓉产业发展的地方性法规。包括种植、管理、收购等办法，大力打击偷挖、滥盗等非法行为，保护投资者的利益。实行围封保护，做好基地病虫害防治工作。

（8）开展肉苁蓉人工栽培认证和原产地认证工作。对人工栽培的单位和个人就其面积，产量，质量等进行认证管理。通过认证逐步促进出口，提高售价。同时要申请国家原产地认证，打造地方品牌，实施品牌战略。

我国沙棘产业化开发的瓶颈与对策

吴立仁　张　军　单金友
（黑龙江省农业科学院浆果研究所）

摘　要：政府扶持力度不够，原料基地建设不健全，技术梗阻，新产品开发相对滞后，生产体系不健全，专业技术人员的缺乏，培养机制不完善，产业链中关键环节链接不畅，这些是我国沙棘产业化开发的瓶颈。克服我国沙棘产业化开发中的薄弱环节与瓶颈，应拓宽投融资渠道，沙棘项目力争国家资金支持，增强其产业化建设力度。立足资源优势，推动沙棘生产基地建设。实施专业化、标准化生产，创造名牌产品，打造现代化企业。加强龙头企业的合理配置与配套设施。强化高新技术的应用与研发，及时进行产品的更新换代。制定全面的营销方略，开辟和寻求内外销市场。

关键词：沙棘；产业化；瓶颈；对策

我国是世界上沙棘栽培与加工的大国，有着丰富的沙棘资源和开发加工经验，吸引很多国家的注意，成为世界上沙棘开发与加工的典型。据统计，我国现有各类沙棘加工企业3000余家，年产值12亿元左右，产品涵盖了食品、保健品、药品、化妆品等8大类，上百种之多，获部、省级优质产品称号及奖励的有200余项，出口到世界上众多国家。但是，我国沙棘也同其他农林业的生产一样，有优势，也有劣势；有转机，也有危机；要将我国发展为沙棘加工的强国，我们应认清我国沙棘产业化开发中的薄弱环节与瓶颈，提高应对世界沙棘产业化发展的快节奏的能力，创造生产出多品种、高档次、高附加值的名特优沙棘商品，来提升我国沙棘加工的技能，开创中国与世界沙棘加工生产的新局面。

1　沙棘产业化开发的瓶颈表现

1.1　政府扶持力度不够，服务方式有待提高

沙棘资源丰富的省份多为经济发展相对滞后的省份，政府财政有限，银行的信贷资金也受安全性、效益性等商业经营原则的限制，沙棘产业化一方面受地方财力的制约而不能靠自己的力量进行建设，另一方面，这些领域发展滞后又制约其沙棘产业化的发展。沙棘产业化项目是一种集基础设施、生态环境、社会事业为一体的项目，其投资大，经济回报率低，社会效益往往高于经济效益，而原始的生产方式又严重影响了沙棘集约化、规模化生产。据不完全统计，我国沙棘加工中小型厂家占75%以上，这些小厂家其有限的发展资金难以集中使用，表现孤军奋战，简单生产。同时，这些多为分散经营的小企业，带来了重复投资和技术落后等弊病，以及生产、技术、销售等主要方面投入人力与财力少，使产品质量不稳定，达不到指标，销售积压，从而形成一连串的恶果。另外，政府虽出台了一些扶持其产业化经营加快自身发展、改善经营环境方面的政策，但这些政策的可操作性、系统性不强，使它们在推动产业化经营中的作用不能很好地发挥出来，特别是税收优惠政策倾斜幅度没有足够地扩大，促动投资者积极性的作用不强。

1.2 原料基地建设不健全，很难满足沙棘产业化发展的需要

目前，我国沙棘龙头企业虽然不多，但真正为现有大型加工龙头企业服务的沙棘栽培生产基地建设又很不到位，专业化、优质化的原料生产基地在数量上、规模上以及产品质量都不能满足加工企业的生产要求。造成这一现象，一方面是企业与政府对基地建设的重视与支持不够，以及资金与人力的投入不足。另一方面是果农增收幅度小，制约了栽培基地的扩大。化肥、农药等生产资料价格的持续上涨还没有来得及时消化，能源价格的上涨、劳动力价格上涨，再一次把果农“多收三五斗”的喜悦冲淡。再加上其销售市场信息的不对称，往往也只能被动接受市场价格，这都在一定程度上打击果农从事沙棘生产的积极性。

1.3 技术梗阻

很多的加工企业一直处于自发零散状况，尚未纳入农业科技整体计划，对原料保鲜和拳头产品开发等关键性技术投入严重不足，形成了技术不精，生产工艺不科学，凭经验管理生产，从而频繁的出现产品质量问题。更主要的是缺乏高新技术支撑，生产乏力。现代的沙棘加工不是简单的复古，而是传统农业之精华与现代先进技术的结合。因此，要加大开发加工技术研究的力度和投入，培育和发展加工开发、研究、推广队伍，逐渐健全符合中国国情，具有自己特色的加工开发技术体系。

1.4 新产品开发相对滞后

随着人们对沙棘产品认识的不断深入及消费需求的提高，原来老面孔的产品已不能刺激人们去购买与消费。我国沙棘产品研发工作比俄罗斯等西欧国家晚一些时间，通过这些年的努力，我国沙棘新产品开发工作有了明显的改善，但于其他工业产品比，技术研发跟不上产品换代速度，其更新换代的步伐明显慢几拍。很多省份的农业的开发项目仍然注重大作物，而多忽视沙棘这种经济效益、环境效益、社会效益均优异的“小浆果”，表现其研发资金与人力投入严重不足，从而使沙棘的新产品开发工作滞后，产品无新意，市场受阻。改变“撒芝麻盐”作法，加大对沙棘产品研发项目人力与物力的投入，以加速沙棘产品的更新换代。沙棘产品的开发也涉及很多的学科与行业，改变以往“小圈内人”要项目，其他人等看的做法。组织与之相关的多学科、多行业的联合攻关，解决沙棘加工业单体提纯率低、攻效发挥慢、市场准入难、采收技术落后等与新产品开发利用密切相关的技术关键与难题。

1.5 生产体系不健全

沙棘加工涉及生产、加工、销售、技术、环保、标准、认证、监测等多部门、多学科，目前尚未形成全面协调的格局，沙棘加工还不能在发展经济和保护生态环境的全局中找到定位。同时，沙棘加工企业一开始就要树立系统与体系的观念，要以加工为加工，建立全面的生产与服务体系，否则难以克服加工中出现这样或那样的问题。如（沙棘浆果）原料的保鲜，有些企业开始建厂就忽略这一关键的保障措施，没有气调库、冷库来冷藏原料，不可能保证连续生产中有着稳定优质原料，也就不可能保证生产稳定的优质产品。

1.6 专业技术人员的缺乏，培养机制不完善

我国沙棘加工专业人才严重缺乏已成为不争的事实。有人才才能有名牌产品；有人才才能有企业的形象，这也是企业盛衰的先决条件。要使我国沙棘加工达到优质、高效和可持续发展的目标，要建立、建全科学的人才培养机制，必须培养不同层次的沙棘加工人才，特别是高级人才的培养。拥有充足数量的高科技人才，才能有力地提升沙棘加工水平，促进技术的推广工作，使“产、学、研”有机地衔接起来。

1.7 产业链中关键环节链接不畅

国外浆果生产加工方式，典型的有两种，一种是订单方式，即分散种植、集中送交加工厂，产销一体化，如日本的农业协同组织和欧洲果业合作组织；另一种是大农场种植，产品交售给大型加工厂或由农场自办的加工厂进行加工，直接营销进入批发市场，是产销分离体制。而我国的浆果生产多以小农户为主的分散种植，产品交售给临近的加工厂，互相多无约定。这种分散种植方式，果农彼此完全独立，不仅在品种选择、栽培技术运用、产品处理和销售价格方面完全自行确定，而且果农技术素质较低，在没有统一的科学技术保证条件下，千家万户生产的果品千差万别，根本不可能按统一标准进行生产。更重要的是这些分散的果农个体，受活动范围小的局限性，市场信息不灵活，不能参与果品的流通领域，他们的产品作为商品交易以实现其价值的过程中，在很大程度上是受中间商的控制，带有很大的盲目性。政府也因其个体生产的分散性难以给予有组织的指导和协调控制，实际上是失控状态，其对果农以至加工企业都是不利的。现在流行的“公司 + 基地 + 农户 + 市场”原料运营方式，要使各环节有机衔接，还需要做大量细致、艰难的工件。

2 沙棘产业化开发对策及建议

2.1 拓宽投融资渠道，沙棘项目力争国家资金支持，增强其产业化建设力度

沙棘产业化经营是一项复杂、耗资巨大的系统工程，无论是基地建设、龙头企业规模的扩大，还是产品技术的开发以及市场的开拓，都需要巨额资金，如此大的费用，单凭作为农业产业化经营主体的龙头企业和农户是无法承担得起的，政府的投入可能也是杯水车薪。因此，要改善投资环境，广开投融资渠道，以商业化的运作来经营沙棘产业化开发，吸收更多的民间资本与国资本直接投资沙棘产业化经营，推行股份合作制和股份制，并降低农业产业化龙头企业的上市门槛。多渠道争取国家项目资金的支持，明确资金决策责任主体，建立项目后评估制度，对国家投资项目建成后进行社会经济效益综合评价分析，鼓励项目法人积极吸纳社会资金的同时，更要求其用好、管好有效资金，发挥国家资金优势，提高沙棘产业化建设力度。企业应切实克服小富即安、满足现状及“等靠要”思想，牢固树立自力更生、艰苦创业的观念，结合自身实际，大胆进行经营创新；进一步强化合作意识，在各种形式的对外合资合作中，充分利用外部优势资源，加速发展自己。

2.2 立足资源优势，推动沙棘生产基地建设

沙棘龙头企业定位在把本地资源优势转化为产业优势的基础上，大力推动发展沙棘主产，形成区域性优势产业带，扩大辐射面。同时，采取更优惠政策，以及政府出台补贴政策，调动果农栽培沙棘生产的积极性。

2.3 实施专业化、标准化生产，创造名牌产品，打造现代化企业

“小、粗、低”是沙棘加工业由作坊生产的历史沿革而形成的一种自然布局。“小、粗、低”企业常因生产设施不完善，加之季节性强的特点，一到生产旺季，势必顾此失彼。同时，技术管理制度也很难落实，不少大类品种，如果汁、果酒、果醋、果油等，没有完整的生产记录，产品销出去了，总结不出经验，产品积压了，也找不出原因来。因此，要提高质量，增加效益都是十分困难的。同时，这类企业常表现争着生产工艺要求不高、生产费用低、周期短的品种，很难生产工艺水平高、质量要求高的创新品种，因此也很难创造出高效益来。现代的产业要求专业化生产，而专业化生产离不开标准化贯彻执行，只有在标准化

的基础上，才可能组织现代化生产，创造名牌产品。标准化生产，是生产优质产品的先决条件。不论是大、中、小企业，均应按照本行业的标准，或制定高于国家与行业的质量标准，以及进行 GMP 认证、ISO9000 国际质量认证，保证标准化生产，生产出标准品。这方面神兴集团、上海华原、陕西科力、美大康药业等做得较好，带动了其他企业的标准化生产的发展。沙棘加工实施标准化，是组织现代化生产的前提条件，主要表现，一是有效地实施科学管理。无标准的生产结果，其后果必然是盲目发展，无序竞争，没有标准的产品必然是规格不一、质量不同、价格差异很大，甚至同一样产品因名称不同而使客商和消费者大受迷惑；并且，无标准的生产导致无法实施科学管理。实施标准后，大家共同遵守同一个条例，秩序井然，利于管理。二是合理利用有限资源，节约大量劳动消耗，比如果汁 Vc 含量，在标准化基础上，各地只有一个标准，无论内销外销，一个准则，避免过去那种规格不一，质量不同引起的“再加工”问题，节约了劳动和时间。三是合理发展生产，有效调整产品结构。根据原料情况，确定发展的适宜品种，在一个标准前提下，选择品种及调整产品结构均有较大空间。四是保证产品质量，提高应变能力。只要我们按着标准进行生产，保证了产品质量，则可使产品堂堂正正地进入市场，即使甲市场偶有不测，也完全可以去乙市场或丙市场，甚至在市场相对饱和时，可以居货待售，而不必担心质量标准问题。五是确保食品安全，维护消费者利益。随着生活水平的不断提高，人们对食品安全问题也越来越重视，过去那种不区别产品标准的消费观念，将随着食品卫生安全意识的提高逐步改变。六是消除贸易障碍，提高竞争能力。尽管我们加入世贸组织后，贸易间已没有了过去那种明显的歧视性壁垒，但各国为保护其本国农业，大多提高了贸易门槛，即技术壁垒，如果有标准化的保证，产品在国际市场上的竞争力自然提高，将不再成为出口的障碍。专业化生产优势，一是可提高名、优、特产品的产量，减少重复研究、走弯路现象。二是有利于改进工艺，提高技术水平，减少物耗，降低成本，加强新产品的开发 、推广、管理。三是可按需生产优质产品，形成名牌，开拓市场，扩大效益。四是能使工艺流程趋于完善、合理，充分利用现有的设施，发挥力量集中使用的优势，提高产品质量，加速资金周转，节约创收。五是可使生产的管理和考核与实际操作结合的更加紧密，更加直接与效果挂钩，与效益挂钩，调动生产者的积极性。沙棘加工专业化，应该包括原料生产专业化、加工产品专业化、营销专业化、人才专业化等。特别是原料生产专业化，这也是解决产业链有机衔接的有效方法。现在出现原料生产的专业公司、专业协会、合作社等，解决了原料标准、质量、数量对加工生产的阻碍，变“鸡肋”为“支柱”。

2.4 加强龙头企业的合理配置与配套设施

现代的沙棘加工企业，应该是一个“系统工程”，如同一部车的快速运行，需要合格的机械零件的合理组合、适宜的燃料、相应技术水平的驾驶员、较好的路况等，才能使车子运行平稳、高速前进，这些都是密不可分的，应当环环相扣，缺少其中任何一项都无法达到理想状态。组装一个现代化的加工企业，要有合理、专业化、性能优良的配置，因此，中、小型企业要根据实际情况，配置科学合理的软硬件，来保证连续生产优质产品。硬件主要包括加工车间、加工设备、化验分析设备、水暖电设备、贮运设施、通讯设备、销售设施等。软件包括生产工艺、配方、质量管理文件、设备管理卡、设备检修卡、新产品研发文件、原料采购及标准文件、产品保护和物流手续、电子销售网络、财务报审制度等。

2.5 强化高新技术的应用与研发，及时进行产品的更新换代

重视技改，重视产品的生命周期，是现代加工企业的共识。借鉴其他果品的生产加工技术，研究纳米技术、错流过滤技术、冷冻浓缩等高新技术在沙棘加工中示范与放大生产，以至专业化，来开发新产品，来进行产品的更新换代，进而不断提高沙棘产品的科技含量，增强龙头企业的竞争力，这也是保证企业可持续发展的前提。加大人、财、物的投入，研发高新技术及合理的配套，生产出符合人们不断提高的饮食需求的沙棘名优产品，以及为适应新世纪加工的潮流与发展，使沙棘这一朝阳产业快速提高、飞跃。

2.6 制定全面的营销方略，开辟和寻求内外销市场

沙棘产业作为农业产业化发展的一个新兴产业，其发展的前景是诱人的，但实现沙棘产业的规模化生产和经营的前提条件，是让沙棘食品要获得广泛的市场认可和接受，若仅是局部市场的认可，而没有受获得广泛的市场认可情况下就大干快上，避免重蹈其他产业投资过热和资源浪费严重的覆辙，更使无辜的农民蒙受损失，不能仅凭绿色、环保就认为一定会有市场，所以在开发市场的前提必须做好市场调研，同时还必须加大宣传的力度，让沙棘食品做到“家喻户晓”。沙棘产品具有多功效已逐渐被人们所认识，但沙棘作为药食兼用的浆果，其产品在保健疗病方面仍然不如老字号的中草药有名，也同一般的中药一样不能短时间内表现显著的疗效与功能。因此，要客观、现时的宣传沙棘产品的功能与特点，莫把其“神化”，用真实带有普遍性的案例，去感动说服消费者，促进销售，拉动生产与加工。否则，会引起消费者的反感，造成市场疲软，销售受阻，引起连带反应。国际市场的严格标准和规范程序，不仅要求农产品出口企业必须把生产经营的科学化摆到重要地位。同时考察国外的市场容量以及消费理念，决定沙棘产品在国内外的开拓价值。根据市场调研，确立品种组合。展开宣传攻势，建立销售网络，强化终端产品的销售工作。

了解国外风情，提倡对症下药。尽管沙棘产品属国际健康食品，但不是每个品种在每个国家都时兴食用或畅销，这是因为各个国家居民的生活习惯、风土人情以及媒体宣传不同的缘故。另外，各个国家对浆果产品的爱好，又牵涉到该国对技术研究的投入以及开发生产的规模、档次等。比如西欧国家对浆果饮料浓浆情有独钟；日本较喜好复合果汁；法国时兴酿造性果酒及蒸馏酒。根据大量外商来我国寻求资源，而后下单购货，这就要求我们加深与外商沟通及合作，并由此发展其他客商，扩大订货量，类似滚雪球的方式，使合作对象越来越多。而有进出口权的经营单位，可直接出击国际市场，与诚信经销商达成长期合作关系。或直接设立销售机构，这必须建立在产品质量高、企业信誉好、经营数量大、贸易客户多的基础之上。

参考文献

1. 周清明．新形势下制约湖南农业产业化发展的瓶颈分析与对策思考［J］．作物研究，2003（4）：56～59.
2. 李成龙．黑龙江省农业产业化经营发展问题研究［J］．黑龙江社会科学，2005（1）：43～45.
3. 王卫中．产业整合与我国种业发展的路径选择［J］．农业经济问题，2005（6）：34～37.
4. 任巧巧．基于SWOT分析的农业企业发展战略选择［J］．农业经济问题，2005（4）：68～73.
5. 王学林．论我国的农业产业化经营组织［J］．四川大学学报，2003（4）：6～25.
6. 王鸣．迎接世纪挑战 培育优势产业［J］．西北园艺，2001，5：2～4.
7. 李震三．高档果品的开发与对策［J］．天津农业科学，1997（专集）：8～11.

小小沙棘大产业　生态经济双收益

——发展沙棘产业的思考和建议

邢丽光

（甘肃大业生态林业有限公司董事长）

发展沙棘产业是贯彻落实科学发展观的、加快发展步伐的重要举措，也是大地增绿，农民增收、企业增效、社会受益的重要途径。近年来，沙棘产业在我国和甘肃省都有了一定的发展，但其规模、经济效益、技术含量都很不适应经济发展的需要，亟待采取措施加以改进和提高。

一、沙棘的作用和价值

沙棘起源于旧大陆温带，距今已有4000多万年的历史。我国是世界上药用记载最早的国家，1000多年前的唐代，我国就形成了沙棘药用经典著作多部。我国沙棘的种类很多，且分布较广，它的经济价值、生态价值和社会价值很大。

（1）沙棘具有很高的生态价值。一是水土保持、拦洪落淤能力强。沙棘根系发达，可以提高土壤的抗冲性和抗蚀性。在坡度25°的沙棘林下，有两厘米厚的枯枝落叶层，就可比农地减少地表径流量87.1%，减少土壤流失量99%，表土水蚀减少75%，风蚀减少85%。二是防风固沙能力强。在降水量350～400mm的沙漠边缘，沙棘不但能生长，而且能够自我繁殖形成群落，当覆盖度达到40%以上时，就能有效的发挥防风固沙作用。三是对治理砒砂岩奇效。在黄河中游的晋陕蒙交界的地区，有面积达1.9万km^2的砒砂岩地区，被称为“地球癌症”和“世界土壤侵蚀之最”。该地区种植了100多万亩的沙棘之后，减沙率达到了87.5%，有效的治理了砒砂岩的侵蚀。四是沙棘对生物多样性有重要的影响。沙棘在种植7～8年后，即可形成林茂草丰、覆盖率达80%以上的灌木——草本群落，13年后，林内天然灌木和草类比种植前能增加80多种，还能吸引不少野生动物。五是沙棘耐干旱、耐瘠薄、耐严寒、耐盐碱、繁殖快生态适应性极强，种植沙棘的成本也比较低，仅为种树成本的1/2。近几年，我国北方连续遭受干旱灾害，许多地区树死草枯，但沙棘林却安然无恙。

（2）具有很高的经济价值。沙棘是一种优良灌木浆果类经济树种，它的全身是宝，堪称植物之珍品，神奇之果王，中华之瑰宝。它的果实极富营养及生物活性物质，正被用来制造多种食品、饮品、保健品、药品。沙棘从第4年开始大量结果，亩产25～50kg，一个农民年可采果800kg左右，创收约1000元。沙棘的枝叶有丰富的蛋白质、脂肪等，能制保健茶，也是很好的饲料，其营养价值高于普通牧草。1 hm^2 沙棘林一年可以养活一只羊单位。研究表明，用沙棘饲养的羊产肉较其他草场高5kg/只，产毛量高30%。沙棘作为能源树种具有产薪量多、热量大、耐平茬等优点。1.3吨沙棘柴相当于1吨原煤，一个农民种植1亩沙棘林，就可解决全年的生活用柴。沙棘可以增加土壤的肥力。沙棘是少有的固氮木本植物。2～13年生人工沙棘林，年平均氮素积累量为174.5kg/km^2。可以说，一丛沙棘林就是一个小型氮肥厂。生长沙棘的土地平茬种植土豆后亩产能增加一倍，且连种三年地力不衰。沙棘对企业的经济效益也很明显。每1000kg沙棘果实初加工后，能盈利2000多元，深加工后盈利空间更大。

（3）沙棘社会价值也很客观。沙棘果实中含有200多种生物活性成分，其中有8种氨基酸是人体不能合成又必需的。沙棘制成的药品、保健品等，对提高人的免疫力、治疗肠胃病、口腔溃烂，咽炎、便秘、心脑血管疾病、皮肤外伤、宫颈糜烂和癌症的辅助治疗具有显著作用。沙棘油还能减轻理疗、化疗的毒副作用。沙棘的药用价值不仅具有某些奇效，而且是人类通过开发利用生物质源解决化学药品副作用的理想选择对象之一。沙棘富含的多种生物营养成分对护理皮肤、防皱抗衰也有很好的作用。沙棘产业发展后既可以给国家创造更多的税收也可以大量安排城乡富裕劳动力。

二、沙棘产业的发展现状

（1）沙棘在全世界的开发热潮正方兴未艾。目前世界上已经有20多个国家在推广利用沙棘，有潜力发展沙棘的国家已经有近20个。为了促进沙棘的开发利用，1995、2001年分别成立“国际沙棘研究及培训中心”，“国际沙棘协会”，这两个国际组织的秘书处都设在北京，并经常开展活动。

（2）发展沙棘产业已引起党中央、国务院领导的关注。中央领导对治沙、退耕还林和荒山绿化等工程倍加关心，近年来温家宝、吴仪、钱正英等领导仅沙棘问题就批示多次，并听取关于沙棘产业开发的汇报。在国家计委、水利部的支持下，2001年6月召开了“中国沙棘开发利用与生态工程建设国际研讨会”，2002年7月在北京召开了“沙棘在西部发开发中的作用国际研讨会”，重点研讨了发展沙棘产业的问题，并把沙棘确定为植被建设中的关键树种和先锋树种。国家实施西部大开发战略以后，沙棘产业正在以前所未有的速度发展，现在我国已有沙棘面积137万hm^2，野生和人工林约各占一半。沙棘面积及产量占世界总量的90%以上，是世界沙棘资源最丰富的国家。根据国家有关部门规划，到2010年，我国将新增加沙棘面积3000万亩。届时我国将占世界沙棘总面积的98%。

（3）全国沙棘产业发展较快。近年来，我国在沙棘的研究、开发、利用方面做了大量工作，沙棘开发企业已有200多个，研制开发出了食品饮料、医药保健、化妆品、饲料等8大类约200多种产品，2006年产值达5亿元左右。全国的沙棘产业已形成了国办与民办双轮驱动的强劲态势，正在以前所未有的速度发展，它预示着中国特色沙棘产业的崛起。沙棘产品加工不仅促进了资源的合理利用，调动了群众种植沙棘的积极性，而且为贫困山区人民脱贫致富创出了一条新路。参与沙棘开发加工的企业正在以每年30家左右的速度发展。

（4）甘肃省沙棘产业已经起步。甘肃省的沙棘种植历史悠久，分布广泛。经过20多年的努力，沙棘资源的建设与开发作为一项朝阳产业已引起了各级政府的重视，省林业厅给予了大力支持，越来越多的企业家和群众参与沙棘产业。特别是伴随着退耕还林、“三北”四期等林业重点工程建设的全面实施和人们认识水平的不断改变与提高，各地沙棘种植热情高涨，沙棘人工林发展迅速。全省现有沙棘林面积已达416万亩，其中人工林223万亩，占总面积的53.77%，结果面积134万亩，占总面积的32.3%。仅2004年底，全省就新增人工沙棘林56万亩。甘肃省沙棘果年总产量36686吨，其中可利用22012吨。全省现有沙棘加工厂有4家，年加工利用量仅为5000吨，占可利用量的22.71%，主要为国内外加工沙棘浓缩汁、黄酮、沙棘油等原料产品。沙棘的开发尚处在初级生产加工状态，还没有真正形成产业。甘肃大业公司近几年多方筹资1000多万元，通过外联内引，建成了50多万亩的良种沙棘基地，开办了一个沙棘加工厂，拟在经过三五年奋斗，产值达到1亿多元，创利税2000多万元。

（5）沙棘产业发展存在的问题。虽然近几年沙棘产业有了很大发展，但还存在不少问题。一是认识跟不上。由于宣传力度不够，对沙棘作用的意识仅限于少数高瞻远瞩的领导人，以及一些有时之士、专家学者、水土保持工作者和部分企业家，发展沙棘并未引起许多重要决策部门、行政及业务主管部门的重视。二是投入资金不足。有关部门尚未大沙棘的发展没有列入规划，省财政部门支持力度更小，市、县财政基本上没有专项经费。社会资金也很少参与沙棘产业。三是忽视了沙棘对恢复植被作用。近50年的生态环境建设中最大教训是在不适宜林木生长的区域和地段营造乔木林，忽视了沙棘种植，造成“年年造林不见林，岁岁种草不见草”的尴尬局面。四是采摘加工能力落后。沙棘果采摘目前还完全依靠手工，机械化采摘属于空白，劳动强度大效率低。甘肃省沙棘产业仍然处于单纯种植和简单的粗加工阶段。虽然建成了一些企业，但大都规模小、技术低、设备简单、产品单一，产业链短，产品质量的稳定性也不高。五是天然沙棘林果小产量低，更新改造任务很大 。六是新产品研发力度不够，没有形成知名品牌。沙棘的综合利用水平低、产品成本高的问题没有得到根本解决。

三、关于发展甘肃省沙棘产业的战略思考和建议

随着经济的快速发展和人们生活水平的提高，健康被越来越多的人重视，沙棘制品的需求在今后一个时期内，将处于需求量增长的局面，沙棘原料及其高品质制品的价格将会稳中有升，市场前景广阔，发展十分诱人。发展沙棘产业，是利国利民的好事。认识沙棘、研究沙棘、发展沙棘、善待沙棘、开发沙棘对人类自身的发展有百利而无一害。我们应该从贯彻科学发展观、搞好生态建设、增加农民和财政收入、促进社会经济发展的高度，认识发展沙棘产业的重要性，并采取得力措施，抓好这项工作。

建议把甘肃省发展沙棘产业思路确定为：以科学发展观为指导，抓住西部大开发的历史机遇，集中一定的财力、物力、人力，推广和普及沙棘优良品种，研发新产品，形成知名品牌，开拓市场，大力发展沙棘产业，为大地增绿、农民增收、财政增税和安排城乡富裕劳动力，促进经济社会发展作出积极贡献。

在发展沙棘产业的方针上，可实行快速、持续、大规模。所谓快速就是在短期内采取得力措施，力争发展的更快。所谓持续就是要连年不断的、长久的抓好这项工作，不能懈怠和不能中断。所谓大规模就是省地县、国企、民企齐行动，每年种植沙棘面积已50万亩以上的速度发展。

在指导原则上，可采取七个结合：把发展沙棘产业同生态建设、退耕还林、荒山绿化、治沙有机的结合起来，用足用好国家的政策；把发展沙棘产业和项目建设有机结合起来，通过项目建设使沙棘发展落到实处，把发展沙棘产业同扶贫开发、建设新农村有机结合起来，实现农民和企业的双赢；把发展沙棘产业同发展县域经济有机结合起来，努力培植区域优势主导产业，增加地方财政税收；把发展沙棘产业同安排城乡富裕劳动力有机结合起来，实现

双促进；把发展沙棘产业同加强农村基层组织建设结合起来，通过种植沙棘增加集体资金积累，为群众办更多的实事好事。

发展沙棘产业是一个涉及面广、难度大的工作，没有强有力的领导、过硬的措施是难以取得实效的。在工作指导上，可采取以下六条举措。

(1) 切实提高对发展沙棘产业重要性的认识。尽快在全社会形成发展沙棘产业的共识，增强搞好工作的责任感和主动性，为发展沙棘产业打下坚实的基础。

(2) 切实加强对发展沙棘产业的领导。研究制订发展沙棘产业的优惠政策，出台相关的法规文件，调动各方面的积极性，并成立甘肃省沙棘行业协会，提供必要的信息、技术等服务。

(3) 加大资金投入力度。应该把发展沙棘产业作为规划的一项重要内容，省财政每年应列支专项经费，沙棘产业发展的重点市县也应列出必要的资金，专门用于发展沙棘产业。银行应给沙棘种植和加工企业给予适当的贷款。同时要善于利用社会资金，支持沙棘产业发展。

(4) 创新沙棘产业开发模式。采取市场牵龙头、龙头带基地、基地连农户的产业化开发模式，实施产加销一体化产业化开发，创造良好的经济、生态和社会效益。

(5) 加强科研开发力度。采取企业、学校、科研单位联合攻关模式，争取一定的经费，从沙棘种质资源、品种选育、栽培技术、质量标准、储藏保险、深度加工、包装运输、技术服务等系列化配套的沙棘产业科技攻关课题，实现沙棘的综合利用。

(6) 提升企业的质量经营水平。沙棘产品具有国际消费基础，为了在保证国内市场需要的前提下真正拓展国际市场，我们应有相应的质量保证手段，进行 HICCP 和 ISO9000 认证，为沙棘参与竞争铺下绿色通道。引进有实力的外企作为战略伙伴，让其参与甘肃省沙棘产业开发。逐步实现国际化经营，建立以质量提升为中心的国际战略联盟，把市场竞争与合作结合起来，实现互惠互利。

沙棘是生态建设的先锋，人类健康的卫士，农民增收朋友。只要我们加强领导、多方合作、措施有力，沙棘产业就一定会得到快速发展，并为促进经济社会发展发挥重要作用。

吉林西部沙地果树高效栽培适宜品种筛选研究（节录）

杨静[1]　刘慧涛[2]　孙大铎[3]　任军[2]
（1. 吉林省双辽市林业局；2. 吉林省农业科学院；3. 吉林省乾安县科技局）

摘　要：针对吉林西部沙地气候属于半干旱、半湿润大陆性季风气候，冬寒春旱，春季多风少雨，年均温度低的特点，在吉林西部的白城和松原市分别建立沙地果树引种试验园，引进当前果树生产主栽品种，经过试验，筛选出适合吉林省西部沙地高效栽培的果树品种19个。

关键词：果树品种；沙地；吉林西部

沙地高效果园建设技术研究开展的较早，取得了一些成果。中国科学院兰州沙漠研究所奈曼试验站张铜会、董树弟等从国内各地引入葡萄 *Vitis* L.、李子 *Prunus* 杏 *Armeniaca*、苹果 *Malus*、海棠 *M. Prunifoiia*、梨 *Pyrus*、山楂 *Crataegus*、枣 *Zizyphus*、草莓 *Fragaria* 等果树品种120个，筛选出一批适合科尔沁沙地栽培的果树品种[1]，果树生产给沙产业的发展带来了巨大效益。吉林西部属于寒冷地区，沙地昼夜温差大、日照充足，有利于水果的糖分积累，这里出产的果品商品性较高，栽培果树已成为西部沙地高效利用的重要途径[2,3]。但是，由于沙地恶劣的生态环境，导致这里栽植果树的成活率、适应性大大降低。根据西部沙地环境条件，筛选出一批抗逆性与商品性俱佳的果树品种是实现沙地高效利用的前提。本研究引进抗逆性较强的果树品种20个，包括葡萄、李子、苹果、梨、仁用杏等，通过对引进的葡萄、苹果、梨、李子等试验材料的安全越冬性和田间生长情况研究，筛选出适合西部半干旱沙地发展的果树品种，满足沙产业发展的技术需求。

1　研究地区与研究方法

1.1　研究区概况

吉林省西部沙地位于科尔沁沙地东缘和松嫩沙地南部，东靠长春、西连内蒙古、南接四平与内蒙古、北邻黑龙江。吉林西部沙化土地面积1176.45万亩，占土地面积的12.3%，土壤为风沙土。吉林西部沙地气候属于半干旱、半湿润大陆性季风气候，冬寒春旱，春季多风少雨，年平均气温4.2～5.8℃，年平均风速3～5$m \cdot s^{-1}$，年内大风日达40～60天，年均日照时数2906小时，昼夜温差大，≥10℃积温2778～3012℃，无霜期135～150天，降水量350～450mm，集中在6～9月，降雨多形成壤中水，很少形成地表径流，这里地下水资源丰富[4,5]。

作者简介：杨静，1964年生，女，吉林省双辽市人，农学学士，从事沙地经济林研究。

1.2 研究方法

从2002年起，我们以前郭乌兰图嘎林场西山营林区为试验区，春季定植葡萄、梨、李子、苹果；以通榆羊井乡裕民村胜利屯李春海果园为试验区，从河北、辽宁引入仁用杏优良品种优一、80D05、80E05、80A03、白玉扁等，在成龄杏园中选择大山杏作砧木，春季高接换头。2002年防寒前，2003年出土后分别调查葡萄引种成活率；2006年调查梨品种枝条生长情况调查、仁用杏越冬与枝条生长情况调查、李子、苹果、梨田间保存情况调查。

果树调查按照《果树种质资源描述符——记载项目及评价标准》进行[6]。葡萄成活与保存率：2002年当年秋季防寒前、第二年春季出土后分别调查葡萄成活率，调查数量为100株。梨枝条生长情况：2006年秋季调查梨枝条生长情况，调查数量为50株。仁用杏越冬与枝条生长情况调查：2006年春季调查杏树的越冬冻害情况，9月调查枝条生长情况。果树保存率：2006年秋季栽植的果树保存情况进行调查，李子、苹果、梨、仁用杏，调查数量各100株，调查保存率。

2 试验结果与分析

2.1 葡萄成活与生长情况

从当年秋季调查结果看，蜜汁、巨峰、珍珠皇后、京亚、3－124、京优、着色香、白香蕉成活率90%以上，双优山葡萄、公酿一号成活率为72%、82%，尤其是双优山葡萄成活率仅72%，在相同的生态环境下，双优山葡萄、公酿一号成活率较低，这可能因为公酿一号、双优山葡萄都含有山葡萄血缘，山葡萄原生境为湿润生态环境，土壤为棕壤，pH值<7，而乌兰图嘎林场沙地生境为半干旱生态环境、土壤为风沙土，pH值>8.2，植株生长环境的差异与不适应，初步显现。而蜜汁、巨峰、珍珠皇后、京亚、3－124、京优、着色香、白香蕉等为欧亚种或欧美杂交种，其原生境与现在的生境较近，表现为生长良好，成活率90%以上。

表1 葡萄引种成活情况调查（2002年9月28日）

品种名称	调查数	当年秋季成活数成活率%	第二年出土成活数
蜜　汁	100	99	99
巨　峰	100	98	98
珍珠皇后	100	90	85
京　亚	100	96	96
3－124	100	99	99
双优山葡萄	100	72	72
公酿一号	100	82	82
京　优	100	92	89
着色香	100	93	86
白香蕉	100	96	96

表2 葡萄品种生长情况调查（2002年9月28日）

品种名称	径　粗	成熟节数
蜜　汁	0.86	10.3
巨　峰	0.82	9.7
珍珠皇后	0.64	6.7
京　亚	0.77	8.4
3－124	0.79	10.6
双优山葡萄	0.41	5.1
公酿一号	0.46	5.2
京　优	0.67	6.6
着色香	0.54	5.7
白香蕉	0.68	9.6

2003年5月10日，春季葡萄出土后调查，珍珠皇后、京优、着色香成活率降低为85%、89%、86%，这3个品种越冬后出土成活率降低，可能是上年枝条与芽眼成熟不好导致的越冬后成活率的降低。分析葡萄生长情况，蜜汁、巨峰、京亚、3－124、白香蕉生长良好，可以作为西部沙地首选品种栽培。

2.2 梨枝条生长情况

从梨树新梢生长情况、分枝数、枝条成熟度看，引进的4个梨品种在西部生长良好。

表3 梨品种枝条生长情况调查（2006年10月16日）

品 种	新梢长度（cm）	分枝数（个）	径粗（cm）	枝条成熟度
苹香梨	37.5	3.5	1.2	好
寒 红	15.2	4.7	0.9	好
寒香梨	32.3	4.1	1.1	好
南果梨	25.3	3.2	0.98	较好

2.3 仁用杏越冬与枝条生长情况调查

优一、白玉扁、80D05、80E05抗寒能力较强，80A03有3级冻害；从新梢长势看，优一、80D05、白玉扁生长势强健，所生枝条粗壮，表现出良好的适应性；80E05发枝力强，成枝力、枝条长势中等，需进一步观察，而80A03适应性较差，只能淘汰。

表4 不同品种越冬及修剪反应调查（2006年3月28日、2006年9月1日）

品种名	越冬冻害级别	剪口下发枝数	新梢平均长度（cm）	新梢平均粗度（cm）
优 一	1	4.3	85.0	0.56
80D05	2	3.7	85.1	0.46
80E05	2	6	70.3	0.44
80A03	3	3	15.8	0.17
白玉扁	2	4	78	0.49

注：没有冻害定为一级。

2.4 李子、苹果、梨田间保存情况调查

根据调查结果分析，引进的李子、苹果、梨保存率达到95%以上，各品种的生态适应性表现良好，本试验中梨的保存率略低于其他果树树种，分析可能是由于梨树在幼树生长期树皮容易受日烧的影响，造成个别长势弱的梨树死亡。生产过程中西部沙地栽植果树时候需要注意防止冻害和日烧危害。

表5 李子、苹果、梨田间保存率调查（2006年10月18日）

品 种	2002年春调查数（株）	2006年秋保存数（株）	保存率（%）
龙园秋李	100	98	98.0
九台晚李	100	97	97.0
长李15号	100	98	98.0
红星李	100	97	97.0
K9	100	97	97.0
金红苹果	100	97	97.0
南果梨	100	97	97.0
寒 香	100	97	97.0
寒 红	100	96	96.0
苹香梨	100	95	95.0

3 结 论

通过对引进品种田间越冬和生长情况研究，初步确定下列19个品种作为适合西部沙地高效栽培的果树品种，在西部沙地可以进行栽植（表6）。

表6 适合吉林省西部沙地栽培的果树品种

葡萄	李	杏	梨	苹果
蜜汁	九台晚李	优一	寒香	金红苹果
巨峰	龙园秋李	80D05	寒红	K9
京亚	长李15号	80E05	南果梨	
3－124	红星李	白玉扁	苹香梨	
白香蕉				

参考文献

1. 刘新民，赵哈林．科尔沁沙地生态环境综合整治研究［M］．兰州：甘肃科学技术出版社，1993.
2. 刘慧涛，温景辉，等．吉林省西部沙化土地生态治理与高效利用研究［J］．中国生态农业学报，2003，11（3）：155～157.
3.《效益农业的科技示范》编写组．效益农业的科技示范［M］．北京：科学出版社，2001：181～187.
4. 石元亮，孙毅，等．东北沙地与生态建设［M］．北京：科学出版社，2004：189～193.
5. 马树庆．吉林省农业气候研究［M］．北京：气象出版社，1996：3～32.
6. 薄富慎．果树种质资源描述符——记载项目及评价标准［M］．北京：农业出版社，1990：92～105.

推进防沙治沙工程　培育林果特色产业

张迈斌　宋汉国

（景泰县林业局）

摘　要：景泰县是紧邻沙漠边缘的灌溉农业县。防沙治沙工作对当地生态环境的改善和农业的稳产高产起着至关重要的作用。文章全面回顾了当地防沙治沙历程、总结了主要成效、经验与启动，提出了今后推进防沙治沙，培育林果特色产业的思路和对策，对于相近地区的防沙治沙和产业发展有一定的借鉴意义。

关键词：防沙治沙；林果产业

1　基本概况

景泰县位于甘肃、宁夏、内蒙古三省（自治区）交界处，地处腾格里沙漠南缘，全县总面积543200 hm^2，总人口23万人，其中：农业人口19万人，辖6镇5乡136个行政村，境内年降水量为186mm，年蒸发量为3038 mm，属典型的温带大陆干旱性季风气候。主要气候特征为：光热资源丰富，日照充足；降水稀少且分布不均，年均降水量184.8 mm，主要集中在7～9月；蒸发强烈，多年平均蒸发量3038.5 mm；风沙活动频繁，年平均风速3.5 m/s，最大风速21.7 m/s，年8级以上大风27.9天，年沙尘暴21.9天；年平均气温8.2 ℃，极端最高气温36.6 ℃，极端最低气温－27.3 ℃；日照时数2725.7小时，无霜期192天。

2　防沙治沙历程

干旱缺水、植被稀少、风沙等自然灾害频繁发生是长期制约景泰县防沙治沙及林业建设的主要瓶颈。20世纪70年代以后，景电一、二期高扬程电力提灌工程的相继建成上水，从根本上改变了全县的农业生产条件，大规模的防沙治沙工程随之展开。县委、县政府立足于严酷的自然条件，着眼于全县经济社会全面、协调、可持续发展，将“生态立县”确立为基本县策之一，举全县之力，大胆探索，勇于实践，遵循“西涵水源、北治风沙、提水灌溉、建设绿洲”的林业建设方针，坚持因地制宜，分类指导，先易后难，稳步推进，加快西部水源涵养林、北部沙区防风固沙林、中部绿洲区农田“三大”林网建设。自1991年以来，在北部沙区累计设置沙障固定流沙1333.3 hm^2，治沙造林30000hm^2，人工模拟飞播2800hm^2，封沙育林（草）9000hm^2，初步形成了一定规模的生态经济型防沙治沙体系。

2.1　群策群力织林网

20世纪70年代，景泰川高扬程电力提灌一期工程开工建设，改善、新增灌溉土地面积20000hm^2。按照“林跟水走，林在农先”的建设思路，广大干部群众兴修水利、开垦荒滩、平田整地、植树造林，全县农田林网建设进入了一个崭新的发展阶段。10年累计造林

1800hm²,使20000hm²的农田基本实现了林网化。

2.2　开发沙区建绿洲

20世纪80年代，景泰川高扬程电力提灌二期工程开工建设，在腾格里沙漠南缘开发土地13333.3 hm²。按照“要种田、先育林”和“突出防沙治沙、加快林网营造”的建设思路，通过造林与防沙治沙工程建设相配套、防护林与经济林相结合、工程造林与义务植树并举、农艺措施与林业措施并举，加快了沙区综合治理。共造林973.33 hm²，植树290多万株，完成沙化地衬膜造田3066.67 hm²，沙区林网初具规模、沙化地综合生产能力显著提高。

2.3　经济林果进庭院

1989年，景泰被国家三北防护林建设局列为三北地区5个生态经济型防护林体系建设示范区之一，为全县林业建设再上新台阶带来了难得的机遇。按照“整乡武装、整村推进，一村一品、户均一亩”的庭院经济林发展思路，围绕灌区移民每户栽植1亩以上经济林的目标，大力发展以苹果、梨、杏等为主的庭院经济林，累计发展庭院经济林800hm²，林业建设实现了由单纯生态防护型向生态经济型的转变。

2.4　个体承包绿荒山

20世纪90年代初，国家对林业治沙实行贴息贷款扶持政策，给非公有林业发展注入了新的活力。县上积极争取林业、治沙贴息贷款及扶贫、以工代赈、农业综合开发等项目资金，鼓励集体、个人进行沙区综合开发，发展多种经营。通过实施各类项目，投入资金2000多万元，建成18家个体私营综合林场，平整林地1333.3hm²，营造农防林400hm²，定植经济林533.33hm²。

2.5　工程带动兴产业

国家启动和实施林业六大工程，为景泰生态建设和产业发展插上了腾飞的翅膀。1998年启动实施的天然林资源保护工程共落实管护面积14066.67hm²。1999年，景泰被列为退耕还林工程试点县，8年累计完成封造任务23133.33hm²。三北防护林体系四期工程完成封造任务2920hm²。2004年国家实施重点生态公益林补偿，全县列入补偿面积20200hm²。

3　主要成效

3.1　因地制宜，探索出了一条符合本地实际的综合防沙治沙模式

坚持“因害设防、以防为主、防治并重”的防沙治沙原则，建立生态经济型防风治沙体系优化配置模式，即在灌区外围的沙漠前沿和灌区内部沙地荒滩通过设置草障和刺丝围栏封护措施，培育自然植被系统，构成了第一道防线；在灌区内部和沙田交界处，通过人工造林，营造生态济型林草植被系统，形成了第二道防线；灌区内部农田防护林网和村庄庭院林形成第三道防线。通过三道防线的层层防护和拦截，使灌区内部风速减弱，风沙危害减轻。

3.2　广泛动员，形成了全党动员、全民动手、全社会共同参与的造林格局

县委、政府历来十分重视防沙治沙及造林工作，每年年初都召开全县植树造林动员大会，安排部署造林工作，层层签定目标管理责任书，将造林任务完成情况纳入对各乡镇、各部门、各单位的年度综合考核，主要领导及分管领导经常深入调查研究，现场协调解决实际问题。通过县、乡领导兴办治沙造林绿化点，党员、团员、驻景官兵共建“党员林”、“团员林”、“军民林”等多种形式，营造了良好的社会氛围，使植树造林、防沙治沙、建设绿色家园成为全县广大干部、群众、学生和驻景官兵的自觉行动。全县共建立县级领导治沙造

林示范点 30 个，造林面积 600hm^2。每年参加义务植树的上万人，人均植树 10 株以上，累计义务植树 250 万株。同时，充分发挥广大沙区群众的主力军作用，动员他们积极投身治沙施工，家家户户在田边地埂埋压草沙障，加速了灌区开发进程。

3.3 拓宽渠道，形成了国家、集体、个人多元化投资机制

采取“国家投资一些、地方配套一些、银行信贷一些、群众筹集一些”等形式，多渠道筹措防沙治沙资金。一是动员沙区群众积极投工投劳捐物，仅在二期灌区开发建设中群众投工投劳近 5 万个工日，捐献麦草 500 万 kg，折合资金 300 多万元；二是县上在财政十分困难的情况下，将防沙治沙资金列入县级财政预算，累计投入治沙资金近 200 万元；三是实施“项目带动”战略，积极争取以工代赈、“两西”建设、扶贫开发、农业综合开发等项目，加大对沙区土地开发、低产田改造、渠道衬砌和农田林网建设的资金投入；四是制定出台优惠政策，扩大招商引资，引导和支持县内、外民营资本参与林业生态建设。宁夏美利纸业有限公司在景泰县沙区开发土地 333. 33hm^2，营造速生丰产纸浆用材林；五是将沙化低产田优先纳入退耕还林计划，加大了对防沙治沙的资金投入。至目前，已完成沙化低产田退耕还林 2000 余 hm^2，每年享受国家粮款补助近 500 万元。

3.4 科技支撑，开创了地院所合作共建的良好局面

坚持以科学治沙为先导，积极推广先进适用的治沙科技成果，把科研、推广、治理有机结合起来，先后与甘肃农业大学林学院、中科院寒区旱区研究所合作开展了防沙治沙技术优化配置模式、沙漠综合治理技术、沙化地改良技术及沙漠喷播治理新技术的应用推广等一系列科学研究，合作完成了黄斑星天牛综合防治等项目，与甘肃省治沙研究所签订了合作共建景泰县治沙试验站的协议，建立了长期开展防沙治沙的科技协作关系，提高了全县防沙治沙工作的科技含量。

4 经验与启示

4.1 科学规划是前提

1991 年，全国治沙会议在兰州召开后，景泰在二期灌区风沙前沿成立了治沙工作站，对全县沙区进行全面地勘察摸底，确立了全县三大流沙区、五个风沙口、十五个以景电二期灌区为重点的风沙治理区，按照“长远有目标、近期有重点、治理有措施、实施有方案”的总体要求，科学制定了《景泰县 1992 ~ 2000 年治沙规划》。仅“八五”期间全县防沙治沙面积达 2400hm^2，其中：生物治理 1600hm^2，工程治理 800hm^2，封育 5333. 33hm^2，有效促进了沙区植被的恢复。

4.2 经费投入是保障

按照“自力更生为主、国家补助为辅”的原则，采取国家投资、政府扶持、大户筹资、农户投劳等多种办法，筹集防沙治沙资金。自三北防护林体系工程启动实施以来，累计投入建设资金 5328. 1 万元，其中：国家投资 613. 8 万元，地方配套 800 多万元，治沙贴息贷款 2080 万元。累计投入退耕还林工程资金 11456 万元、天保工程资金 369 万元、公益林补偿资金 230 万元。

4.3 科技支撑是关键

景泰治沙试验站先后与甘肃农业大学林学院合作完成了“景电灌区风沙沿线移民村防风治沙生态经济林示范村建设”和“沙地衬膜种植技术试验与推广”两项课题研究，分别

获甘肃省科技进步三等奖和甘肃省教育厅科技进步三等奖。同甘肃省治沙研究所合作完成“沙区综合治沙技术研究”和“沙漠绿洲边缘生态经济型综合治沙技术示范”两项课题，极大地提升了全县防沙治沙科技含量。

4.4 机制创新是动力

为了加快全县林、草、畜一体化进程，我们结合实施退耕还林等林业工程，制定出台了六条优先优惠政策，实施了“双百”万亩绿色通道工程、“百万亩”林草产业化工程、“百万只”养羊工程和“三个五万亩”林果基地建设工程，优化了农业产业结构。认真落实“谁造谁有、合造共有、个体承包”政策，放手发展非公有林业。至目前，全县发展百亩以上个体林业大户111家，累计造林面积5333.33hm^2。

景泰光热资源丰富，发展林果产业具有得天独厚的条件。红枣栽培历史悠久，枸杞1997年引种成功，但由于资金投入不足，红枣、枸杞发展缓慢。2005年县上出台优惠政策，每栽植一亩红枣、枸杞、梨，兑现100元的苗木补助资金，促进了全县红枣和枸杞产业的快速发展，在短短几年间“三个五万亩”林果基地已初具规模。目前，全县经济林面积达7653.34hm^2，其中：枸杞3200 hm^2，枣2266.67 hm^2，梨2186.67 hm^2，年产各类果品7000多万kg，年产值2亿多元。

2007年11月举办的全省第二届林果花卉展览交易会，景泰获“两金一银五铜”的殊荣。

4.5 依法管护是根本

认真贯彻《中华人民共和国防沙治沙法》，制定了《景泰县林木管护办法》、《景泰县重点区域封山禁牧实施意见》，坚持“预防为主、综合防治”，把灌区杨树天牛综合防治、山区鼠兔危害防治、天然林区病虫害防治、森林防火目标责任制结合起来，落实各项封山禁牧、森林火灾防控措施，控制林地放牧等人为破坏活动。

5 思路与对策

5.1 强化设施封育，促进自然修复

根据本地干旱少雨的气候特点，将设施封育与专业管护紧密结合起来，对沙区天然沙生植被和30多万亩重点公益林，进行全面封禁保护，促进天然植被恢复。

5.2 推进试点工作，加快村镇绿化

以实施三北防护林建设工程社会主义新农村试点县为契机，以改善人居环境为中心，以“五边”绿化为重点，高标准设计、高质量建设，为三北地区新农村建设树立示范样板。

5.3 加快林网更新，构建防护体系

突出防护林带抚育，加快一期灌区成林区和二期灌区天牛成灾区林网更新改造步伐，建设结构合理、稳定高效的防护林体系。

5.4 发展特色产业，增加农民收入

加快“三个五万亩”林果基地建设，力争“十一五”末全县以红枣、枸杞、优质梨为主的林果基地总面积达到10000hm^2以上，实现灌区人均0.067 hm^2经济林的目标，切实增加农民林果经济收入。

人工接种苁蓉是沙产业开发的有效途径

马宇龙

（内蒙古巴彦淖尔市沙产业草产业协会副秘书长）

摘　要：苁蓉是我国传统的珍贵中药材，主要寄生在荒漠植物梭梭和红柳的根部，在中、蒙和藏药均有应用，国外需求也很可观。近年来人为滥采滥挖加上自身的繁殖成活率很低，使野生苁蓉资源消失非常快，也使当地的生态环境遭到严重破坏。苁蓉的人工接种试验成功，并进行产业化开发，是缓解天然苁蓉资源枯竭，改善荒漠地区生态环境，增加农牧民收入，满足市场需求，发展地方经济的有效途径。与此同时国家也需要适时调整有关限制苁蓉产业的政策，在严格保护野生苁蓉的基础上，积极鼓励人工接种苁蓉的生产、科研、加工和贸易，以此促进苁蓉产业的健康发展。

关键词：人工接种苁蓉；沙产业开发；有效途径

苁蓉是我国传统的中药材，又称“沙漠人参”，主要分布在中亚、西亚、蒙古以及我国西北地区的荒漠中，自然生长环境干燥、寒冷、炎热，千百年来西北地区少数民族把苁蓉作为滋补佳品，用于泡酒、炖肉、入药，也是历代贡品。苁蓉入药在我国已有1800多年的历史，始载于《神农本草经》，称其“治男子绝阳不兴，女子绝阴不产”，其后在《本草经疏》、《本草汇言》中等多有记载。明朝一代名医李时珍在《本草纲目》中评价苁蓉时这样写道：“此物乃平补之剂，补而不峻，温而不热，暖而不燥，滑而不泄，有从容和缓之貌，故名苁蓉。”苁蓉味甘咸，性温和，具有补肾阳、益精血、滋目清风，润肠、通便等功效。据统计，苁蓉在历代中药的增力配方中出现频率居第一位，在滋补配方中仅次于人参，居第二位。

一、苁蓉目前的市场开发现状

近年来随着科技医药界对苁蓉化学成分和药理作用的进一步分析，发现苁蓉除了传统的补肾功能外，更兼具有抵抗衰老、增强记忆、提高免疫力等多种功效。有关苁蓉的生产、加工、销售和科研等部门在中国药学会的组织下，已连续在北京、浙江和新疆召开了三届国际苁蓉研讨会。作为一种珍贵药材，苁蓉不仅在中药、蒙药和藏药均有应用，深受汉文化影响的日本、南韩和东南亚一带需求也很可观，每年都要从我国进口大量干品肉苁蓉。国内外一些企业已经开发出苁蓉系列保健食品，如苁蓉茶、苁蓉胶囊、苁蓉酒、苁蓉饮料、苁蓉汤炖料等。广东的“汇仁肾宝”和日本的养命酒，均以苁蓉为原料生产，且畅销市场。

二、苁蓉的植物学特征

苁蓉 *Cistanche deserticola* 为列当科苁蓉属多年生草本植物，又名大芸、金笋、地精，主要寄生在荒漠植物梭梭和红柳的根部，肉质茎肥厚，所以也称其为肉苁蓉。苁蓉本身不能进行光合作用，依靠吸盘在寄主根部吸收养分而生存，寄生在红柳上的叫管花肉苁蓉，寄生在梭梭上的称荒漠肉苁蓉，后者品质略胜一筹。苁蓉植株的高度随寄主根部的深度差异较大，在40～160cm之间，最长可达260cm，直径在8～15cm之间。苁蓉大部分时间在沙土中生长，不分枝，鳞片叶黄色，植株断面有浅黄色点状维管束，排列成波状环纹。花序长15～60cm，花白色至浅紫色。每年在4月下旬至5月上旬，穗状花序钻出地面，开花结实，种子在六七月份成熟，随风散落地面，随后植株腐烂枯死，完成一个生命周期。

三、苁蓉的繁殖方式

近年来野生苁蓉资源消失速度非常快，除了人为的滥采滥挖以外，还有其本身的制约因素，就是自身的繁殖成活率非常低。大部分野生苁蓉刚露出地面，就被人们挖掉或被山羊、骆驼和野生动物吃掉了，剩下的部分由于数量少，授粉不足，结实率大为降低。一株苁蓉可以结种子十几万粒，但种子极为细小，直径约0.15mm，发育不完全，散落到地表后随风沙到处飞扬，真正有活力并到达寄主根部顺利完成寄生过程的种子数量微乎其微。野兔和野鼠虽然是梭梭和苁蓉的破坏者，同时也是梭梭和苁蓉种子的主要传播者，当它们在梭梭和红柳根部打洞后，风、雨水和它们自身就会把种子带进洞中，无意中帮助梭梭、红柳完成播种和苁蓉寄生过程。在大自然中，梭梭、红柳、苁蓉和野兔、野鼠，相互之间保持着一种微妙的平衡。一旦人们大量采挖苁蓉或砍伐红柳和梭梭以后，这种平衡就被打破了。

四、苁蓉的利用与保护现状

苁蓉多于春秋两季采挖，以春季即将出土时品质最佳，一旦出土开花即失去药用价值。苁蓉采挖后除去花序，切段晒干，即为成品。近年来国际、国内苁蓉市场逐年看好，2008年春季，肉苁蓉的鲜、干品的市场价格分别达到每千克40元和300元。由于多年无节制的疯狂采挖，不仅导致野生苁蓉资源迅速枯竭，也使苁蓉的寄主梭梭和红柳这些“沙漠卫士”及其周边的生态环境遭到严重破坏。据统计，我国西北地区的野生梭梭林和红柳林由于采挖苁蓉和砍伐薪柴（梭梭和红柳同时还是一种极好的燃料和饲料）等因素，在最近40年间减少了62.8%。我国早在1984年就把梭梭和苁蓉列为二级保护濒危植物，并划定一批梭梭林自然保护区。2001年苁蓉被列入《国际濒危植物贸易保护公约》，禁止采挖、加工、销售和国际间贸易。目前，国内外苁蓉产品加工所需的原料几乎全部来源于非法采挖和走私野生资源。国内苁蓉干品的需求量每年在1500吨以上，许多时候有价无货，有的地方甚至拿苁蓉属其他植物以假乱真，损害了苁蓉产业的健康发展。

五、人工接种苁蓉初见成效

多年来，新疆、甘肃、宁夏和内蒙古的许多省、市、县级科研机构甚至个人，在这方面已做了大量工作。这项技术目前已逐步趋于成熟，有多家企业和个人积极投身沙漠，为产业化开发苁蓉、治理沙漠找到了一条可行的途径。目前人工接种苁蓉最缺乏的是大量有活力的种子。乌兰布和沙漠是我国四大沙漠之一，这里邻近黄河，地下水丰富，沙丘高度适中，日照充足，交通方便，又是梭梭、红柳和苁蓉的原产地。为了繁殖苁蓉种子，摸索在梭梭和红柳上人工接种苁蓉的最佳途径，从2002年开始，内蒙古巴彦淖尔市磴口县科技局和当地几家企业在乌兰布和沙漠边缘，累计搞了500亩苁蓉人工接种试验区，这些试验区建在推平的沙地上，目前已经开始收获人工繁育的苁蓉种子。野生苁蓉是很难有出头之日的，而在苁蓉接种试验区，通过人工管护，就可以让大量苁蓉在不受外界干扰的情况下，完成接种、寄生、出土、开花、结实的全部生命过程。一株苁蓉能采种子20g左右，按当前市场价格可值600元，效益显著，前景可观。

六、苁蓉的人工接种技术

苁蓉的人工接种时间一般选择在每年的4～6月份。首先要筛选粒大、饱满、褐色、有光泽、成熟度良好的苁蓉种子，然后选择3年树龄以上，高度在70～100cm的梭梭和红柳树根上接种。接种前在距梭梭或红柳主干50cm处，开挖80cm深、直径20cm的接种穴，找到毛细根，每株梭梭和红柳挖两穴，把适量腐熟有机肥与黏土、苁蓉种子混合施入穴内，再用沙子填满，浇水。根据所有植物根系都有趋水趋肥的特性，梭梭根系会主动生长到穴内并与苁蓉种子接触，完成接种过程，接种成功后，第三年就可以采挖成品苁蓉。

七、封育禁牧，经营苁蓉

我国西部有大面积有野生稀疏梭梭林和红柳林，通过围封禁牧，发动广大牧民保护梭梭和红柳，放下羊鞭，经营苁蓉，也是一条可行的路子。梭梭和红柳有着极强的自我繁育能力，保护植被的关键在禁牧，禁一年牧等于造三年林，把牲畜圈起来，远比围封草场或者造林省事省钱，效果也好的多。

各地政府可以考虑把大面积的野生稀疏的梭梭林和红柳林，禁牧以后尽快承包给一家一户的农牧民，在自然恢复的基础，进行人工抚育。这种方式不需要投入大量机械平整沙丘，成本较低，承包者可以随着地形起伏栽种梭梭和红柳，然后接种苁蓉。政府同时为承包者提供中长期小额贷款或者发放护林费用，用于3～4年过渡期的生活。对于政府来说，也省去了生态移民高昂的成本和复杂的操作程序，特别适合中年以上的农牧业人口。当然还可以采用“公司加农户”的方式，由苁蓉的经销和加工企业与种植户签订合同，种出来的苁蓉由加工企业按照保护价统一收购，牧民不愁销路，公司原料有保障，也大大减少了双方的经营成本和风险。巴彦淖尔市开发苁蓉制品的龙头企业内蒙古游牧一族食品有限公司，已与当地一些牧民签订了购销合同。

八、结　论

著名科学家钱学森院士早在多年前提出过发展沙产业理论，就是“多采光，少用水，新技术，高效益”，对沙漠中原有的植物资源进行综合开发，循环利用。我国西部沙漠中有许多珍贵的野生植物资源，除了有很好的生态价值，还有特殊的经济价值，特别是苁蓉，就是当前沙产业中一颗耀眼的“新星”。苁蓉的人工接种试验成功，并进行产业化开发，是缓解天然苁蓉资源枯竭，改善荒漠地区生态环境，增加农牧民收入，发展地方经济的有效途径。与此同时国家也需要适时调整有关限制苁蓉产业的政策，在严格保护野生苁蓉的基础上，积极鼓励人工接种苁蓉的科研、生产、加工和贸易，以此促进苁蓉产业的健康发展，让这种名贵的中药材走向全国，走向世界，为增进人类健康做出新的贡献。

沙区管花肉苁蓉短周期栽培技术（节录）

贺治坤[1]　　陈胜利[2]

（1. 新疆林业科学院；2. 于田县气象局）

摘　要： 肉苁蓉为多年寄生草本植物，生长周期较长，生长期往往受到低温、干旱等自然环境的影响，和田地区一年四季的气候温差变化大，使产量不稳，造成肉苁蓉药材大幅度减产。短周期栽培方法可降低气候和环境的影响，提高产量和质量。

关键词： 肉苁蓉；柽柳；短周期栽培

1　引　言

肉苁蓉是沙漠地区生长的寄生植物，其肉质茎为珍贵的中药材，南疆是管花肉苁蓉的原产地。管花肉苁蓉的人工栽培已初具规模，短周期栽培模式缩短了肉苁蓉药材的生长期，肉苁蓉药材有效成分研究表明，在土壤中生长的幼嫩肉苁蓉药材比已钻出土壤的有效成分含量高、质量好，药材病害比率低，肉苁蓉短周期栽培产量稳定，药材质量明显的提高。

管花肉苁蓉 *Cistanche tubulosa*（Schrenk） R. Wight 为列当科 Orobanchaceae 肉苁蓉属 *Cistanche* 多年寄生草本植物，寄生于柽柳属 *Tamarix* L. 植物的根部[1]，主产于我国新疆南疆地区，适生面积大，天然药材资源比较丰富，是主要的药源植物，肉苁蓉是珍贵的中医传统药用植物，被称之为"沙漠人参"，属国家珍稀濒危 2 级保护野生植物[2]。管花肉苁蓉 2005 年载入中国药典[3]。人工栽培以多枝柽柳为寄主植物[6]。和田地区在绿洲外围沙漠营建柽柳人工防护林带，茂盛的柽柳林带形成一道绿色屏障，对防风固沙，控制沙丘的活动，对当地生态环境的治理起到良好的防护作用，在柽柳林间接种肉苁蓉成为农民增加收入的新途径。管花肉苁蓉的栽培有多种模式，为提高柽柳林的防风固沙效果需要培育高大的柽柳植株；滴灌栽培达到节水；为防止肉苁蓉腐烂控制土壤湿度，减少灌水量，不进行冬灌等越冬措施。同样，为稳定肉苁蓉药材产量采用短周期栽培模式。

2　种植地区的自然环境条件

新疆维吾尔自治区于田县位于塔里木盆地南缘，南靠昆仑山中段，全县行政区总面积 4.032 万 km^2，山地占 31.3%，戈壁沙漠占 62.7%，平原绿洲仅占 6%。地势走向南高北低，具有鲜明的垂直地带特征，农业耕作区地势较为平坦，沙漠绿洲为冲积扇平原，全县村镇由数块沙漠绿洲组成。该区域属典型的暖温带大陆性沙漠气候，具有气候温和、光、气、热资源丰富、无霜期长、干旱、昼夜温差大等内陆沙漠的主要特征。年日照时数为 2624.5 小时，多年平均气温为 11.6℃，无霜期多年平均 213 天，气温日较差大，极端最高气温为 42.2℃，极端最低气温 -24.3℃。降水量为 47.7mm，年蒸发量 2432.1mm，年平均大风日 21 天，沙暴日 20 天，年平均浮尘日数为 155.4 天，沙尘天气对人、畜、农作物危害很大。

水资源有表水和地下水为主，地表水是冰川融化水，水质的化学类型主要为 CI－HCO－Na－Ca 型，矿化度 1.28g/L，pH 值 7.4～8.4。于田县东部地下水储量较丰富，地下水位 10m 以下，比较容易开采。于田县多年平均降水量为 47.7mm。

肉苁蓉种植区主要以风积粉土和沙壤土为主，沙质土揭露厚度 3.0～4.0m。土壤养分较少，有机质含量低，普遍缺氮，极度缺磷，富钾。

3 栽培方法

3.1 技术方法

肉苁蓉是多年寄生草本植物，南疆冬季昼夜温差大，连续多日的低温天气容易造成肉苁蓉冻害，2005、2007 年冬季出现低温天气，地表温度达 －20.5℃，冻土深达肉苁蓉生长层，出现较严重的冻害，造成肉苁蓉腐烂大面积减产，为避免冻害对肉苁蓉生长的影响，我们采用短周期栽培技术方法。

3.2 栽培模式

平整土地，田间土壤要平整，便于灌溉和田间管理。柽柳定植在沟内，定植沟深 30～40cm，沟宽 50cm，沟底部填入有机质底肥，柽柳种植密度根据具体条件和设计确定，可密植栽培，行距 2.0m，株距 0.5 m（或 1.0 m），每亩（666m^2）种植 660 株左右。种植柽柳在秋季和春季均可以进行，春季，柽柳萌发以前移栽，苗高 1.0 m 以上，地径 0.5cm 以上，柽柳苗要健壮，无病虫害。柽柳苗栽种不宜过深，种植完成后及时灌水。

3.3 接 种

接种期：肉苁蓉全年均可以进行接种，本栽培方法接种期以 4 月初进行。接种方法：接种沟深 40～60cm，肉苁蓉种子经过筛选，将种子与细沙土按比例拌均，根据设计撒播在柽柳行间的接种沟底部；也可用接种纸，将接种纸放置在接种沟底部，接种程序完成后回填土，接种沟上培土，培土层高出地面，培土厚度为 20～40cm，宽 40cm，踏实。接种后要及时灌水。

3.4 田间管理

在管花肉苁蓉种植过程中于 5 月底追有机肥一次，以氮和磷肥为主，可测土施肥补充土壤养分。种植全过程不使用农药和有残毒的化学品，依照无公害和有机食品要求栽培。接种后及时灌水，保障柽柳正常生长，肉苁蓉生长期水分管理要控制灌水量，以小水量灌溉，生长期浇灌 2 次。夏季气温高，土壤执水量在 30%～60% 之间，也可利用洪水到来时进行灌溉，洪水带有泥沙和丰富的有机质。柽柳的修剪：柽柳的修剪在冬季进行，修剪以利于林木通风、田间管理、接种、灌溉和采挖，要控制柽柳灌木丛的树冠，对新生枝要适当剪除一部分，保留新生枝作为新培育枝。肉苁蓉生长在土壤中不进行光合作用，依赖从柽柳根部吸取养分不断长大。加强对寄主柽柳的水肥管理以保障肉苁蓉的生长，柽柳的水肥管理较粗放，柽柳生长高峰期可进行叶面喷施肥和水，提高叶子的光合作用。病害防治：一般柽柳和肉苁蓉病害较少，近年来，柽柳多患有条叶甲害虫，可用生物药防治。

3.5 肉苁蓉采收

肉苁蓉采收期在 10 月中旬，采挖肉苁蓉选择天气较温暖的晴天。采收方法以人工采挖，采收较大的肉苁蓉块茎，保留小于 5cm 以下的块茎可继续长大。采挖时，在肉苁蓉块茎连接柽柳根处保留 5cm 芦头，保留的芦头可继续生长。肉苁蓉采挖完成后，及时回填土，以免根系长时间暴露，接种行上覆土层高出地面，垅高 30cm，垅宽 40cm，踏实。采收的新鲜肉苁蓉块茎洗去泥土，直接切片，干燥，包装。

4 结 果

4.1 药材产量稳定

管花肉短周栽培的优点是春季接种秋季采收，生长期缩短，避免冬季低温天气造成冻害带来的损失，秋季降温前采收产量稳定，肉苁蓉药材有效成分含量高，密植柽柳每亩种 660 株，肉苁蓉产量达 350 ~ 400kg，比一般种植方法提高产量 50% ~ 80%。

4.2 利于培育柽柳新根系

春季，柽柳萌发前开沟接种有利于根系的生长，人工种植的柽柳根系在 30 ~ 40cm 的土层中分布较多[7]，约占根系总量的 60%，由于植物还未萌动，挖接种沟时将一部分浅表根系截断不影响新根系的生长，接种后随着气温升高，新生根迅速萌发生长。同时，由于这时气温较低，各种维生物还不活跃，截断的柽柳根受维生物侵染的几率较低，不会侵染寄生的肉苁蓉块茎。

4.3 接种率高

新萌发的根系生长速度很快，新生根一年可长达 5 ~ 6m，新生根生长力旺盛，细胞活性强，肉苁蓉种子寄生率高，调查结果接种率为 90% ~ 94%。春季，在柽柳萌发前接种肉苁蓉，柽柳根萌发后土壤温度、湿度、热量和养分适宜新根的生长，因而，柽柳没有缓苗期，光合作用强，除了柽柳为自身生长提供所需养分，还可以为寄生物肉苁蓉的生长提供光合成物质[4]。一年中均可进行肉苁蓉的接种，但是，不同接种期的肉苁蓉块茎生长量是有差异，在柽柳生长高峰期接种肉苁蓉时，正在生长中的柽柳根系被切断，柽柳从土壤中吸收水分和无机物的途径被破坏，根系需要修复，柽柳进入缓苗期，缓苗期柽柳生长量减小，明显的影响寄生物肉苁蓉的正常生长[5]。图 1 为肉苁蓉不同接种期的生长量情况。

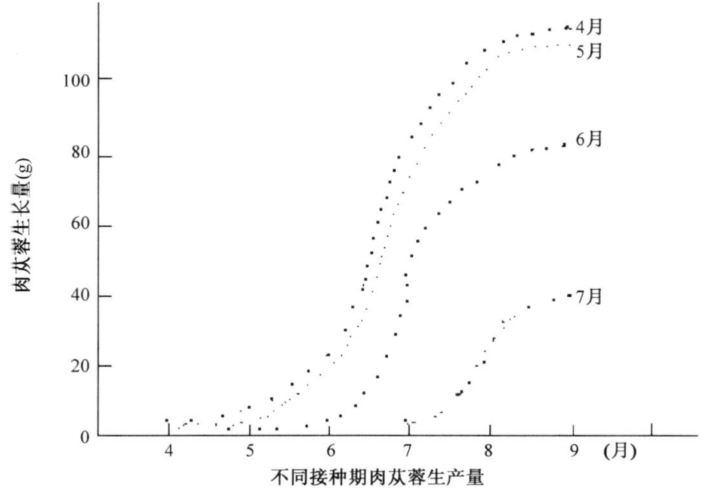

图 1

4.4 林间生物量

柽柳为灌木，春季有许多新生枝条萌发出来，冬季叶和嫩枝一起脱落，给林地土壤增加有机质，经过耕作改善土壤结构和组成[8]，种植 5 年的柽柳林地植被生物量 640 ~ 1350kg/亩。柽柳接种肉苁蓉要控制树冠，根据柽柳生长势，林间密度，通风透光状况确定修剪强度，有计划的培育新枝，逐步更新老枝，使柽柳保持旺盛的生长势。荒漠改造成为柽柳林地后，林间植物种类增加，有芦苇、鸭葱、骆驼蓬、和短命植物。

4.5 植物病害减少

短周期栽培肉苁蓉减少了腐烂病，在入冬前采收肉苁蓉避免低温的危害。以往肉苁蓉越冬期间偶遇低温，常常使生长在土壤中的肉苁蓉块茎受冻，块茎受冻后腐烂，患腐烂的块茎侵染柽柳根系和附近的肉苁蓉块茎。短周期栽培肉苁蓉的产量稳定，但是，还存在的不足，由于生长期相对较短，寄生的肉苁蓉块茎没有充分生长，单株重量较小，直接影响单位面积产量，产量还有提高的空间。不能培育肉苁蓉种子，《有关寄生植物肉苁蓉对寄主梭梭生长量的影响研究》一文中，调查结果寄主植物梭梭接种肉苁蓉后生长量减少不了 49%，寄主植物受到影响。柽柳接种肉苁蓉后的生长与梭梭有所不同，新种植的柽柳苗木较弱小，寄生肉苁蓉后柽柳生长量明显减少，出现生长势减弱等现象。然而，当柽柳种植的第一年不接种肉苁蓉，第二年柽柳体较高大、生长旺盛，接种肉苁蓉后没有出现寄主生长势减弱现象。

参考资料

1. 马虹，屠骊珠．等，肉苁蓉胚胎发育．植物学通报，1994（1）：58.
2. 谭德远．寄生植物肉苁蓉对寄主梭梭生长及生物量的影响研究．林业科学研究．
3. 郭泉水，潭德远，等接种肉苁蓉对梭梭天然林的影响研究．生态学杂志，2005，24（8）：867 ~871.
4. 刘铭庭．柽柳属植物综合研究及大面积推广应用．兰州：兰州大学出版社，1995.
5. 李翠华，等．柽柳、盐地碱蓬人工群落初探．中国果菜，2006（5）．

发展中的陕西沙产业：现状及展望（节录）

漆喜林　王俊波
（陕西省林业厅防沙治沙工作领导小组办公室）

摘　要：陕西省沙区生态面貌改善，区域经济社会快速发展。突出特色，多业并举，沙产业蓬勃发展。建设11种沙产业发展模式，在沙产业发展中存在的问题和提出今后发展对策。

关键词：陕西；沙产业；成就；发展模式；问题；展望

陕西是一个土地荒漠化和沙化危害较为严重的省份。全省荒漠化土地4481.7万亩、沙化土地2151.6万亩，分别占全省总面积的14.5%和6.9%。陕西省把防沙治沙与发展地方经济、促进农牧民增收结合起来共同推进，生态状况实现了由严重恶化到整体遏制、局部好转的历史性转变，探索出一条生态恢复、生产发展、生活改善的文明发展之路。

1　陕西省沙产业建设成就

（1）沙区生态面貌改善，区域经济社会快速发展。在生态治理的基础上进行合理开发，实现生态文明建设和富民强市目标。榆林沙区坚持“南护水源、中建绿洲、北治风沙”的方针，重点实施退耕还林等重点生态工程建设。目前，榆林全市森林面积达到2007万亩，其中天然林343万亩、人工造林258万亩、封山（沙）育林（草）157万亩，治理重点风沙口240个，营造防风固沙林带380多km，建成林网化农田200多万亩，直接保护农田140多万亩，森林覆盖率达30%。同时，利用生态移民、劳务输出等措施，减少人口对资源环境的压力，建设重点村316个，搬迁贫困人口5.55万人，脱贫10.35万人。沙区人均收入2007年达到2621元，年均增长25.1%。沙区经济总量由全省第五跃居第二。GDP达到672.31亿元，增长20.1%。地方财政收入达到50.12亿元，增长40.6%；财政总收入完成158.6亿元，增长37.8%。经济增长速度从2002年起连续六年稳居全省第一，由发展缓慢的落后地区已成为全省经济发展最活跃、最具潜力的区域之一。

（2）突出特色，多业并举，沙产业蓬勃发展。一是林沙产业不断提升。近年来，通过新植和更新改造，陕西省沙区以红枣为核心经济林基地总面积达到380万亩，其中干果类种植面积190万亩，水果类种植面积180万亩。已挂果投产面积150万亩，果品总产量达20万吨，果品总产值达4.15亿元，产销率77%。沙区已建成灌木林面积1614万亩，沙柳工业原料林基地500万亩，年产灌木枝条100万吨；建成柠条、紫穗槐等饲料林基地537万亩，年产饲料429万吨；建成沙棘林基地195万亩，年产沙棘果58.5万吨；建成两杏林基地60万亩，年产杏仁1.8万吨。以政府投入为导向、农牧民投入为主体、社会投入为补充的多元化林沙产业基地建设体系基本建立，原料林基地初具规模，为林沙产业发展奠定了较为坚实的基础。二是高效节水绿色农业得到较快发展。坚持常规节水与高新技术节水相结合，重点抓10个高效节水示范区，有效灌溉面积达200万亩，累计推广常规节水面积192万亩，每年推广地膜覆盖100万亩，使渠系水利利用率由解放初的30%提高到现在的62%。三是优质牧草基地建设成效显著。全省沙区草地面积近3000万亩，其中种草保存面积1000万亩（人工种草保存面积750万亩，改良草地200万亩，飞播草地90万亩），正常年景牧草产量可达800多万吨，并建立种子生产基地60多万亩，年生产牧草种子9000多吨。四是沙区种子产业蓬勃兴起。发挥沙区丰富的水土光热资源优势，外引内联，发展制种产业，初步形成10多个作物种类、30多个品种的制种生产能力，玉米、马铃薯、小杂粮百、千、万亩集中连片单产再创全国最高记录。五是沙区产业化经营初具规模。围绕粮食、油料、畜禽、蔬菜、林果、饮料等产业，兴建了一批龙头企业。

2 陕西省沙产业发展模式

在恢复生态植被的基础上，进行适度产业化开发，形成集生态、经济和社会效益为一体蕴藏巨大开发潜力的沙产业。①优质灌木林基地建设及产业化开发。坚持乔灌草相结合，以灌草为主；造封飞相结合，以封为主的生态建设方针，在保护好现有林草植被的同时，实行舍饲禁牧与种灌种草两手一起抓，选择立地条件好、交通便利的地块，营造经济价值高且防护作用好的饲料林，建立灌草基地，为发展畜牧业提供了充足的饲料来源。并积极推广生物经济圈、家庭生态牧场等林草结合的建设模式，提高其经济效益。②林果基地建设及产业化开发。③沙生药用植物保护及中药材基地建设。④优质优质高产高效牧草基地建设。种植优良牧草，建立优质高产牧草基地，立草为业既是实施牧草产业化也是生态环境建设、实现可持续发展的一项绿色产业。⑤高效节水绿色农业发展模式。探索有特色生态农业模式，加快传统农业向现代农业的转变，促进农业结构的调整，发展外向型农业实现农业的高效生产，形成新的经济增长点。⑥种子苗木基地建设及产业化。⑦“公司＋基地＋农户”发展模式。按照“围绕基地建龙头、建好龙头带基地 ”的思路，对符合产业政策、发展前景好、带动力强的涉沙企业，以公司为核心，利用“公司＋基地＋农户”的经营模式，公司作为基地与市场的桥梁和纽带，以链锁式的产业利益关系进入市场，促进社会劳动分工和专业化生产，扩大生产规模，增加科技含量，提升产品档次，提高市场竞争能力。⑧舍饲圈养特色养殖业发展模式。⑨沙区特色加工业发展模式。⑩大漠旅游资源开发模式。⑪太阳能、风能、生物质等新能源集群发展模式。

3 陕西省沙产业发展存在的问题

（1）生态环境依然脆弱，沙产业发展瓶颈。陕西省沙产业依然面临着十分严峻的形势。目前，全省尚有流动沙地、半固定沙地、沙化耕地等400多万亩。沙区植物群落的稳定性还比较差，生态状况还相当脆弱，抵御自然灾害的能力差；过去营造的防风固沙林网已进入成过熟期，大多老化退化病化，防护功能日渐衰弱，如不尽快更新改造，还面临再次沙化的危险。建设稳定的乔灌草相结合的生态防护林体系应是当务之急。

（2）科技滞后，产品附加值低，制约沙产业发展。一是产品科技含量不高。由于投入有限，科研力量不强，导致沙产业开发技术力量薄弱，产品科技支撑力度不够，产品附加值低。产品的开发还只处于初级阶段，产品的深度加工和产品的多样化开发研究的少，造成产品单一，科技含量不高，红枣裂果腐烂，产业抗风险能力弱；红枣精深加工和残次果的加工利用没有大的突破；大扁杏遭晚霜冻害严重影响挂果率；丰富的灌木资源开发利用尚属空白。二是沙产业起点低附加值少，效益不高。如沙棘果的采摘率不到结果量的10%，大面积的柠条、沙柳资源基本得不到利用，资源逐渐呈无效消耗状态。三是是由于观念和经济等诸多因素造成从业人员整体素质不高，制约沙产业发展。

（3）沙产业产值低，结构不合理。一是沙业产业总产值低。第二、三产业不发达，第二产业产值低、第三产业刚刚起步，沙产业链短，产品附加值低，对农民增收的拉动不大。二是产业内部结构不合理。结构单一；低产品种多，高效品种少；一般品种多，名特优新品种少；鲜果多，干果少。加工业方面还停留在初级加工阶段，精加工少；旅游服务业发展滞后。

（4）沙产业基础设施薄弱，社会化市场体系尚未形成。由于历史和自然等原因，沙产业发展基础薄弱。一是投入严重不足，致使基础设施落后，大部分沙区道路较差，影响资源培育和原料的输出。二是产业信息化、管理手段和方式比较落后。三是沙产品市场化程度低，各种生产要素还没有向沙产业聚集，社会化体系尚未形成。四是龙头企业数量少，规模小，效益低，辐射带动力不强。目前，榆林沙区仅有的年产3万吨造纸厂、柳编厂、沙棘油提炼厂、锯材和家具加工厂等企业，也由于规模小、效益差，大部分处于关、停、并、转的状况。

4 展望与对策

（1）建设现代绿色农林基地，打造高效特色农业产业集群。大力发展现代特色农业。建设以长城沿线为重点的羊子、生猪生产基地、高产玉米基地，风沙草滩地为重点的良种繁育基地；建设以黄河沿岸为重点的优质红枣基地，；建设以白于山区为重点的优质马铃薯生产基地；建设以丘陵沟壑旱地为重点的名优小杂粮生产基地；建设以靖边、定边、榆阳、绥德、清涧、米脂、大荔为重点的蔬菜生产基地、建设百万亩优质果桑基地和中药材生产基地，以黄芪为主的中药材种植面积达到30万亩。

（2）大力培育生态资源利用型龙头企业，带动产业腾飞。按照放宽政策、放活经营、大胆扶持、放手发展的思路，对发展势头好、潜力大、前景广阔的民营企业，在资金、技术、土地等方面予以重点扶持，落实相关优惠政策，使之真正成为带动区域经济发展、地方财政增收的龙头。培植龙头企业，通过灌草资源加工转化拉动生态建设，走出一条既能改善生态，又能促进农民增收和区域经济发展的双赢之路。重点发展资源消耗低、科技含量高、市场前景好的沙产业项目，着力培育一批与防沙治沙工程结合紧密、依托林沙草资源、具有市场竞争能力、科技开发能力、精深加工能力、辐射带动能力的龙头企业，努力实现沙区增绿、资源增值、农牧民增收、企业增效，促进区域经济社会可持续发展。

（3）大力发展沙区旅游业，培育现代阳光产业。积极实施“阳光产业”战略，做好沙区旅游专题规划、详细规划的编制、评审及旅游资源的整合工作。大力发展陕北历史文化和塞上风情、黄土风情旅游精品，挖掘边塞古堡群游览资源，打造大漠边关长城沿线景观带、黄河沿岸峡谷景观带、无定河湿地景观带和红色革命圣地等重点景区，加快旅游商品开发，加强宣传促销，进一步做大做强旅游产业。

（4）加大科技支撑和服务体系建设，加快沙区产业化进程。围绕关键性技术难题，开展多部门、多学科、多层次的联合攻关，在关键技术上取得突破。科学选育和推广植物良种，进一步探索科学的植被配置模式；进一步健全防沙治沙技术推广和服务体系，对先进适用的造林种草技术和治理模式进行组装配套，大力推广；加大对灌草资源向颗粒饲料、颗粒燃料加工利用的转化研究，促进沙区产业发展。

参考文献

1. 榆林市森林资源规划设计调查公报．2008.
2. 延安市森林资源规划设计调查报告．2008.
3. 2007年榆林市国民经济和社会发展统计公报．2008.

利用有毒灌草资源　发展沙区特色产业

金正道

（中国治沙暨沙业学会办公室主任、高级工程师）

摘　要： 我国西北部地区广泛分布着含有生物碱、甙类、挥发油、毒蛋白、有机酸等有毒成本的有毒灌草植物。这些毒性成本是开发天然化合物农药、医药、兽药及日化产品中特殊功能添加剂等类新产品的好原料。与此同时，有毒灌草植物具有很强的固沙能力，在防治荒漠化中也作为生物治理植物。开发利用有毒灌草资源，发展有毒灌草深加工高科技产业，把过去有毒害的植物变为可以利用的资源，走治理式的生态保护开发之路。

关键词： 利用；有毒资源；发展；特色产业

我国是世界上受荒漠化危害极为严重的国家之一。我国“三北”地区受荒漠化危害更为严重。长期以来，有毒灌草类植物，在我国西北荒漠化地区广泛分布。随着科技的进步，近年来，国内外对这种有毒灌草类植物资源的深度开发逐渐引起人们的重视，必然为荒漠化治理和沙产业发展开拓出新的途径。

一、有毒灌草资源的概况

我国西北地区广泛分布着有毒灌草类植物，据甘肃、内蒙古、宁夏、新疆等地文献记载，它们占西北野生植物总数约 1000 种的 10%，其中产量最大的种类为苦豆草 *Sophora alopcuroi des* L.、骆驼蓬 *Peganum harmala* L.、骆驼蒿 *Peganum niigellastrum* Bunge、披针叶黄华 *Thermopsis lanceolate* R. Br、牛心朴 *Cynanchum auriculatum* Royle et Wight、沙冬青 *Ammopiptanthus mongolicus* Matin. Chengf. 等。

这些有毒灌草主要生长在我国西北地区的荒漠化土地上，由于对荒漠化土地上干旱、风沙、严寒、贫瘠的土壤、气候条件及病虫害和动物的取食环境的长期适应，这些植物进化出了体内的化学防御系统。因而才能抵御上述不良环境，在荒漠化土地上生长、繁殖，同时也起着防治荒漠化的作用。然而由于这些有毒灌草中含有生物碱、甙类、挥发油、毒蛋白、有机酸等有毒成分，牲畜不食，因此都认为应采取防止其滋生蔓延，而在防治荒漠化中也不采用它们作为生物治理的植物。

有毒灌草中的毒性成分多为生物碱、黄酮及醌类和萜类化合物。它们是在长期的进化中与食草动物、昆虫、真菌、线虫等斗争中形成的自身免疫系统的重要组成部分。因而，这些毒性成分是对多类生物具高效活性的天然化合物，是开发天然化合物农药、医药、兽药及日化产品中特殊功能添加剂等类新产品的好原料。

二、有毒灌草资源的经济价值

荒漠化地区的有毒灌草往往都是特别耐干旱、盐碱、寒冷等恶劣自然条件的植物。它们的分布规律往往是草地等级低，有毒灌草越多；其产量占草场上总草产量的比例越高，即有毒灌草的资源越丰富，当地条件亦愈适于大量种植这些有毒灌草。例如，内蒙古鄂尔多斯市农业区划资料记载，鄂托克前旗的五等草地面积占全旗总草地面积的43.54%，五等草地中有毒灌草产量占总产量的60%以上。据统计，中国苦豆草资源占世界的62%，内蒙古的分布面积41.7万hm^2，占全国的84%。由于苦豆草植株体内特别是种子部分含有大量生物碱，味苦性寒有毒，青绿状态下牲畜和野生动物都不采食，分布面积一直比较稳定。下面，以苦豆草为例叙述有毒灌草资源的经济价值。

(1)医用价值。近年来，医学界对苦豆草的药理作用进一步研究发现，其种子部分含有多种生物碱，对过敏、肿瘤、乙型肝炎和心率失常有很好的疗效，还有升高白细胞、平喘等作用，其产品已广泛应用于临床治疗。种子部分提取出的苦参总碱含有28种生物单碱，其中分离出的金雀花碱还是一种非常好的强心剂。目前国际市场上苦参总碱价格约15万~18万美元/吨，单体碱35万~45万美元/吨，金雀花碱350万美元/吨。苦豆草根也可入药，主治痢疾、湿疹、咳嗽等。

(2)农药价值。以苦豆草种子为原料提取出的生物碱，再辅以其他多种中草药，可以配制不同类型的生物杀虫剂——苦参农药，具有低毒、高效，低残留、无污染等特点，是国际上公认的绿色天然无公害农药，广泛运用于高档蔬菜的生产过程，用于代替人工合成的高毒高残留化学农药。

(3)饲用价值。苦豆草作为一种豆科植物，种子部分的蛋白质含量很高，种子经过提取对家畜有毒的生物碱后，残渣是一种营养价值很高的蛋白质饲料。据测定表明：提取生物碱后，豆渣中蛋白含量高达23.48%，粗脂肪4.93%，粗纤维为20.65%，无氮浸出物46.64%，利用这些残渣可以加工成高营养蛋白饲料，用于家畜养殖，是解决荒漠化地区蛋白饲料短缺的一个重要途径。地上部分枝条粗蛋白为17.66%，粗脂肪2.31%，粗纤维31.42%，无氮浸出物46.64%，在冬季干枯后，也可以采收加工成优质的粗饲料饲喂家畜。据试验表明，用15%的苦豆草粉代替苜蓿粉，用26%的豆渣代替豆饼育肥绵羊，增重效果比对照可提高16.3%。

(4)蜜用价值。苦豆草花期较长，花朵丰富，总状花序顶生，长10~15cm，每个花序有小花10~20个，花期从6月初至8月初，长达60多天，花蜜洁白细腻，含有多种营养元素和抗生素，是一种优良的蜜源植物。

(5)代替木材价值。苦豆草地上部分中较粗茎秆，为生产高密度纤维板的好原料，可以用来代替我国紧缺的木材，生产用途广泛的中、高密度纤维板。

三、有毒灌草的分布规律、生态学特点及其固沙机制

(1)分布规律。有毒灌草在不同等级的荒漠化土地上的分布和数量存在着明显的规律性，即随着土地荒漠化程度增大，有毒灌草的种类增多，在植被中的数量比例增大。例如，中心朴的分布和生长状况与土地沙漠化程度有紧密的联系，沙漠化愈严重，分布密度愈大。又如，苦豆草的分布也有类似的情况。这种规律性反映了荒漠化地区的有毒灌草有很强的适应当地土壤沙化、贫瘠、干燥多风等严酷气候、土壤条件的能力。

(2)生态学特点及其固沙机制。具有发达的根系是荒漠化地区有毒灌草的共同特点。例如，牛心朴根深可达1m以上，根冠幅度达4m，常可以看到其根茎部外露达10cm或沙埋深

达20～30cm仍能生长，说明它是一种良好的固沙植物。又如，苦豆草根深达2m，水平根长达5m，每年地上部分干枯，第二年由上年形成的分蘖芽早春发育成当年的子株，在雨水充足或灌溉条件下，苦豆草能很快繁殖成密集的丛生植被，快速覆盖地面，有效地减少地面水分蒸发和扬沙，降低风速，改善生态环境，具有很强的固沙能力。披针叶黄华、骆驼蓬等有毒灌草也类似。

发达的根系和相对很小的地上部分，具有防止水分蒸发的组织学和生理学的种种特性，使有毒灌草具有对水消耗量极低的特点；使它们可以在荒漠化地区存活、生长和繁殖。种植有毒灌草所消耗的水量远远低于种植同样面积的农作物、牧草和常用造林树种。据计算，1亩玉米所消耗的水量相当于20～40亩苦豆草所消耗的水量。

多数荒漠地区有毒灌草根系为多年生，而地上部分秋冬枯死，主要是地下根系起固沙作用，这就为合理采收其地上部分，而不妨碍根系的固沙作用提供了条件和可能。同时，这些植物均具有很强的繁殖能力，有些具有根蘖繁殖特性。有的种子很轻或种荚很轻，可随风传播，不同的种子有不同的特性，以适应荒漠化土地缺水干燥的条件，这为发展节水或旱播造林、种草提供了可能。例如，苦豆草种荚很轻，可随风被吹到远处，种子遇到雨后有积水的土壤立即分泌出黏液，黏在沙土上，随即生根、发芽，形成新植株。这种特性适于旱播造林。

四、发展沙区特色产业

(一)利用有毒灌草资源发展沙区特色产业内容

利用有毒灌草资源发展沙区特色产业的内容主要包括以下几方面：一是有毒灌草的培育及大规模种植。在荒漠化地区引导农牧民大规模种植、封育适应当地条件的有毒灌草，这样在防治荒漠化的同时也为综合开发有毒灌草工程提供了原料。二是提取物工程。利用高新技术，以有毒灌草的上部分为原料，将其中的毒性成分提取出来，研究已证明这些毒性成分是对各类生物具高活性的天然化合物，已经并继续开发为无公害农药、医药、兽药、日化产品特殊功能的添加剂等。三是高蛋白酵母活性饲料工程。有毒灌草脱毒后所剩的残渣可利用酶工程和发酵工程转化为高蛋白含量的酵母活性饲料，并可再进一步加工成为家禽、家畜系列配合饲料。四是中高密度纤维板工程。

(二)利用有毒灌草资源发展沙区特色产业的意义

(1)有效防治荒漠化。有毒灌草是最适应荒漠化地区自然条件的植物，同时由于它们所消耗的水量极低，使得在水资源稀少的荒漠化地区大面积种植有毒灌草防治荒漠化成为可能，也为综合利用荒漠有毒草产业的可持续发展提供了基础。目前有毒灌草种植有三种途径。一是大面积围封天然植被；二是补播抚育半野生植被，增加覆盖密度；三是完全人工种植。上述投资均属一次性投资，管理成本也低。通过对有毒灌草植被的恢复和人工种植，引导鼓励荒漠化地区农牧民积极参与有毒灌草的种植和保护，让治理荒漠化成为当地群众自觉行动，有效防治荒漠化。

(2)为综合利用工厂提供原料，因此当地农牧民可获得相当的经济效益。这种收益远远超过当地同样条件下的种植业和畜牧业，同时综合利用有毒灌草工程，尤其是提取物工程是高附加值产业，这一产业的发展又会带动相关的医药、日化、包装、牧产品加工等业的发展。

(3)有力地促进荒漠化地区小城镇建设的进程。综合利用有毒灌草产业的发展及其带动相关的医药等产业的发展，将大大加速青年农牧民进入城镇，加速西部地区小城镇建设的进程。

(4)为牧业现代化开拓一条新的途径。大量种植有毒灌草及综合利用这一资源，为当地农牧民提供大量优质配合饲料，不仅为发展当地畜牧业提供新的动力，而且，有力地促进畜牧业由粗放的放牧式饲养向圈养、集约化、工厂化饲养发展。一个年处理有毒灌草2.5万吨干草的综合利用厂生产的高蛋白饲料本身可每年增加5.5万头绵羊单位的载畜量，如果把高蛋白饲料加工为配合饲料，可把上述绵羊单位的载畜量再增加约10倍，即55万头。这种先进的饲养方式不仅能提高畜产品产量，而且有利于防止自然放牧对地表植被的破坏，有利于荒漠化防治，也有利于提高牧草和有毒灌草的产量，为我国西北荒漠化地区的牧业现代化开拓了一条新的途径。

五、利用有毒灌草资源发展沙区特色产业项目的经济评价和市场需求

一个有发展前景的沙区产业化项目，首先要看其经济评价和市场需求。据该项目可行性研究的结果表明，一个年处理有毒灌草2.5万吨干草的综合利用厂的投资需1.3亿元。其年利润可达3亿元；项目建设投入产出比为1∶4.6；仅该企业本身就可提供530人就业；年人均利税达3.7万元。该项目的主要产品是无公害农药和高蛋白饲料。目前我国农药年产量约为40万吨原药，但是其中无公害生物农药仅约占2%；若我国无公害农药的产量达到20世纪90年代发达国家的约30%～40%的水平，我国无公害农药的产量可达12万～16万吨。无公害农药需建立约500个年处理有毒灌草2.5万吨干草的综合利用厂，也就意味着可使约500个西北荒漠化地区的县治理好人为造成的荒漠化。另一方面，目前西北地区广泛存在着牲畜超载现象，因而也就存在着对饲料的巨大需求。所以，本沙区产业化项目有很大的发展空间和很好的发展前景。内蒙古自治区巴彦淖尔市启源药业公司从1994年开始，在开发有毒灌草——苦豆草资源方面，与科研院所积极合作，已经取得了很好的成绩。该公司年收购加工苦豆草种子1000～1500吨，每斤收购价在1.2～1.4元，收购范围遍及内蒙古自治区西部、宁夏、甘肃、青海和新疆，初级产品苦参总碱年产50吨，苦参碱5吨，苦参素40吨，远销南方各省，年产值5000万元，利税2600万元，是目前国内专业生产苦参碱系列产品原料药最大的厂家。如果种植100万亩苦豆子，每年可产种子2.5万吨，通过提取生物碱，产值可以达到5000万元人民币。

综上所述，开发利用有毒灌草资源，在荒漠化土地上人工大量种植有毒灌草，发展有毒灌草深加工高科技产业，不仅有利于改善荒漠化地区的生态环境，同时还有很好的经济效益，变荒漠化地为宝地，把过去有毒害的植物变为可以利用的资源，走治理式的生态保护开发之路。

参考文献

1. 中国治沙暨沙业学会. 中国治沙与沙产业研究. 北京：石油工业出版社，2003.

柠条利用技术及其效益研究

——本文以作为饲料利用为主进行研究

刘朝霞[1]　任余艳[1]　李维向[1]　刘源[2]

（1. 鄂尔多斯市林业治沙科学研究所；2. 东胜区林业局）

摘　要：本文通过对不同生长期及不同年龄柠条的营养成分及生物量分析，确定柠条平茬间隔期以两年一次为最佳；平茬时间为开花期5月份及8月下旬至9月份落叶之前。文章还对柠条作为饲料开发利用技术做了较为详细的总结。研究发现以与玉米（带穗未成熟的）混合青贮或加工成为草粉饲喂效果为很好。饲喂柠条与玉米秸秆（1∶2的比例）混贮饲料的绵羊每月每只体重比饲喂单一玉米秸秆青贮饲料的多增加2.38kg。饲喂柠条与玉米秸秆（1∶2的比例）混贮饲料的山羊每月每只体比饲喂玉米单贮饲料的多增加2.59kg。饲喂柠条草粉的山羊每月每只体重比饲喂玉米干草粉的多增加1.19kg。因此，柠条加工为饲料（青贮、草粉）喂养牲畜，经济效益明显，以喂养羊为例，饲喂3个月，每只羊比饲喂普通饲料增收72元。

关键词：柠条；利用；技术；效益

柠条是群众对豆科锦鸡儿属 *Leguminosar caragana* 中一些常见种的通称，主要种为中间锦鸡儿 *Caragana intermedia* 和柠条锦鸡儿 *Caragana korshinskii*，是鄂尔多斯地区主要的灌木树种，同时也是良好的饲用植物。柠条枝叶繁茂，枝梢和叶片可作饲草，种子经加工后可作精饲料。柠条枝叶的营养价值很高，含粗蛋白质8%～22.9%、粗脂肪4.9%、粗纤维27.8%；种子中含粗蛋白质27.4%、粗脂肪12.8%、无氮浸出物31.6%。研究柠条利用技术，对柠条的可持续利用、林沙产业的发展具有重要的意义。

1　研究区概况

研究区鄂托克前旗位于N37°38′～38°45′，E106°30′～108°30′之间，总体地貌特征为起伏沙地，并相间分布有较大面积的平缓沙地、梁地、梁地覆沙和滩地，属毛乌素沙地腹地。平均海拔1300～1400m。年平均气温7.2℃，最高气温37.1℃，最低气温－31.6℃，≥10℃有效积温3120.8℃，年日照时数3000多小时，无霜期短而多变，平均115天，年平均降水量250mm，且多集中在7、8、9三个月，年平均蒸发量2300～2500mm，地下水较丰富，埋深2m左右。常受干旱和风沙危害，春夏两季干旱比较严重。此外，风沙大，日均3m/s以上的大风天一年内有200多天，沙尘暴平均每年出现11～32次。土壤主要有地带性栗钙土和非地带性的风沙土。天然植被在沙地、梁地和滩地有一定区别，沙地主要分布有沙米、沙竹等，滩地主要分布有苔草、菅草、稗草等禾本科植物，梁地（覆沙）主要分布有柠条、藏锦鸡儿、甘草、刺叶柄棘豆、大针茅、隐子草、冷蒿、油蒿等；人工种植的乔灌木树种有杨树、旱柳、沙柳、柠条、籽蒿等。

2 柠条平茬采收技术研究

2.1 柠条采收间隔期研究

2.1.1 柠条不同生长年限枝条所含营养成分分析

分别选取不同生长年限的中间锦鸡儿花期枝条进行成分含量测定，结果如表1。

表1 不同生长年限中间锦鸡儿体内物质成分变化状况

序 号	粗脂肪(%)	粗蛋白(%)	粗灰分(%)	粗纤维(%)	全 钙(%)	全 磷(%)	无氮浸出物(%)	吸附水(%)
2年生	4.13	14.51	7.56	23.06	3.18	2.16	43.65	6.71
3年生	3.68	9.56	4.36	42.13	2.41	0.82	34	6.26
4年生	3.75	9.81	6.01	34.69	3.2	0.69	39.23	5.61
多年生	3.59	10.1	6.2	33.21	3.79	1.11	40.84	6.08
平 均	3.79	11.0	6.03	33.27	3.15	1.20	39.43	6.17
备 注								

根据表1，作中间锦鸡儿枝条内不同成分含量随生长年限的变化折线图(略)。以上图表证明，柠条随着生长年限的增加，其体内的饲用营养成分(粗脂肪、粗蛋白和粗灰分)含量呈下降趋势，这和其生物量增加出现养分稀释效应有关。而粗纤维含量则呈上升状态，质地变硬，适口性下降。同时，还发现了一个共同的现象，即在种植的第二年，饲用营养成分含量达到最大，三年生时降到最低，以后又有所缓慢上升，但总低于二年生，磷的含量变化也是如此。因此，如果仅从饲料利用出发，最好利用二年生的柠条(即中间锦鸡儿和柠条锦鸡儿)。

2.1.2 相同林龄不同间隔年限平茬对柠条的再生及利用的影响

研究选择相同林龄的柠条林，设四个水平，每个水平三次重复即：①每年平茬一次；②两年平茬一次；③三年平茬一次；④四年平茬一次。调查指标为：当年产量(总产量、半木质化嫩枝产量、木质化枝产量)、翌年再生情况(生长高度、丛幅)，调查结果如表2。

表2 不同间隔年限平茬对柠条的再生及利用的影响

水平	当年产量(kg/hm^2)			翌年再生情况	
	总产量	半木质化嫩枝	木质化枝	高度(cm)	丛幅(cm)
每年平茬一次	1890.1950.1830	1620.1650.1590	270.285.255	81.3、83.5、79.5	34×62、36×66、32×58
两年平茬一次	4770.4800.4740	4335.4380.4290	435.480.390	84.1、87.0、81.0	38×59、36×57、40×61
三年平茬一次	7860.7905.7815	4515.4590.4440	3345.3405.3285	83.4、87.1、89.2	46×55、48×59、47×56
四年平茬一次	9555.9600.9510	3405.3360.3450	6150.6225.6075	82.0、85.0、78.9	44×57、48×60、42×53

不同平茬间隔年限对柠条总产量的影响方差分析见表3、4、5(略)。由于间隔年限不同，生长时间不同，对产量的影响很大，故对产量做除以平茬间隔年限的处理，以消除累积生长的影响。根据利用目的(饲料加工)综合考虑柠条翌年生长情况，柠条的平茬间隔期的各项指标作图分析如下：

由图1可以看出，柠条平茬枝条总产量以三年平茬一次最高，平均2610kg/hm^2，两年平茬一次次之，平均2385kg/hm^2。

由图2可以看出，翌年高生长量以两年和三年平茬一次高生长量大。每年平茬一次的高

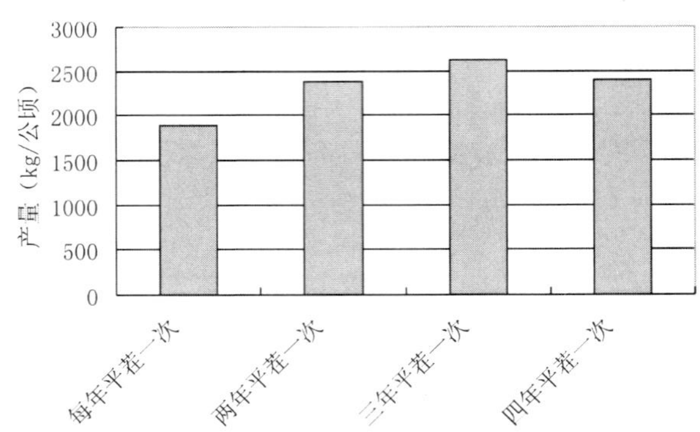

图1 不同间隔年限平茬柠条枝条总产量(平均每年)变化图

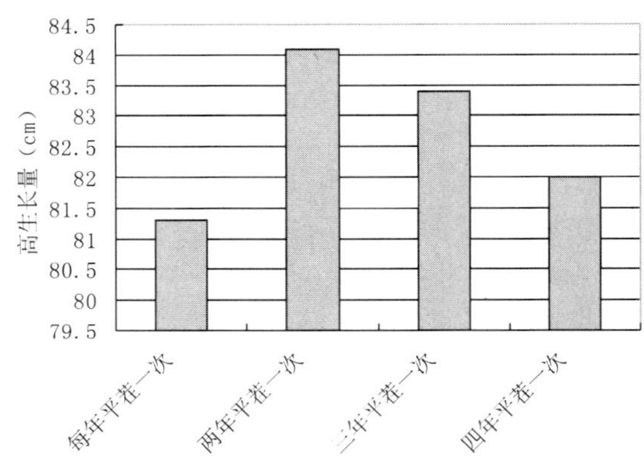

图2 不同间隔年限平茬柠条翌年高生长变化图

生长量最低。综合平茬产量和高生长量以及利用目的确定，作为饲料利用兼顾复壮，柠条平茬以两年一次最为理想。

2.2 平茬采收时间的确定

柠条具有很强的再生能力，从早春到晚秋平茬均能再生萌发，但有效营养成分含量不同，不同生育期粗蛋白含量如表6。

表6 柠条不同生育期含量

生育期 Postemergence	粗蛋白 CP（%）
营养期	13.71
开花期	15.84
果 期	14.47
果后营养期	13.25
枯黄期(12月)	12.5
枯黄期(2月)	12.01

根据表6作不同时期柠条粗蛋白含量折线图，如图3。

由表6、图3可以看出，柠条生育期蛋白的含量，在开花期达到峰值。综合以上因素，确定最佳平茬采收时期为开花期。鄂尔多斯柠条一般是5月上旬至6月初开花，6月下旬形成荚果，7月初进入种子成熟期。即5月是最佳平茬采收时期。再分析测定三年生柠条(中间锦鸡儿)不同生长期全株营养成分，结果见表7。

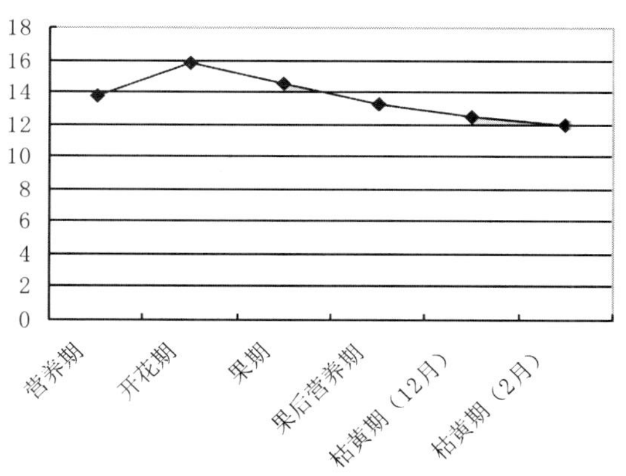

图3 不同生育期柠条粗蛋白含量折线图

从表7中可知，中间锦鸡儿在不同季节体内物质含量变化较大。粗蛋白质、粗脂肪含量春季3~5月、秋季8~11月较高，夏季较低；无氮浸出物秋季最高；灰分秋季最高，夏季次之，春季最低。因此，从全营养的角度考虑，柠条平茬采收可在春、秋两季进行。

表7 不同时期柠条(三年生全株)营养成分分析结果

物候	水分(%)	粗蛋白(%)	脂肪(%)	粗纤维(%)	无氮浸出物(%)	灰分(%)	全钙(%)	全鳞(%)
春季(3~5月)	5.19	9.46	4.13	48.47	30.14	2.61	0.88	0.51
夏季(6~8月)	6.47	8.21	2.04	46.31	33.02	3.95	2.03	0.89
秋季(8~11月)	7.12	11.02	4.88	31.6	38.85	6.53	4.06	1.05

综合以上分析，确定柠条作为青贮饲料利用，平茬采收应在秋季(落叶之前)进行，作为颗粒饲料和草粉加工，应在花期进行，即5月份。

3 柠条青贮利用技术及效益分析

3.1 青贮流程

柠条采收→柠条枝叶揉化粉碎→装填→压紧→密封→管理。

3.2 柠条青贮后的营养状况

柠条经青贮，即成为一种青绿饲料，在密闭厌氧条件下保存，机械损失小，贮藏过程中氧化分解作用微弱，养分损失不超过10%。对青贮前后柠条营养物质进行测定，结果如表8所示。

表8 柠条青贮前后的营养成分对比

处理方式	粗蛋白(%)	脂肪(%)	纤维素(%)	木质素(%)	粗灰分(%)	无氮浸出物(%)
未处理柠条	8.79	2.95	16.35	26.29	3.69	38.97
青贮柠条	8.84	3.25	14.752	23.61	5.02	37.10

由表 8 的数字可知，柠条经青贮后，纤维素降低 10.2%，粗蛋白提高 0.7%，木质素降低 10.2%，粗灰分物质提高 36.04%。由此可见，青贮可减少营养损失，并能保存新鲜饲料的优良品质。

3.3 柠条青贮饲料喂养效益

柠条饲料青贮发酵 20～30 天后就可以开窖利用。利用青贮的柠条饲料进行喂养试验，结果表明，试验组的羊每只比对照组的羊体重增加 2.38kg，详见表 9、10(略)。以上是对绵羊喂养效果，下面对山羊喂养效果进行研究。试验方案及结果汇总如表 11、表 12(略)。由表可以看出饲喂柠条玉米混贮饲料的效果要明显的好于饲喂玉米单贮饲料，平均每只每月增加 2.59kg。也说明山羊的增重效果好于绵羊。用柠条玉米混贮饲料喂养羔羊三个月即可出栏，增重效果相当明显。

4 柠条草粉加工利用

4.1 柠条草粉加工

将开花期(5 月)新鲜的柠条平茬采收回，快速干燥脱水后，置于贮草棚，随饲喂，随加工，或一次性加工成草粉待饲喂。选用具有筛孔为 φ10mm～φ15mm 或 φ2.8mm 和 φ3.5mm 筛底的粉碎机进行加工，分别加工成为粗粉和细粉，用于饲喂牛、羊、鸵鸟。

4.2 柠条草粉的饲喂效益

本次试验选用柠条草粉与玉米秸秆草粉饲喂山羊作对比研究，试验方案及结果见表 13、14(略)。由表可以看出饲喂柠条草粉的山羊每只每月平均增重 3.58kg，而对照组的山羊每只每月平均增重 2.39kg，平均每只每月多增加 1.19kg，可见柠条草粉的饲喂效果显著。经试验，农牧民认为，草粉制作方法简单，可常年加工粉碎饲喂，不受饲喂时间和季节限制，且不受粉碎机的限制，即不需要必须带有揉碎功能的粉碎机，任何粉碎机都可以粉碎；而柠条与玉米秸秆混贮，必须在玉米青贮时间收割粉碎，混贮饲草只能在冬季和春季饲喂。因此，柠条加工成草粉具有很多优势。

5 结 论

(1) 平茬柠条不仅是利用的基础，也是复壮的关键技术，二年生的柠条其营养成分含量最高，作为饲料利用此时最好；从复壮的角度看两年平茬一次翌年柠条的平均高生长量可达 84.1cm，冠幅平均为 38cm×59cm，促进生长，效果很好，因此，柠条平茬间隔期以两年一次为最佳。

(2) 柠条的最佳平茬时间为开花期 5 月份及 8 月下旬至 9 月份落叶之前。

(3) 柠条作为饲料开发利用，以与玉米(带穗未成熟的)混合青贮或加工成为草粉或颗粒饲料饲喂效果为最好。饲喂柠条与玉米秸秆(1∶2 的比例)混贮饲料的绵羊每月每只体重比饲喂单一玉米秸秆青贮饲料的多增加 2.38kg。饲喂柠条与玉米秸秆(1∶2 的比例)混贮饲料的山羊每月每只体比饲喂玉米单贮饲料的多增加 2.59kg。饲喂柠条草粉的山羊每月每只体重比饲喂玉米干草粉的多增加 1.19kg。

(4) 柠条加工为饲料(青贮、草粉)喂养牲畜，经济效益更加明显，以喂养羊为例，饲喂 3 个月，每只羊比饲喂普通饲料增收 72 元。

反渗透膜在农村饮用水深度处理的开发应用（节录）

胡孟春　张永春　唐晓燕　王文林
（环境保护部南京环境科学研究所）

摘　要：我国饮用水源类型，主要有河水、水库湖泊水、坑塘窖水、井水及泉水五种类型。针对农村饮用水存在的问题，以反渗透膜为主，综合集成超滤、微滤、砂滤、活性炭吸附、紫外线消毒等技术措施，设计安装了适合农村井水、河水、湖水不同饮用水源水深度净化处理的三套工艺和设备。所研发的三套设备机动性强，适用于分散型的农村。操作系统可自动控制，也可手动操作，适合农村不同的管理水平。设备在北方农、牧区有一定推广前景。

关键词：反渗透膜；农村饮用水；工艺和设备

反渗透是在外力作用下，使水透过特制的半透膜，从溶液中分离出来，达到净化目的一项技术。反渗透膜能够去除水中绝大部分离子，可以去除水中的微细颗粒、细菌及有机物。是水质净化的有效技术。根据我国农村饮用水源类型和饮用水水质现状，以宜兴大涓、无锡太湖研究站为研究点，开发了三套工艺和设备，用于井水、河水、湖水饮用水源水的深度处理，取得很好地处理效果。我国北方农牧区，饮用水源水以苦水、咸水、高氟水类型为多，所开发的工艺和设备，在农牧区具有推广前景。

1　我国农村饮用水现状

1.1　我国农村饮用水源主要类型

我国广大农村地区幅员辽阔，南北跨热、温两大气候带，地形西高东低，类型复杂多样。因此，水文地质条件差异性很大，决定了饮用水源类型多种多样。我国饮用水源类型，主要有河水、水库湖泊水、坑塘窖水、井水及泉水五种类型。

根据调查，中国部分省农村饮用水源类型以及饮用人口比例如表1。

表1　中国部分省农村饮用水源类型以及饮用人口比例

类型 / 省份	江河（%）	湖库（%）	坑塘窖（%）	浅井水（%）	深井水（%）
河北	0.7	0.15	0.85	54.7	44.0
辽宁	2.8	6.8	3.0	85.5	1.9
河南	4.7	0.3	2.1	76.4	16.5
江苏	41.5	0.8	9.4	43.0	5.3
湖南	20.8	1.9	11.8	52.5	13.0
四川	28.4	3.4	4.4	54.0	9.3
甘肃	14.7	0.7	11.8	22.3	50.5

引自《中国农村饮用水源保护与村镇饮用水源保护规划研究》1995年

1.2 我国农村饮用水现状

我国农村饮用水存在主要问题是：农村供水总体水平不高，严重影响群众的身体健康与正常生活；局部地区饮用水源不足，保证率低；农村饮用水质差。

(1)农村供水总体水平不高。水利部提出了《农村饮用水安全评价指标体系》，按照水质、水量、方便程度、保证率四项指标，进行综合评价。水质评价按照国家《饮用水卫生标准》，符合的为安全，不符合的为不安全。供水量以每人每天获得水不低于 40 ~ 60L 为安全，不低于 20 ~ 40L 为基本安全。人力取水往返时间不超过 10 分钟为安全，往返时间不超过 20 分钟为基本安全。四项指标综合评价时，有一项低于基本安全，就为不安全。对全国农村综合评价的结果，有 3 亿多农村人口饮用水是属于不安全状态。

(2)局部地区饮用水保证率低。根据我国气候区域差异，地形、水资源状况，水利部将全国划分五个类型区，每个区域确定农村生活饮用水量指标。中国有一些农村，特别是北方以及一些山区，缺水或者严重缺水，达不到每人每天的饮用水量指标。有些地方仍然从河道、坑塘、水窖取水，供水水源严重不足。在北方有些地方季节性缺水，在旱季供水不足。近些年，由于气候干旱化，导致地下水位下降，饮水水源减少。

(3)一些地区饮用水水质不合格。2003 年 7 月，各个省的水利部门与卫生部门，联合进行各省的饮用水水质调查，3 亿人口饮用水不安全。卫生部 2000 年对 14 个省 122 个县 1165 个监测点 3471 万人，进行抽样调查，调查结果饮水不合格占 37.9%。农村饮用水质不合格主要表现在以下方面。① 高氟水。我国华北、西北、东北，有 6000 万人饮用高氟水。由于饮用高氟水，造成氟骨病，高氟牙病。② 苦咸水。我国西北地区，一些群众饮用苦水。目前农村饮用苦咸水的群众 3800 万。长期饮用苦水，会造成心脑血管疾病。③ 饮用水有机污染严重。随着中国工业化、城市化的发展，污水排放量越来越大，农药、化肥使用量越来越大，造成地表水、地下水污染。农村直接从河道、湖泊、水库、坑塘取水的饮用水源地，有机污染严重，卫生条件难以保障。根据各省调查结果，目前农村饮用污染水的占总人口的 25%。

2 反渗透膜在农村饮用水深度处理的技术开发

针对农村饮用水现状，在江苏宜兴市大浦镇、无锡太湖研究站，选择井水、河水、湖水三种水源，开展了农村饮用水深度净化技术开发研究。针对三种不同水源的特征，研制以反渗透膜为主，超滤、微滤膜组合的饮用水处理设备，分别在井水、河水、湖水取水点安装、调试、运行。设备连续运行状态良好，井水、湖水经过深度处理后达到直饮水标准，河水经过处理后达到优质饮用水标准。

2.1 井水深度处理设备工艺流程

根据井水水质检测结果，井水深度处理的水质目标是，消除浅层地下水复合微污染，去除过量矿物质，软化水质。深度处理后水质达到直饮水的标准。根据这一水质目标，主要采用离子交换、反渗透技术，设计井水深度处理设备。工艺流程如图 1。工艺流程分为三大部分：1 ~ 12 为前处理；13 ~ 14 为反渗透膜深度处理；15 ~ 17 为产品水及其消毒处理。

2.2 河水深度处理设备工艺流程

针对河水有机污染严重，泥沙、悬浮物含量高的特点，综合采用超滤、微滤、反渗透处理技术，使河水深度处理后的水质，达到优质饮用水的标准。河水深度处理设备工艺流程如

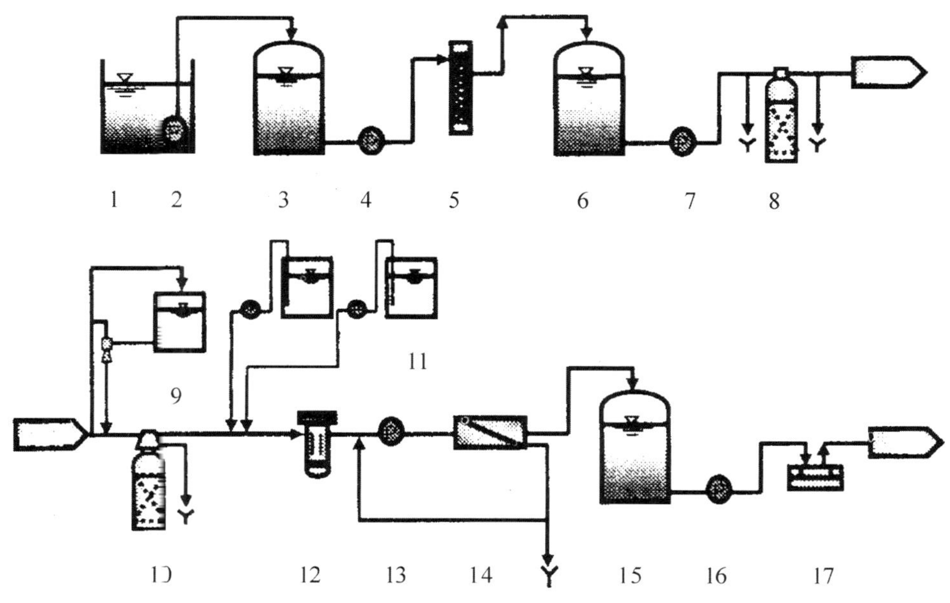

图 1　井水深度处理设备工艺流程示意图

1. 源水；2. 源水泵；3. 储水罐；4. 加压泵；5. 超滤膜；6. 储水罐；7. 加压泵；
8. 活性炭过滤；9. 加药箱；10. 离子交换器；11. 加药箱；12. 微滤膜；
13. 高压泵；14. 反渗透膜；15. 产品水储水罐；16. 出水泵；17. 紫外消毒

图 2。如图所示，工艺流程分为三大部分：1～9 为前处理，利用超滤、微滤进行预处理；10～11 为反渗透膜深度处理；12～14 为产品水及其消毒处理。

2.3　湖水深度处理设备工艺流程

根据太湖源水检测结果，太湖源水存在如下的问题：

(1)蓝藻味很浓，太湖源水检测结果表明，太湖源水有很浓的蓝藻味。

(2)浑浊度高，太湖源水的浑浊度为 400 度(NTU)，国家饮用水源水质标准为≤3 度(NTU)，超过国家标准 133 倍。

(3)肉眼可见物明显，在太湖源水中含有大量泥沙沉淀，不符合饮用水源水质标准。

(4)有异色，国家饮用水源水质标准规定，色度不超过 15 度，并不得呈现其他异色，而太湖源水的颜色为灰色。

(5)菌群数量高，是国家饮用水源水质标准的 2 倍。

针对太湖源水存在的主要问题，设计了以生物过滤、反渗透膜为主的组合工艺，组装了相应的深度处理设备。

设备工艺的膜处理部分与上述处理工艺基本相似。根据太湖有机复合污染严重的特点，增加了生物滤池前处理部分。根据生产管理需要，增加自动控制系统。各个部分简要介绍如下：

(1)生物滤池前处理子系统。根据太湖源水特征，采用反渗透膜处理设备的关键，是要进行前处理。太湖源水深度处理工艺前处理部分，采用曝气生物滤池(BAF)水处理技术。曝

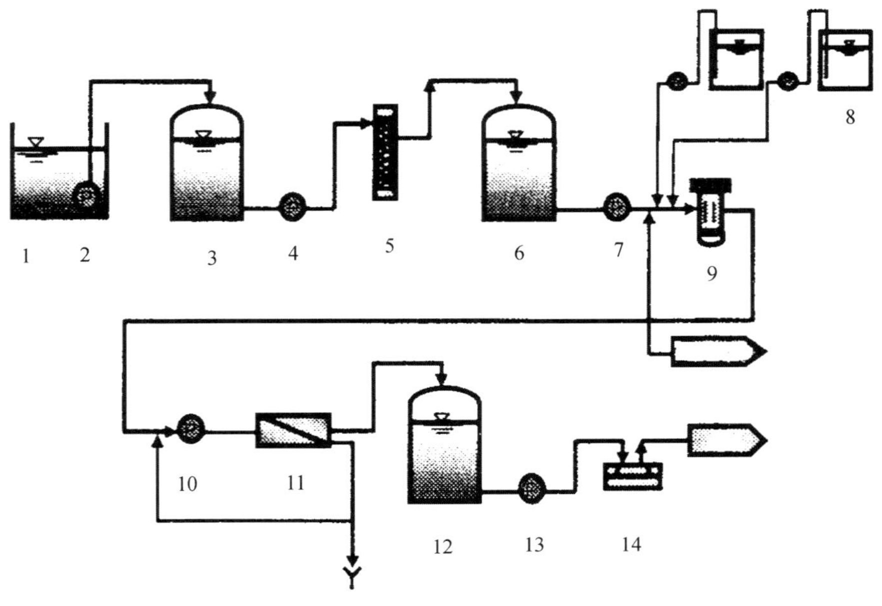

图 2 河水深度处理设备工艺流程示意图

1. 源水；2. 源水泵；3. 储水罐；4. 加压泵；5. 超滤膜；6. 储水罐；7. 加压泵；8. 加药箱；9. 微滤膜；10. 高压泵；11. 反渗透膜；12. 产品水储水罐；13. 出水泵；14. 紫外消毒

气生物滤池结构如图 3。

(2)BAF 采用降流式，分两层，上层为曝气系统、填料，下层为处理后的储水设施。填料为螺旋型聚乙烯塑料，具有重量轻、比表面大、半浮于水的特点，为微生物的理想栖息处。BAF 具有脱氮、去除有机污染、降低悬浮物的功能。

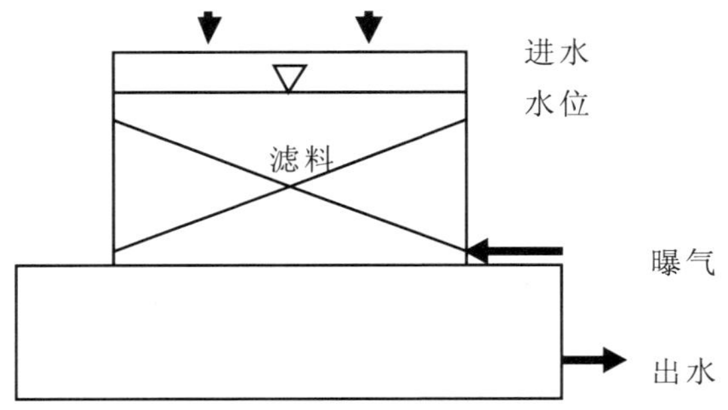

图 3 曝气生物滤池结构

(3)自动控制系统。设备用手动与自动控制两套控制系统。在控制系统与配电系统箱的面板上，有水位、风机、水泵、不同膜处理单元工作状态显示器。整套设备的控制，采用可编程控制器自动控制，采集工艺流程中传感器(水位、压力、流量)的反馈信号，运算处理后，进行各个部分协调与控制。运用自动控制系统，可以实现设备运行无人值守。同时设置手动系统，进行设备不同部分的控制操作。

(4)反渗透膜处理子系统。在设备中采用的是世韩公司的 4in 单支膜。根据膜的运行压力要求，配备了高压泵，配置了相应的压力表、流量计与阀门。压力表与流量计可以显示进水、出水、循环水的工作状态。反渗透处理系统的状态由自动控制系统控制。也可用手动操作系统操作。

2.4 设备出水水质

三种工艺与处理设备水净化处理的效果都非常好，井水、湖水经过深度处理后达到直饮水标准，河水经过处理后达到优质饮用水标准。太湖源水深度处理产品水质好于瓶(桶)装饮用纯净水(卫生标准 GB17324—2003 的各项指标省略)

3 反渗透膜饮用水深度处理设备在农牧区推广前景

当饮用水氟含量大于 1.0mg/L 时，称高氟水。含盐量超过 1.0mg/L 时，称为苦咸水。苦咸水、高氟水是农牧区分布比较多的饮用水源类型。据调查，内蒙古现在 101 个旗县中有 77 个旗县存在含氟水。宁夏苦咸水、高氟水分布占全区 70% 面积，主要分布盐池、同心、固原、灵武、陶乐等县。甘肃 23 万人喝氟、砷超标水。新疆 39 万牧民喝苦咸水。在农牧区对饮用水深度处理的技术需求量是很大的。

所研发的三套设备，机动性强，适用于分散型的农牧区。操作系统可以利用自动控制系统，也可以利用手动操作，可以无人值守，也可值班操作。适合农牧区不同的管理水平。

反渗透膜的定期清洗，是保障出水质量延长设备使用寿命的关键。反渗透膜需要根据进水、出水压力差判别标志，定期清洗。超滤膜每次运行结束，需要使用清洁水反冲、正冲。这些过程，完全可以设定时间自动进行，也完全适应农牧区管理水平。

4 结 语

以反渗透膜为主，综合集成超滤、微滤、砂滤、活性炭吸附、紫外线消毒等技术措施，设计的井水、河水、湖水净化三套工艺和设备，具有很好的深度处理功能，能够满足分散型农村供水技术需求。对于北方农牧区苦咸水、高氟水的处理，有一定的推广前景。设备机动性强、操作方便，适合农村管理水平。

参考文献

1. 汪恕诚．保障饮用水安全保护生命健康．水利建设与管理，2005(3)：4～14.
2. 陈昌杰，黄承武，王子石，等．全国生活饮用水质与水性疾病调查．中国公共卫生学报，1990，9(1)：7～9.
3. 卫生部卫生法制与监督司．生活饮用水卫生规范．2001.
4. 中华人民共和国卫生部，中国国家标准化管理委员会．瓶(桶)装饮用纯净水卫生标准 GB 17324－2003.

保水剂在沙化地区不同植物上的应用效果

梁砚清　许国臣
（河北海明生态科技有限公司）

摘　要： 使用“海明”保水剂在沙化地区进行不同沙生植物造林试验，测定试验树种梭梭、柠条的成活率、土壤含水率。试验结果发现使用保水剂对沙区造林和土壤改良起到关键作用，可以提高土壤含水率，提高沙化地区造林成活率。

关键词： 保水剂；土壤水分；沙生植物；成活率

截至2004年，全国荒漠化土地总面积为263.62万 km^2，占国土总面积的27.46%，全国沙化土地面积为173.97万 km^2，占国土总面积的18.12%，分布在除上海、台湾及香港和澳门特别行政区外的30个省（自治区、直辖市）的889个县（旗、区）。特别是我国的西北地区因干旱少雨，水资源匮乏，地下水与地表水径流总量仅占全国水资源总量的10%，人均拥有量只为国内人均水平的1/7，且旱灾频繁发生，由于干旱，土地资源不能充分利用，土地的沙化面积每年都在迅速增加，生态环境不断恶化。国家林业局防治荒漠化管理中心在“2007中国治理荒漠化上海高峰论坛”上表示，中国现有32万 km^2 潜在沙化地区，给当地生产生活造成严重生态威胁。水是人类赖以生存和发展的基础，水是植物生长之本，保水、节水，最大限度的利用水资源，是我国，特别是西部地区沙产业发展的关键所在。近几年来，利用保水剂进行改良土壤、节水增产、抗旱治沙的研究报道逐渐增多。许多资料表明保水剂可增强土壤保水性，改良土壤结构，减少水的深层渗漏和土壤养分流失，提高水分利用率。我们对河北海明生态科技有限公司生产的“海明”保水剂进行了沙生植物栽植试验研究，以探求其在我国沙化严重的地区进行节水造林和生态环境治理方面的应用效果。

1　试验区自然条件

试验地点位于内蒙古自治区额济纳旗，试验区地势平坦，沙化严重，无明显的土壤发生层。额济纳旗属温带荒漠干旱区，为典型的大陆性气候，风大沙多，干旱少雨，日照充足，年平均气温8.3℃，年降水量80～220mm，年蒸发量2900～3300mm，日照时间3316小时，属全国日照最多区，无霜期120～180天。

2　试验材料和方法

2.1　试验材料

试验材料保水剂由河北海明生态科技有限公司提供，该产品外观为白色颗粒，是一种对

作者简介：梁砚清（1964～　）男，河北保定人，经济师，河北海明生态科技有限公司总经理；
许国臣（1969～　）男，河北沧州人，农艺师，主要从事保水剂的研究及推广应用。

作物无毒、生物降解、pH 值中性的高分子聚合物，吸去离子水 300～500 倍；供试树种为：一年生梭梭苗及柠条苗(甘肃民勤大床苗)。

2.2 试验设计

2.2.1 种植方法

挖定植穴，规格 40cm×40 cm×40 cm，株行距 3m×4m。试验设定三个处理，分别为：① 穴施保水剂 50g/株；② 穴施保水剂 100g/株；③ 常规种植(CK)；每个处理重复 3 次，随机区组排列，每小区 100 株，四周设保护行。

2.2.2 浇水情况

定植后各处理均浇一次透水，以后对照每浇两次水，处理浇一次，浇水每次定量 8kg。试验于 2007 年 5 月 12 日开始。

2.2.3 试验调查内容

① 浇水情况调查记录。② 降水情况调查记录。③ 成活率调查。在定植后 6 月 2 日，7 月 2 日，8 月 21 日分别进行调查种植成活率，成活率最终以 8 月 21 日为准。④ 土壤含水率调查。随机选定 20 株作为固定株，测定其试验前后根部土壤含水量(用环刀称重法)。

3 试验结果与分析

3.1 试验地降水情况记录

7 月 10 日有一次轻微降水，之后至 8 月 21 日长达 42 天无有效降水。

3.2 试验田浇水情况见表 1

表 1 试验田浇水情况

浇水时间	处理 1(50g/株)	处理 2(100g/株)	处理 3(CK)
2007 年 5 月 12 日	浇水	浇水	浇水
2007 年 5 月 19 日			浇水
2007 年 6 月 5 日	浇水	浇水	浇水
2007 年 7 月 5 日			浇水
2007 年 8 月 2 日	浇水	浇水	浇水

由表 1 可以看出对照自 5 月 12 日至 8 月 21 日共浇水五次，浇水量 40kg，处理 1 和处理 2 浇水三次，浇水量 24kg，处理 1 和处理 2 比对照节水 16kg，节水 40%。

3.3 “海明”保水剂对土壤含水率的影响

表 2 梭梭应用“海明”保水剂前后土壤含水率

项目		ⅰ(%)	ⅱ(%)	ⅲ(%)	平均值
2007.5.12	处理 1	5.250	5.260	5.250	5.253
	处理 2	5.250	5.240	5.260	5.250
	处理 3(CK)	5.260	5.240	5.260	5.253
2007.8.21	处理 1	6.950	6.550	6.720	6.740
	处理 2	6.180	6.450	6.390	6.340
	处理 3(CK)	5.01	4.930	5.650	5.197

表 3 柠条应用"海明"保水剂前后土壤含水率比较

项 目		ⅰ(%)	ⅱ(%)	ⅲ(%)	平均值
2007.5.12	处理 1	5.270	5.260	5.250	5.260
	处理 2	5.280	5.260	5.270	5.270
	处理 3(CK)	5.270	5.340	5.250	5.287
2007.8.21	处理 1	6.250	6.570	6.160	6.320
	处理 2	7.150	6.830	6.650	6.876
	处理 3(CK)	5.210	5.120	5.180	5.170

由表 2、表 3 可以看出，梭梭和柠条用保水剂之前的土壤含水量基本相当，梭梭使用保水剂后土壤含水率处理比对照高 1.143% ~1.543%，柠条使用保水剂后土壤含水率处理比对照高 1.150% ~1.706%。

3.4 "海明"保水剂对沙生植物成活率的影响

表 4 梭梭应用"海明"保水剂后成活率对比

处理名称	重 复		
	Ⅰ(%)	Ⅱ(%)	Ⅲ(%)
处理 3(CK)	63.020	60.450	64.130
处理 1(50g/株)	70.780	73.240	74.630
处理 2(100g/株)	72.210	75.580	81.250

结果分析

方差分析(x-不显著，*-显著，**-极显著)

变异来源	自由度	平方和	均方	F 值	$F_{0.05}$	$F_{0.01}$
处理间	2	309.925	154.963	29.950**	6.944	18.000
重复间	2	35.775	17.888	3.457 x	6.944	18.000
误 差	4	20.696	5.174			
总变异	8	366.396				

比较结果(字母标注法：凡具有一个相同字母的表示无差异)

处理名称	平均值	显著水准	
		5%	1%
处理 2(100g/株)	76.347	a	A
处理 1(50g/株)	72.883	a	A
处理 3(CK)	62.533	B	B

F 值 $=29.950>F_{0.01}=18.000$，说明处理与对照间差异显著。处理 1(50g/株)比对照成活率率提高 10.35%，处理 2(100g/株)比对照成活率提高 13.814%，处理 1 和处理 2 与对照间达到极显著差异水平。

表 5 柠条应用“海明”保水剂后成活率对比

处理名称	重复		
	Ⅰ(%)	Ⅱ(%)	Ⅲ(%)
处理 3(CK)	70.130	65.130	68.680
处理 1(50g/株)	78.350	73.980	75.210
处理 2(100g/株)	80.640	82.370	79.360

结果分析

方差分析(x-不显著，*-显著，**-极显著)

变异来源	自由度	平方和	均方	F 值	$F_{0.05}$	$F_{0.01}$
处理间	2	250.417	125.209	28.961 **	6.944	18.000
重复间	2	10.662	5.331	1.233 x	6.944	18.000
误　差	4	17.293	4.323			
总变异	8	278.372				

比较结果(字母标注法：凡具有一个相同字母的表示无差异)

处理名称	平均值	显著水准	
		5%	1%
处理 2(100g/株)	80.790	A	A
处理 1(50g/株)	75.847	B	A
处理 3(CK)	67.980	C	B

F 值 $=28.961>F_{0.01}=18.000$，说明各处理与对照间差异显著。处理 1(50g/株)比对照成活率率提高 7.867%，处理 2(100g/株)比对照成活率提高 12.81%，处理 1 和处理 2 与对照间达到极显著差异水平。

4 结　论

保水剂可在短时间内吸收自身重量数百倍的水分，并储存起来，缓慢释放供植物吸收利用，减少水分蒸发、渗漏和流失，提高水资源利用率，从而稳定可靠地保证土壤湿度，在节水 40% 的条件下，仍可提高土壤含水率 1.15% ~1.706%，并使梭梭和柠条的成活率提高了 7.867% ~13.814%。说明“海明”保水剂具有水分调控功能，可促进苗木成活，在沙区具有明显的节水功效，这对于我国干旱少雨，水资源严重匮乏的西部地区来说，是一项非常有效的旱地造林节水措施。

参考文献

1. 杜太生，等. 保水剂在节水农业中的应用研究现状与展望[J]. 农业现代化研究，2000，21(5)：317 ~320.

2. 山仑，黄占斌，张岁岐. 节水农业[M]. 北京：清华大学出版社，2000(16). 38，76.

3. 吕谦，等，施用药剂提高大树移栽成活率[J]. 内蒙古林业科技，2005(1)：18，19.

4. 李景生. 土壤保水剂的吸水性能研究动态[J]. 中国沙漠，1996，16(1)：86 ~91.

5. 介晓磊，李有田，韩燕来，等. 保水剂对土壤持水特性的影响[J]. 河南农业大学学报，2000，34(1)：22 ~24.

浑善达克沙地林沙产业发展途径初探

李连芳　李福生　巩和平
（内蒙古锡林郭勒盟林业局）

摘　要：浑善达克沙地是我国五大沙地之一，地处京津正北，内蒙古自治区中部，是距首都最近的一块沙地，生态区位重要，林沙产业开发前景广阔。文章就沙地的基本情况，林沙产业发展现状及潜力，做大做强林沙产业的思路、途径和措施进行论述。

关键词：浑善达克沙地；生态；林沙产业；途径

一、浑善达克沙地基本情况

浑善达克沙地地处京津正北方，内蒙古自治区中部，东起大兴安岭南段西麓，西端楔入我国最东端的荒漠草原，横贯锡林郭勒草原，东西长约450km，南北宽50～300km。行政区属内蒙古锡林郭勒盟（以下简称锡盟）和赤峰市，总面积7.1万km^2，其中在锡盟境内5.8万km^2，占锡盟总土地面积的28.6%。

浑善达克沙地在地质构造单元的划分上是蒙古地槽古生代褶皱带的一部分，沙地北侧有西拉木伦－乌日根塔拉大断裂，南侧有阴山东西向复杂构造北缘的大断裂，因此沙地的本身为一个地堑式凹陷带。浑善达克沙地中现有沙漠化土地3.05万km^2，占43%；潜在沙漠化土地1.42万km^2，占20%；非沙漠化土地2.62万km^2，占37%。沙地的地势由东南向西北缓缓降低，境内为沙丘、湖泊、盆地及剥蚀高原交错分布，沙丘形态多为沙垄－梁窝状沙丘，沙垄之间有同向延伸的平坦沙地和湖盆洼地，固定沙地及低平地是沙生、盐生及草原等植被滋生、繁衍的场所，东部原生植被以疏林灌丛草地为主，西部以灌丛和草地为主。沙丘上植被以榆树、黄柳、沙蒿、沙竹群丛为主，丘间地植被相当茂密，优势种为小红柳，常伴生有芦苇、拂子茅、羊草、冰草、苜蓿等。沙地属大陆性气候，年降水量150～380mm，由西向东递增；年蒸发量2000～2700mm，由西向东递减；年平均气温0～3℃，无霜期100～110天；年均风速4～5m/s，全年8级以上大风日数60～80天。沙地水资源相对丰富，有大小湖泊110余个，地下水埋深1～3m，水质较好，开发利用潜力大，是沙地植被建设和产业开发得天独厚的条件之一。

浑善达克沙地行政区域跨锡盟8个旗（县、市）的61个苏木（乡、镇），居住有蒙古、汉、回、满等19个民族27万多人，人口密度为每平方千米4.7人，其中农牧业劳动力约12.6万人，主体经济是畜牧业，产业结构单一。

作者简介：李连芳，男，内蒙古锡林郭勒盟林业局局长，工程师；李福生，男，内蒙古锡林郭勒盟林业局副局长，农业推广研究员；巩和平，男，内蒙古锡林郭勒盟林业局，林业高级工程师。

二、沙地生态环境状况

长期以来，锡林郭勒草原作为我国北方重要的绿色屏障，有效地阻止了来自中亚和我国西部的沙尘侵害，对于维护华北乃至更大范围的生态安全起着举足轻重的作用。然而，20世纪70年代以来，受历史、自然和人为因素影响，生态环境日趋恶化，锡林郭勒草原退化、沙化草场的面积由1984年48.6%扩大到2000年的64%，浑善达克沙地流动沙丘面积由1960年的172km^2增加到2000年2970km^2，平均每年增加70km^2，尤其是进入90年代，沙化趋势加剧，流动沙丘的面积平均每年增加143km^2，生态系统严重受损，初级和次级生产力降低，生态屏障功能逐步减弱，不仅严重制约着区域经济社会可持续发展，而且直接影响着京津地区的生态安全。

2000年，国家启动了京津风沙源治理工程，锡盟14个旗(县、市、区)均被列入工程实施范围，借助国家重点生态建设项目的支撑，锡盟针对不同生态类型，本着分类指导、分区治理、突出重点、整体突破的原则，确定了转移农牧业人口、转变生产经营方式，努力实现生态改善和农牧民增收的“两转双赢”目标，把防沙治沙作为最重要的长期战略任务来抓。林业部门作为生态建设主体，立足实际，实行生态优先、保护优先，以封为主、以灌为主，林草结合的技术路线，把自然休复与治理建设相结合，生态与经济兼顾，累计完成沙源治理任务803万亩，结合休牧、禁牧、轮牧以及草畜平衡制度的落实，有效地促进了全盟生态环境的整体改善，浑善达克沙地植被状况明显好转。据荒漠化和沙化土地监测，2005年与1999年相比，沙地中沙化土地净减少74.2万亩，流动半流动沙地减少460万亩，特别是工程治理区，林草植被普遍增加40%以上，一些项目区已能打草、采种、采条利用，成为后续产业和林沙产业基地。

三、林沙产业发展现状及发展潜力

京津风沙源治工程启动伊始，锡盟针对特殊的生态区位和保卫京津生态安全、迎接绿色奥运的迫切需求，把生态保护与建设作为首要任务，举全盟之力防沙治沙。进入“十一五”，在生态建设初见成效的基础上，进一步完善发展思路，将生态安全体系和林业产业体系作为相互促动的两大目标整体推进，抓基地，增资源，围绕生态建设，着力培育林草、林沙、林经结合的产业资源基地，林沙产业健康起步，稳步发展。比如，立足沙地主体植被，保护和培育灌木柳资源224万亩；在沙地南缘退耕还林“两行一带”模式的林带内种植优良牧草35万亩；栽植生态经济兼用林山杏、樟子松、欧李等120多万亩，目前山杏结实面积达到25万亩，年产山杏核500万kg，产值达2000万元；多伦县2002年起推广“以造代育”模式，培育大苗将来出售，累计营造樟子松7万亩910万株，8年后，可出售苗木330万株，按每株增值50元计算，效益达16500万元。与此同时，探索沙地生态旅游和林产品加工利用途径，西乌旗治沙站立足独特的沙地景观，兴建了沙地生态旅游度假村，股份制经营，年接待游客1.5万人次，产值70万元；正蓝旗以作物秸秆和沙柳为原料的年产6.8万吨纸浆林纸一体化项目已投产，将逆向拉动农牧民保护、栽植和经营灌木柳的积极性。一些旗(县)制定鼓励政策，对农牧民自主治沙栽植沙柳达到一定规模的，每亩给予10~15元资金以奖代补。全盟每年牧民自主栽植沙柳2万多亩，依托生态工程栽植沙柳5万亩以上，为发展林沙产业蓄积后备资源。

从自然和社会情况综合分析，浑善达克沙地发展林沙产业潜力巨大。一是沙地自然条件独特，光能、风能丰富，水资源充足，且光、热、水同期，宜于多种乔灌木生长发育，原生植被为疏林灌木草地复合生态系统，在生态总体保护的前提下，有利于培育乔、灌、草、经相结合的类型多样的林沙产业基地，是林沙产业发展的巨大潜力；二是现有森林资源已达到一定规模，浑善达克特有的沙地白榆面积达到160多万亩，以沙柳、柠条、沙棘、杨柴为主各类灌木(灌丛)林地达到800多万亩，沙地内部人工草地占到了30%，天然草场禁牧休牧面积占到了90%，为发展林产业、草产业、沙产业奠定了资源基础；三是宜林地资源丰富。多年的生态治理与建设，取得了一定成效，但从浑善达克沙地整体看，地域宽广，地貌类型复杂，无论从占据的面积、涉及的农牧业人口以及生态和经济发展的弹性，都占据了锡盟的半壁江山，当前，沙地中仍有1100多万亩流动和半固定沙地待治理建设，也是林沙产业基地培育的尚好空间；四是基层干部和群众认识程度高。多年来，通过以旱为主、多灾并发的灾后反思，以及宣传教育、政策引导、利益驱动，尤其是生态建设、结构调整与产业发展的实例对比，农牧民建设主体对于生态保护与建设、多元化经营有了更深刻的认识，找出路、谋发展、求致富的观念普遍根植于农牧民建设主体的头脑中，是林沙产业发展最难能可贵的内在动力；五是政策有利，项目支撑。国家在退耕还林后续政策、防沙治沙工程、社会主义新农村建设，特别是生态文明建设等一系列政策，为林沙产业的发展提供了根本保障和巨大空间。各级政府和相关部门出台推进农牧业产业化和林沙产业发展的意见(办法)，对于加快区域产业发展具有重要的指导、扶持作用。沙源治理、退耕还林、湿地保护、森林碳汇、生物质能源等项目的深入实施，都是林沙产业发展强有力的支撑。

四、对林沙产业发展途径的探讨

党的十七大站在国家和全球的高度，提出建设生态文明的战略任务。实现生产发展、生态良好、生活富裕的具体目标，赋予林业建设与发展新的更重要任务。林沙产业的发展与壮大，在这一新的发展时期更具有重大意义，承接着历年来生态建设成果巩固、区域经济发展和农牧民增收的重要环节。探索科学合理、有生命力、生态建设与产业发展良性互动的途径，对于沙地经济社会发展至关重要，总体思路是，既要考虑沙地自然条件和生态系统的实际，又要考虑资源潜力和市场要素，主抓以种养互补型产业资源基地培育为主的第一产业，以林(副、特)产品加工利用为主的第二产业，以沙地森林生态旅游为重点的第三产业。分区施策、集约经营，增强专业化分工、区域化布局、社会化服务、信息化流通功能，优化产业结构和产业链延伸，促进多级增效增值，打造生态型产业、保护型产业、发展型产业，培植农村牧区经济发展新的增长点。

在沙区畜牧业主体经济结构的调整上，应当以“减人、减畜、增收”为主导，走种、养、加一体化产业道路。发挥沙地植被历史上适宜于养牛的传统优势和自然规律，优化畜种结构，减羊增牛，消除山羊养殖，搞好以户或联户高产饲草料种植，大力发展沙地养牛业，推进舍饲、半舍饲乳肉兼用牛和奶牛养殖，减少牲畜头数，少养精养，减畜增收，达到小开发、大保护，生态、经济“双赢”的目的。

在沙区畜牧业结构调整的基础上，发挥好林沙产业的作用和效益。首选要突出以资源培育为主的第一产业，先从近些年建起的黄柳采条基地和优良乡土树种采种基地着手，一方面巩固完善，提高质量和林地综合产出率，另一方面进行科学合理利用，开发种质资源，为生态建设提供种子苗条的同时，获取最大的经济效益。其中在沙地腹地流动半流动沙地，依托重点生态治理工程带动、企业建基地拉动和农牧民自主治沙推动，发展以灌木柳为主的原料林基地，改善生态的同时，推进林纸、林板一体化建设；在沙地中东部农牧交错区，要依托退耕还林成果巩固和后续政策，利用光、热、水的优势，大力发展山杏、樟子松、文冠果、欧李为主的生态经济兼用林基地，推行林地的多项间种和生物质能源、种苗基地培育；推广适用技术，引导农牧民以户和联户方式开展小苹果、西瓜、菊芋、饲料桑、文冠果、甘草、麻黄等特色种植，培育林、草、药、经结合型产业，打造北方草原、沙地区域品牌，形成特色产业。

积极发展以林产品精深加工为主的第二产业。在培育和扩大产业资源基地的基础上，根据市场需求和资源配置，加大招商引资力度，吸引不同所有制投资主体创办林纸、林板、生物发电等林产品加工企业，打造企业加基地带农户格局，在产、加、销一体化上做文章，盘活这一块资源，逐步将资源优势转化为经济优势，实现沙地增绿、企业增效、农牧民增收。沙地东部与次生林交汇地带，以森林抚育间伐所产小径木为主，划定资源半径，建适度规模木材加工企业。以木耳、黄花、蘑菇、蕨菜和特色瓜果、药材为主，搞好林、副、特产品精深加工。利用蒙古、俄罗斯口岸优势，做大做强规范化木材加工销售市场；沙地中东部围绕扩大灌木柳、山杏、丛桦、绣线菊、杨柴等资源，为林纸、林板、杏仁加工等企业稳产优产奠定原料基础；围绕沙地生态旅游，通过科技培训、再就业培训，引导一部分牧民提高生产技能，搞特色柳编、蒙古包哈纳墙和乌尼杆初加工、民族木制品制作等小型产业，拓宽增收渠道。

立足沙地森林草原独特的自然景观和浓郁的民族风情，挖掘特点，创造亮点，做大做强以沙地生态旅游为主第三产业。浑善达克沙地历史悠久，旧石器时代已有人类生存，一代天骄成吉思汗跃马扬鞭，忽必烈大汗在此登基，马克·波罗在游记中写下浓厚一笔，有始建于秦、辽、金代古长城遗址，有突厥人留下的神秘石人，世代生息于此的蒙古族在宗教、文化、艺术、体育、饮食、节庆、婚俗、祭祀等方面保留着民族风俗，历史和人文景观甚多。围绕地区旅游业发展总体规划，搞好黄金线路的扩充和延伸。要依托自然保护区、森林公园建设和沙地交通公路网的形成，强化基础设施和生态保护措施，发挥国有林场、保护区在人员、技术、管理、基础设施等方面优势，大力开发旅游市场，全力打造京北生态旅游大品牌，吸引游客观光游览、感悟自然、感受生态建设成果，弘扬生态文化，共同推进生态文明建设。

参考文献

1. 王九龄．中国林业生态环境建设．北京：人民日报出版社，2002
2. 吴新宏．浑善达克沙地植被快速恢复．呼和浩特：内蒙古大学出版社，2003

鄂尔多斯市林沙产业现状和发展对策研究

于海涛[1]　刘彩霞[1]　刘源[2]

（1. 鄂尔多斯市林业局产业办公室；2. 鄂尔多斯市东胜区森林公安分局）

摘　要： 林沙产业是绿色环保产业，鄂尔多斯依托丰富的灌木资源及灌木平茬复壮的特性，在沙产业理论的指导下，积极探索，大力发展林沙产业，走出了一条沙漠增绿、农牧民增收、企业增效的成功发展之路。本文在总结鄂尔多斯市林沙产业现状和问题的基础上，进一步提出科学规划产业布局、大力发展循环经济、实施品牌战略、完善产业体系、加强政策扶持等林沙产业发展对策。

鄂尔多斯市位于内蒙古自治区西南部，地处鄂尔多斯高原腹地，西北东三面为黄河环绕，总面积8.7万km^2，自然条件恶劣，是沙漠化和水土流失较为严重的地区，境内毛乌素沙地、库布齐沙漠和丘陵沟壑区、干旱硬梁区各占48%。2000年以来，鄂尔多斯市把生态建设作为最大的基本建设来抓，按照科学发展观的要求，确立了建设"绿色大市、畜牧业强市"发展目标，在全自治区率先推行禁牧、休牧和划区轮牧政策，同时紧紧抓住国家西部大开发的历史机遇，大力推进林业重点工程建设，积极发展生态后续产业，全力构筑林沙产业体系。

关键词： 鄂尔多斯市；林沙产业；现状；发展对策

一、鄂尔多斯林沙产业现状

20世纪80年代以来，鄂尔多斯市涌现出一批成功的林产品加工企业，不仅带动了当地农牧民增收，而且利益杠杆撬动了沙柳资源的快速增长，逆向拉动了林业生态建设。这一现象给鄂尔多斯人许多有益的启示，近年来，对林沙产业发展的典型经验进行了认真的挖掘和深刻的总结，围绕"农牧业增效、农牧民增收、农牧区生态改善"和建设现代化林业的工作目标，确立了生态建设产业化、产业发展生态化的工作思路。2006年，鄂尔多斯市委、市政府把林沙产业确定为农牧业两大重点产业之一进行重点扶持，制定了《鄂尔多斯市林沙产业十一五规划》，明确了林沙产业"五化"（林板一体化、林纸一体化、林饲一体化、林能一体化、林景一体化）、"三品"（饮品、药品、保健品）、"五增"（大地增绿、资源增值、农民增收、企业增效、地方增税）的总体框架，理顺了生态建设与经济发展的关系，充分调动了社会各界参与林业建设的积极性，林沙产业开始向规模化、集约化、体系化方向迈进。

基地建设是林沙产业发展的基础和前提。鄂尔多斯本着生态优先、因地制宜、适地适树的原则，对产业基地进行全力构筑。一是围绕社会主义新农村新牧区和现代农牧业建设，积极实施收缩转移、集中发展战略，优化林业重点工程布局。二是按照全市禁止开发区、限制开发区和优化开发区的总体规划，将原料林基地建设任务重点安排到禁止开发区和限制开发区。三是推广公司加基地、基地连农户、就近优先采购的模式，确保原材料供给。四是在基地建设中加强林业科研与推广，不断提高科技贡献率，投资1500万元，购进10架运五飞机，组建了鄂尔多斯通用航空公司，确保了大面积飞播造林的需要；投资1000万元，组建了鄂尔多斯碧森种业公司，确保了造林用种质量的提高。五是积极发挥造林大户和非公有制在林沙产业基地建设中的作用，殷玉珍、乌日更达来等造林大户承包治理沙漠 200 多万亩，全市非公有制造林面积占总造林面积的 90% 。目前，已建成沙柳工业原料林基地 585 万亩；建成柠条、杨柴饲料林基地 1310 万亩；建成沙棘林基地 40 万亩；建成山杏林基地 12.6 万亩。以政府投入为导向、农牧民投入为主体、社会投入为补充的多元化林沙产业基地建设体系基本建立，原料林基地初具规模，为林沙产业发展奠定了坚实的物质基础和广阔的发展空间。

龙头企业是林沙产业发展的动力和源泉。鄂尔多斯按照“围绕基地建龙头、建好龙头带基地”的思路，大力扶持和发展林沙龙头企业，对符合林业产业政策、发展前景好、带动力强的林沙企业，积极创造条件促进其扩大生产规模，增加科技含量，提升产品档次，提高市场竞争能力。2005 年，东胜区政府投资 6200 万元负责配套水电、道路和绿化，在塔拉壕镇规划建设了占地 2.5km^2 的世界最大沙棘产业园区，园区内天骄沙棘资源公司与北京王致和集团共同投资 2000 万元兴建了万吨沙棘酱油醋一期生产线，国家水利部沙棘中心融资 5000 万元研制开发沙棘系列产品，现均已投入生产，鄂尔多斯佳音公司和伊丽达公司两个沙棘精深加工项目也已入驻园区；总投资 3.2 亿元的毛乌素生物质热电厂项目入驻乌审召生态化工园区，该项目将建成 2×15 MW 生物质热电厂和 60 万亩生态林基地，每年收购 20 万吨生物质原料将直接为当地农牧民增收 5000 万元左右；鄂尔多斯市杭锦旗锡尼生物热电厂 2008 年初落户锡尼镇工业园区，计划投资 2.9 亿元，其中一期工程建成 2×12MW 发电机组，二期工程建成 2×12 MW 发电机组，该项目将建设 50 万亩原料林基地；鄂尔多斯市蒙格硅电有限公司在图克镇建立沙柳粉煤灰复合板材项目，年可生产复合板 5 万 m^3，需沙柳 8 万吨，每年可带动当地农牧民增收 1140 万元；在库布其沙漠，建成了荒漠肉苁蓉嫁接示范基地 5000 亩，荒漠肉苁蓉成功接种梭梭 380 亩，亩产值超过 4000 元。目前，全市建成碧森种业、碧海木业、宏业人造板、天骄人造板、东达纸业、高原圣果、天骄资源等规模以上林沙企业 20 多家，2007 年，全市年产人造板 16 万 m^3，造纸 14 万吨，饮品、保健品 3 万吨，沙柳切片 3 万吨，种子加工丸化 300 吨。依托林业建设所形成的良好环境，2007 年，鄂尔多斯建成了中国优秀旅游城市，全市生态旅游业蓬勃兴起，建成成陵、恩格贝、响沙湾、七星湖、萨拉乌素等生态旅游景点 20 多处，接待游客 162 万多人次，旅游总收入突破 2 亿元。

随着鄂尔多斯市林沙产业的发展，以人造板、造纸、饮食品等原材料及相关产品为主的各类交易市场逐步发展壮大起来，市场功能日趋完善，遍及城乡的集贸市场也正在向规范化、制度化方向转变，较好地促进了林业产品的正常交易。林业协会和中介服务组织作为推动林沙产业化发展的一支重要力量，也得到了迅速发展，全市有农工商经济联合体、专业协会、林产品运销经营公司等各类中介组织 120 多个，不仅起到了“桥梁和纽带”、“参谋与助手”的作用，也反馈了市场信息，引回了外地资金和技术，对促进林沙产业化经营起到了积极的作用，使林沙企业和农牧民的利益紧密地结合在一起，实现了互利共赢、健康发展。

二、鄂尔多斯林沙产业发展中存在问题

灌木资源利用率低、灌木资源平茬机械化程度低、沙棘原料林基地雌雄株比利失调、产业链条短、基地建设规模小，档次低、林沙企业的资金和技术缺乏。

三、鄂尔多斯林沙产业发展对策

为使鄂尔多斯市林沙产业实现全面、协调、可持续发展，把其打造成阳光产业，针对鄂尔多斯市林产业现状及存在问题，提出如下发展对策：

(一)明确指导思想

按照鄂尔多斯市委“三个转变”和“三区规划”的战略部署，全面提升林沙产业发展层次，力争在全球范围内走出一条林沙产业发展的新路子，实现生态、经济、社会效益兼赢，拉动鄂尔多斯经济又好又快发展。

(二)科学规划产业布局

按照林沙产业发展的理论和要求，制定全市林沙产业发展总体规划，因地制宜发展沙产业，结合生态工程建设，在恢复植被、改善生态的前提下，做好原料林基地和产业发展规划，重点工程的安排与原料林建设紧密结合。限制开发区和禁止开发区是原料林基地建设主要区域；优化开发区在重点发展食用菌、种苗、花卉等产业的同时，建立林产品加工园区，有效推进“菜篮子”工程；在水、电、交通条件较好的限制开发区内适度建立林产品初加工企业。在充分挖掘现有生态旅游潜力基础上，鼓励发展农家森林旅游，提升特色森林服务业的比重和水平。充分利用沙区风能、太阳能及多种生物质资源发展特色生态产业。

(三)全面推进产业发展

按照“五化三品五增”的总体框架，全面推进林沙产业的优化升级。一是加强和巩固第一产业。二是改造和提升第二产业。培育一批科技含量高、产业链长、竞争力强、辐射面广的龙头企业，三是优化和拓展第三产业。大力发展森林草原观光、沙漠名胜旅游等第三产业。

(四)大力发展循环经济

通过调整投资结构来优化产业结构，采取有力措施推动产业链向下延伸，鼓励企业加快从加工环节向技术创新、自主研发、品牌运营等上游环节延伸，大力发展循环经济，以循环经济的理念指导企业发展，使林沙企业走上企业知名化、链条网络化、产品高端化、资源利用最大化、排放无害化的全面、协调、可持续发展之路，把鄂尔多斯市林沙产业建成西部地区示范性好、产业链长、辐射面广、带动力强的支柱产业。

(五)实施品牌战略

品牌是企业的一面旗帜，是企业进入国内外市场的敲门砖，政府和企业要立足鄂尔多斯市林沙产业绿色环保这一特点，对全市林沙企业现有的金狮、龙门、天骄、高原露等品牌进行全力构筑，加大宣传力度，集中打造具有鄂尔多斯特色的林沙产业国内外知名品牌。

(六)完善产业体系

以建设原料林基地为基础，以扶植龙头企业发展为重点，坚持资源与加工利用平衡的原则，增强科技创新能力，延长产业链，提高附加值，实现“种、养、加”一体化，“产、供、销”一条龙。充分发挥林沙产业协会和中介服务组织“桥梁和纽带”、“参谋与助手”作用，引进资金，反馈信息，收购原料，稳定市场，引领林沙产业全面、协调、可持续发展。

(七)建立健全运行机制

大力发展非公有制林业，鼓励国家、企业、农户参与建设原料林基地和林沙产业发展，引导农牧民以林地、林木、资金入股等方式参与企业经营，探索林地入股与原料供给合同制相结合的经营机制，推广“公司－经济合作组织－农户”的经营模式，真正增强企业与农户之间的结合力，实现企业与农户风险共担，利益共享。

（八）加强政策扶持

（1）加强金融信贷支持。根据国家《林业产业政策要点》要求，督促银行业金融机构尤其是农业发展银行、农业银行、农村信用联社等要积极提供符合林业特点的金融服务，对林沙产业项目给予积极支持，延长贷款期限。建立面向林农和林业职工个人的小额贷款和林沙小企业贷款扶持机制。适当放宽贷款条件，简化贷款手续，积极开展林权抵押贷款等符合林沙产业特点的多种信贷模式融资业务。建立政府诚信担保体系，实行以林木和林地使用权作抵押，中央地方分级贴息的优惠政策，解决林业融资难问题。5000 万元以下的贷款由旗区担保公司担保，5000 万元以上由市担保公司担保。

（2）执行和出台各类林业税费减免优惠政策。以三剩物和次小薪材为原料生产加工的综合利用产品增值税实行即征即退，减征企业所得税。企业综合利用资源，生产符合国家产业政策规定的产品所取得的收入，可以在计算应纳税所得额时减计收入，减按 90% 计算。城建税、教育费附加、耕地占用税、土地使用税等地方税种以及增值税和企业所得税等国税地方留成部分实行即征即返，用于林沙产业的发展。新建企业的城建费和规划审批费、土地出让金等地方行政性收费项目全部免除。对于国家产业结构调整指导目录鼓励类投资项目的进口自用设备，除《国内投资项目不予免税的进口商品目录》所列商品外，免征进口关税和进口环节增值税。

（3）加大地方财政投入力度。各级政府要把林沙产业发展纳入地区国民经济发展计划，把支持林沙产业资金列入年初预算。市财政每年扶持林沙产业资金按财政收入 0.1% 配套，旗（区）每年扶持林沙产业资金按财政收入 0.2% 配套，主要用于原料林基地建设、龙头企业的技术改造、新产品研发、林草采割、林业保险、贷款贴息等补贴以及基金建立和各类奖励。各旗区政府要按照林业贴息贷款管理的要求，足额拿出地方应贴息的部分用于林沙产业贷款贴息，扶持林沙产业发展。

（九）强化服务

各级党委、政府要把林沙产业发展摆在突出位置来抓，各有关部门要认真履行职责，密切配合，大力支持林沙产业发展。

参考文献

1. 内蒙古党委，政府．内蒙古党委、政府关于深化改革加快林业发展的决定．内党发[2003]25 号．
2. 中共中央，国务院．中共中央、国务院关于加快林业发展的决定．中发〔2003〕9 号．
3. 内蒙古自治区人民政府．内蒙古自治区人民政府关于切实加强防沙治沙工作的决定．2008 年．
4. 鄂尔多斯市人民政府．鄂尔多斯市林沙产业发展“十一五”规划．2005 年．
5. 鄂尔多斯市人民政府．做大做强林业产业 加快绿色大市建设进程．全区林业产业现场会发言材料，2007 年 6 月．
6. 张传辉，张汉巍．发展循环经济促进林业可持续发展．东北林业大学学报，2006，34(6)．
7. 国家林业局，国家发改委，等．林业产业政策要点．2007 年 8 月．

青海诺木洪农场沙区生态环境建设与沙产业开发的探讨

陈国斌　魏廷朝

（青海诺木洪农场）

摘　要：青海诺木洪农场建场50多年来，历届各级领导对防治土地沙漠化工作十分重视。广大职工群众在场领导的正确领导下，从建设防风治沙防护林、设置风障等简单有效的防沙治沙措施，到开展技术研究，提出科学防沙治沙方案，结合退耕还林（还草）工程实施及防沙治沙项目的申请，对这片戈壁绿洲进行着不懈的沙化土地治理工作。本文从沙区生态环境建设的树种选择、模式探讨等方面，就青海诺木洪农场沙区生态环境建设的成功经验做了详实的介绍，指出了作为沙产业开发的优先树种——枸杞是生态经济型沙产业的最佳树种，它具有保健价值高、规模成型、种植经验丰富、市场前景广阔等优势，是青海省独具特色的沙产业，它的开发将带动诺木洪地区的经济、旅游、服务行业的快速发展。

关键词：青海；诺木洪；沙区生态环境；沙产业开发

青海诺木洪农场位于柴达木盆地东南边缘，建场50多年来，经过三代诺木洪人艰苦奋斗和不懈努力，对13万亩沙化土地土进行了开发治理，本着“生态优先，兼顾社会经济效益”的原则，历届各级领导对防治土地沙漠化工作十分重视，科学有效预防土地沙化，全面治理沙化土地，大力开发沙产业，保护柴达木绿洲生态农业，保障沙区人民群众安居乐业，推动生态经济效益可持续发展。

一、诺木洪沙区基本情况

（1）地形、地貌：诺木洪农场位于柴达木盆地东南边缘都兰县境内，西距格尔木市146km，东距省会西宁市637km，南侧是昆仑山系的布尔汉布达山，北侧是祁连山系的埃姆尼克山，地理坐标东经96°15′~96°35′北纬36°20′~36°30′，灌区地处诺木洪扇形冲击带上，地势南高北低，自然坡降1/100左右，海拔高度在2745~2790m之间，地势较平坦。

（2）气候：诺木洪地区具有明显的高原大陆性气候特征，冬季寒冷，夏季凉爽，空气干燥，干旱少雨，日照时间长，昼夜温差大，太阳辐射强，历年平均气温4.3℃，年通过0℃日数为220天，无霜期112~143天，年平均风速3.08m/s，历年8级以上大风平均出现45次，集中于3~5月，西风频率22%以上，历年平均降水量39.92mm，干旱指数71.4，年日照时数为3144.3小时。

（3）土壤、植被及水系：耕地土质为灰漠钙土，多沙壤，土层厚1.3~3.5m，pH值7.4~7.7，含氮0.056%~0.124%，含磷0.08%~0.142%，含钾1.6%~2.1%，有机质0.72%~2.2%。主要植被有原始梭梭自然群落，原始枸杞自然生态群落以及天然沙生植被柽柳、麻黄、罗布麻等。诺木洪河是农场农林生产的灌溉水源，发源于布尔汗布达山的艾斯里金和哈然郭勒，多年平均径流量4.78m^3/s，近年来因全球气候变暖，雪线上升，径流量逐年减少，流量只有2.5～3.8m^3/s。

(4)沙区生态环境建设的现状：诺木洪农场现有占地面积13万亩，耕地面积为8.8万亩，2002年至今结合西部大开发退耕还林工程，荒沙荒滩人工造林及荒地育林等项目建设，狠抓生态建设工作，以柴达木、诺木洪特色品种“枸杞”为主，加快生态环境建设步伐，现有林地面积4.0万亩，森林覆盖率由原有7.7%提高到现有的30.8%。

本地区在保护生态和建设生态的同时，为沙区职工群众培育了新的经济增长点，也为沙产业发展奠定了坚实基础，2007年年产枸杞干果800吨，鲜果2400吨，通过沙区生态环境建设，改善了现有的生态环境，而且体现出较好的经济效益。

二、诺木洪沙区生态环境建设树种选择

诺木洪沙区生态建设的树种选择按照“因地制宜，适地适树”原则，以原始枸杞通过驯化、培育的柴达木枸杞(柴杞)为主，搭配沙枣、沙棘、青杨、新疆杨等，在种植人工防护林网(以乔木为主)的同时，积极种植集中连片的人工枸杞生态林，枸杞生态林既保护了沙区生态环境，也提高土地资源利用率和产出率，由于枸杞子有润肺、清肝、滋肾、益气、生精、助阳、祛风、明目等作用，尤其对肝肾阴虚、营养不良以及老年人保健，具有滋补扶正，延年益寿之功效，加之枸杞产品中含人体所需的18种氨基酸，丰富的还原糖、维生素以及钙、磷、铁等营养成分，并含锗、硒、铜等具有抗癌、抗衰老、美容等功效的微量元素，品质优于国内同类产品，所以，在柴达木盆地诺木洪地区，沙区生态环境建设中，选择优良先锋树种“枸杞”是较为适宜，不仅保护了生态环境，而且开发治理了生态环境，也为沙产业发展提供优质的林产品。

三、诺木洪沙区生态环境建设的模式

(一)沙区绿洲防护林建设模式

在沙漠绿洲营建防护林体系，防止沙漠化曼延，抵抗沙漠侵袭，保护沙漠绿洲。主要从外围戈壁沙漠边缘向绿洲农田共建设二层防护林体系，具体：

(1)第一层防护林，是绿洲的最外层防线，它接壤戈壁沙漠，风蚀，风积较为严重，采取宽100～150乔灌木林，株行距0.5m×0.5m或0.5m×1m，每年进行至少三次灌水(冬天、春天、夏天各一次)，树种以青杨、新疆杨、沙枣、沙棘、枸杞等。

(2)第二层防护林，即绿洲内部的农田林网。为改善绿洲内部的小气候条件，保证农作物和经济林、生态林正常生长，建成纵横交错长方形林网500m×650m，主林带与主害风方向垂直，林带宽10～12m，株行距1m×1m；副林带，林带宽4～6m，株行距1m×1m或1m×2m。树种以青杨、新疆杨为主，适当配置沙枣、白柳等。

(二)沙区枸杞集中连片模式

(1)枸杞植物学特征：枸杞属茄科，多年生落叶灌木，株高1.3～2m，枝条细长下垂，多呈灰黄色，叶披针形，呈深绿色，管状花，紫红色，果柱状，为浆果，果色多为深红色或粉红色，也有金黄色，顶端短尖或平截，果身有4～5条纵横。果实富含多种维生素，氨基酸，营养价值，医用价值均很高。

(2)枸杞生物学特征：枸杞为长日照植物，在光照充足的条件下生长良好，尤其诺木洪沙区独特气候资源优势，对枸杞正常生长发育十分有利，而阴雨天较多的年份则生长不好，开花结果受到影响。枸杞于4月中旬萌芽，萌芽7天左右展叶，始花期在6月上旬，开花结果有两个阶段：第一阶段在6月上旬至8月初，第二阶段仅9月份换叶后。

(3)枸杞集中连片种植主要技术。

①枸杞地块选择和规划：选择地势平坦，排灌方便，地下水位3m以下，土壤含盐量0.3%以下，pH值在7~8，土层深厚的沙壤或轻中壤土。选好地要规划渠系，道路及田块。地块四周要有防风林带，田块规划以每小块1亩为宜。

②种植：于4月上旬至5月中旬定植，株行距1.5m×2m，230株/亩，按设定株行距放线，挖30cm×30cm×40cm的栽植穴，定植后立即定干(高度50~60cm)。

③灌水：苗木定植后立即灌水，前四遍水间隔时间应控制在15~20天左右，以确保苗木成活。以后灌水间隔35天左右，当年灌水不少于7~8次，两年以上枸杞在3月20日左右灌头遍水，间隔40天左右浇水一次，8月份进入摘果期，每摘一遍果浇一次水。

④施肥：追肥可有尿素或磷酸二铵，当年新定植枸杞苗，5月底施第一次尿素，根外30cm，开半圆形沟槽，深12cm，每株25g左右。7月初施第二遍，每株施尿素30g、磷酸二铵10g左右。两年以上苗木开始进入盛果期，需肥量增加，化肥施用主要集中在春催梢(5月初)夏保果(6~7月中旬)秋状条(7月下旬)。每次株施(尿素、磷酸二铵各50%)150~200g，或N、P、K优质复合肥150~400g。

⑤整形修剪：枸杞整形修剪是枸杞生产管理的重要环节，是夺取枸杞高产、优质、高效、延长收益年限，必须掌握的核心技术。一是树型，生产中多采用自然半圆型，干高40~50cm，分二层一顶，层间距50~60cm，树高1.5m左右，呈上稀下宽、上小下大，上短下长，主枝5个(第一层3个，第二层2个)3~4年整型完成；二是定干，定植当年，对无分枝的苗木于40~50cm处短截定干，然后在剪口下10~15cm范围内选留间距5~7cm的3~5个健壮、分布均匀的芽作第一层主枝，留15~20cm短截，促发侧枝，其余萌芽全部摘除；三是修剪，分别在春季、夏季、冬季各修剪一次，剪除干尖、徒长枝。

⑥病虫害防治：采取农业防治与化学防治相结合，按照“预防为主，综合防治”的要求，科学合理使用病虫害防治技术，经济、安全、有效地控制病虫危害。

⑦果实采收和制干。一是采收按照“三轻二净三不采”的要求，三轻即轻采、轻拿、轻放；二净即树一每逢采净、树下掉落的捡净；三不采即早晨有露水不采、刚喷过农药不采(5~7天)、阴天或下雨天不采；二是制干方法，采取摭阳荫干、自然晾晒、热风烘干等方法。

四、诺木洪沙产业开发探讨

(1) 沙产业发展历程：诺木洪从1955~2001年主要依靠发展以农牧业为主的绿洲沙产业；2002年至今，结合西部大开发、退耕还林工程实施，保护生态，保护“三江源”的生态保护意识逐步增强，沙区人民在开发沙漠资源，发展沙产业，满足生产、生活需要的同时，开始把目光转向了对生态环境的治理和保护，向生态经济型沙产业发展。

(2)发展枸杞特色的种植业。为柴达木枸杞基地建设，诺木洪在沙区生态环境建设中，枸杞种植已有30多年的历史，枸杞沙产业从20世纪60年代初5亩种植驯化的野生枸杞，至1985年扩大枸杞种植面积为3000亩，至目前，诺木洪名特优枸杞种植达3.40万亩，面积增加了3万余亩，产量翻10番。森林覆盖率增加了23.1个百分点。具有诺木洪枸杞特色的沙产业种植规模已形成，今后计划种植面积达4万亩，枸杞干果产量预计达4000吨，产值收入达2亿元以上，诺木洪枸杞特色的种植上，对推进防沙治沙步伐，调整沙区产业结构，争创“红色产业”品牌，加快沙区经济发展发挥了非常重要的作用。

(3)发展枸杞特色的加工业：诺木洪沙区种植枸杞生态经济林，营养价值丰富，从种植、管理、晾晒等方面积累了很多经验，并形成了一定的规模，也带来了显著的生态、经济、社会效益；枸杞种植和开发，不仅优势集中，易形成产业链，便于构建区域特色经济，有利于开拓市场，建设诺木洪枸杞综合开发利用产业化项目，开展枸杞精、深加工的研究开发工作，进一步开发枸杞茶、枸杞汁、枸杞饮料、枸杞粉、枸杞油等系列产品，使枸杞产品通过产加销一体化经营后，达到转化增值，销售增值，进一步把枸杞产业做大、做强、做优，使青海枸杞产品畅销省内外，走向世界。

(4)发展枸杞特色的旅游业。旅游业是当今发展最快产业之一，旅游是现代生活的发展需求和享受需求，是现代经济和社会发展的必然产物，由于枸杞是多年生灌木经济林，种植面积大，加之诺木洪古文化遗址、柴达木盆地贝壳梁自然景观的存在，在诺木洪沙区开发枸杞特色的旅游业，既了解原始的自然生态环境及自然景观，也体现了人与自然和谐发展，更进一步促进旅游区社会经济的发展。

参考文献

1. 李育材．绿色长城——中国“三北”防护林建设工程．北京：蓝天出版社．
2. 国家林业局．西部地区林业生态建设与治理模式．北京：中国林业出版社，2000.
3. 青海省林业局．青海省营造林质量管理手册．北京：中国林业出版社，2008.
4. 高昭平，苏多杰．等．三江源生态经济研究．西宁：青海人民出版社，2003.

对定边县沙地旅游业发展的思考

焦延平[1]　张立荣[2]　王祖民[2]

（1 陕西省定边县人民政府；2 陕西省定边县林业局）

摘要：定边县地处毛乌素沙地南缘，属鄂尔多斯荒漠草原与黄土高原过渡地带，黄土文化和游牧文化交汇融合，因此旅游资源非常丰富，其数量、类型、景观品位和开发价值很高，发展旅游特别是沙地森林旅游具有得天独厚的资源优势。但旅游业起步比较晚，发展的也比较缓慢。

定边县沙地旅游业发展总体思路是突出“大漠风光”，“湿地景观”、“三边风情”特点，建设三大景区，打造两条精品旅游线路。

关键词：定边县；沙地旅游业；发展；思考

一、定边县基本情况

定边县位于陕西、甘肃、宁夏、内蒙古四省（区）交界处，地处毛乌素沙地南缘，地理坐标介于东经107°15′～108°22′，北纬36°49′～37°53′，属鄂尔多斯荒漠草原与黄土高原过渡地带。全县辖25个乡（镇），334个行政村，人口31.5万人，其中农业人口26.8万人，总土地面积6920km^2。

二、沙区生态建设主要成就

建国初，定边县森林覆盖率仅为0.5%，风沙、干旱、沙尘暴、霜冻、冰雹、洪水、虫鼠等自然灾害频繁，生态环境十分恶劣。20世纪五六十年代，为迅速治理大面积荒山荒沙地，定边县建立了5个国营林场，初步治理了部分荒山荒沙地。通过广大干部和人民群众的共同努力，到1977年，定边县森林面积增加到81万亩，此时，森林覆盖率也仅为7.8%，生态环境仍然没有明显改善。1978年，国务院批准启动实施三北防护林体系建设工程，“三北”工程的实施，使定边县林业实现了快速发展，形成“四带一网”防护林体系。从1999年起，国家进一步加大了生态环境建设力度，党中央号召建设山川秀美的大西北，定边县又紧紧抓住这个大好机遇，先后实施了退耕还林、“天保”等一系列林业生态工程，广大干部和农民群众造林植树的积极性被进一步调动起来，林业事业迅猛发展，据统计，从1999年起，截至2007年底，全县完成人工造林112.29万亩，飞播造林25万亩，实施封山（沙）育林5.4万亩，森林保存面积达到288.5万亩，森林覆盖率达到了27.8%，比建国初增加27.3个百分点，比1978年增加20个百分点。

生态环境改善的同时，也为养殖业提供了丰富的饲料，羊饲养量迅速增加，群众因此摆脱了贫困开始走上了致富的道路。使全县养殖业发展进一步加快，羊存栏大幅度增加，羊产业成为定边的一大优势产业。大量水保林的建设，使山区生产生活条件有所改善，不仅保持了水土保护了农田，为养殖业提供了饲料来源，还解决了农民的燃料问题。

沙区的生态建设，也造就了定边县沙区丰富多彩的植被类型和动植物资源，形成了定边沙区独特的优美自然环境，为定边沙地旅游业发展奠定了坚实的基础。

三、定边县沙地旅游业发展现状

定边县地处毛乌素沙地南缘，属鄂尔多斯荒漠草原与黄土高原过渡地带，黄土文化和游牧文化交汇融合，因此旅游资源非常丰富，其数量、类型、景观品位和开发价值很高，发展旅游特别是沙地森林旅游具有得天独厚的资源优势。但旅游业起步比较晚，发展的也比较缓慢。1997 年 8 月经陕西省林业厅(1997)139 号文件批准，成立了陕西省定边沙地森林公园，它依托国有长城林场现有森林景观资源，适度开发建设人文景观。然而由于受资金等影响，基础设施建设不能适应公园建设需要，致使一直不能投产运营。2007 年，定边县根据全县整体规划，将公园进行了重新规划设计，目前公园详细规划已由国家林业局西北林业勘察设计院设计完成，已进入筹备建设阶段。英雄庄园和湿地自然保护区正在规划和申报中。因此定边县沙地旅游业才刚刚起步。

尽管如此，每年慕名前来参观的人仍然很多，他们无不为定边沙区美丽的风景而赞叹，无不为大漠风光而吸引，无不为三边风情而陶醉。也常常为旅游设施、服务的不完善而感到遗憾。

四、定边县沙地旅游业发展条件分析

(一)有利条件

(1)地理位置独特。定边县地处陕西省西北角、榆林市最西端，是黄土高原与内蒙古鄂尔多斯荒漠草原过渡地带，东至东南与本省靖边县、吴旗县相连；南至西南与甘肃省华池县、环县相接；西与宁夏回族自治区盐池县毗邻，北至东北与内蒙古鄂托克前旗、乌审旗相邻，系陕西、甘肃、宁夏、内蒙古四省(区)交界地。

(2)沙地面积大，森林植被类型多，景观丰富。定边县风沙滩地面积 490 万亩，沙区森林覆盖率达 35% 以上，植被类型多，植物资源丰富，全县林木种类有 22 科 38 属 78 种，草本植物有 31 科 114 种。

(3)沙区湿地资源丰富，景观优美。特别是 14 个盐湖，是定边县的原盐生产基地，分布在盐场堡乡、周台子乡和白泥井镇，水面占地近 2 万亩，连同周边苦湖区，总湿地面积 10 万多亩。该区域地形地貌奇特，景色十分美丽。

(4)长城等古代遗址多。隋、明两朝修筑的长城西起盐场堡乡，东到郝滩乡，横贯县境东西，全长近 100km，有墩堠 394 座，唐、宋、明修筑的古城堡寨 30 多座。长城、墩堠、城堡因年代久远，大部分已经毁废，但从现存遗址看，当时的景观十分壮观。

(5)交通等基础设施条件大为改观。沙区内有 307 国道、青银高速公路穿过，太中银铁路即将建成通车。沙区各乡镇和 50% 以上的村已经实现了通柏油路的目标。通讯、电力实现了村村通。

(6)全国治沙英雄石光银和全国治沙标兵杜芳秀的治沙基地均地处风沙区，已经成为各地进行沙地治理科学考察和学习的重要目的地，吸引着国内外大批的游客到来。

(7)矿产资源丰富，特别是“老三宝”(咸盐、皮毛、甜甘草)中的盐闻名省内外，是陕西省唯一的原盐生产基地，盐田胜景是定边沙区特有的美丽景观之一。

(8)独特的乡土文化。定边由于处于边陲，是民族斗争与融合的前沿，各民族文化互相渗透，互相补充，既有汉民族文化的源流，又汇入回、蒙古等少数民族文化的内涵，从而孕育出定边独特的乡土文化，使其具有多民族的文化风俗和多地域的文化色调，也就形成了独具特色的塞上文化，独具特色的民情风俗。说书、剪纸、民歌，皮影、民间故事、谚语、歇后语、赛畜(主要是赛马、赛驴、赛羊)等传流文化形式，不仅历史悠久，源远流长，而且丰富多彩，形式多样，都为人民群众所喜闻乐见。

(二)存在的主要问题和困难

(1)沙区景点建设滞后，特别是景区基础设施建设严重滞后。

(2)宣传不够，知名度小。

(3)缺乏专门的机构管理，建设随意性大，不能确保旅游开发的连续性。

(4)缺少一个整体的开发建设规划。

(5)资金短缺。

(6)沙区林分质量有待进一步提高，生态环境需要进一步改善。

五、发展思路

突出“大漠风光”，“湿地景观”、“三边风情”特点，建设三大景区，打造两条精品旅游线路。

(一) 三大景区

(1) 英雄庄园。英雄庄园位于定边县城东郊，定海公路横穿南北，占地8万亩，距县城约5km。交通方便，地理位置优越。属全国治沙英雄石光银和全国十大治沙标兵杜芳秀承包的荒沙治理区，与陕西省定边沙地森林公园和长城林场其他林地连成一个弧状，围绕在定边县城的北面和东面，总面积12万亩。该区域经过几十年治理，环境已得到了明显的改善，近年来，为了提高林分质量和生态防护效益，栽植了大量的常绿树种。庄园内野生动、植物也明显增加，沙芥、沙葱、蛇、鹰、野兔等到处可见。同时也保留了裸露的流动沙丘，园内完整保留了毛乌素沙地独特的地形、地貌和完整的人工、野生植被，同时，又是全国治沙英雄石光银同志的公司所在地，有英雄展馆，每年都有许多来自全国的各界人士参观。

(2) 陕西省定边沙地森林公园。距县城1km，总体规划面积为4万亩，实际施业面积1万亩，总投资1亿元。建设的总体设想是以生态旅游学和生态经济学为指导，坚持生态保护第一，适度开发的原则，深入挖掘森林公园自然景观资源，融三边文化为一体，大力引水入园，营造林、沙、水相映成趣的景观形象。高标准、高起点建设森林公园旅游基础服务设施，打造国内知名、西北一流的生态旅游景区。园内自然景观丰富，主要乔木树种有杨树、柳树、沙枣、榆树、樟子松、油松等树种。灌木树种主要有沙柳、花棒、踏郎、沙蒿等。沙丘以格状沙丘为主，地下水资源丰富，水质较好。园内有一处高大的沙丘可鸟瞰县城全景，现有的自然景观已初步形成了森林公园的模式。

(3) 湿地自然保护区。距县城10km，分布在盐场堡乡、周台子乡和白泥井镇，水面占地近2万亩，连同周边苦湖区，总湿地面积10万多亩。该区域地形地貌奇特，草原、湖泊、沙地、湿地、林地交汇在一起，或为连绵起伏的沙丘、白刺包，或为一望无际的平原草地，盐田湖泊点缀其间，波光粼粼，景色十分美丽。该区域内还生长有许多珍稀的沙生和盐生植物，生长季节，一派郁郁葱葱、生机盎然的景象，每到秋季，盐蒿枝叶变红，形成红地毯一样的美丽景观，该区域还分布着国家一类保护野生动物野雁、大鸨、灰鹤、金鹏，二类保护动物苍鹰、秃鹫、猫头鹰、雨燕、啄木鸟、隼类(红隼、燕隼)、黑腹沙鸡、斑鸠等，以及省保护动物野鸭、鹬、沙狐狸等。长城从该区域中部横穿而过。这里还是三五九旅生产原盐支援革命的基地，至今在长城遗址上还保留着三五九旅战士住过的窑洞。

(二)两条精品旅游线路

(1) 十里沙生态休闲旅游线。将英雄庄园作为示范景区，推出沙漠避暑、休闲观光、健身美食、生态文明知识教育、沙漠探险等，吸引游客走进森林、回归自然，体验三边风情。

(2) 莲花池湿地生态旅游线。主要观赏湿地景观、盐田胜景、草原风光、沙漠风光等。推出保健疗养、动植物观赏、绿色夏令营等专项旅游产品，

六、多种措施并举，做大做强沙地旅游业

(1)加强生态建设，进一步提高林分质量，改善生态环境。遵循自然规律，生物措施和工程措施相结合，积极地大力恢复和扩大森林资源，改善森林结构，维持生物多样性，进一步提高林分质量，提高森林覆盖率。

(2) 加大宣传促销工作力度，提高定边沙地旅游知名度。利用各种新闻媒体、旅游信息网等多种渠道，加大宣传力度，使“三边好风光”的旅游形象深入人心。建立营销网络，着重包装一些旅游精品，扩大定边沙地旅游的影响。组织风景区利用节假日开展各种旅游活动，以提高沙地生态旅游区的知名度。

(3) 加强景区配套设施建设，促进旅游资源的深度开发。

(4)深入挖掘‘三边文化”。

(5)联手兄弟县市，共同发展。与周边地区如陕西靖边县、宁夏盐池县、内蒙古鄂托克前旗旅游资源形成规模效应，丰富三边地区旅游资源，打造一个陕、甘、宁、蒙四省的旅游、休闲、度假、娱乐生态场所，并为定边县群众提供更宽阔的户外活动场地，提高生活品位和生活质量。

(6)成立旅游业管理机构。统一规划，分步实施，规范管理。

(7)按照社会化、市场化、产业化的思路加大筹融资力度。在旅游资源开发、旅游度假区建设、项目建设用地、扶持旅游企业发展、加大对旅游业财政性资金投入等方面制定一系列优惠政策，积极吸收社会资金和外资投入旅游开发。

参考文献

1. 郭平顺，等．榆林市定边县森林资源规划设计调查报告．
2. 定边县志
3. 定边县社会主义新农村建设规划

内蒙古盐湖农业产业开发

白福易[1]　杨黎明[2]　刘永博[2]
（1. 中盐吉兰泰盐化集团；2. 内蒙古兰太实业股份有限公司）

摘　要： 内蒙古盐湖地区的环境气候、生物资源等条件非常适宜发展盐湖农业产业。近年来，盐湖农业产业在内蒙古有了长足的发展，并取得了阶段性成果。但是在其发展过程中，还存在许多问题亟待解决。

关键词： 盐湖农业；沙产业；盐湖；杜氏盐藻、螺旋藻；卤虫

中国工程院院士郑绵平，从盐湖生态系统和开发远景分析出发，提出了“盐湖农业”的见解。认为盐湖及其生态环境可持续发展成为一种新型的农业，盐湖它既是无机盐的生产基地，又是一种盐水域可开发养殖业，又与盐水域周缘抗干旱生物群落构成农牧业、林业及沙产业组成的研究开发新领域，是生态环境的重要组成部分。我国著名科学家钱学森肯定了郑院士见解，明确指出：“盐湖农业不同于一般意义的农业，是利用盐湖生态环境及日光，通过生物生产商品，是农、工、贸与现代科技结合的知识密集型产业”，“盐湖农业是21世纪的产业”。“微藻生产就是扩大的食品原料，那么我们的沙漠的贡献大了，沙漠里还有什么好东西可拿出来，提出来，这就是开拓思路，找出新路子”。

一、盐湖农业在内蒙古地区实施的必要性

（一）在内蒙古地区发展盐湖农业的生物资源

内蒙古是全国盐湖密集区域，共有盐湖375个，盐湖面积1441km^2。内蒙古盐碱水域及盐湖生物资源丰富：有丰富的极端嗜盐和极端碱性嗜盐菌（古细菌）以及耐碱、耐盐和嗜碱微生物资源；有丰富的浮游植物资源如盐生杜氏藻、螺旋藻、舟形藻、形黏杆藻、纤维藻、小席藻、微小平裂藻、普通小球藻和衣藻等；有丰富的浮游动物资源如纤毛虫、轮虫、卤虫、枝角类、桡足类等。

（二）在内蒙古地区发展盐湖农业是治理开发荒漠的手段

20世纪90年代以来，内蒙古西部地区沙尘暴频次、强度、危害程度逐年加强。日益恶化的生态环境给该地区经济社会带来极大危害，成为我国最大的沙尘源地。随着对生态问题认识的加深，引起生态退化的部分因素已得到控制，咸水湖泊周边地区超载过牧的问题更为严重。传统生产、生活方式与脆弱的生态环境发生了剧烈的冲突。要解决内蒙古西部地区“人口－资源－环境－经济”的矛盾问题，必须首先从解决传统畜牧业生产、生活方式入手，获得人地关系的协调发展。通过利用盐湖水域开发高附加值的盐湖生物产品如特色藻类、生物饵料、海水产品、极度嗜盐（碱）性嗜盐菌以及耐碱、耐盐和嗜碱微生物、盐湖滩涂植物资源等，提高当地农牧民的经济收入，促进当地经济的发展和社会进步，构建全新的生产和生活方式，加快新农村、新牧区建设步伐。

(三)在内蒙古地区发展盐湖农业是综合开发盐湖资源新方式

内蒙古境内分布有大小几百个盐湖，卤水资源丰富，光照充足，气候适宜且具有广阔的滩涂，为生物生长提供了良好环境，具有发展盐湖农业的理想条件。目前盐湖资源开发只限于盐、碱、硝类矿物，而盐湖生物资源开发甚少。多年来粗放式开采使得盐湖矿产资源匮乏，加上盐湖周边生态环境的恶化致使盐湖部分矿藏被沙覆盖，严重的变成沙下湖。开采企业产品质量下降、生产成本逐年抬高，资源储量减少……为了保护盐湖资源，促使企业可持续发展，部分企业尝试开发盐湖生物、生态产业，如内蒙古兰太公司、亿利资源集团等。

二、内蒙古现有盐湖农业产业开发状况

(一)盐湖特色藻类产品的开发

(1)盐生杜氏藻的开发。盐生杜氏藻含有多种氨基酸、维生素和微量元素，其在制药、保健食品等领域都有广泛的应用，从盐藻中提取的天然胡萝卜素不仅有较高的医用价值，而且还有较强的着色力和营养价值。国内外大量研究成果和临床表明，盐生杜氏藻对防治心脑血管疾病和癌症，都有显著作用。内蒙古兰太实业股份有限公司于1991年运用现代生物技术培育盐藻，生产天然胡萝卜素和藻类产品。从盐藻中提取天然胡萝卜素技术是国家“火炬计划”项目，得到联合国计划开发署的援助。天然胡萝卜素产品的开发成功，填补了国内空白，获得了国家科技攻关重大成果奖，并被国家绿色食品发展中心认定为绿色食品。分别获得印度尼西亚中国科技成果及实用技术展览会金奖和墨西哥92’中国实用技术及产品贸易会银奖。2000年，内蒙古兰太实业股份有限公司引进以色列的生产工艺、德国的先进设备，扩建天然胡萝卜素基地，建成世界一流的盐生杜氏藻精养池18万m^2，形成年产盐生杜氏藻粉20吨的生产能力。经内蒙古农业厅批准，内蒙兰太实业股份有限公司成立了内蒙古微藻良种中心。目前正在进行螺旋藻、小球藻、雨生红球藻等经济藻类生物的研究和产品开发。

(2)螺旋藻的开发。螺旋藻是一种天然海洋生物，含有18种氨基酸、多种维生素和微量元素，是理想的营养品。螺旋藻在制药、保健食品等领域都有广泛的应用，国内外大量研究成果和临床表明，螺旋藻对糖尿病、高血压、肝病、心脑血管疾病和癌症，都有辅助疗效。2004年以来，内蒙古自治区鄂托克旗发挥资源优势，积极发展了螺旋藻这一特色产品。目前，全旗引进和建设螺旋藻养殖、加工企业14家，主要以生产螺旋藻粉和片剂为主，产品主要销往欧美市场，成为全国螺旋藻原料生产基地。

(二)水产生物饵料产品的开发利用

卤虫、轮虫等是水产育苗、养殖过程中不可缺少的饵料(用鲜活的卤虫、轮虫投喂鱼虾水产幼苗可以加快生长速度和提高成活率；用鲜活的卤虫、轮虫投喂鱼虾可以加快生长速度和提高抗病能力……)。内蒙古的卤虫(卵)资源丰富，年捕捞量150吨以上，大部分集中在锡林郭勒高原、鄂尔多斯高原和阿拉善高原盐碱湖泊中。目前对卤虫资源的利用仅限于卤虫卵产品的开发，产品主要销售到海南、广东、广西等省(区)。由于卤虫卵的市场价格不稳，销售存在一定困难，生产只局限在交通比较方便的水面进行。锡林郭勒高原盐湖中生长的卤虫成虫较多而卤虫卵较少，在20世纪90年代桑根达莱淖尔、达格淖尔的卤虫成虫被沿海虾农大量捕捞，冷藏运输到河北、天津等地沿海养虾，据统计年可捕捞量在500~1500吨。内蒙古从事卤虫资源开发的企业有阿拉善盟京泰生物高科技有限责任公司和鄂托克前旗中义生物科技有限责任公司。京泰公司以巴丹吉林沙漠、腾格里沙漠和乌兰布和沙漠的优质卤虫资源为依托，以研究开发生产经营卤虫系列等盐湖生物产品为主要业务。目前中盐吉兰泰盐化

集团公司与中国海洋大学合作开发卤虫资源，在成虫深加工方面进行探索，利用成虫提取甲壳素(壳聚糖)、生产生物有机肥(对农作物有防虫增产作用)、开发卤虫虾片。中义公司是一家从事卤虫卵养殖，捕捞，加工和销售的企业，拥有 300km² 的内陆盐碱湖泊。

(三)南美白对虾等海水产品的养殖开发

南美白对虾是世界养殖虾类产量最高的三大种类之一，具有适应性强、产量高、抗病能力强、生长快、肉质好、离水存活时间长等优点。随着人民生活水平的提高、购买力增强、膳食结构和消费习惯的改变，水产品营养价值高、味道鲜美、高蛋白、低脂肪、低胆固醇等优点逐步被消费者认同。内蒙古兰太实业股份有限公司联合中国海洋大学，2004～2006 年进行为期三年室内、室外小面积的养殖实验，2007 年在室外进行了养殖项目中试，建成了 1500 立方水体的育苗车间一座，2 亩育苗大棚 15 栋，1500 亩的养殖池。2008 年公司在南美白对虾养殖技术上有了突破——利用吉兰泰盐湖地表水(少量添加有机酸、维生素、氯化钙、氯化钾等化学物质调节平衡水体)育苗成活率可达 70% 以上，同时创造了内陆西部地区养殖南美白对虾的新模式——养成池内搭建简易温室(通过大棚提温加速虾苗生长速度、延长生长周期)育苗、标粗、适时自然放苗到养成池的养殖工艺，鲜虾养殖水平可达到 150kg/亩。目前，养殖池内鱼、虾生长状况良好，预计年产鲜虾 50 吨、鲜鱼 50 吨。销售市场可辐射周边的包头、乌海、银川、兰州、西安等区内外约 2000 万人口地区。

三、内蒙古盐湖农业产业发展设想与展望

(一)通过政府大力扶持、项目带动，发展南美白对虾等海水产品养殖、加工产业

内蒙古盐湖水域的水质、气候、饵料、广阔的消费市场等条件适合优先发展南美白对虾等特色海水产品养殖。内蒙古兰太实业股份有限公司南美白对虾养殖项目在吉兰泰盐湖咸水域育苗技术、养殖工艺模式等方面的突破，促进了南美白对虾养殖技术推广，将会带动开发利用内蒙古盐湖水域中的浮游生物饵料，尤其是卤虫的开发利用。内蒙古卤虫资源十分丰富，但是产业化开发程度相对较低。从事该卤虫资源开发的个人和企业受市场价格、市场渠道、产品质量、产品销量、产品种类等因素的影响收益每况愈下。南美白对虾养殖的发展会改变当前卤虫资源开发当中北卵南用、卤虫卵售价低、成虫资源得不到利用的局面。通过大力发展南美白对虾等海水产品养殖，会改变当前水产生物饵料开发品种单一而其他品种(轮虫、枝角类、桡足类等)得不到开发利用的局面，带动其他水产生物饵料的开发利用，推动内蒙古盐湖水域水产生物饵料产业化进程。为推动南美白对虾等海水产品在内蒙古盐湖水域地区养殖，建议政府在条件成熟的地区建设有先进技术水平的水产育苗中心和南美白对虾生态养殖技术示范基地，培育地区南美白对虾养殖龙头企业，推广南美白对虾生态养殖技术。同时希望政府通过政策、资金的倾向引导内蒙古盐湖水域周边的农牧民从事南美白对虾养殖和水产饵料开发；以生产有机食品为目标，以消费市场为导向，合理布局，引导发展养殖水产品种类与规模(在离人口相对集中较近湖泊水域，据养殖条件发展南美白对虾养殖，在其周围的水域适时养殖、捕捞生物饵料)。

(二)选准养殖模式、开拓新品种、开发高附加值产品、加强建设产品销售渠道，加快盐湖藻类生物产品产业化发展

近年来，内蒙古盐湖藻类生物产品产业化势头强劲。鄂托克旗螺旋藻产业化的成功给了我们很好的启示——充分利用农业产业化运作模式“公司＋基地＋牧户”，以确保盐湖农业产业公司主营产品和相关生物产品的开发，确保公司与地方农牧民经济双赢战略的实现。在

产业化运作过程中，正确理解公司在产业链中的作用——产品销售渠道的建立与畅通、产品生产技术标准的制订与服务、新产品的研发；产业化运作过程中，正确运用基地在产业化中的作用——产业从业人员的培训、产品产业化生产技术标准化示范基地、新产品的研发基地、新技术推广示范基地；产业化运作过程中，正确运用农牧民在产业化中的作用——产品原料车间的产业工人、企业最宝贵的资源。盐湖特色藻类养殖加工企业牢固树立有所为、有所不为的思想，通过利益引导盐湖周边农牧民投资养殖藻(零成本扩张养殖规模)，按藻类养殖技术标准生产藻液，为企业提供产品原料；盐湖特色藻类养殖加工企业以市场为导向，制定藻类养殖技术标准化、做好藻种的保种纯化、开发更多藻类产品、生产销售广大老百姓消费起的产品；盐湖特色藻类养殖加工企业认真研究消费人群，结合藻类中富含 β－胡萝卜素、不饱和脂肪酸——22 碳 6 烯酸(俗称“脑黄金”)的特点定位产品的卖点——益智、延年益寿、活化血管、美容保健、调理人体亚健康状态。根据中国人花钱习惯主攻儿童(益智)、老年人(延年益寿)、妇女(美容保健)消费人群，彻底改变目前藻类产品销售低迷的局面。让藻类产品早日走进寻常百姓生活，成为人们日常生活必需消费品。

(三)嗜盐(碱)微生物产业发展前景展望

盐湖微生物是维生素、多糖、核苷酸、酶等的重要来源之一，由于环境的独特性而成为新型特效药物、抗肿瘤、抗病毒、降压降脂等因子的来源。盐湖中有非常丰富的极端嗜盐和极端碱性嗜盐菌以及耐碱、耐盐和嗜碱微生物资源。极端嗜盐(碱)菌蕴藏着丰富的极端嗜盐(碱)酶类、生物表面活性物质、重要的生物纳米材料“紫膜”和生物可降解塑料前体物PHA。盐湖微生物所产生的生物活性物质，能通过发酵进行胞外生产，与现代的微生物技术相结合，较容易实现工业化生产。目前国际上在盐湖生物药物的筛选方面还未见太多报道，但是可以预料，由盐湖生物微生物开发新药包括新型抗生素蕴含着巨大潜力和广阔的前景。随着污水治理产业和水产养殖产业的发展，迫切需要某些极端嗜盐(碱)菌以及耐盐(碱)和嗜盐(碱)菌种及其扩繁技术。

四、盐湖农业产业化存在的问题与建议

内蒙古在发展盐湖农业产业方面进行了有益的探索，取得了一定的成绩，但是盐湖农业产业还处于起步阶段，由于受政策、认识、资金和技术等多方面因素的制约，阻碍了盐湖农业产业的做大做强。具体表现在以下几个方面：①社会各层面由于对盐湖农业理论不了解，造成对盐湖农业产业重要性认识不足。盐湖农业理论提出时间较短，加上此理论中所提到的“盐湖”、“农业”是广义的概念，要从“大盐湖”、“大农业”的概念理解认识它们。②内蒙古盐湖农业产业处于刚刚起步阶段，涉足该产业企业也处于起步阶段，企业规模小、产品档次低。由于缺乏国家政策、资金的倾斜，严重影响了大企业介入该产业的积极性。③缺乏盐湖农业产业技术支持。由于盐湖农业产业是一个新兴的产业，目前从事该领域研究的科技人员相对较少，具备盐湖农业产业技术的推广服务人员更少。

针对盐湖农业产业发展过程中遇到的以上问题，建议：①加强盐湖农业理论宣传与学习，提高社会各个层面对盐湖农业理论正确认识。②盐湖农业产业是一个新兴的产业，国家和自治区在政策、资金、税收等方面应予以大力支持。必要时通过项目的实施，带动发展盐湖农业产业。③加快盐湖农业产业化技术推广，加速盐湖农业产业技术人员的培养，建立盐湖农业研发技术中心。

充分利用沙区资源，大力发展设施农业，实现人与自然和谐发展

——发展沙产业的实践与思考

柴在军

（甘肃三鑫农林科技有限公司）

摘　要：按照传统农业发展思路，干旱缺水、日照强烈、气候干燥、温差大是沙区农业发展的限制因子。而人民科学家钱学森提出的“多采光、少用水、新技术、高效益”的沙产业理论和“阳光农业”发展要求，则为我们重新认识沙漠、如何与沙漠和谐相处指出了正确的道路和方法。温家宝总理两次亲临甘肃民勤指示“民勤不但不能成为罗布泊，还要逐步恢复生态，成为全国节水的模范”，为治理沙漠戈壁坚定了信心。1995 年 11 月，甘肃河西走廊沙产业开发工作会议在张掖召开，有力地推动了沙产业的发展。张掖市位于河西走廊中部，南靠祁连山，北依巴丹吉林沙漠和内蒙古毗邻。有两条沙带纵穿全区，风沙线长达 400 多 km，直接威胁 6 个县（市）82 个乡的 100 万亩耕地。20 世纪 90 年代，随着生态恶劣，祁连山雪线上升，来水量逐渐减少，地下水位不断下降，国家又要求张掖市每年向下游均水 9.5 亿 m^3，使本来有限的水资源更为紧缺。全市掀起建立节水型社会热潮，率先突破传统农业思维的束缚，不再沿袭传统农耕方式，扬长避短，走出了一条独特的，以提高光合作用效率和有效控制水分消耗为特征的沙漠农业。

关键词：光热；干燥；昼夜温差；沙漠净土；设施农业；可持续发展

防沙治沙要做到除害与兴利并举。沙区风沙危害治理与发展沙产业密切相关，沙产业的建立直接关系到能否将治理沙漠事业做大做强。沙产业开发的核心是提高太阳能转化率和水的利用率。要进一步挖掘沙漠潜力，用工业的理念开辟新的沙产业路子。发挥特色优势、做强市场主体、完善服务体系、创立名优品牌和强化资源整合。

一、思想认识要跟上发展规律，用系统思维的方法理解钱学森的农业型、知识密集型产业理论

22 年前，钱学森提出了著名的沙产业理论构想。沙产业就是在不毛之地搞农业生产，发展尖端技术的产业，就是利用现代生物科学的成就，再加上水利工程、计算机自动控制等前沿技术，在沙漠戈壁建设农工贸一体化的生产基地。多年来，我们按照这个思路，合理利用水土、光热、科技等资源，通过对现代科学技术的集成与创新，在发展生态农业、阳光农业、高效农业等方面取得了一些成果。科学技术日新月异，随着时代的发展，我们在认识、继承和发展这一理论成果方面应有新的思路，尤其是在世界各国提出发展清洁能源的背景下，如何将沙产业同工业结合起来，以带来更显著的经济和社会效益显得更加重要。

二、扬长避短发展“沙漠设施农业”，实现可持续发展

设施农业是现代农业的显著标志，促进设施农业发展是实现农业现代化的重要任务。设

施农业技术密集、集约化和商品化程度高。发展设施农业，可有效提高土地产出率、资源利用率和劳动生产率，提高农业效益和竞争力。而水资源匮乏、降水量少、日照强烈，昼夜温差大、气候干燥则是沙区自然环境的显著特点和生态系统脆弱的根本原因。将这些自然劣势转化为发展设施农业的优势条件的重要技术路线就是“多采光、少用水、新技术、高效益”。因为，沙区农业的生命活力，在于遵循自然规律；大力发展低耗水、高产出、高效益的设施农业，充分利用当地取之不尽、用之不竭的光热资源。通过光合效率的充分发挥和有效控制水分消耗，既可以带动地方农业经济的发展，又可以解决水地矛盾，促进生态平衡，实现可持续发展。20 世纪 90 年代，黑河下游内蒙古额济纳旗的居延海一度干涸。国家要求张掖市每年向下游输送水 9.5 亿 m^3，使本来有限的水资源更为紧缺。亩均、人均占有水量只是全国平均水平的 57% 和 29%，全市统一对种植业结构进行战略性调整，严禁种植高耗水量的作物，以高效低耗水的经济结构促进富民产业的蓬勃发展，减少用水量，增加农民收入，极大地减轻了农业和土地对有限水资源的压力，而以日光温室节水种植为主的节水种植技术推广，则有效地提高了农民收入，降低了水分消耗。目前已经发展 7 万亩日光温室，节水灌溉 200 万亩，水资源利用率达 65% 以上，年产反季节蔬菜 2 亿多 kg，成为了国家级高新节水示范市和西菜东运的重要基地。几年来，张掖市累计节水 33 亿 m^3。专家指出：“如果没有多年发展沙产业的积淀以及后来在张掖市节约如此巨大的水量，以保证下游用水，额济纳旗境内的胡杨重现生机，居延海 30km^2 的水面得以出现，居延海重现生机几乎不太可能。”

三、依靠高新科技，找准市场定位，与时俱进，培育特色品种

发展沙漠特色农业，必须把握市场需求，致力于科技创新，结合创造高效节水的现代农业，扬己之长，抑己之短，探索求生存与可持续发展阳光农业的路子，科学地利用自然，来实现人与自然的和谐，利用自然资源来增加和提高我们的实际效益。中国几千年的农耕历史，传统农业的产业思维及生产方式已不能适应经济全球化快速发展的需要，这是全国的农情。所以，发展沙漠农业，不仅要依靠“沙产业”理论和实践，还要通过适当的产业表达方式，集约和利用广大农户的力量，集约现代农业的高新技术，实行规模化生产经营，实现可持续发展，才能使阳光与沙漠之中的农村增收致富！甘肃三鑫农林科技公司经过 15 年的不懈能力，大力发展高效节水设施农业，不断引进和自主研发高科技农林新、特产品，示范带动了当地农民增收致富。近年来，该公司充分利用其独特的天然无污染沙漠净土，干燥气候，充足的沙漠阳光，昼夜温差大，北纬 38°农作物最佳适生区的优势，突破传统农业思维的束缚，科学发展，培育新品种。逐步缓解了区域内干旱缺水问题，增加了农民收入。由此可见，沙漠地区发展品牌农业可以将潜在的资源优势转化为现实的竞争优势，创出一条发挥比较优势、提高农产品竞争力、培养新增长点的农业发展道路。

四、抓好龙头企业建设，发挥龙头企业的引领作用，企业增效，农民增收，实现双赢

提高农产品转化效益，大力扶持农业龙头企业，实现产业化、规模化，龙头企业是品牌农业的重要载体，是实现农村千家万户小生产与千变万化大市场有机对结的纽带，是有效降低农业经营风险和提高农业经济效益的支撑保证。同时又是农产品进入国际市场的主要组织形式。沙漠地区农民科技文化素质普遍较低，劳动效率不高。一是可以依靠龙头企业发挥产业集约优势，帮助一个村或几个村积极发展一村一品，大力培育主导产业，建立规模化、专业化的种植基地，培植不同类型的专业村、特色村。二是发挥龙头企业科技创新优势，不断

加强新品种、新工艺、新技术的开发、推广和应用，采用多种形式，加强对农民的科技培训，提高农民的科技文化素质。以张掖市的高台县为例，该县依靠龙头企业按照逆向思维发展模式，把干燥沙漠、阳光作为取之不尽、用之不竭的资源，沙漠掘金，大面积治沙用沙，以实现复合生态农业和人与自然可持续发展为目标，大力发展节水高效现代设施农业，实行"公司+基地+协会+农户"，产、供、销一体化，联合农民的分散经营，规模化生产、集约化经营。从2006年开始，该县依靠龙头企业在海拔2000多m的高寒山区培育新品种反季节红提葡萄，目前已示范种植近400座日光温室。红提葡萄的成熟期为1~2月份，正是水果相对匮乏的时期，因而在终端市场卖价较高。每座温室的面积为0.7亩，可采摘鲜果1000~1700kg，每千克按照合同价16元计算，为16000~28000元，同时，首次引进富含茄红素、维生素C、花青素的黑番茄。第一批产品于6月份空运进京、沪，受到市民青睐。其售价也不菲，每千克为60元左右。2009年，有望种植黑番茄日光温室1000~1500座，每座给农民的保底价格是10000元，而耗水仅为大田每亩的15%~20%。

五、对沙漠戈壁农业的未来展望

沙区的发展离不开节水保水。聪明的以色列人将太阳视为福国强民的宝库。他们说："我们没有石油，只有太阳、死海和脑袋。"以色列人突破传统思维的束缚，不再沿袭传统农耕方式，扬长避短，建立起自己独特的，以提高光合作用效率和有效控制水分消耗为特征的沙漠农业，成为了以茶水喂庄稼的世界农业的强国。"沙产业"理论是"接替信息产业革命的第六次产业革命，我们将迎来以生物技术为中心的知识农业时代。"如今，在河西走廊的戈壁上，"沙产业"的非凡实践和探索，无论是成果效益还是增收节水，都已证明"沙产业""钱"途无量，是一道开启人类生存、造福子孙后代的智慧之门！沙漠应该是被人类充分利用的对象，并且沙漠的阳光更是"取之不尽，用之不竭"的植物光和资源。沙漠是金，沙漠掘金，大力发展"沙产业"，沙漠完全可能变成人类的福祉。把劣势转变成优势，生产出无污染的绿色食品，装满农民的"钱袋子"，让农民笑起来。这样就可实现治沙同时治穷，从根本上遏制越穷越垦、越穷越牧，大力减少水的消耗，实现可持续的人与自然的和谐发展。

六、结束语

脚踏实地一步一个脚印，合理科学开发利用沙漠。治沙必须同时治贫，沙产业要和地域经济地方优势相结合。多年的治沙经验和现代科技知识使我们做出了一个大胆的预言：沙产业是"阳光农业"。"沙漠戈壁并不完全是人类的灾害，也不是绝对的自然劣势。沙产业就是在'不毛之地'搞农业，并且是高科技农业"。这可以说是又一项"尖端技术"！知识密集型的沙产业要登上历史舞台。但此时，所谓的"沙产业"还只是处于一种理论和初步实践的层面上。在它还不为全社会所认识、所了解，以及缺少有关部门推动的情况下，还未能全面运用于实践并在不断检验中加以完善。这就有待于我们这些沙产业的理论和实践者来共同推进。

参考文献

1. 刘恕，田裕钊．打开智慧之门．兰州：甘肃人民美术出版社．
2. 罗祖孝，魏万进．甘肃沙草产业．
3. 夏日．沙产业、草产业、林产业理论实践丛书——理论与研究．呼和浩特：内蒙古人民出版社．
4. 李希，田宝忠．建设节水型社会的实践与思考．北京：中国水利水电出版社．

沙棘优良品种的选育及选择利用的研究

吴立仁
（黑龙江省农业科学院浆果研究所）

摘　要：通过对国外沙棘优良品种的鉴选试验和自然授粉种子的实生选育，选育出“绥棘3号、绥棘2号、浑金、优胜、阿尔泰”等生态经济型品种；“绥棘2号、绥棘3号、浑金、阿尔泰、楚伊”等经济型品种，可适区引种直接利用，同时为沙棘杂交育种的亲本选择提供依据。

关键词：沙棘优良品种；选择利用；生态经济型品种；经济型品种

黑龙江省农业科学院浆果研究所自1987年起，陆续引进国外的沙棘优良品种20余个；自然授粉种子若干份。结合本国实际，利用本国的沙棘资源，大量开展杂交育种工作，依照选育丰产、少刺或无刺、抗逆性强的育种目标，进行沙棘良种的改良研究，首先是从栽培学的角度选择经济型品种，进行沙棘人工种植园的建设，其次是从生态学的角度选择生态经济型品种，进行生态环境建设。同时选择优良的沙棘种质资源，开展杂交育种工作。

1　试验材料

试材为引进的国外主栽沙棘优良品种，其名称为丘伊斯克（楚伊）、丰产、金色、浑金、巨人、卡图尼礼品、橙色、乌兰格木、阿列伊（雄株）等；蒙古人民共和国沙棘优良品种“乌兰格木”自然授粉种子。

2　试验设计及试验方法

① 国外沙棘优良品种鉴选试验：采用完全随机区组设计，16株单行小区，4次重复。配比的沙棘雄株，每隔2个品种排入一个雄株行。试验区四周设2个保护行，其种植材料为大果无刺雄株。② 沙棘优良株系的选育：主要以“乌兰格木”沙棘自然授粉种子实生苗为试材，通过“集团选择法”选育优良株系，进行扩繁，再进行对比及区域试验。③ 沙棘优良品种的选择利用：是以选育的沙棘良种为试材，通过经济性状及生态性状的分析评估，根据造林的目的用途，选择品种直接利用；选择亲本材料，开展杂交育种。

3　结果与分析

3.1　国外沙棘优良品种的鉴选

从表1可以看出，参试品种的果实多为橘黄，深橘黄色，椭圆形至长圆柱形，百果重以阿尔泰、楚伊、丰产、优胜、橙色等为最大，10cm枝果粒数（即结实密度）最大的依次为浑金、卡图尼、金色、丰产、楚伊等，单株产量最高的是优胜、橙色、乌兰格木、阿尔泰。浑金、楚伊。

表 1 国外沙棘优良品种主要经济性状统计表

品种名称	果形	果色	果实(cm)		果形系数	果柄长(cm)	百果重(g)	果粒数(10cm 枝)	种子千粒重(g)	单株产量(kg)
			纵径	横径						
楚 伊	长圆形	深橘黄	1.28	0.77	1.66	0.41	47.2～65.17	42.2	14.3	2.56
丰 产	短圆形	深橘黄	1.08	0.77	1.40	0.39	40.0～60.49	48.0	14.2	1.91
金 色	短圆形	橘 黄	1.04	0.71	1.75	0.36	35.0～53.89	48.0	13.8	2.00
浑 金	椭圆形	橘 黄	1.00	0.84	1.19	0.45	34.0～49.20	65.8	12.2	2.86
巨 人	长圆柱	橘 黄	1.23	0.79	1.56	0.42	38.4～44.0	23.8	15.0	1.77
卡尼图	椭圆形	橙 色	0.93	0.75	1.24	0.37	30.5～38.35	48.8	11.6	2.13
优 胜	圆锥形	橘 黄	1.19	0.76	1.57	0.41	44.0～55.59	34.0	14.6	4.12
橙 色	椭圆形	浅橘色	1.15	0.83	1.39	0.43	45.6～50.86	38.4	13.6	3.59
阿尔泰	长圆柱	橘 黄	1.24	0.77	1.61	0.38	55.0～67.76	31.2	15.2	3.35
乌兰格木	椭圆形	橘 黄	0.96	0.85	1.13	0.29	43.0～43.01	45.0	14.48	3.40

3.2 沙棘优良株系的选育

通过对蒙古“乌兰格木”沙棘自然授粉种子播种苗的观测调查，综合比较分析，选育出 24 个优良株系，同时进行苗木的扩繁，区域化试验及试验区内的对比试验。以俄罗斯的“金色、丰产”沙棘为对照品种，选育出“绥棘 1 号、绥棘 2 号、绥棘 3 号”，其综合性状接近或超过对照品种，某单一性状又优于对照品种，其主要经济性状见表 2。

表 2 优育沙棘优良品种主要经济性状统计表

品种名称	果形	果色	果实(cm)		果形系数	果柄长(cm)	百果重(g)	果粒数(10cm 枝)	种子千粒重(g)	单株产量(kg)
			纵径	横径						
绥棘 1 号	圆锥形	橘 黄	1.23	0.68	1.81	0.46	34.0	58.0	15.95	2.35
绥棘 2 号	长圆柱	橘 黄	1.44	0.90	1.60	0.56	70.2	45～55	20.75	2.76
绥棘 3 号	圆柱形	浅橘红	1.12	0.93	1.20	0.35	69.3	60～65	18.98	3.22

上表统计数字显示，“绥棘 2 号”柄长、果大、便于采摘，较丰产；“绥棘 3 号”主要是结实密度大，丰产。二者均为较优良的经济型品种。

3.3 沙棘优良品种的选择及利用

从表 1、表 2 中的统计数字来看，只根据某一性状难以判明某品种的优劣，为此，我们采用综合比较法，即将各种性状的优劣情况综合为一个指数，依据这一指数评估选择对象的优劣。这种方法有多种，我们采取选择指数法，也就是根据各性状的实际表现，并考虑到各性状的经济效益及性状遗传力，而将其综合为一个指数，然后根据指数的大小来判定。但这种方法对各性状采取了“一视同仁”的态度，而事实上各性状的经济价值并不是等同的，在下代可能重视的程度也不一样。为此根据选择品种的目标，对各性状给以权重的调整，给每个性状确定一个权重数(权重数的大小见图 1、图 2)，以表明该性状的重要程度。[1]

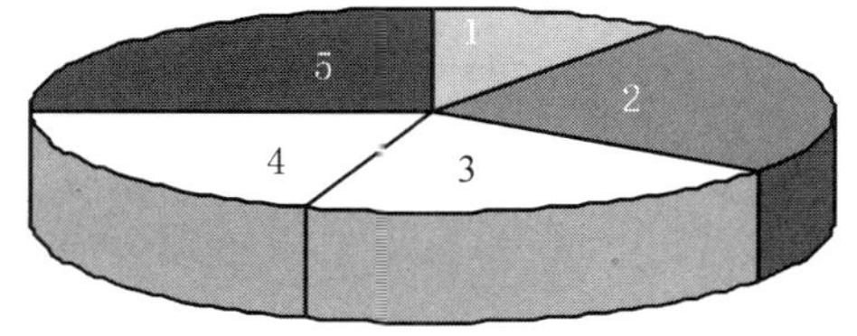

图1　主要经济性状权重数比例

1. 果柄长(10%) 2. 百果重(25%)
3. 果实密度(20%) 4. 单株产量(20%)
5. 棘刺(25%)

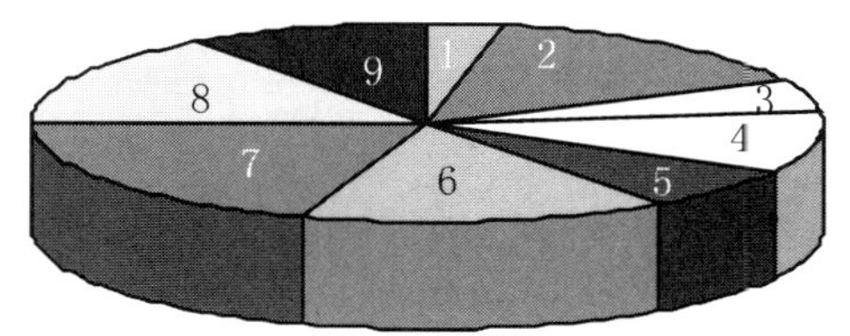

图2　主要生态、经济性状权重数比例

1. 果柄长(3%) 2. 百果重(15%) 3. 果实密度(5%)
4. 单株产量(10%) 5. 棘刺(7%) 6. 株高(15%)
7. 冠径(20%) 8. 新梢长(15%) 9. 叶片数(10%)

3.3.1　经济型品种的选择

沙棘经济型品种，是用于沙棘人工种植园的品种，以生产果实为主要目的，为企业的加工生产提供原料。其特点首先要求品种丰产，其次要求果大、无刺或少刺、柄长易采摘，还有一些相关加工性状，在此未作研究。

沙棘优良品种主要经济性状相对值差异见表3。

表3　沙棘优良品种主要经济性状相对值比较表

品　种	果柄长	百果重	果实密度	单株产量	棘　刺	合　计	排　序
绥棘2号	0.100	0.250	0.152	0.134	0.250	0.886	1
绥棘1号	0.085	0.178	0.176	0.114	0.008	0.561	8
楚　伊	0.067	0.239	0.128	0.124	0.051	0.609	5
橙　色	0.067	0.186	0.117	0.174	0.027	0.571	7
绥棘3号	0.065	0.236	0.190	0.156	0.200	0.847	2
阿尔泰	0.065	0.248	0.095	0.163	0.091	0.662	4
巨　人	0.063	0.221	0.072	0.086	0.074	0.516	12
浑　金	0.061	0.204	0.200	0.139	0.167	0.771	3
卡图尼	0.059	0.140	0.148	0.103	0.011	0.461	13
金　色	0.059	0.198	0.146	0.097	0.033	0.533	10
丰　产	0.057	0.222	0.145	0.093	0.028	0.545	9
优　胜	0.051	0.204	0.103	0.200	0.021	0.584	5
乌兰格木	0.054	0.158	0.137	0.165	0.007	0.521	11

从表3中看出，沙棘优良品种主要经济性状相对值由大到小的品种依次为绥棘2号、绥棘3号、浑金、阿尔泰、楚伊、优胜、橙色等，其综合经济性状优良，表现为果大、少刺或无刺、柄长、丰产，可作为经济型品种适区推广。

3.3.2　生态经济型品种的选择

生态经济型品种，是指以改善生态环境为主，采果加工为辅的沙棘品种。主要选择抗逆性强、枝叶繁茂、生长迅速等生态性状，其次选择主要经济性状，为此我们把前者的权重数定为60%，后者的权重数定为40%，而对各性状的重视程度不同，各权重数的大小亦不同，以此统计的各性状的相对值见表4。

表 4 沙棘优良品种主要生态、经济性状相对值比较表

品 种	株 高	冠 径	新梢长	叶片数	百果重	单株产量	果实密度	果 柄	棘 刺	总 和	排 序
绥棘2号	0.144	0.178	0.115	0.089	0.15	0.067	0.038	0.030	0.070	0.881	2
巨 人	0.141	0.153	0.145	0.080	0.132	0.043	0.018	0.019	0.021	0.752	10
优 胜	0.15	0.184	0.136	0.082	0.122	0.100	0.026	0.017	0.006	0.823	4
绥棘3号	0.141	0.182	0.129	0.095	0.141	0.078	0.048	0.019	0.056	0.889	1
浑 金	0.140	0.188	0.15	0.097	0.108	0.069	0.05	0.018	0.047	0.867	3
乌兰格木	0.140	0.20	0.130	0.099	0.095	0.082	0.034	0.016	0.002	0.798	7
楚 伊	0.136	0.180	0.134	0.085	0.143	0.062	0.032	0.020	0.014	0.806	6
丰 产	0.134	0.166	0.141	0.082	0.133	0.046	0.036	0.017	0.008	0.763	9
金 色	0.131	0.152	0.131	0.084	0.118	0.048	0.036	0.018	0.009	0.727	11
阿尔泰	0.131	0.166	0.142	0.082	0.149	0.081	0.024	0.019	0.025	0.819	5
橙 色	0.129	0.191	0.104	0.1	0.112	0.087	0.029	0.020	0.007	0.779	8
卡图尼	0.127	0.172	0.128	0.097	0.084	0.052	0.037	0.018	0.003	0.718	13
绥棘1号	0.116	0.165	0.110	0.094	0.107	0.057	0.044	0.026	0.002	0.721	12

由表4可以看出，生态、经济性状相对值较大的品种为绥棘3号、绥棘2号、浑金、优胜、阿尔泰、楚伊、乌兰格木、橙色等。所以，生态经济型优良品种应该从这些品种中选择，适区引种推广。

3.3.3 沙棘杂交育种亲本材料的选择

国外引进及我们选育的沙棘多属于大果、少刺、丰产优良品种，只有在高纬度、低海拔地区才能表现出品种特性，虽然我们选育的品种较俄罗斯品种树体高大、生长速度快，但栽培范围都有一定的局限性。为此开展杂交育种，选择生态幅度更宽的生态型品种，显得尤为重要，这就要求我们拥有丰富的种质资源材料，以便亲本材料的多方面选择。一般采用中国沙棘的优良雄株为父本，优良品种为母本。

(1)选择母本的依据：

果实大小(大→小)：绥棘2号、阿尔泰、楚伊、绥棘3号、丰产、巨人、优胜、浑金、金色、橙色、绥棘1号、乌兰格木、卡图尼。

棘刺多少(少→多)：绥棘2号、绥棘3号、浑金、阿尔泰、巨人、楚伊、金色、丰产、橙色、优胜、卡图尼、绥棘1号、乌兰格木。

果柄长短(长→短)：绥棘2号、绥棘1号、楚伊、橙色、绥棘3号、阿尔泰、巨人、浑金、卡图尼、金色、丰产、优胜、乌兰格木。

果实密度顺序(密→稀)：浑金、绥棘3号、绥棘2号、卡图尼、金色、丰产、乌兰格木、楚伊、橙色、优胜、巨人。

单株产量(高→低)：优胜、橙色、乌兰格木、阿尔泰、绥棘3号、浑金、绥棘2号、楚伊、绥棘1号、卡图尼、金色、丰产、巨人。

(2)母本的选择：选择杂交育种的亲本材料应根据育种目标来确定，目前主要是选育抗逆性强、生态幅度宽、丰产、容易采收等生态型品种。父本一般选择刺少的中国沙棘雄株，母本则为国内外的一些沙棘优良品种。譬如选育果大的优良品种，应选择“绥棘2号、阿尔泰、楚伊”等为母本；选育果柄长的品种，应选择“绥棘 2 号、绥棘 1 号”等为母本；选育少刺的良种，应选择“绥棘 2 号、绥棘 3 号、浑金、阿尔泰”等为母本；选育丰产的良种，应选择“浑金、绥棘 3 号、绥棘 2 号、金色、丰产”等品种为母本；选育特殊加工的一些专用型品种，要根据品种果实的生化成分来决定母本。我们选育的这些大果、少刺或无刺品种多为高油类型，而维生素 C 含量较低，其他各种有效成分还需进一步测定，以便与中国沙棘优良的种质资源结合，培育出利用价值更高的新品种。

(3)杂交育种：利用选育的沙棘优良品种为母本，中国沙棘的优良雄株为父本，开展了大量的杂交育种工作，并选育出一些优良单株，其果实大小居中、熟期较晚、生长势强等性状表现出了中国沙棘的遗传特性；而棘刺少、果柄略长、果实形状由圆形至椭圆形，体现了大果沙棘的遗传特性。其初步试验结果还有待于进一步完善和总结。

4 结　论

(1) 通过多年试验，选育出了“绥棘 3 号、绥棘 2 号、浑金、优胜、阿尔泰、楚伊、乌兰格木、橙色”等生态经济型品种；“绥棘 2 号、绥棘 3 号、浑金、阿尔泰、楚伊、优胜”等经济型品种。可根据不同的用途，在“三北”的大部分省(区)，有选择地直接引种栽培。

(2) 总结分析了沙棘优良品种的主要经济学性状，如果柄长短、果实大小、棘刺多少、丰产性等，为杂交育种亲本材料的选择提供依据。同时进行了大量的杂交育种工作，并取得了一定的阶段性成果。

(3) 有些沙棘品种果实的生化成分未作测定，对其综合评价和选择利用难免有些纰漏，为此，本试验结果仅供沙棘引种和育种工作者参考。

参考文献

1. 黄铨，等. 沙棘种植技术与开发利用[M]. 北京：金盾出版社，1998，1.

科技创新支撑着“三北”李杏产业带的建设与发展（节录）

张加延

（中国园艺学会李杏分会理事长、辽宁省果树科学研究所原所长、研究员）

中国园艺学会李杏分会针对我国“三北”地区既贫穷又荒芜的现状，提出了建设“三北”杏树产业带的建议和再建议（科技导报，1998，4；1999，5），启动原产于“三北”的杏资源来治荒治穷。这一建议迅速得到“三北”地区各级政府、广大群众和全体会员的积极响应。近十多年来“三北”地区的鲜食杏栽培面积从18万hm^2猛增至36.3万hm^2，年产量从65.5万吨上升至147.1万吨，面积和产量分别增长201.7%和224.6%。各地从新品种选育、抗旱与抗寒栽培、无公害生产技术标准、产品精深加工等方面创造了许多新成果（专利）和新产品，其中浓缩杏浆、脱衣杏仁、杏仁油和活性炭等现已成为我国出口创汇的热销产品，为“三北”地区的经济发展，农民增收和环境治理做出了新的贡献。

一　新品种选育、引进与推广

（1）发现赛买提杏。1997年6～7月我分会成员，在阿克苏地区柯平县发现了极丰产的高糖品种——赛买提杏，在当地可溶性固形物达29.0%～31.5%，比世界上最好的土耳其制脯杏品种高出5个百分点，是加工无糖或低糖杏脯及杏汁的最佳品种，现以在南疆推广3.3万hm^2，成为主栽品种之一。

（2）选育出四个仁用杏和一个短低温杏新品种。我分会成员选育出超仁、国仁、丰仁和油仁4个仁用杏新品种，于1998年通过省农作物品种委员会审定，是目前我国单仁重最大的杏品种，2007年已在“三北”生产中推广4.95万hm^2，新增产值5.8亿元。

（3）选育出“龙园秋李”等8个李杏新品种。我分会成员选育出8个抗寒、丰产、晚熟李新品种其中龙园秋李于1997年通过省品种委员会审定，现已推广至北方14个省（自治区、直辖市）栽培面积达2万余hm^2，总产量达50多万吨。成为我国北方李的主栽品种之一。该成果获2008年省科技进步二等奖。

（4）选育出极晚熟新品种“秋香李”。我分会成员从香蕉李的芽变中选出了品质极佳的极晚熟李新品种——秋香，该品种极丰产，单果平均重60g，最大100g，色泽艳丽、具浓香、味酸甜，肉质硬脆、极耐贮藏，是目前我国有自主产权的最晚熟品种，2007年通过省级品种登记并申报国家品种权保护。

（5）引进推广了理查德早生李。我分会成员自2001年以来在新疆巴音郭楞蒙古自治州的和硕县推广欧洲制干李生产基地达1333.3hm^2，2006年初加工李干获得成功，现已成为我国乃至亚洲最大的制干欧洲李生产基地。主栽品种为1985年沈阳农业大学付望衡教授从美国引入的理查德早生，辅栽品种为女神、大玫瑰、冰糖等。

(6)引进推广了金太阳与凯特杏。2000年以来，我分会成员先后从美国引入金太阳和凯特两个丰产的杏品种，现已在我国20余个省(直辖市、自治区)露地和设施栽培中推广6.6万 hm^2，也成为我国杏新品种选育的优良亲本，丰富了我国的杏资源，促进杏产业的发展。

(7)选育出抗寒桃新品种——千寿桃。2005年农业部授予我分会会员陈福贵‘千特福寿桃’新品种权证书(CNA20030012.1)，该品种从山毛桃实生苗中选出，单果重200～250g，可溶性糖17.0%，在中秋节前后上市，冬季在-32℃的低温下可安全越冬。把我国桃的安全栽培界线向北推移了1000多km，现已在黑龙江、吉林等地布点试栽，丰富了我国“三北”地区的果树种类。

(8)选育出抗寒红叶李新品种。我分会成员2004年选育出极抗寒的红叶李新品种，可在我国高寒的吉林省露地栽培，是园林界极罕见的抗寒红叶观赏树木，其抗寒性超过了美国红叶李好莱乌，现已在东北、华北广为推广，填补了我国高寒地区的红叶观赏树种。

(9)育种技术的创新与成果。1990年突破了早熟杏胚培育关键技术，通过有性杂交与胚培养相结合的方法，分别于1999年和2000年育出了红丰、新世纪和8个试管杏新品种，开创了我国杏育种的新途径，其中红丰和新世纪已在“三北”地区推广6666.7 hm^2。

(10)全国李杏良种评选方法的创新。2003年和2004年，我分会与农业部优质农产品开发服务中心在郑州市共同举办过两届全国鲜食李、杏良种评选活动，两年共评选出全国各时令段上市的鲜食李杏良种共35个，其中杏14个，李21个，农业部为获优者颁发了证书，评选结果在刊物上宣传公布，促进了我国李杏生产的良种化。

(11)山杏良种选育的突破。沈阳农业大学林学院院长刘明国教授(理事)等从1995年至今从事山杏种质资源的调查、收集、鉴定、评价和选优：创建了我国第一个山杏种质资源圃，保存了110个无性系品系。筛选出丰产优良单株12个、晚花优株10个、抗晚霜优株4个、丰产稳产且避霜单株14个、自交亲和单株11个、无败育花优株6个。通过山杏良种的推广，获得了显著的经济和生态效益，2007年荣获省政府科技进步一等奖。

二、栽培技术的创新

(1)滴灌建园技术。2002年春，新疆巴音郭楞蒙古自治州轮台县林业局(分会理事单位)在寸草不生的戈壁滩上拉电、打机井、采集地下水，上滴灌，建设4500亩高标准杏园，成活率达85%，2004年全部嫁接成小白杏和赛买提杏良种，2006年开始结果，并成为新绿洲。2007年进入初果期，将逐渐带来可观的经济效益。轮台县的年降水量仅有52mm，在这种极端干旱的地区创造了我国规模种植杏树的新典型和新经验。

(2)“88542”山地整地技术。宁夏林业厅赵世华研究员(分会副秘书长)等人在宁夏六盘山丘陵沟壑区创造了雨季前“88542”隔带反坡水平沟整地新模式，比水平梯田省工省力，保土、蓄水、沃土等性能显著比我国传统的鱼鳞坑和撩壕强，第2年栽树时不浇水成活率达85%。至2006年在宁夏南部已经推广这种整地模式种植仁用杏2.7万余 hm^2，实现了黄土山区水不下山的高标准建园目标。

(3)漏斗式埋干深栽技术。宁夏林业厅赵世华研究员(副秘书长)等人，在宁夏固原市创造了盐碱地漏斗式整地埋干深栽新技术，在整地后的第二年春季栽植杏树，不浇水成活率达84.7%，创造了在干旱盐碱地发展杏产业的成功经验。

(4)林果草畜综合治沙技术。辽宁省农科院阜新分院院长何跃研究员(副理事长)等人，在科尔沁沙地南缘的彰武县和章古台镇创造了4000亩“林果草畜现代农业综合发展模式”，在半干旱的风沙地区种植防风林网，网内种植仁用杏和麻黄草或苜蓿草，采用山杏人工授粉技术，实现了高额的经济效益和林果草畜的有机结合。现已成为省政府和农业部的生态农业新典型，受到中国沙产业基金会的高度评价，2006年其技术标准通过了省级成果鉴定。

(5)风沙地大扁杏栽培技术。2005年辽宁省农科院阜新分院何跃研究员主持的“北方仁用杏丰产优质栽培技术”通过辽宁省级成果鉴定，他们引进并筛选出超仁和丰仁两个良种，实施8项配套栽培技术，编制出“风沙半干旱地区大扁杏无公害丰产优质栽培技术规程”，累计推广16万hm^2，增产5.7万吨，新增产值10亿多元，带动近200万农民致富，2005年该项成果获农业部丰收三等奖。

(6)山杏植播建园技术。2002年阜新分院何跃研究员主持，在13.3hm^2松林更新的沙丘上进行山杏直播建园栽培技术的研究，2005年得到省和市政府的认可，2006年《辽西北风沙易旱冷凉地区山杏直播造林栽培技术规程》通过了省质量标准局成果鉴定，并颁布实施，编号为DB21—T1484—2007。

(7)关于栽植坡向的研究成果。以往我们认为山地南坡杏产量最高，但经西北农林科技大学水土保持所白岗栓等人的研究，结果正好相反，因其南坡土温和气温上升快，杏花期早，冻害重，产量最低。其产量是东北坡>东坡>西北坡>北坡>峁顶>西坡>东南坡>西南坡>南坡。此项成果对于山区发展杏产业选择适宜坡向有着重要的指导作用。

(8)关于杏树干高的研究成果。西北农林科技大学白岗栓等人对陕北地区杏树不同部位产量的研究结果告诉我们，坐果率和花期长短与树高呈正相关。80%的产量在树冠1.5m以上，而1.5m以下仅占20%，所以我们定植大苗，并将定干的高度提高到1m，回缩1.5m以下的裙枝，培育上部枝组，树高达3~3.5m，才是仁用杏的丰产树形。

(9)杏树抗霜冻技术研究与发明。2000年以来河北农业大学杨建民教授(分会副理事长)先后发现了杏花器上有3种冰核细菌，是它们加重了杏花的冻害程度，杀死它们可以减轻杏花和幼果冻灾，为此他们通过多年大量的药剂筛选，2006年选出了在杏树开花期60年不遇-8℃长达10小时严重霜冻情况下，仍能保住部分产量的“农大4号防霜剂”，为我国“三北”杏产业的发展提供了新的科技希望。

(10)杏防霜报警器的发明。为及时准确的预报霜冻，2005年山西农科院王宝明副研究员(分会常务理事)发明了“便携式防霜报警器”，将其安置于杏园内，当气温下降至杏花或幼果抗霜冻临界值时，即会发出警报信号，提醒人们采取防霜措施，其准确度达0.1℃，现已在杏产区扩大应用，并获得了国家实用新型专利，专利号为200620128137.6。

(11)设施李丰产栽培技术的研究。河北农业大学杨建民教授(分会副理事长)在对李生物学特性系统研究的基础上，总结出一套李树露地和设施丰产栽培技术，推广大石早生等李良种4.3万hm^2，直接经济效益5.9亿元，获省政府科技进步二等奖，带动了河北省易县、满城、高邑3个县的农民致富。

(12)杏树槽式台田设施栽培技术的发明。沈阳农业大学吕德国教授(分会理事)2002年首创“槽式台田限根设施杏良种筛选与配套栽培技术”，创下了3年生凯特杏亩产鲜杏3572kg，4年生亩产4723kg的全国设施杏最高产纪录，亩效益达7万余元，比露地杏提早上市50~60天，促进了我国设施果树的发展。

(13)杏树盆栽移动控温技术的发明。2004年辽宁省辽中县李宝田高级农艺师(分会理事)创造了“设施盆栽杏移动调温高效栽培技术”，使鲜杏能够在隆冬的春节前后上市，比一般设施栽培杏又提早了2~3个月，比露地栽培杏提早了5~6个月，亩效益达10万元/年，创下了全国设施杏生产的最大经济效益，为实现鲜杏的周年供应提供了技术保障，现已在辽宁和宁夏推广33.3hm^2。

(14)病虫害防治技术创新。我分会常务理事四川国光农化有限公司颜昌绪董事长，针对“三北地区”杏树的主要病虫害和自然灾害，研制了“冻害必施”、“立效”、“蚧必治”、“树动力”、“抑蒸发”等多种新型农药和施药新方式，有效防治了病虫害，受到果农的欢迎。

(15)多项技术规程的制定。近年来我分会的许多骨干参与大量国家或行业和方标准的制定作，如辽宁省干旱地区造林研究所张魁研究员主笔制定了《仁用杏丰产栽培技术行业标准》；北京林果所王玉柱所长(副理事长)等编制的国标《杏仁质量标准》；农业部优质农产品开发服务中心李清泽(副理事长)等制定了《鲜李行业标准》、《无公害食品李行业标准》、《李苗行业标准》等；辽宁省果树所刘宁(理事)主笔《鲜杏行业标准》；郑州果树所阎淑芝和冯义彬(理事)参与了《无公害食品杏行业标准》的制定；中国果树所张敬茹(常务理事)主笔起草了《植物新品种DUS测试指南——李》等，许多理事还参与了地方相关标准的起草制定工作，使我国李与杏产业更加规范并与国际接轨。

三、加工设备与工艺的引进与创新应用

(1)开口杏核产品的发明。1998年，我分会常务理事、河北省蔚县的东方杏仁有限公司韩建新董事长创造了“开口杏核”新产品，上市后受到市场的欢迎，2000年以来迅速在河北、陕西、山西、辽宁和浙江等省推广，带动了全国炒货市场和产品的发展，为我国仁用杏产业开发出新市场，拉动了我国杏产业的发展。

(2)浓缩杏酱技术的引进与应用。2000年以来，在我分会宣传和引导下，先后有10个大型杏产品加工企业在南疆投资建厂，他们引进和采用国际最先进的加工设备和加工艺，使南疆80%以上的杏进入加工厂，加工的浓缩杏浆95%~98%销售到国际市场，年出口0.2万~2.5万吨(吨价900美元)现已占据国际杏浆市场30%~35%的份额，成为世界杏浆第一大生产和出口国，为国家创造了大量外汇，使南疆人民增加了收入，拉动了扩大绿洲的生态环境建设，成为实实在在的阳光沙产业。

(3)杏仁油的提取技术与应用。2000年以来，在山西省农科院王宝明研究员(常务理事)的技术指导下，采用国际先进的CO_2超临界萃取设备与技术，加工出高档而精制的杏仁油、杏仁油胶囊、杏仁油化妆品等系列新产品，不仅填补了我杏仁油生产和利用的空白，而且成为新的出口创汇产品，拉动了杏树种植面积的扩大，目前已有辽宁、山西、甘肃3省6个企业可以生产精制杏仁油。

(4)实用新型活性炭炉型的发明专利。2004年辽宁省农科院阜新分院何跃与张加廷研究员等人，新研制的“160型果壳活化炉及其生产工艺”通过省科技成果鉴定，居国际先进水平。与原有的苏式288型炉相比较：在产量质量相同情况下，建炉投资下降了66%，年节原料280吨，节煤1820吨，节水11233吨，节电20.1万度，生产成本下降25%，且无废渣、废水、无污染、无噪音，是安全、节能、环保型活化炉，现已获国家实用新型专利，专利号为ZL.20052009028.8。

(5)双高保健饮料的发明专利。陕西师范大学陈锦屏教授(副理事长)等1998年以苦杏仁为主要原料,加入果汁(果肉)精制成一种酸性复合功能型饮料,既有高蛋白又有高Vc,色泽天然、杏仁香浓、果味突出、酸甜适口、风格独特,还具有17种氨基酸和多种微量营养元素,是具保健功能的系列饮料,现已获得国家发明专利,专利号为ZL. 95103365. 4。

(6)李与杏酒的发明专利。天津市林果研究所郭意如副研究员(理事)在多年从事果酒研制的基础上,通过对李杏原料(品种)、酵母菌种和果胶酶的优选,在不添加亚硫酸的情况下,利用生物酶和二次脱核技术,结合果浆发酵工艺,研制并生产出高档的李子酒和杏酒。其中杏酒在2003年和2005年两界全国评酒会上被评为我国酒行业名牌,李子酒2003年在国际布鲁塞尔评酒会上获得银奖,现已申报国家发明专利并扩大生产。

(7)果肉与杏仁烘干炉的发明专利。陕西师范大学锦屏教授(副理事长)为了解决杏肉和杏仁脱水的难题,研究设计了一种独特的单体或连体的砖砌的烘干炉,这种炉投资不大,效率高,经济实用,烘干的杏肉和杏仁不仅可长期保存,且色泽不变,营养元素不损失,个体果农或大型企业均适用,使果农增加了收入,企业增加了原料,现已申报国家发明专利。

(8)全国李杏优质加工品的评选。2003年12月,我分会与农业部优质农产品开发服务中心在西安市陕西师范大学举办了"全国首次李杏加工品评选暨食品安全学术研讨会议",对来自16个省(自治区、直辖市)的35个李杏加工品进行了评选,评委们参照国家标准制定了8个打分项目标准,经9名专家评选,在果脯、果汁、凉果、杏干、小食品、果酒等6大类加工品中评选出11个优质产品。农业部为获奖企业颁发了证书,评选结果在刊物公开表,促进了我国杏李产品加工业的发展。

四 主要问题与科研主攻方向

(1)2005年我国"三北"地区山杏林面积达154.2万hm^2,产量为7.3万吨,平均亩产只有3.2kg,亩效益为12.80元。如何提高山杏产业的经济效益,推广简单易行的丰产栽培技术应是首要的主攻方向。

(2)杏树花期和幼果期如何防霜减灾,保证杏树丰产和稳产的关键技术,要根据我国国情,研究经济实用保花保果技术措施是当务之急,我们要利用现代生物技术,从种质资源、强树壮花、科学预报、生化调控和简易设施栽培等5个方面联合攻关。

(3)李细菌性穿孔病是阻碍我国李大规模发展的主要病害之一,其浸染机理和防治方法是我们今后攻关的重点。

(4)品种创新是提高李、杏产业效益的关键技术之一,但育成能够大规模种植的主栽品种极少,主攻方向应是适宜不同用途的加工专用新品种,在鲜食品种选育时应把耐贮运输和货架期长作为主要目标。

(5)产品加工方面,工艺简单的粗加工产品多,高科技含量多的精深加工产品少,多营养元素复合保健型产品几乎没有,这是制约我国李、杏产业升级的瓶颈和障碍,应着力攻关。

(6)我们在建设"三北"杏树产业带的实践中,如何落实扬长避短的方针,走"多采光、少用水"的技术路线,尚缺少充分的理论研究和成熟配套的实用技术,应给予充分的关注。

总之,摆在我们面前的困难很多,我们要牢固的树立科学发展观、坚定信心、勇于探索、不断创新,最终一定能够把我国的杏树产业带建设成知识密集,效益显著的产业带,达到既改善生态环境又发展经济的双赢目标,实现钱学森院士提出的阳光沙产大农业。

在雨热同季地区沙地发展沙产业行动方案

孙显科

（发明专利权人*）

关键词：风障；雨热同季地区沙地；地球变暖

胡锦涛总书记在十七大作的政治报告中，十二个主题部分的前四个中分别论述了：“建设生态文明、保护生态环境”，“节约能源资源、建设资源节约型、环境友好型社会”，“增强可持续发展能力”为基本国策。

人类生存和发展环境问题越来越被重视。国际组织、区域性国际组织和各国政府首脑，在一起探讨的问题只要有两个，必有一个问题是人类生存和发展环境问题。很多问题是各有见解和歧义，严重到水火不容、兵戎相见的地步。唯有对人类生存和发展环境问题的见解出奇地一致。

一、沙产业的行业位置和意义

沙产业，顾名思义，就是在改善和修复地球生态环境、解决地球升温问题的重要领域内，治理沙漠，修复沙地的工作实践中，创出一条产业化经营，市场化运作的路来。所谓产业化经营，就是吸纳资本市场的资金，使投资者肯投资，吸纳劳动力市场的劳动力资源，使修复沙地形成产业链，从而形成产业规模。所谓市场化运作，其终极目标就是实现经济效益，取得利益的最大化。在沙产业领域，修复了沙地，就不仅仅是改善生态环境和人的生存发展环境，从一方面解决地球升温的问题，以及为了子孙后代留有生存空间和可持续发展的环境空间之问题。而是要产生吸引投资者和资本市场资金的经济效益。在沙产业领域能够做到产业化经营，市场化运作的初衷和结果吗？回答是肯定的，就一个字：“能”！沙产业领域，企业和科研机构基本主要从生物、物理和化学方面着手工作实践。三种科学方法之间的关系是，生物方法是终极目标，理、化两种方法是为终极目标服务的。生物方法的成功与否，不仅决定了“沙产业”这条路能否创出来，也决定了人类治理沙漠、修复沙地的宏观工程能否成功！再进一步说，生物方法的成功与否，决定了解决地球升温的大问题！笔者始终认为，解决地球升温问题，关键是地球植被的丰富和多样性。地球植被的丰富，吸收了二氧化碳，形成碳汇过程。同时，还大量释放氧气，正反两方面调整了大气的碳与氧的比例。亘古以来，地球的生态圈就是这样演变而来的。温家宝总理在2007年11月的新加坡“东亚峰

* 发明名称：以沙治沙固沙丘的方法；发明人：孙显科；专利号：02132877.3；专利申请日：2002年9月3日；专利权人：孙显科；授权公告日：2007年3月7日；《发明专利证书》授权日：同授权公告日；证书号：第311830号；专利权期限：20年。

会”上的演说，关于应对气候变化问题的第四点，就是“植树造林”。

二、关于发明专利

本人提供的技术方案，是物理工程方法，是改善沙地恶劣自然环境条件的，是为沙产业生物方法成功保驾护航的。该方案是一项“发明专利”技术，名称为：以沙治沙固沙丘的方法。可以登陆国家知识产权局网站调阅。本发明专利的用途主要有：

① 工程治沙，以沙治沙，永固沙丘；② 本发明专利设计的“立体框架”，就好比至今建筑领域还在使用的“秦砖”。秦砖可以砌长城、砌宫殿、砌宅院，还可以盖鸡窝搭鸭圈。立体框架将在今后很长时间内，于治理沙漠化、荒漠化有关的工程中，会起到秦砖在建筑领域中的作用。因地制宜地使用是关键。重复使用、搬到异地使用，工程进行时和结束后若干年，可以根据气象条件的变化，随心所欲地进行增高、减低和做工程区域性调整，是其独有的特点；③ 设沙障，阻挡沙漠边缘的推进、扩张；④ 稳固沙尘暴的物质源，从源头预防沙尘暴；⑤ 在越是自然条件恶劣的沙漠地区，就越是凸现出《以沙治沙固沙丘的方法》的实用性；⑥ 兼顾解决固沙、地形改造、水和地表植被问题，这四点是治理沙漠、治理荒漠化土地、预防沙尘暴问题的关键所在；⑦ 在雨热同季(北京市、河北省、黄河河套地区、东北三省、内蒙古浑善达克沙漠及东部)地区，治理沙漠、荒漠化土地，可以用廉价材料，大幅度降低成本；⑧ 为雨热同季地区的沙地植树种草提供工程生态保障；⑨ 保护沙漠地区铁路线、石油设施、军事设施、各类基地设施和其他工程设施；⑩ 为沙漠、沙地周边天天生活在沙尘环境中的村、镇，尤其是学校，净化空气，优化生存环境。

三、在雨热同季地区的沙地设置立体、平面、固定的、可移动和异地再用的风障

在此，重点介绍发明专利第 8 项功能：为雨热同季地区的沙地植树种草、沙产业良性循环和发展提供工程生态保障。内蒙古东部的阿尔山市，每座山都有一个奇特的景象，就像清朝男人的脑袋，朝西迎风的一面就像没头发的一半，光溜溜，丁点灌木、乔木植物也没有，即使长的草，伏季开始，下雨就绿，三天不下雨就黄。而朝东的背风的一面却长着茂密的森林。每座山都是这个样子。每座山的其他自然条件都一样，尤其降雨量一样不差毫厘，仅仅因为迎风和背风的原因就有如此大的不同。究其原因是沙漠和外蒙古高原干热风和干冷风的作用，这都是“干热风”和“干冷风”的杰作。在中亚国家，很多草原类似阿尔山山区的山头，春季葱心绿的草地生机盎然，可是，从进入夏季开始，草全部枯萎，草原是一片死寂。中亚国家的草原，有很多的沟壑，草原上一丁点灌木也不长，而在有水的没水的沟壑中，乔、灌、草生长茂盛。海拔高度差 100m 以内，降雨量和降雨时间都一样，就是干热风和干冷风使草原只长草，不长乔、灌植物。我国亚湿润干旱区荒漠化土地面积为 51.44 万 km^2。什么是亚湿润干旱区，就是干热风、干冷风祸及的区域。用风障方法解决干热风、干冷风祸害，再避免夏季阳光直射地表，就解决了沙地水分蒸发快和空气湿度低的问题。就可以形成适应乔、灌、草生长的生态条件。农田防护林网的建设系数是：风障与防护距离之比是 1∶15～30，理论作用主要是抗农作物倒伏。按本发明专利技术设计的雨热同季地区沙地用风障，作用就是防干热风、干冷风，防春风害一季，一季害一年。在平坦地形，防护系数为 1∶10。风障高度 10m，防护距离为 100m。在背风坡地形，防护系数为 1∶10～20。风障高度 10m，

防护距离为100～200m，平均150m。在降雨丰沛和地下水位高的沙地，幼树成活，2～3年内，不论什么地形，在大面积修复沙地的情况下，只保留最前面一行风障，其余所有风障全部拆除，异地使用。需要强调一个问题，沙地栽树，必须要求密度。就是说，进入夏季旺盛生长期，不能让阳光直射林地地表，让阳光直射林地地表就不是林地正常生长环境。林地需要的是湿热环境，而阳光直射林地地表温度高达40～80℃，一个干热的环境，无论如何是错误的。而实际工作中，往往都犯这个错误，这是一个非常要紧的注意事项。要说这是一个低级错误都不为过。

关于林地的布局也是沙产业成败的关键。在人工风障保护下的生态环境，要取得最大经济效益的同时，还要达到生态环境良性循环以求永续利用。从长期来讲，一亩林地的经济效益要超过一亩大田，暂且不论，我们是要求得利益的最大化。风障保护的间隔有多远？或是什么时候拆除风障，都必须因地制宜，根据需要而定。布局科学合理，是求得效益最大化的前提。布局要有一个统一的认识和统一的标准。以一公顷为单位，应有四分之一到五分之一为林地，若干平方公里的面积布局成网格状。独木不成林，两三行树的网状布局也不能称为林地。四分之一到五分之一的面积以树为主，可称为林地保护下的沙产业基地。什么东西价值高，四分之一到五分之一以外的林间地，就种什么，就养什么。人工风障保护了树成林，人工风障拆除以后，就靠网格状的林地，使生态环境进入了良性循环期。在雨热同季地区的上风向即来风向地区，克服一切困难，用上述方法大面积的修复沙地成功以后，就可以减轻下风向地区修复沙地搞沙产业的难度。举例，如果在浑善达克沙地全面修复沙地成功，那么科尔沁沙地就比较容易修复，用同样的方法，使科尔沁沙地恢复为公元17世纪清太宗时，“长林丰草、……几马驼牛羊之孳息者岁以千万计……”的优良草场。至此，辽宁省西北部和吉林省西部的干旱状况，就能永久解除，使其降雨量趋于接近本省的平均水平。在此介绍两种立体框架设置风障的方法。

第一种，锥堆体立体框架。顶部50cm正方形，底部100cm正方形，高100cm，侧面为梯形。立体框架的6个面，仅仅有2个相邻的梯形侧面板结构封闭。框架顶部、底部与另外2个相邻的梯形侧面为敞开式框架。材料使用钢筋混凝土。框架单根的横截面尺寸6cm×6cm至10cm×10cm。侧面封闭板的厚度5cm左右。锥堆体立体框架，用于设置第一道迎风风障，永不拆除，固定使用。不管风有多大，不管流沙量有多少，都可以挡得住。设置方法，迎风方向，横着摆放3～4行，梯形封闭面迎着来风方向，延长米根据实际情况确定。第二层以上各层，以第一层同样的行数，向来风方向倾斜摆放，人工灌沙石到框架中，并在风障迎风一侧框架外面人工堆沙石与框架同时升高。第十层以后，风障高10m时，停止人工灌沙石和人工堆沙石，待风力自动灌沙石和堆沙石。人工只负责等待风把框架灌满时，往上加层。可以一次加2层，不影响框架的功能作用，不是大风口地区简单固定即可。如果是大风口地区，必须从第一层的下方放置条状物体，用钢索连接固定，每隔3～5层都要放置条状物体并固定。框架本身装满沙石后，框架占体积的9.1%，灌的沙石占体积的90.9%。因框架位置是在背风侧，又埋在沙石中，使用寿命50～100年，或100年以上。在雨热同季地区，背风侧无干热风、干冷风的吹袭，不用人工栽种，该长乔木就长乔木，该长灌木就长灌木。

第二种，管体框架。管体框架直径100cm，高100cm，管体50%的立面有管壁，管体另外部分有2根支撑　无顶、无底成框架结构。框架单根截面和管壁尺寸同上。管体框架用于固定使用的风障，也可以用于在一定时间内需要拆除并能够在异地继续使用。管体框架内灌沙石，外堆沙石，埋在沙石中使用。施工时，管体框架与沙石一起升高。使用寿命50～100年，或100年以上。转移异地使用10次，寿命30年。管体框架占风障体积的9.8%以下，沙石占风障体积的90.2%以上。用以上二种立体框架立体方法，可以满足雨热同季地区设置风障的需要。另外再介绍一种平面方法。平面固沙漠、沙地地表。在雨热同季地区，用立体框架平铺在沙地中，3～5年可以恢复植被。如果铺设框架前沙面被覆2～5cm厚的土，撒上草籽2～3年即可恢复植被。因为有框架风障的保护，土不仅不会被吹走，框架还会吸收和留住风带来的雪、尘土、植物种子等物质。框架可以用当年生柳条、拧条、荇条、竹片和庄稼秸秆等做材料，使用2个周期。立体框架高度30cm。

还有一种废物利用方法，使用用过的上述材料制作的包装物，水果筐等，将底和盖去掉，方的、圆的都行，平面设置在雨热同季地区的沙地中。同样形状方形的，角顶角摆放，一个筐作用于二个筐的面积。形成沙尘暴的主要因素是动力源和物质源。物质源就是沙漠周遍的荒漠化土地，尤其是沙漠、沙地的下风向荒漠化土地，荒漠化土地的土都上天以后就是沙地。将这些地区用上述免费的框架平面地毯式布设，保护住无比珍贵的土壤，就为下一步搞沙产业减少了投资成本、减轻压力！温总理有论述：如果再不重视保护环境，今后治理的成本会更高，付出的代价会更大，环境将更难以恢复，我们就可能犯难以改正的历史性错误。大风口地区，使用锥堆体立体框架，建设风能把沙推多高就建多高的沙山。必要时，再在沙山来风方向的山脚下，使用锥堆体立体框架，起底、加层，再建一道沙山。建成后留有“Y”形区，以备大自然的不测风沙。搞沙产业，必须核算成本。综上所述，使用100年以上的风障投资成本，几乎等于零。主要计算一下可移动和重复使用的立体框架风障成本。以高10m，宽1.7 m，延长100 m的风障为例。防护距离平均150m，保护22.5亩土地，每亩的风障成本为1778.3元。

管体框架{100m÷1.4m×2(行)}×10(层)=1429(个)。280元/个。计：400120元。沙地变林地，成沙产业基地的账就不必计算了。年复一年，10年、20年，一代又一代，这个投资，一个字，值！关于迎风坡。在大面积修复沙地成功以后，迎风坡也不是原来的干热风、干冷风年年、月月、天天吹袭的环境，可以成为自然的、正常的草场。

参考文献

1. 从沙尘暴看西部大开发中生态环境保护的重要性．地理科学进展，2000，9，19(3).
2. 朱震达，等．中国沙漠概论．北京：科学出版社，1980.
3. 杨永辉．29年消失一个罗布泊．生活报，2001－2－11，第10版．
4. 国家林业局．中国荒漠化和沙化状况公报．2005，6.
5. 郭开，蔡金水，盛平．不科学治理沙漠沙漠就要灭亡中国．科技中国，2006，7.

防　治　篇

以遥感监测我国沙漠化动态及防治对策（节录）

焦居仁
（水利部水土保持司）

摘　要：水利部先后开展了两次全国土壤侵蚀遥感普查工作，其结果表明：一是水土流失面积在减少，生态恶化趋势初步得到遏制；二是部分地区有改善，水力侵蚀面积在减少，侵蚀强度有所减轻；三是部分地区还在恶化，风力侵蚀面积呈增长趋势，侵蚀强度加重；四是我国水土流失严重，部分地区生态恶化的局面尚未得到有效遏制，生态建设的形势依然严峻。我国西部地区土地沙漠化问题严重。应该对水土保持发展思路和举措进行研究与调整。在指导思想上，人和自然和谐相处，走可持续发展的路子；在加快防治策略上，既要依靠国家和人民群众的力量，还要依靠生态自我修复能力；在战略和战术上，明确防治战略重点，加强战术研究；在防沙治沙上，重点放在水蚀风蚀交错区和沙化、退化的耕地、草地和林地；同时应处理好几个关系。

关键词：遥感；沙漠化；发展变化；防治对策

我国是一个水、旱、风沙灾害十分频繁的国家。除水害、兴水利，历来是治国安邦的大事。

一、先进的遥感手段　科学的监测数据　深刻的变化启示

为了用科学数据客观地反映中国水土流失状况，为国民经济和社会发展服务，20 世纪 80 年代末和 2000 年前后，我国先后开展了三次土壤侵蚀遥感普查。这三次对沙漠化动态变化的普查工作，由于手段先进、数据科学，因此客观地反映了中国水土流失的现状及其发展变化趋势，为有关行业和部门提供了可靠的资料，为宏观决策提供了科学依据。

我国第一次土壤侵蚀遥感普查开展工作的时间是 1989～1990 年；采用的是 1985～1986 年时段的 TM 卫片；成果显示，中国水土流失面积 367.03 万 km^2，占国土总面积的 38.2%，其中，水力侵蚀面积 179.41 万 km^2，风力侵蚀面积 187.62 万 km^2。

我国第二次土壤侵蚀遥感普查开展工作的时间是 1999～2000 年；采用的是 1995～1996 年时段的 TM 卫片；成果显示，中国水土流失面积 355.55 万 km^2，占国土总面积的 37.0%，其中，水力侵蚀面积 164.88 万 km^2，风力侵蚀面积 190.67 万 km^2。

我国第三次土壤侵蚀遥感普查开展工作的时间是 2001～2002 年；采用的是 2000～2001 年时段的 TM 卫片；成果显示，中国水土流失面积 356.92 万 km^2，占国土总面积的 37.1%，其中，水力侵蚀面积 161.22 万 km^2，风力侵蚀面积 195.70 万 km^2。

水土流失监测成果及其发展变化的数字含义是深刻的，给我们的启示是令人深思的。从监测到的三次水土流失的状况，及其 15 年来的发展变化趋势可以看出：

（一）水土流失面积在减少，生态恶化趋势初步得到遏制

中国水土流失总面积由 367.03 万 km^2，减少到 355.55 万 km^2，净减少 11.48 万 km^2，

这反映出我国水土保持生态建设所取得的成绩。从总体上看，中国的水土流失、生态恶化的趋势初步得到遏制。

（二）部分地区有改善，水力侵蚀面积在减少，侵蚀强度有所减轻

我国水力侵蚀由179.41万km^2减少到164.88万km^2，净减少了14.53万km^2；同时，侵蚀强度中度以上的面积由88万km^2，减少到82万km^2，强度以上的面积由38万km^2，减少到27万km^2。这说明在水力侵蚀的部分地区，水土流失面积在减少，强度在下降，生态有所改善，综合防治取得了成效，并以每年1.4万km^2的速度在推进。

（三）部分地区还在恶化，风力侵蚀面积呈增长趋势，侵蚀强度加重

我国风力侵蚀面积由187.61万km^2增加到190.67万km^2，净增3.06万km^2；同时，侵蚀强度中度以上的面积由94万km^2，增加到112万km^2，强度以上的面积由66万km^2，增加到87万km^2。这说明风力侵蚀面积在扩大，水土流失严重、生态恶化的趋势尚未得到有效遏制，沙漠化在扩展，程度在加重，年平均扩展3060km^2。

（四）东、中、西部水力侵蚀发展变化增减幅度不同

我国东、中、西地区水蚀面积变化趋势不同：东部地区的水蚀面积由13万km^2，减少到9万km^2，减少了4万km^2，相当于年均减少2.9个百分点；中部地区由62万km^2，减少到49万km^2，减少了13万km^2，相当于年均减少2.2个百分点；西部地区由104万km^2，增加到107万km^2，增加了3万km^2，相当于年平均增加0.26个百分点。

（五）我国水土流失严重，部分地区生态恶化的局面尚未得到有效遏制，生态建设的形势依然严峻

我国西部的部分地区水土流失生态恶化的速度令人震惊！特别是新疆、甘肃几个省（自治区、直辖市）的部分地区，水土流失面积在扩大，程度在加重，净增加16.31万km^2，其中：水蚀增加6.60万km^2，风蚀增加9.71万km^2。按地区分析：新疆增加8.59万km^2，甘肃增加2.52万km^2。说明我国西部的部分地区水土流失严重，生态恶化的趋势尚未得到有效遏制，并且以年均16310km^2的速度在扩展，这相当于5~6个中等县的面积，恶化的速度令人震惊！形势严峻，不容乐观。

从我国两次遥感调查成果对比分析和发展趋势看，部分地区有成效，部分地区有问题，特别是西部地区水土流失严重，生态恶化的局面尚未得到遏制。从水土流失治理进度看，我国东部地区年均减少3个百分点；中部地区年均减少2个百分点；而西部地区年均增加0.26个百分点，形势十分严峻，必须调整思路，采取新的防治对策。

二、生态问题多的西部部分地区　只增不减的沙漠化趋势

1985、1995和2000年，西部地区水土流失面积分别为286.77万km^2、293.74万km^2和296.65万km^2，呈增长趋势。从水土流失面积看，前10年平均每年增长0.70万km^2，后5年平均每年增长0.58万km^2，15年间共计增加水土流失面积9.88万km^2。从水土流失强度看，除轻度侵蚀面积减少10.9%外，中度、强度、极强度和剧烈等侵蚀的面积均增加，分别增加了19.1%、0.4%、30.5%和26.8%。

内蒙古、陕西、宁夏、广西、四川、贵州、云南和西藏等省（自治区）的水土流失面积均有不同程度的减少，新疆、甘肃和青海等省（自治区）的水土流失面积分别增加8.11万km^2、2.3万km^2和2.1万km^2。

从水土流失类型看，水蚀和风蚀变化呈现不同的变化趋势：

我国西部地区水蚀面积，前10年间由104.07万km^2增加到106.84万km^2，平均每年增加0.28万km^2；后5年间有所减少，面积为105.05万km^2，平均每年减少0.36万km^2。15年间水蚀总面积增长0.98万km^2，总面积变化不大，保持相对稳定。水蚀强度，15年间轻度、强度、极强度和剧烈等侵蚀的面积分别减少1.49万km^2、2.54万km^2、2.62万km^2和1.64万km^2；而中度侵蚀面积增加9.26万km^2，增加了37.9%。西部地区水蚀强度整体降低，强度以上侵蚀面积下降幅度较大。进一步分析西部各省（自治区）水蚀面积变化，可以看出，内蒙古、陕西、宁夏、广西、贵州和云南等省份的水蚀面积呈下降趋势；甘肃、青海、新疆、四川和西藏等省份的水蚀面积呈增长趋势。

我国西部地区风蚀面积，前10年间由182.70万km^2增加到186.89万km^2，平均每年增加0.42万km^2；后5年间仍然增加，面积为191.60万km^2，平均每年增加0.94万km^2，呈加速增长趋势。15年间风蚀总面积增长8.90万km^2。其中，中度、强度、极强度和剧烈等侵蚀面积都呈增长趋势，分别增长0.71万km^2、2.19万km^2、9.86万km^2和9.38万km^2；而轻度侵蚀面积减少，减少13.23万km^2。

三、水保生态形势严峻 发展战略研究与调整

党的十七大提出了全面建设小康社会的宏伟目标，对我国经济和社会发展提出了新的要求，水土保持工作既要科学开发利用水土资源，又要节约保护水土资源，正确处理人口、资源、环境三者之间的关系，从而达到人与自然的和谐共处，实现水土资源的可持续利用和改善生态系统的目标。

（一）在指导思想上，人和自然和谐相处，走可持续发展的路子

过去，由于人口的增加，要生存，经济和社会要发展；加之，片面强调人要战胜自然，只顾眼前利益，不考虑长远，造成了对自然资源的不合理、乃至掠夺性的开发和利用，结果是环境遭到破坏，人类受到自然的惩罚，中国1998年的抗洪、2000年以来沙尘暴的袭击是水土流失严重、水资源紧缺的强烈信号！深刻而痛苦的教训使我们清醒，使我们悟出了一个道理：人和自然要和谐相处；使我们增强了一种意识：水土流失是中国头号环境问题，要把水土保持这项基本国策落到实处。人类要善待自然，保护环境，保护家园，从我做起，从身边的事情做起。

在指导思想上，要以人为本，以全面、协调、可持续发展的科学发展观为指导，树立人和自然和谐相处的思想；认真贯彻人口、资源和环境协调发展战略；突出生态，保护生态就是保护生产力，建设生态就是发展生产力；以水土资源的承载能力为前提，做好水土资源的持续利用，支持经济社会的持续发展，走可持续发展的路子。

（二）在加快防治进度上，既要依靠国家和人民群众的力量，还要依靠生态自我修复能力

当前，我国水土保持的突出矛盾是综合防治进度慢。为了寻求加快水土流失防治进度的路子，多年来，我们从南方到北方地区进行了积极的探索。实施封育保护、封禁治理措施在长江流域取得了成效，也受到社会各界的认可；但对北方地区，特别是在黄土高原和风沙边缘地区，这种办法是否可行？看法不一。

内蒙古自治区乌兰察布盟在1994年提出“进一退二还三”战略，即修建一亩高标准、旱涝保收的基本农田，退2亩陡坡耕地或草场耕地，还三到四亩草、灌、乔的做法，实施8年

来，不仅减少了耕地，恢复了草地，增加了植被，改善了环境，而且农牧民增加了收入，地区经济得到长足的发展。陕西省吴旗县1998年作出“封山禁牧、舍饲养羊”的决定，1999年冬至2000年，一举将全县155万亩陡坡耕地全部退耕还上了林和草，以实际行动贯彻落实“退耕还林、封山绿化、个体承包、以粮代赈”政策。目前，草灌乔上了山，牛羊入了圈，植被得到了恢复，小流域综合治理为广大农民的生产、生活奠定了基础，群众安居乐业，纷纷称赞中国政府的政策好。

在水土流失综合防治理的方针上，既要坚持预防监督、保护环境和综合治理、建设生态两手抓，两手都要硬的方针；还要坚持依靠国家和人民群众的力量，综合防治水土流失和依靠生态自我修复能力，大面恢复保护植被，加快防治进度的方针。

(三)在战略和战术上，明确防治战略重点，加强战术研究

在水土流失防治战略布局和战略重点方面，要放在水土流失最严重的地区——长江上游、黄河上中游和长城沿线的农牧交错区，以及中部、东部一些省份的部分地区。要把水保生态建设作为西部大开发的根本和切入点；水土流失综合防治要以上述地区和塔河、黑河、京津风沙源、首都水资源等为重点，加大投入，加快进度。

在战术上，要从侵蚀程度比较轻的地方入手，选择重点，采取有力措施，分类指导，首先突破。中国东部地区10个省(直辖市)有待治理的水土流失面积，目前仅剩9.70万km^2，调整思路，加大防治工作力度，完全可以率先实现初步治理一遍的目标。

(四)在防沙治沙上，重点放在水蚀风蚀交错区和沙化、退化的耕地、草地和林地

第二次遥感调查工作上的深化发展，是在水蚀风蚀面积中，专门辟出了一个水蚀风蚀交错区，这不仅是理论上的一大突破，而且，也是生产实践中的需要。

沙漠本身就是一种自然景观，“向沙漠进军”的口号已成过去，目前防沙治沙真正能够有所作为的重点地区，就是在沙漠边缘地带，也就是在水蚀风蚀交错区的26万km^2范围内，防治原有耕地、草地和林地的沙化。采取因地制宜，综合防治的方法去进行，以封育保护为重点，以合理开发利用水土资源为前提，宜灌则灌，宜草则草，宜乔则乔，宜荒则荒。

在这方面，陕西的榆林、内蒙古的赤峰和宁夏等其他许多地区，已经取得了明显成效，创造了很好的经验。

(五)处理好几个关系

一是处理好小与大的关系。在人口相对多的地方，集中人力、物力和资金，加大小流域综合治理力度，解决群众的吃粮、花钱和经济发展问题，促进大范围的退耕还林(草)和大面积恢复保护植被，“以小促大”，加快进度。

二是要妥善处理好生态、生活和生产三者之间的关系。只有把生态建设的主体——广大农牧民群众的生产条件安排好，生活逐步有所改善，生态建设方可落到实处，建设的速度才能真正加快，从而实现可持续发展。

三是要尊重科学，遵循自然规律；尊重市场，遵循经济规律；尊重群众，遵循人民群众的创造规律。过去，由于脱离实际，我们干出了一些违背科学、违反群众意愿的事，这些失败的教训，应认真汲取。

中国沙漠化治理的回顾与思考

马文元
（中国林业科学研究院林业研究所研究员）

关键词：沙漠治理；封育恢复

中国的治沙事业伴随着新中国的诞生已经走过半个多世纪的历程，回顾过去，我国的治沙事业付出了极大的努力，也取得了举世瞩目的成绩，营建了一批具有世界水平的治沙先进典型，可以说中国的治沙工作无论从理论上还是治沙技术实践上均处于世界先进水平。

一、中国沙漠化治理简要回顾

中国的治沙工作大体上可以分为几个阶段：20 世纪五六十年代是调研考察阶段。通过这个阶段的工作摸清了中国沙漠的基本情况，1958 年国务院召开了西北 6 省（自治区）治沙会议，会后成立了中国科学院治沙队，组织全国科研、教学及部分生产单位上百名科学家和技术人员对中国西部沙区的地质地貌、土壤植被、水分气象等自然地理要素进行了多学科综合考察，获得了大量的基础资料，编制了许多图件报告，这些宝贵的资料为以后的治沙科研、教学和生产实践奠定了坚实的基础。

从 20 世纪 50 年代后期到 60 年代中期，在沙区全面考察的基础上，开始了定位研究和专项研究。先后在内蒙古蹬口、陕西榆林、甘肃民勤、宁夏灵武、青海格尔木、新疆莎车等地设立了试验站，同时还在不同类型固沙区建立了治沙站及固沙实验林场。开展了生物固沙、机械沙障固沙、防风固沙林、农田防护林、固沙植物种选择、沙地水分、沙区土壤及风沙运动规律等多项研究。较为突出的成果有生物措施与工程措施相结合的固沙方法、铁路公路防沙技术、风沙区农田防护林、沙区飞播造林等。这些治沙科研和生产实践奠定了丰厚的科研成果和治理经验，成为以后治沙科研和生产实践的资料库，有许多研究成果的理论和经验至今还在广泛应用。

20 世纪 70 年代后期到 80 年代，中国大规模的治沙战役打响了。1978 年开始了“三北”防护林建设工程，工程横贯我国东北、华北、西北，涉及新疆、甘肃、内蒙古、宁夏、陕西、青海等 13 个省（自治区）、510 多个县（市），东西全长 4500 km，面积共计 40700 万 hm^2，占国土面积的 42.4%。项目区内包括了我国八大沙漠、四大沙地及广阔的荒漠草原和水土流失区。工程的开展对我国北部的生态屏障建设，改善我国北方地区生态环境发挥了重要的作用。1991 ~ 1992 年连续召开两次全国治沙会议，掀起了我国全面开展大规模治沙工程和治沙研究的新高潮。随着西部大开发相继开展了全国防沙治沙工程、天然林保护工程、京津风沙源治理工程、退耕还林工程和荒漠化区内禁牧实施圈养等一系列大型工程和生态保护措施。治沙科研从“七五”至“十五”先后开展了近 30 多项治沙的基础理论和应用技术方面研究、国家攻关和综合治理研究。近 30 年来国家对荒漠化区域的生态建设给予极大的关注，加大了资金投入，使中国的荒漠化防治上了个新台阶。

进入 21 世纪以来，为了保障国土安全，改善我国的生态环境，国家林业局在全国开展了六大林业工程等：①天然林资源保护工程。天然林保护也包括对荒漠区天然人工灌丛林的保护，有效保护了 9 533.3 万 hm^2 森林。②退耕还林工程。到 2007 年全国退耕 2 426.67 万 hm^2，退耕地大部分在西北地区，已完成造林 926.67 万 hm^2。③京津风沙源治理工程。对北京地区的沙漠地，包括天津、山西、内蒙古、河北等周边沙化土地治理。④“三北”和长江中上游防护林工程，含“三江”源及长江、黄河流域的治理。⑤牧区实施圈养，对牧区不同草场类型畜群状况采取禁牧、休牧或轮牧制度，促进退化草场的恢复。六大林业工程的开展也充分体现了以生态保护为主的理念，使脆弱的荒漠环境能休养生息，自然恢复，缓解了沙荒地上土地的压力，扭转沙漠化的扩展。

据 2005 年第三次荒漠化监测结果显示，我国沙漠化土地面积从 2004 年以前年扩展 343600 hm^2，减少到现在每年扩展 128300 hm^2。与 1999 相比减少了 641600 hm^2。全国有 20% 的沙化土地得到治理。重点地区林草植被盖度增加 20 个百分点。沙化严重的西部地区森林覆被率由 5 年前的 9% 提高到 12.5%，使许多宜林沙化地和重点保护区得到有效的治理，以沙区城镇和绿洲为中心逐步向外辐射扩展，实现了治沙从总体恶化、局部好转，到整体遏制、局部好转的可喜局面。

二、沙漠化原因与治理意见

经过这些年的努力我国治沙虽然取得很大成绩，但由于人口压力大，沙漠面积广阔，条件复杂，土地沙漠化的形势仍然十分严重。由于世界范围内大气中 CO_2 排放量的不断增加，引起全球气候异常、气温升高，加剧了全球一些地区干旱进程。气候变化对地球的影响是一个长期缓慢的过程，而人类不合理的经济活动是催生环境退化的直接原因。在我国土地沙化过程中，由于过度放牧造成的沙化土地占 30%，樵采产生的沙化土地占 32.7%，土地开垦导致的沙化土地占 27%，还有由于不合理水资源利用产生的沙化占 10%，这些都是人类不合理活动造成的后果。我国有 4 亿 hm^2 草地，其中 70% 是荒漠半荒漠草场，产草量低、退化严重，全国有 90% 的草场超载，一般超载都在 60% 以上，个别的甚至超载 200%。全国退化草场估计约 9000 万 hm^2，过牧使新疆、甘肃、内蒙古草场退化分别达到 63.6%、87.8% 和 56.3%，草场退化沙化现象非常严重。全国现有耕地 1.2 亿 hm^2，现在每年平均开荒 3.4 万 hm^2，绝大多数新开荒地在北方地区，前些年由于不合理开垦造成 860 万 hm^2 沙化土地。

我国是一个沙漠面积较大的国家，全国共有荒漠化面积 26362 万 hm^2，占国土面积的 27.46%，其中沙漠化面积 17397 万 hm^2，占国土面积 18.12%，而且大部分沙区干旱少雨、植被稀疏，年平均降水量 200m 以下的干旱和极端干旱沙漠约有 12000 多万 hm^2，从 20 世纪 70～90 年代，沙漠化还以每年 34.36 万 hm^2 的速度扩展，每年因沙化而造成的经济损失达 540 亿元。

浩瀚的沙漠自然条件严酷，沙漠作为一种大地貌单元，要想通过人为力量使其全部得到治理，显然是非常困难的。因此，在总结过去治沙经验的基础上，对今后的治沙工作要重新思考。人们在改造自然过程中，首先要熟悉了解自然，顺应自然规律以便采取相应的对策。结合我国沙区自然经济及社会情况，有针对性地采用生物措施或生物与工程相结合的治沙方法，因地制宜、因害设防、乔灌草相结合地综合治理。要根据立地条件安排植物种，宜乔则乔，宜灌则灌，宜草则草，还应加上宜荒则荒，对于极端干旱的不毛之地，不宜硬性安排造林。这就是近几年有人提出的近自然林业的新概念，治沙应该遵循自然界的客观规律。当然西部大开发总体规划中，在沙区开展的关系到国家经济、国防建设的重大项目，如穿越沙漠的公路、铁路交通干线及重要矿产能源基地、国防科研重大项目等专项治理，这些项目都有环境治理专项经费支持。还有地处沙区的城镇、绿洲农牧基地，沙区的风景名胜都需要重点保护治理。除此而外，广大的荒漠区要保持自然原生状态，减少干扰，任其自然演生恢复。封育恢复主要受自然条件的影响，如果降水较多，沙地水分条件好，植被盖度会增加，封的时间越长效果越好，植物种也会有所增加。正在实施的天然林资源保护工程、退耕还林等工程措施还是促进荒漠化区域植被恢复有力的技术政策支撑。

防止乱砍、乱采、乱挖等破坏植被行为，内蒙古阿拉善盟原有 1133 万 hm^2 梭梭林，到 20 世纪 80 年代仅残存 556 万 hm^2，30 年消失了 52.9 hm^2，沙地植物种由 96 种减少到 30 多种。新疆塔里木河流域 1958 年有 38.7 万 hm^2 胡杨林，现在只剩下 10.15 万 hm^2，减少了 2/3。近些年砍伐胡杨、灰杨 3800 hm^2。内蒙古西部草场由于挖发菜破坏草原 1300 万 hm^2，在过去很长一段时间破坏森林草原的现象普遍存在，1994 ~ 1999 年，我国土地沙化面积每年扩展为 34.36 万 hm^2。综上所述，在荒漠半荒漠脆弱的生态系统中，人类超强度的经济活动，是造成土地沙漠化的直接原因。因此，防止土地沙漠化，就要从限制人类超强度的经济活动入手，对沙区实行围封，排除人为干扰，使其维持原生状态。要根据不同的生态环境条件和社会结构，采用不同类型的围封方式，促进自然演替恢复，实现人与自然的和谐相处。对于目前沙区尚存特有的旱生树种梭梭、胡杨、沙拐枣、沙冬青、红柳、沙地柏、沙枣等要重点加以保护，还有生长在荒漠区的甘草、麻黄、白刺、沙蒿等天然和人工林草植被，实行封禁保护，杜绝人为破坏，封禁是加速植被恢复的好方法。

在降水稀少，水分条件差的干旱沙区实行围封保护，维持其原生状态，封沙育林育草任其自然演化恢复。在中国治沙工程十年规划中，要求封沙育林(草)266.7 万 hm^2，占治沙面积的 40%，可见是一项非常实用有效的重要生态恢复措施。在土地沙化过程中草场的退化和沙化最突出。如内蒙古乌盟后山地区、毛乌素沙地、科尔沁沙地和阿拉善盟以及甘肃等地都是典型的沙化地区。实行禁牧休牧，禁止挖甘草、采发菜等滥采乱挖、乱砍乱伐现象的发生。世界上有 100 多个国家和地区不同程度地受到沙漠化的威胁，其中也包括美国、澳大利亚等一些发达国家和石油输出国。他们主要依靠法律来保护荒漠化土地，很少搞大规模的人为治沙造林活动，这一点值得我们借鉴。

在干旱半干旱无灌溉条件下造林，应提倡以灌木为主，多用乡土树种，生活在干旱地区的树种，对干旱环境有较强的适应性和抗旱生理构造特征，能在地下水位较低，沙地含水量在 10% 左右的环境条件下生存。灌木具有生长快、耗水少、根系发达的特点，庞大的灌丛具有很强的防风固沙和抗风蚀沙埋能力，许多灌木树种也是上好的饲料树种。沙区营造防护林、灌木一般均配置在风沙前沿。过去有一段时间不太重视营造灌木林，一些地方种植了以杨树为主的乔木纯林，忽视了适地适树的原则，形成了许多小老头树。

飞播造林，在年平均降水量 300mm 左右的沙荒地，扩大飞播造林面积是增加沙区植被盖度，防止土地沙化，改善沙区环境的好方法。20 世纪 70 年代开始在毛乌素沙地飞播造林治沙，30 多年来已完成造林约 100 万 hm^2，保存率可达到 30% ~ 40%，降水量仅有 200 多 mm 的阿拉善盟，飞播的沙拐枣等植物种也获得成功。只要抓住雨季或水分条件较好的年份，及时飞播成效甚好。近年来，对飞播种子进行包衣和丸化处理，包衣材料中添加了吸水剂、保水剂和营养成分，增加了种子重量和落种均匀度，大大提高了造林成活率，在广大人类足迹罕至的沙荒地飞播造林是植被快速恢复治理沙化土地最适用的办法。

三、治沙要生态与经济效益相结合，兴办沙产业

治理沙漠化，使治沙成效能保持长效性、可持续性，就要实行生态优先、生态与经济相结合的治沙方针，摒弃单纯治沙的做法。治沙与沙区经济发展、沙区开发及群众脱贫结合起来，治沙才能有活力，治沙的成效才能得以巩固和发展。1983 年钱学森先生提出了发展沙产业，是利用沙区充足的太阳能，通过光合作用发展沙区高效的农业、牧业及相关的生物产业。如大田农业、优质瓜果粮棉和温室大棚高效农业。利用现代科技发展沙产业，开发沙区特有的生物资源，已开发的如沙柳、柠条、沙棘、沙枣、肉苁蓉、锁阳、麻黄、甘草、沙葱、沙荠、枸杞等，还有沙区优质饲草栽培，沙区特色旅游业开发。沙区丰富资源的开发，带动了沙区许多产业的发展，扭转了沙区经济滞后的局面，改善了农牧民的生活条件。所以单纯强调生态效益而忽视经济效益的治沙理念是不全面的，要知道贫困也是土地沙化的重要社会根源。群众生活水平提高了，自然就不会再去开垦、过牧、乱采、乱挖破坏植被了。

四、加强抚育管护，巩固治沙成果

加强沙荒地现有林抚育管理、更新改造是今后我国林业可持续发展和治沙防沙的重要任务。沙区经过半个多世纪的造林，许多林木已成为成熟林或过熟林，出现了不同程度衰退和死亡现象。就 1979 年开始的三北防护林工程所造的林木，至今已 30 多年了，近 27 年来三北地区各项造林累积达到 2156 万 hm^2，粗略地估计至少有 60% ~70% 是成熟林或过熟林，许多林木长势衰退，病虫害严重。如 20 世纪 90 年代在宁夏等地发生杨柳虫害损失严重，还有一些灌木林，如阿拉善高原鄂尔多斯等地的梭梭、沙枣、柠条、花棒类灌木林，由于长期干旱和放牧的影响，生长衰退甚至出现死亡。由此可见，对现有林的更新改造是亟待解决的大问题，否则，几十年的治沙造林成果将蒙受极大的损失。究其原因，一方面是许多林木已进入老龄阶段，另一方面是树种安排不当或密度不合理，加之环境持续干旱。所以应及时更换和调整树种，在水分条件差的沙地造林，选用耐旱、抗盐碱、适应性强的树种，以灌木林为主，根据其立地条件适当选用乔木树种，选用合理的造林密度。早期营造的农田牧场防护林，多处已是成熟林，应采用采伐更新方式再造新林带。对于造林密度过大的各类防护林，应调整造林密度以便适应干旱缺水的生长环境，保障林木正常生长。

中国的治沙经过半个多世纪的努力，确实取得了巨大的成绩，沙漠化土地面积由不断扩展到治理与扩展相持阶段，随着国家西部战略实施和建设新农村各种富农政策的落实，西部贫困农牧民生活条件的改善，土地荒漠化的现状将会有很大的改观。但是，治沙所面临的任务还是相当艰巨的，需要全社会或者是几代人的奋斗。

参考文献：

1. 马文元．退耕还林还草与生态恢复[J]．大自然，2003，3：4 ~6.
2. 朱俊风，朱震达．中国沙漠化防治．北京：中国林业出版社，1999.
3. 丁国栋．沙漠学概论．北京：中国林业出版社，2002.

整治“三滥”是从源头遏制土地荒漠化的必由之路*

曾德慧　姜凤岐

（中国科学院沈阳应用生态研究所大青沟沙地生态实验站）

摘　要：针对中国土地荒漠化的现状和关键问题，以科尔沁沙地为例，阐述了荒漠化的发展历程、主要动因与未来趋势。科尔沁沙地正处在现代土地荒漠化过程之中，导致快速发展的荒漠化动因主要是源于人们不合理的土地利用方式，即滥垦、滥牧、滥伐（简称“三滥”）；而在各种利农政策下，滥垦可能会重新滋生和蔓延，是非常值得借鉴的历史教训。本文应用复合生态系统的观点剖析了“三滥”与荒漠化的关系，并据此提出从源头减轻土地压力的6项对策。

关键词：科尔沁沙地；荒漠化；三滥；复合生态系统；利农政策；防控对策

1　引　言

土地荒漠化是危及当今人类生存与社会经济可持续发展的重大生态问题。中国干旱区域辽阔，是世界上受荒漠化影响最重的国家之一。据国家林业局2005年6月发布的《中国荒漠化和沙化状况公报》，截至2004年，全国干旱、半干旱及亚湿润干旱区荒漠化土地总面积为264万km^2，占国土总面积的27.46%。其中，风蚀荒漠化土地面积184万km^2，占荒漠化土地总面积的69.77%，而且其发展速度从20世纪50年代以来一路攀升，直到21世纪初期，国家在生态脆弱地区实行了退耕还林还草政策才使荒漠化扩展的趋势得到初步遏制。但是，必须清醒地看到，当前中国土地荒漠化的总体形势仍然很严峻。从以防为主、防治并重的原则考虑，退耕并非是真正意义上的源头治理，而针对现代土地荒漠化发生的根本原因，严格整治人类不合理利用土地的行为才是治本之举。尤其是在国家实行一系列利农政策的今天，在极大地激发农民种粮积极性的同时，那些最能导致土地荒漠化发生的滥垦、滥牧和滥伐（简称“三滥”）有可能重新抬头。事实上，“三滥”行为在生态脆弱地区仍时有发生，局部地区有愈演愈烈之势。为此，本文以科尔沁沙地为例，分析荒漠化现状、蔓延趋势及其与“三滥”的关系，并提出遏制荒漠化的治本对策。

2　科尔沁沙地荒漠化发展过程与趋势

科尔沁沙地位于东北平原西部，主要包括内蒙古自治区东部的赤峰、通辽两市以及与通辽毗邻的吉林省西部和辽宁省西北部部分市（县），总面积5.17万km^2。发育在西辽河流域的科尔沁沙地被覆着科尔沁草原的绝大部分，是中国重要的畜牧业生产基地，但由于干旱少

* 本文源自《生态学杂志》，2006，25(12)：1540～1543.

雨与频繁大风在季节上的同步性、疏松的沙物质与年降水的多变性造成土地基质的不稳定等自然因素的影响，使其生态系统十分脆弱[3]。

依据地质学、考古学、历史地理学和现代生态学的考证与研究结果，科尔沁沙地荒漠化的演变历史大致可以分为3个时期：第1个时期发生在地质历史时期，其动力源为第四纪冰期与间冰期气候变化，表现在区域水平地带性植被的巨大波动，荒漠与森林的交互演替；第2个时期发生在有人类活动的历史时期，其动力源主要为农业垦殖活动，表现为局部森林草原的消失和固定沙丘的活化；第3个时期为现代荒漠化时期，从20世纪以来的百余年间，以"三滥"为动力源，荒漠化迅猛发展，荒漠化土地面积从50年代末占全区总土地的22%，到80年代末已高达48%，90年代开始虽有所下降，但近50年来的发展速度和扩大的范围是人类历史时期所未有的[3]。而在强烈发展的荒漠化现状的基础上，如若任凭"三滥"等不合理利用土地方式的惯性运作或变本加厉，必将严重加剧荒漠化的发展进程。倘若如此，不仅是该区的重大生态灾难，而且以其直插东北平原西部腹地和高居京区后方的重要地理形势，将对中国两大经济发达地区的生态安全构成巨大威胁。

3 "三滥"是科尔沁沙地现代荒漠化的主要动因

土地沙漠化(沙质土地荒漠化)是威胁中国生态安全最突出的环境问题，学术界对其成因存在较大分歧，但对现代沙漠化的成因观点比较一致，即沙漠化是自然因素和人文因素综合作用的产物，人类不合理的经济活动是近50年来沙漠化发展的根本原因[4]。朱震达[2]根据不同主成因沙漠化土地的面积比例研究表明，中国北方草原过度农垦、过度放牧、过度樵采导致的沙漠化土地分别占25.4%、28.3%和31.8%。也就是说，因三滥而造成的土地荒漠化高达85%以上。

科尔沁沙地沙漠化发展过程在全国很具典型性。随着人口增加与经济发展的驱动，以开垦草原、砍伐森林发展垦殖性农业和以过度放牧发展畜牧业的半农半牧式经济贯穿了至少从18世纪中叶以来的沙区经济发展全过程。据通辽市奈曼旗地方志记载，1748年清朝政府推行"借地养民"局部放垦政策，于是，种植业开始兴起；到了光绪年间，又实行了"移民实边"政策，开垦规模进一步扩大。民国4年(1915年)已开垦耕地4万hm^2，1960~1965年进入了垦荒的高潮，仅1960年1年就开垦2.13万hm^2，使全旗耕地达到14万hm^2。在相当长的时间里，以开垦草原种打瓜(一种类似西瓜的籽瓜)和撒糜黍的粗放经营方式，在沙区十分盛行，如此垦殖方式多则2~3年，少则1年，垦殖的土地即完全废弃，每年因此有1300 hm^2土地而沙化。90年代受粮价上涨因素的刺激，部分牧民弃牧就农，随意开垦草原。开鲁县1997年前后在沙地集中开出大片农田，仅一个村就达600 hm^2之多。对科尔沁沙地中西部地区1995~1999年卫片图片土地资源信息解析表明，仅仅5年间耕地面积由129万hm^2增至167万hm^2；而草地由93.5万hm^2减至74.1万hm^2；沙地面积由169.2万hm^2减至150.3万hm^2。不难看出，5年间耕地新增38万hm^2，相当于原来耕地总面积的近30%，几乎全部来源于草地和沙地的垦殖。垦殖是对天然植被破坏最为严重的一种不合理土地利用方式。对植被及地表的破坏迅速、彻底，可谓毁灭性。失去植被保护的土壤很快被风蚀，继而沙化扩大，形成风蚀坑，流沙开始蔓延，直到形成片状流沙。因此，盲目的垦殖，为一时微薄的收获却招致土地沙化的恶果，无异于饮鸩止渴，得不偿失，后患无穷。

滥伐和滥樵曾在科尔沁地区肆虐，对疏林和灌木植被造成了极为严重的破坏。如，该区地带性稳定的榆树疏林，据科尔沁左翼后旗林业局调查，1987 年全旗尚有榆树疏林 2.97 万 hm^2，1996 年减到 2.05 万 hm^2，年均减少约 1000 hm^2；科尔沁左翼中旗的情况更为严重，1988 年为 13.4 万 hm^2，1996 减少至 5.3 万 hm^2，年均减少约 1 万 hm^2[3]。滥樵是获取薪材的主要形式，随着人口的增加，沙地灌木和半灌木成为最佳的薪柴原料。据库伦旗额勒顺乡的调查，全乡 1340 户，每年薪材量相当于破坏 9266 hm^2 的灌木林。另外，对生长在沙丘上的各种经济植物的不合理采挖，也会极大地破坏固定沙地的稳定。

滥牧也是草地退化的直接动因。近几十年来，由于盲目追求牲畜存栏头数，载畜量不断增加，每个羊单位平均占有草地面积迅速减少，超载过牧现象十分严重。赤峰市北部 5 旗共有 359.5 万 hm^2 草场，丰年、平年和歉年暖季理论载畜量分别为 576 万、461 万和 345 万羊单位，冷季理论载畜量分别为 528 万、420 万和 321 万羊单位，1985 年暖、冷 2 季实际拥有的畜数分别为 670 万和 580 万羊单位，以此指标计算，平年与歉年各旗平均分别超载15% ~ 72% 和 76% ~131%，即使是丰年，也要超载 4% 以上[3]。科尔沁沙地东部通辽市的情况更为严重，全市天然草场理论载畜量由 20 世纪 60 年的 727 万羊单位，减少到 90 年代的 5.29 万羊单位；而由于草地的退化，每羊单位可利用的草场面积从 1.67 万 m^2 减少到 5000 m^2，暖季丰年、平年和歉年分别超载 24%、55% 和 148%，冷季分别超载 89%、136% 和 280%。超载过牧的结果是草地退化，表现为草地生物产量的降低和优良牧草种类的减少。目前，草地平均减产 36%，退化草地占总面积的 45.9%，而草地退化又进一步促使草地的沙化。在科尔沁沙地，由退化草地演变的荒漠化土地占到 45.4%，随着过牧现象加剧草地退化形势也更加严峻，如本区吉林境内的双辽市 70 年代退化草地为 2000 hm^2、80 年代为 5300 hm^2、90 年代上升到 1.53 万 hm^2、2000 年为 2.6 万 hm^2、2003 年已扩展为 2.8 万 hm^2。

科尔沁沙地土地荒漠化发展演化的轨迹印证了这样一个基本事实：在生态脆弱地区，"三滥"是导致土地荒漠化的主要动因。其中，滥垦位于"三滥"之首，它会在各种利农政策的名义之下得以滋生和蔓延。这个历史教训在中国政府实行一系列有利于"三农"政策的今天，具有重要的警示作用。

4 "三滥"与荒漠化发生的关系及其防控对策

按照社会 - 经济 - 自然复合生态系统的理论[1]，凡有人类活动的生态系统都是一个由社会、经济和自然 3 个亚系统组成的复合生态系统，亚系统和复合系统都具有结构与功能、依存与和谐等基本属性。科尔沁沙地在几千年人类经营实践中，形成了独具特点的复合生态系统：由旱、风同季的气候，沙物质形成的土地基质和森林草原型植被构成的十分脆弱的自然亚系统，由依赖于沙地自然资源发展起来的半农半牧为特点的经济亚系统和驾驭这一经济亚系统的以农牧民为主体的社会亚系统所组成。3 个亚系统紧紧围绕人类生存与发展的基本物质(食物、能源等)的需求，形成了一种从需求→利用→发展→生产→提供，从而实现满足需求的紧密而必然的连接(图 1)。

来自社会亚系统人类生存发展的物质需求是复合系统运动的源动力，当需求较小时，"利用"作为一个重要联结键的作用是有限的，会把握在较合理的范围内，于是整个系统处在良性循环的状态中；而需求增大时，人们选择的"三滥"方式会自觉或不自觉地使"利用"这个关键，超越土地承载的阈限。于是，在此基础上的半农半牧式的经济就如同一把双刃剑，在提供农牧产品、满足人们基本生存需求的同时，也带来了土地荒漠化的严重后果(图 1)。

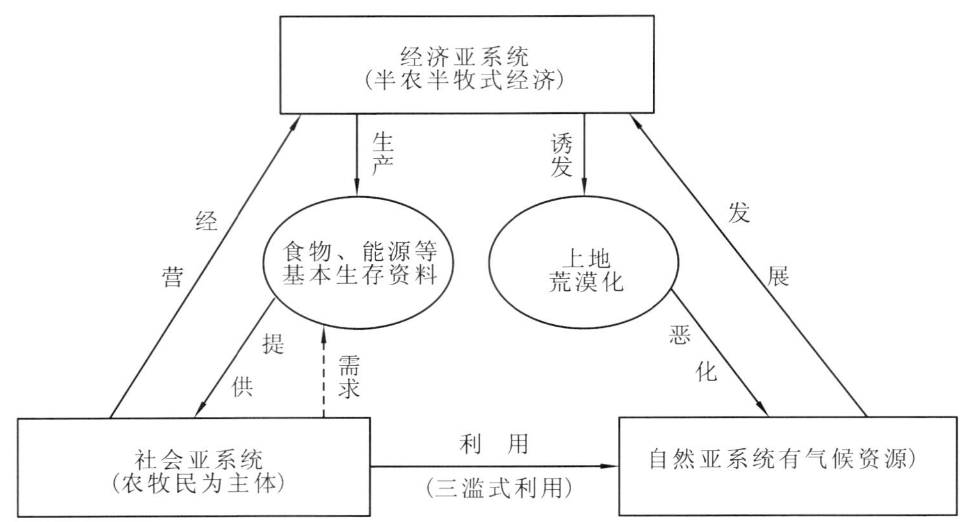

图1 科尔沁沙地复合生态系统构成与关系

基于对上述规律的认识，提出荒漠化防控的基本对策：①在国家层面建立整治“三滥”专项办公机构，全面负责“三滥”形势的分析、整治对策的制定、重大事件的监督与查办以及专项普法教育、舆论宣传等，把这项事关国家生态安全的荒漠化防控战略常抓不懈，形成国家重视、全民围剿、以法整治的局面，从根本上杜绝荒漠化的发生。② 建立生态脆弱地区土地评价制度，科学评价土地自然属性、生产力水平及生态服务价值，在此基础之上，规范土地合理利用方式和途径，并保持相对稳定，不得随意改变。③ 建立卫星遥感土地资源动态监测信息系统，客观真实地把握各类土地，尤其是农业用地、林地、草原畜牧用地的总量及其消长变化情况，及时发现不合理的特别是大面积垦殖活动，并借以审视和校正地方土地资源统计上报的可靠性。④ 对生态脆弱地区进行“绿色开发”的企业不管其所有制如何，都要进行严格的项目审核和开发过程可能带来的生态风险评价，强化现场评估和定期的检查，谨防借建设生态之名，行破坏植被恶化环境之实。⑤ 在生态脆弱地区要大力倡导并推行土地休养生息政策，土地减压政策，包括劳动力进城、生态移民等转移对策和发展非生物产业、非大面积土地依赖性的生物产业等替代性产业，后者需要加强科技投入，有计划地、有针对性地研究开发一批实用技术。⑥ 加强对生态脆弱地区农耕体制与技术体系的研究和开发，改变只重经济产量和经济价值而轻视生态服务的传统经营理念，建立适合中国国情的生态、经济生产技术体系和多样化的实用模式，从源头上确保土地系统的健康而不退化。

参考文献

1. 马世骏，王如松．社会－经济－自然复合生态系统[J]．生态学报，1984，4(1)：1～9.
2. 朱震达．中国北方沙漠化现状及发展趋势[J]．中国沙漠，1985，5(3)：1～11.
3. 姜凤岐，曹成有，曾德慧，等．科尔沁生态系统退化与恢复[M]．北京：中国林业出版社，2002：28～56.
4. 赵哈林，根本正之，大黑俊哉，等．内蒙古科尔沁沙地放牧草地的沙漠化机理研究[J]．中国草地，1997(3)：15～23.

防护林衰退原因的恢复生态学辨析*

姜凤岐　曾德慧　于占源
（中国科学院沈阳应用生态研究所）

摘　要： 针对防护林衰退问题，以章古台樟子松固沙林为案例，应用生态演替、干扰、种群密度等关键性恢复生态学理论和原则，对防护林在决策层面的设计要素的科学性及其与衰退的关系进行了分析和评价，认为大面积造林与地带性顶极的不吻合（即偏离生态学原则），使防护林建设的目标、步骤、树种的组成和密度等出现了偏颇，成为防护林衰退的最深层次的原因，疏于管理和粗放经营以及频频发生的自然和人为干扰也是致衰的重要因素；据此提出深化对受损生态系统的认识、强化物质和能量的投入、建立干扰的防控体系等对策。文中还就人工植被建设目标与生态演替顶极类型的判别，以及偏途顶极在人工植被建设中的应用问题进行了讨论，一并作为对策以供参考。

关键词： 生态演替；干扰；种群密度；恢复生态学；防护林衰退

1　引　言

中国是继美国和前苏联之后以国家运作的方式开展大规模防护林建设的国家。到2004年已累计造林达2460万 hm^2，已成为防护林面积最大的国家。防护林体系作为林业生态工程的主体在抵御自然灾害、控制土地荒漠化、维护国家生态安全方面发挥着巨大的作用。然而，各类防护林在生长发育过程中不断显露的衰退现象已成为防护林经营领域一大难题而备受关注[2]。关于致衰原因的探讨主要局限在经典森林培育的林学基本原则上的反思和认识。及至近年，国内有学者用国际上关于“衰退病”的观点解释湿地松和火炬松引种后的衰退原因以及樟子松人工固沙林的衰退是由于多种生物和非生物因子综合作用的结果。但笔者认为，作为林业生态工程主体的防护林是生态恢复的重要手段，必须遵从恢复生态学的基本理念，否则将出现偏颇。本文拟以辽西北的章古台地区樟子松固沙林为案例，试图从恢复生态学视角透析防护林衰退深层面的原因，并据此探讨从源头上的防控对策。

2　樟子松固沙林衰退特征

章古台是中国重要的固沙造林试验基地，自1955年成功引种樟子松以来，樟子松沙地造林迅速在三北地区推广。截至目前，章古台地区已营造樟子松固沙林1.07万 hm^2，辽西北地区达到3.83万 hm^2，三北地区13个省（自治区）高达30万 hm^2。樟子松成为人们普遍看好的优良固沙造林树种。但自1991年以来，章古台地区最早营造的林分出现了衰退枯死现象，并呈逐渐蔓延趋势。目前，在以章古台为中心的辽西北地区，已有2.5万 hm^2 林分出现衰退，占樟子松人工林总面积的65%。典型衰退林症状出现在25～30年生的人工林中，主要特征

* 本文源自《应用生态学报》，2006，17（12）：2229～2235.

是：林相呈灰绿色，针叶纤细，开花结实率降低，林木明显受枯梢病侵染，树高与胸径生长明显呈下降趋势，林分胸径正态分布明显“左移”，林冠不正。

3 应用恢复生态学的理论剖析防护林衰退原因

3.1 恢复生态学是防护林建设的重要理论基础

恢复生态学是关于生态恢复的理论、方法与技术的学科[4]。这门于20世纪80年代以来迅速发展起来的现代生态学的分支，主要致力于在自然灾害和人类活动干扰下受损生态系统的恢复与重建。生态恢复的目标是把受损的生态系统返回到受损前或类似受损前的或有用的状态。生态恢复在自我设计和人为设计理论指导下，可以通过自然和人工两条途径实现，使恢复具有复原、改造和重建的内涵(图1)。

一次成功的恢复必须是以一个科学的决策为基础，而这个科学决策必然要遵循恢复生态学的基本理论以及由此确立的基本原则。具体地说，需要在对受损生态系统类型、退化程度、原生态系统顶极植被、干扰因素与强度充分诊断和分析基础上确立。

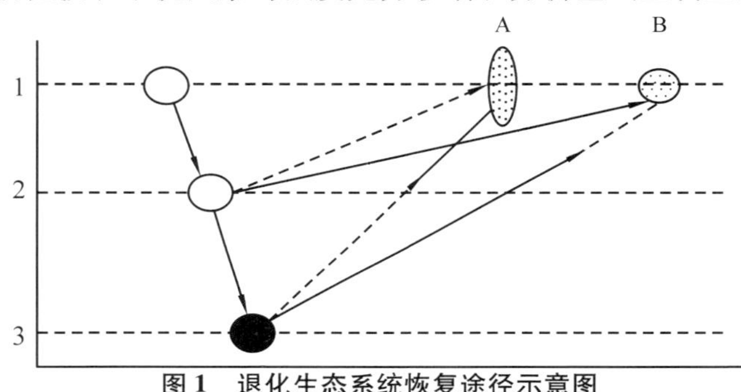

图1 退化生态系统恢复途径示意图

1. 最佳状态，2. 轻度退化，3. 严重退化；A：人工恢复目标，B：自然恢复目标

3.2 从地带性顶极植被看防护林建设目标

3.2.1 地带性顶极植被分析与防护林建设目标的定位

按照植被的演替理论，一个植物群落从裸地的先锋阶段，经过过渡阶段达到结构、功能与稳定性最佳的阶段，即演替的终点，被称为顶极。而地带性顶极是适应于大尺度区域性气候条件下的植被演替的顶极类型，地带性顶极主要是由水、热两个重要生态因子协同塑造的。它是长期适应大气候条件的产物，既反映水、热要素对植被生长发育的最大可能，也表达了在自然条件下难以超越的极限。因此，作为人工途径生态恢复的防护林建设目标，瞄准或参照地带性顶极类型是在源头上保证防护林建康发展的重要前提。

3.2.2 案例地区地带性顶极植被分析

章古台地区沙地樟子松人工林建设被人们视为科尔沁沙地植被恢复的一种模式。但从地带性顶极作为植被恢复目标重要依据来审视樟子松大面积人工造林的固沙工程就有些偏颇了。按照地带性气候与地带性植被的对应原则，章古台所在的科尔沁沙地东部干旱指数在1.1～1.5之间，属于半湿润气候区，森林草原应是地带性植被，而科尔沁沙地西部地区干旱指数均>1.5，属半干旱气候区，对应地带性植被应为典型草原或草甸草原，于是，横跨东西八百里的科尔沁沙地是一个典型的气候交错带，其植被也具有明显的过渡性质。由于土壤基质沙性，构成了植被的沙生化特点。“沙地上的榆树疏林虽然乔木层片不能郁闭，但群落结构比较完整，林下草本及灌木层片也比较发达，是本区最稳定的沙生植被”。但长期以来人们一直把区内现存的两处天然林（位于翁牛特旗境内的松树山的油松栎林和位于科左后旗的大青沟落叶阔叶林）作为科尔沁沙地人工造林恢复植被的主要依据。因此，有必要对这些森林植被是否是本区地带性顶极植被加以澄清。刘慎谔[3]指出，在气候交错区，尤其是在某种大气候变化趋势驱动下，会出现多种地带性顶极类型，一般代表历史时期大气候的植被（或称残遗植被），呈孤岛状分布，被称作后顶极；代表未来大气候变化发展方向的植被，具有与毗邻气候区植被呈连续分布的特点，被称作前顶极；而完全适应区域现实大气候的植被，代表着主体植被演替的终点者，才是真正意义的地带性顶极（图2）。

——→大气候暖干化方向 Direction of macroclimate warm and dry (assumed)

干旱区 Arid region	半干旱区 Semi - arid region	半湿润区 Semi - humid region	湿润区 Humid region
荒漠 Desert (A)	草原 Grass (B)	森林草原 Forest - grass (C)	森林 Forest (D)

b_2　a_1　c_2　b_1　d_2　c_1

图2　气候交错区地带性顶极植被与前顶极、后顶极关系示意图（仿刘慎谔，1985）

由此可见，松树山和大青沟的森林均系由地形因素形成的特殊生境得以残遗的植被，应该属于该区的后顶极，绝不是现实的地带性顶极，真正的地带性顶极植被是榆树疏林。这一判断尤其适合章古台所在的科尔沁沙地东南部地区。

依据上述分析，作为大面积沙地植被恢复的样板——章古台樟子松人工固沙林以密集的森林景观出现，是不符合本区地带性植被自然演替规律的。

3.3　从退化生态系统现状的辨识看防护林建设步骤的安排

3.3.1　退化生态系统的现状诊断是生态恢复决策的基础和先决条件

所谓诊断即对退化原因——干扰性质、种类与系统退化方向、程度的判断。对系统退化现状的准确判断，意味着退化系统与原来状态的偏离程度是生态恢复对策的重要依据。对退化程度较轻者，可以模拟自然顶极结构组成一步到位；退化严重者应按演替规律分步实施，首先用先锋种模拟演替的初级阶段，进而引入顶极种达到最终目标。遵循自然规律，循序渐进是恢复重建退化生态系统的重要原则。

生态系统的退化状态和程度可以借助于逆向演替阶段的识别加以表达。由于系统的逆向演替，每个阶段均具有水、土、气、生4个亚系统上的明显特征，这些特征都可以用作判断的依据。其中，最易识别的是系统植物群落的外貌组成和土壤状况。

3.3.2　案例地区生态系统退化程度的辨析

20世纪50年代初期，章古台地区土地荒漠化已经相当严重，标志着沙地退化到终极状态的流动沙丘和近终极状态的半流动沙丘面积约占该区总土地面积的20%，而固定沙丘、平缓沙地和丘间低地3种主要地貌类型土地也在不同程度上承受自然灾变和人为不合理活动的双重压力，表现为生物生产力水平相对低下。沙地由流动到固定直到稳定或相反的动态转化过程，实际上是植被正向演替和逆向演替相互变化的过程。根据刘慎谔和焦树仁对该地区沙地植被演替规律的研究，其演替模式可归纳为4个阶段：第1阶段为先锋阶段，对应的土地类型是流动沙丘，植物群落的组成主要以沙蓬等1年生草本为主；第2阶段和第3阶段为过渡阶段，分别对应半流动(半固定)沙丘和固定沙丘，第2阶段的群落组成主要以差巴嘎蒿、沙蓼等半灌木及其他草本为主，第3阶段的群落组成主要以冰草、隐子草等多年生禾草及小叶锦鸡儿、胡枝子等灌木为主；第4阶段为演替的顶级阶段，对应系统稳定的沙地，群落组成主要是以山杏、榆树为主的疏林，这个阶段的植被类型是恢复该地区植被目标的科学参照。对于约占该地区面积80%的各种土地类型，由于基本上处于演替的第3阶段，直接造林符合自然演替规律。而在流动和半流动沙丘上直接造林显然超越了自然演替的阶段，风险极大。引种试验和大面积的樟子松造林实践表明，在流动性的沙丘上直接造林唯一可以实现跨越的有效措施是造林前实施“灌木与机械相结合的固沙”步骤。尽管如此，对那些极端立地(如高大沙丘顶部)或人工固沙措施薄弱的局部地块，仍无法实现演替的超越。

3.4 从生态恢复机理看防护林树种选择及其生长

3.4.1 生态恢复机制

退化生态系统的本质是系统结构和功能状态的下降，表现为系统物种和介质的缺失和改变。因此，恢复的过程必然是从结构的恢复到功能的恢复，最终实现系统的恢复。而植被恢复是系统结构恢复的关键环节；植被的恢复在本质上是系统生产者的恢复，通过其对能量的固定继而带动水分和营养物质的循环，建立消费者和分解者系统，直到微生境的建立，使系统结构和功能达到一定状态。

3.4.2 树种选择合理性分析

樟子松原产地之一是呼伦贝尔沙地，从大兴安岭西坡向南延伸形成一条时断时续的、以纯林为主体的森林草原景观带。其中，以红花尔基樟子松林面积最大，它位于大兴安岭西坡山麓和呼伦贝尔高原的毗邻地带，平均海拔800~1000 m。由于对温带大陆性季风气候的长期适应，使樟子松具有耐寒、耐旱、喜光的特性。

科尔沁沙地与呼伦贝尔地区比较，两地几乎处于同一经度带，但纬度平均相差5°左右，被大兴安岭中段分隔成两块不同的地理单元。共性之处在于两地同属于温带大陆性季风气候，呼伦贝尔和科尔沁东部干旱指数相近，分别为1.2和1.3~1.4，即同属于半湿润气候类型区，以及共有的土壤基质的沙物质属性。不同之处在于区域热量要素的较大差异，如年活动积温分别为2000 ℃和3000 ℃，生长期分别为90天和150天，科尔沁沙区生长期延长1个月而物候期提前1个月。另外，两地积雪状况差异明显，呼伦贝尔有半年以上的积雪，而科尔沁沙地几乎无雪覆盖。因此，气候与土壤条件的相似性是引种樟子松作为科尔沁沙地植被恢复关键种的重要依据，表明选择樟子松具有合理性。而在气候上特别是热量水平的较大差异导致生长节律和更新条件的改变，提示人们在科尔沁沙地，这个外来种可能发生衰退的潜在风险，至少会出现早熟与早衰的并发现象。

3.5 从种群数量与密度规律看防护林密度设计与管理问题

3.5.1 种群密度变化与影响因素

种群数量、空间分布与动态变化是种群生态学的重要内容之一。种群密度是反映种群数量的重要指标。种群密度及其变化是种群对环境变化的适应对策。植物种群大小和密度的自我调节与适应是种群结构与环境相互作用下的综合反映。

种群密度制约与调节是一个内稳定过程，种群的数量(或大小)通过反馈机制导致种群数量围绕平衡密度上下波动。种群的数量是由密度制约因素和非密度控制因素相互作用决定的。种群数量的波动决定于气候变化幅度和该种群对环境变化的敏感程度之间的相互作用。种群对环境变化越敏感，非密度制约因素的作用越大。气候对种群数量影响最大，特别是极端的温度和降水超过忍受的范围就会影响个体的生长和发育，甚至导致死亡。其次，对种群数量影响的因素是可获得的资源量，即生存条件。对植物而言，表现为水分和养分的保障程度，往往通过种内竞争去实现种群密度的控制。第三是疾病和寄生虫。对植物而言，病虫危害也是导致种群数量变化的重要原因。

3.5.2 林分密度设计与调控问题

章古台樟子松林是我国近50年来营造的大量防护林中极具代表性的一种类型。在林分构成上具有同种同龄的单一属性。基于对造林成活率和保存率保证程度的考虑，初植密度一般在3300~6600株/hm^2，个别甚至达10000株/hm^2。按照森林经营学的原理和方法，对这些初植密度大的林分需要根据主栽树种和林分生长发育特性制定出科学的间伐方案，不进行或不及时间伐都将影响甚至危及人工林正常的生长发育和存活。以下从气候变异、基本生存条件保障、病虫害发生情况3个方面剖析其对人工林数量(大小、生物量、生存状况)的影响。

首先，在气候上，樟子松的引种区与自然分布区在诸如年均气温、1月平均气温、7月平均气温、极端最低气温、≥10 ℃活动积温、年降水量和蒸发量、年降雪量和积雪日数等气候要素上均表现为差异极显著[1]，表明水、热两大要素存在着重大变化，预示樟子松人工林种群密度和数量变化规律与天然分布区将有较大的不同。此外，引种区气象要素年际较大的波动性也是影响樟子松人工林种群数量变动不可忽视的因素。笔者对章古台1954~1993年降水量的分析表明，年降水变动系数为0.23，40年间有12年为不正常年，其中5个干旱年分别出现在樟子松人工林的幼龄期(7~10年生)和中龄期(25~27年生)。而中龄恰是该区樟子松普遍进入衰退的年龄。

其次，在基本生存条件即水分和养分的保障上，因初植密度过大而又不能及时间伐调节，从而严重地影响了樟子松人工林种群数量与生存状况。通过水量平衡法对章古台沙地樟子松不同年龄单株树木水营养面积研究结果，推算出相应林龄的合理密度(表1)。以此密度或称经营密度为标准去衡量现实樟子松人工林密度时不难发现，现实樟子松人工林密度普遍高于理论上的经营密度。据1995年对章古台樟子松人工林随机抽样调查，在21块10~40年生的樟子松人工林样地中有2/3超过上述密度。1998年在章古台大一间房对相同立地上3种密度28年生樟子松林作固定观测发现，密度为705株/hm^2的林分处于健康状态，密度为1095株/hm^2为轻度衰退，密度1185株/hm^2的处于严重衰退，3种不同状态的林分其树高与胸径随着健康状况的恶化而呈规律性递减(表2)。

表1 章古台沙地樟子松林龄及其相应的合理密度

林 龄(年)	密 度(株/hm^2)
10	2714
15	1641
20	1211
25	965
30	699
35	572
40	466

这里被判定为健康状态的28年生樟子松林林分密度为705株/hm^2，与用水量平衡法确

表 2 章古台沙地 3 种不同密度樟子松林分健康状况的比较

健康状态	林分密度(株/hm^2)	平均树高(m)	平均胸径(cm)	感病指数(%)
健 康	705	8.7	16.4	16.2
轻度衰退	1095	8.4	14.6	35.5
重度衰退	1185	7.5	13.5	49.0

立的 30 年生合理密度为 699 株/hm^2极为吻合。上述观测表明，在原植密度超过 3300 株/hm^2的樟子松林分，如不随年龄增长而逐渐通过间伐调整到合理密度，林木因生存条件的限制，必将以生长减缓、停滞甚至死亡等种种衰退表现作出响应。

最后是病虫害频繁发生对樟子松人工林数量的严重制约。实践表明，危及章古台地区樟子松林的主要病虫害有松枯梢病、松沫蝉和松毛虫。据调查，25 年生以上的樟子松林全部感染松枯梢病，患病指数在 10% ~80% 之间，随林分密度和林龄的增加而增加，这原本属于弱寄生的病原菌在健康木上呈潜伏态，一旦树木生长衰弱则显露症状，直到全树枯死。因此，松枯梢病已经成为章古台地区樟子松人工林衰退的重要标志和成片死亡的主要原因。松沫蝉和松毛虫是两种主要虫害。其中，松沫蝉在 10 ~40 年生樟子松林中有虫株率达 100%[5]。樟子松人工种群数量的变化正是在这三大干扰因素综合作用之下才逐渐出现了衰退死亡的现象。

4 防控对策与建议

（1）防护林衰退的防控对策。通过对典型防护林衰退的恢复生态学反思，预防和控制防护林衰退最重要的是要把好退化生态系统的认知关，包括对生态演替顶极准确定位，对退化程度与演替阶段的恰当判断。这不仅是恢复目标和步骤的重要依据，也是已衰退防护林控制和治理的重要基础。案例分析提醒人们：首先要对偏离与误判以及在此基础上的种种不尽合理的设计进行反思，并采取有针对性的调整对策；其二，尽可能投入更多的外源物质与能量于系统重建过程，实现集约化经营，以纠正和弥补设计的缺失和疏漏；其三，充分预测和面对防护林建设过程中所有可能出现的各种干扰因素，并制定科学有效措施及时应对。

（2）人工植被建设目标与生态演替顶极类型的判定。演替最后阶段顶极状态的正确判断对于恢复与重建目标的定位至关重要。演替 - 顶级学说在近百年来有了很大的发展，从单元顶极到多元顶极，各种顶极概念不断丰富演替理论及其内涵，为准确地判断一定时空尺度的生态系统演替的顶极状态提供客观依据。笔者认为，面对区域性的退化生态系统植被恢复与重建，一定要把地带性顶极作为建设目标的主要参照，而对于小尺度的退化系统则可按多元顶极理论确定其相应的非地带性顶极，并作为目标设计的依据。本文列举的案例属于前者。

（3）偏途顶极在人工恢复目标中的应用。樟子松林不是科尔沁沙地的地带性顶极植被，但自 1955 年引种后的 20 ~30 年间，林木生长发育基本正常，防风固沙作用十分显著，因此，用“成功”评价章古台地区对樟子松的引种工作并不过分。如果用一种顶极概念描述樟子松林建设目标，偏途(或干扰)顶极是再合适不过了。偏途(或干扰)顶极是指在自然和人为干预下，由非原生顶极植物种构成的一种相对稳定的群落。如亚热带地区杉木人工林和随处可见的农田都是人为因素形成的偏途顶极[3]。说明用偏途顶极的观念去指导某一区域的退化系统的恢复是可行的。但需要具备以下两个基本条件：一是关键种要对区域气候、土壤条件具有较好的适宜性；二是人为正向干预的保障程度要充分。对于小尺度生态系统的恢复，由于高强度的人工投入可以得到保证，因此，运用偏途顶极理念指导退化系统恢复是可行的。

关于加快三北地区荒漠化治理的探讨

龚 维 姚 源 包 军 贾文龙

（国家林业局三北防护林建设局）

摘 要：荒漠化是世界性的难题，生态环境的治理说到底就是荒漠化的治理。在我国三北地区荒漠化土地占了很大的比重，荒漠的存在使得该地区人民的生产条件落后，生活水平低下，生态环境极差，这与新时期加快我国全面建设小康社会的发展步伐是格格不入的。因此，为了加快三北地区荒漠化的治理步伐，通过深入分析，文章在调查研究的基础上，提出了相应治理对策。

关键词：三北地区；荒漠化；治理

荒漠化是世界性的难题，生态环境的治理说到底就是荒漠的治理。我国绝大部分荒漠区分布在三北地区（西北、华北、东北），荒漠的存在使得三北地区的生态环境极度脆弱，人民群众的生活极端贫困。可以说：没有三北地区荒漠化的治理，我国的生态环境就得不到根本的改善，人民的生活水平就得不到提高；没有生态环境的好转，发展经济就是一句空话。那么到底什么是荒漠化呢？广义的荒漠化主要包括盐渍化、草场退化、水土流失、土壤沙化。从某种意义上看土地荒漠化就是沙漠化。

1 三北地区荒漠化现状

土地荒漠化是自然因素和人为活动综合作用的结果。自然因素主要是指异常的气候条件，特别是严重的干旱，由此造成植被退化，风蚀加快，引起荒漠化。人为因素主要指过度放牧、乱砍滥伐、开垦草地并进行超强度连续耕作等，由此造成植被破坏，地表裸露，加快风蚀或水土流失。就全世界而言，过度放牧和不适当的旱作农业是干旱和半干旱地区发生荒漠化的主要原因。同样，干旱和半干旱地区用水管理不善，引起大面积土地盐碱化，也是一个十分严重的问题。

第三次全国荒漠化、沙化土地监测结果显示，三北地区现有荒漠化土地面积218.8万km^2，占国土土地总面积的22.8%，主要分布在三北地区的新疆、内蒙古、甘肃、青海、陕西、宁夏等13个省（自治区）。其中有沙化土地面积148.3万km^2，占全国沙化土地总面积的85%。在沙化土地中有流动沙地（丘）面积40.7万km^2，半固定沙地（丘）面积16.8万km^2，固定沙地（丘）面积26.1万km^2，露沙地面积8万km^2，沙化耕地面积2.4万km^2，风蚀残丘面积0.9万km^2，风蚀劣地面积5.6万km^2，戈壁面积47.8万km^2。

2 三北地区荒漠化形势严峻

近几年来经过沙区广大干部群众不懈的努力，防沙治沙取得了历史性突破，全国沙化土地由20世纪末每年扩展3436km^2，转为每年减少1283km^2，生态环境也呈现出“总体遏制，局部好转”的发展趋势，在治理沙漠和防治荒漠化方面取得了显著成绩，但我们在看到成绩的同时，要保持清醒的头脑，必须有这样一个认识：三北地区仍是我国荒漠化土地分布最集中，生态状况最脆弱，毁坏最容易，治理难度最大的地区。

2.1 治理任务还十分艰巨

目前，三北地区还有沙化土地148.3万km^2，占全国沙化土地的85%，其中近期具备治理条件的沙地有近40万km^2，如果按照三北四期工程“十五”期间年均32万hm^2的治理速度，完成这一任务需要100多年的时间。同时，三北地区还有31.8万km^2具有明显沙化趋势的土地，这种土地类型主要是由于土地过度利用或水资源匮乏等原因造成的临界于沙化和非沙化之间的一种退化土地，虽然目前还不是沙化土地，但如果保护利用不好，极易演变成新的沙地。

2.2 治理难度越来越大

近几十年来，荒漠化治理按照“先易后难、由近及远、先急后缓”的原则，一些条件相对较好，治理相对容易的沙化土地已经得到治理或初步治理。随着防沙治沙工作的深入推进，需要治理的沙化土地立地条件越来越差，难度越来越大，成本越来越高。在三北地区现有的148万km^2沙化土地中，流动和半流动沙地有58万km^2，占沙地总面积的39%；沙化程度在重度和极重度以上的沙地有109万km^2，占73.6%，为防治工作带来了更加严峻的挑战。

2.3 存在很大的不平衡性

目前，三北地区的沙化土地整体呈现出“整体遏制、局部好转”的发展趋势，但反映在区域之间、省际之间仍然存在很大的不平衡性，一边在治理、一边在扩展的势头还没有得到根本遏制。如：黄河首曲、三江源头，甘肃民勤，内蒙古呼伦贝尔沙地等地区，沙化土地仍在加剧扩展，生态环境仍在继续恶化，这在一定程度上抵消了工程建设成果。另外，陕西、甘肃、宁夏、新疆、内蒙古5省(自治区)沙化土地虽出现了不同程度的减少，但这5省(自治区)现有的沙化土地累计达130万km^2，占三北地区沙化土地总面积的87.8%。

2.4 导致荒漠化扩展的各种人为因素依然存在

从统计结果来看，受经济利益的驱动，滥垦、滥挖等人为破坏沙区植被，导致土地沙化的行为还十分严重。目前，三北地区有露沙地80276km^2，占全区沙化土地的5.42%，沙化耕地23531km^2，占1.59%。与1994年相比，三北地区露沙地增加14939km^2，年平均增加1494km^2，沙化耕地增加18918km^2，年平均增加1892km^2。

3 加快三北地区荒漠化治理的探讨

土地荒漠化严重地制约着西部经济社会的发展。治理荒漠化的土地已经成为西部大开发的当务之急。如何治理西部荒漠化的土地？国内外曾有不少学者、专家进言献策。总结以往荒漠化治理的经验，在这里，谈点个人粗浅的看法。

现有法律法规在贯彻执行过程中的执行力度不够。从保护荒漠化地区现有植被和工程建设成果的需要出发，应加现有法律法规在贯彻执行过程中的执行力度不够。从保护荒漠化地区现有植被和工程建设成果的需要出发，应加强现有法律法规的执行力度，充分体现法律的强制性。

3.2 国家应对荒漠化土地治理与开发给予优惠政策

过去我们一直把防治荒漠化重点放在生态工程建设上，产业开发没有摆到应有的位置，对产业开发的政策倾斜不够；荒漠化地区自然条件差，造林成本高，政府应加大贴息贷款力度等。

3.3 形成国家+企业+农户共同投入的机制

过去，由于治理范围大，投资力度小，使有限的资金都“撒了胡椒面”，降低了治理成效。如：“三北”防护林第一期工程平均每年投入4134.6万元，涉及344个县，平均每年每个县投入仅12.02万元，每公顷国家补助为54.13元；第二期工程平均每年投入6318.45万元，涉及466个县，平均每年每个县投入仅13.56万元，每公顷国家补助为58.63元；第三期工程平均每年投入14191.4万元，涉及551个县，平均每年每个县投入仅25.76万元，每公顷国家补助为119.99元；即使到了第四期工程，每公顷的人工造林补助也才1500元，而荒漠化地区的造林成本，80年代约为每公顷225元，90年代上升到每公顷750元，现在一些立地条件较差的地区甚至达到每亩1000多元。投入与实际需要差距极大，投入的钱连买苗都不够，严重挫伤了群众造林的积极性，而且造林后没有抚育和管理资金的保证，病虫害严重，造林成果难以巩固。由此看来，现有荒漠化治理的投资体制必须改变。今年5月，在新疆调研时，新疆生产建设兵团林业局杨江勇局长介绍：他们每年把有限的国家投资资金集中起来使用，全部用在当前最需要的地方，并且全部用来造主要发挥生态效益的防风固沙基干林，而对有经济效益的经济林的补助相对来说比较少。从深层次看，这其实就是对生态效益的一种变相补偿，不失为一个好办法。生态工程建设具有社会公益性质，应主要依靠国家来办。特别是我国荒漠化严重的三北地区经济基础薄弱，地方财政普遍困难，贫困人口比重高，群众承受力低，如果地方配套、群众义务投工比例过大，难以充分调动地方政府和群众的积极性，必须建立以国家投入为主的投资机制，把荒漠化治理工程建设纳入国家基本建设计划，立项投资，同时鼓励企业积极参与，形成国家+企业+农户的综合投入机制。

3.4 建立生态效益补偿制度

在荒漠化地区应尽快建立生态效益补偿制度，以弥补生态公益林经营者的收入损失。建立生态补偿机制就是要根据不同地区内不同的资源、人口、经济、环境总量来制定不同的发展目标与考核标准，让生态脆弱的地区更多地承担保护生态而非经济发展的责任。建立下游地区对上游地区、开发地区对保护地区、受益地区对受损地区、城市对乡村、富裕人群对贫困人群的生态补偿机制可以平衡各方利益。

3.5 充分利用沙区丰富的水土光热资源，大力发展沙产业

沙产业理论是著名科学家钱学森于1984年提出的。该理论把治理沙漠化上升到一个产业化开发的高度，就是利用沙区的土壤、水源、光热等自然资源，投入足够的资金、技术和人力，开发沙区适宜的种养业和旅游业。这种充分利用沙区丰富的光热资源优势发展沙产业，对沙区天然资源合理开发利用的科学构想，已成为沙区促进经济发展、生态平衡和资源有效利用的最新型模式。沙产业的发展，能使生态效益与经济效益有效结合，沙产业的开发，本身就是发展当地经济，使农牧民脱贫致富的过程。

3.6 加大宣传力度

这些年来，荒漠化的治理和开发取得了很大成就，也取得了不少的好经验，树立了好典型，但我们对自己的成绩和经验没有像产品一样包装推销，所以很多人不了解我们的治理成果，没有形成强有力的外力支持。

关于西部地区沙漠化问题及其防治对策的思考

康晓达
（国家林业局昆明设计院）

摘　要：在我国西部地区分布着大量的沙漠化土地，干旱少雨，风大且频繁，地表物质松散，植被稀疏，加上自然灾害及各种人为因素，土地沙漠化形势十分严重，成为长期制约地区经济和社会发展的主要原因。因此，加快西部地区生态环境建设，特别是研究土地沙漠化对经济发展的影响，以及防治沙漠化的方法途径，是全面实施西部大开发战略必须首先要解决的重大问题。

1994 年在全国范围内组织的首次沙漠化土地普查结果表明，沙漠及沙漠化土地量大面广，总面积为 168.9 万 km^2，占国土面积的 17.6%，遍及 30 个省（自治区、直辖市），其中西部地区是主要分布区域，占全国沙漠化土地面积的 95.4%。同时，类型多，程度重，扩展速度快，沙漠化每年扩展的速度已由 70 年代的 1560 km^2 发展到 90 年代末以来的 3436 km^2，呈现出“局部逆转，整体扩大”态势，形势严峻。近年来开始有所好转。据实地调查结果分析研究，发现沙漠化土地扩展的主要原因是人们在生产经营活动中，忽视生态环境保护和资源可持续发展能力，不合理利用土地资源所造成的，它破坏了区域生态平衡，给地方经济发展带来了严重影响。

本文以全国沙漠化土地普查结果为基础，对西部地区沙漠化土地现状及其形成原因作了分析，探讨了当前防治沙漠化的对策。笔者认为，目前西部地区的防沙治沙工作，应以科学发展观为指导，以保护生态环境，植树种草减少干旱影响，消除贫困，实现地区社会经济的可持续发展为主要目标，达到人与自然的和谐，以期为促进西部地区的经济发展，加快防沙治沙进程提供一些依据。

我国西部地区是指包括内蒙古、陕西、甘肃、宁夏、青海、新疆、西藏、四川、重庆、云南、贵州、广西 12 个省（自治区、直辖市）在内的广大范围，其陆地边境线长达 1 万多 km，与俄罗斯、蒙古等 14 个国家接壤，总面积为 686.7 万 km^2，占国土面积总面积的 71.5%；人口 3.55 亿，占全国总人口的 28.5%；矿产资源储藏量占全国的 60% 以上；可开发水能占全国的 80%，是长江、黄河、澜沧江、珠江等大江、大河的发源地和集水区；生活着全国 86% 的少数民族人口，是关系地区安全和生态安全的重要所在。同时，西部地区气候干旱少雨，自然条件恶劣，林草覆盖率低，生态系统平衡十分脆弱，也是近年来频繁发生沙尘暴的主要沙源地。

1　西部地区沙漠化现势

1994～1995 年，国家林业局根据我国环境与发展战略总体要求，在全国范围内组织开展了首次沙漠化土地普查与监测工作，成功地取得了系统、完整的沙情本底资料，为我国防沙治沙的统一规划与科学决策提供了一套完整、准确的基础依据。本人参加了这项工作。沙漠化土地普查与监测工作是以省、县、乡为单位，采用逐个地块实地调查，辅以大比例尺卫星照片核对，并布设固定样地加以控制的方法进行，对比精度达到 97.8%。普查共调绘地块 37 万多个，使月卫星照片 160 多景，设置样地 2.9 万多个，获得涉及地类组成、地域分布、利用类型及造林成效等沙地信息数据 900 多万个。普查结果表明，我国沙漠化土地面积为 168.9 万 km^2，占国土总面积的 17.6%，并显示如下特点：

（1）分布范围广泛。我国沙漠化土地遍及全国 30 个省（自治区、直辖市）的 841 个县（旗）、7534 个乡（镇）。（上海市及香港、澳门未查）

（2）西部地区是主要分布区域。西部地区 12 个省份的沙漠化土地面积为 161.08 万 km^2，占全国沙漠化土地面积的 95.4%，详见“西部地区沙漠化土地统计表”。

西部地区沙漠化土地统计表

单　位	沙化土地(hm^2)	占全国沙化土地面积(%)	占西部沙化土地面积(%)
合　计	161084764.6	95.4	100.0
陕　西	1462803.5	0.87	0.91
甘　肃	11669064.0	6.91	7.24
宁　夏	1235773.9	0.73	0.77
青　海	11627229.2	6.88	7.22
新　疆	76920460.3	45.56	47.75
四川、重庆	951353.0	0.56	0.59
云　南	76926.0	0.05	0.05
贵　州	7494.0	0.004	0.005
广　西	243095.4	0.14	0.15
内蒙古	35551035.0	21.056	22.065
西　藏	21339530.6	12.64	13.25

（3）类型多，程度重。我国地域辽阔，地貌和气候类型复杂，造成沙漠化土地类型的多样性，主要有沙漠、戈壁、固定和半固定沙丘、风蚀残丘、闯田、潜在沙漠化土地等，其中沙漠和戈壁为 153.3 万 km^2，占全国沙漠化土地的 90.8%，由西向东几乎覆盖了八大沙漠、四大沙地的主要部分，形成了一条万里风沙线。

（4）扩展速度快，形势十分严峻。我国西部地区的自然环境条件十分脆弱，土地资源一旦开发利用不当，就会引起严重后果。20 世纪 70 年代以前，沙漠化推进速度约为每年 1560km^2，到 80 年代约为 2100km^2，90 年代初为 2460 以上 km^2，90 年代后期达到 3436km^2。目前，西部地区沙漠化总的趋势开始有所好转。

2 沙漠化扩展原因分析

迅速扩展的沙漠化，使西部地区的生态环境受到极大破坏，农业及其他各行业发展失去了稳定的基础，这种生存环境的恶化与贫困化和落后所交织，形成了更加广泛的危害。那么，是什么原因造戌沙漠化土地的迅速扩展呢？根据实地调查及普查监测结果分析，发现沙漠化土地扩展的主要原因是人们在生产经营活动中，忽视生态环境保护和资源可持续利用能力，不合理利用土地资源，破坏了区域生态平衡的结果。

（1）落后、粗放的土地经营方式是造成土地沙漠化的直接因素。长期以来，随着西部地区人口的不断增长和经济活动的增加，广大干部、群众为解决吃粮问题，盲目开荒种地，破坏了原有植被，在干旱、风沙等因素的影响下，几年后只得撂荒，又不加以保护，就造成了土地退化和沙化。

（2）草场用养失调，过度放牧。我国西部牧区的草场建设与牲畜发展不相适应，牲畜数量严重超过可载能力，造成草原生态系统结构失调，可利用草地面积锐减，产草量和牧草质量下降，草畜矛盾日益突出。据统计，内蒙古、新疆、甘肃草地退化面积分别占其草地总面积的51.8%、63.6%和87.8%。

（3）过度樵柴，破坏土壤植被。西部地区薪柴资源缺乏，薪炭林面积仅有24.7万 hm^2，占该地区有林地面积的1.2%，每年能够提供的薪炭林占实际消耗量的14.2%，缺口很大。由于燃料短缺，加上生活落后、贫困，主要通过樵采林木、毁坏植被来解决烧柴问题。同时，把大量农作物秸秆作燃料，不能还田，降低了土壤肥力，加剧了土地退化。

（4）水资源利用不合理。西部地区地处我国降水稀少的干旱、半干旱内陆地区，水是维系其生态系统平衡的命脉，内陆河水支撑着区域绿洲农业、人民生存和经济建设。同时，西部又是全国大江、大河的源头区，生态环境的任何变化，不仅要影响当地，而且还将影响广大的中下游地区。由于缺乏对水资源开发利用的统一管理与监督，省际、上下游间水资源利用缺乏协作，并受到局部利益和本位主义驱动，上游过量利用水资源，导致中下游地区水量减少，甚至断流、干涸，使植被衰败，土地沙化。

（5）盲目搂采发菜，滥挖药材，破坏植被，造成土地沙化。我国西部沙漠化地区有着各种野生植物6000多种，在数百种药用、食用植物中，发菜、甘草、肉苁蓉、麻黄等最为出名，并具有易采集、价格高的资源优势。发菜在东南亚等国际市场有着广泛的市场，甘草、麻黄等是国家重点保护的野生固沙植物和药材。一个时期以来，滥挖发菜、甘草、麻黄并竞相争购出口换汇的现象严重，在高额利润的诱惑下，一些邻近草原地区的农民放弃农耕事业，常年采挖发菜、药材，造成草场退化，导致土地沙漠化，严重破坏了生态环境，影响了农牧民的正常生产和生活。

（6）建设力度不够，管理薄弱。一是西部地区生态环境治理缺乏统一规划，条块分割，工程布局分散，难以形成合力，沙漠化点上治理、面上扩大。二是西部地区自然发展能力较差，防沙治沙资金不足。三是人们的生态建设意识、可持续发展意识比较淡薄，有的地方领导还没有把沙漠化防治与当地长远经济发展以及脱贫致富联系起来，在一定程度上存在着片面追求短期经济效益，忽视生态环境保护，造成目前一些地方经济发展、环境恶化、沙漠化扩张的不正常现象。

3 西部地区防治土地沙漠化的途径和对策

根据沙漠化土地形势及其形成原因，笔者认为目前西部地区防沙治沙工作应以保护生态环境，植树种草，减少干旱影响，消除贫困，实现地区社会经济的持续发展为主要目标，坚持统一规划，综合防治，治用结合，突出重点的方针，逐步建立起防、治、用相结合，生态、经济、社会效益相协调的防沙治沙体系，努力改善当地脆弱的生态环境，为西部大开发战略的全面实施，提供良好的环境条件。

（1）增强公众环境意识，加强对防沙治沙工作的领导。土地沙漠化趋势之所以难以遏制，一是人们对防沙治沙的认识不足，没有把防沙治沙与自身生态环境条件的改善和社会经济的发展联系起来。二是一些地方和部门只注重政治和经济成绩，忽视生态环境保护，片面追求短期效益。三是生态环境治理缺乏地区间、部门间的协调配合。因此，要通过多种方式宣传教育沙区干部群众，充分认识当前防沙治沙的重要性和紧迫性。同时，健全和完善各级治沙工作机构，实行利于生态建设的考核制度和专项工作目标责任制，进一步加强全国防沙治沙领导机构和办事组织。

（2）大力宣传贯彻《中华人民共和国防沙治沙法》，依法治沙。在广泛宣传现有法律法规，如《中华人民共和国森林法》、《中华人民共和国草原法》、《中华人民共和国环境保护法》的同时，要大力贯彻落实《中华人民共和国防沙治沙法》，把保护土地、利用资源和防沙治沙纳入法制轨道，依照法律规范和解决人们开发利用西部地区资源的行为。

（3）建立、健全土地沙漠化监测和预警系统。防沙治沙工作涉及林业、农业、水利、气象、畜牧等众多部门，应在普查与监测工作的基础上，建立土地沙漠化评价标准体系，健全从中央到省、地、县、乡各级沙情监测体系，以及沙情预警、预报系统，完善监督管理体制，集中各方面的优势力量，把普查统计抽样、地面定位观测与地理信息系统等先进科技手段相结合，建立沙情的宏观与微观监测网络，完善沙漠化土地数据库和图像库，达到全面、准确、快速、方便地提供不同地域、不同时期的沙化信息。

（4）加大防沙治沙的科技含量，提高防治成效。防沙治沙工程是一项跨学科的复杂系统工程，在治理开发过程中需要进行研究的领域十分广泛，必须依靠科技进步，加大科技含量，充分发挥现有技术人员、资料、设备的作用，推广、普及治沙造林成果和成功经验，大力培养基层科技人员，设立防沙治沙科技项目，切实提高防沙治沙科技创新能力，加强沙地综合开发利用方面的合作，发展高效生态农业，使西部地区的水、植物、矿产等资源达到可持续利用。同时，开展防沙治沙关键技术的科技攻关和防沙治沙基础理论研究，为治沙工程的实施提供坚实的科技支撑。

（5）统一规划目标，加强对治沙实绩的检查监督。进一步健全和完善防沙治沙规划，布设防沙治沙新格局，明确阶段性目标任务，引入激励竞争机制，实行领导干部治沙工作责任制和部门目标责任制，对治沙工作实绩进行检查监督作为干部政绩考核和职务晋升的重要依据。

（6）制定优惠政策，加大资金投入。在稳定现行政策的基础上，制定和完善利于西部地区防沙治沙和经济发展的优惠政策。积极鼓励多种经济成分和所有制形式参与防沙治沙事业，对西部地区能源结构调整给予政策扶持，从根本上减少樵采薪柴对植被破坏的压力，鼓励农牧民使用风能、太阳能等多种能源。国家和各级政府应当进一步加大对西部地区防沙治沙工程的资金投入力度，并尽快建立起利用西部地区森林等各种资源的生态效益补偿制度，力争在较短时间内实现西部地区乃至全国防沙治沙事业的战略性突破。

参考文献

1. 祝列克．全面推进工程林业建设持续健康协调发展．林业情况通报，2005，4.
2. 朱俊凤．中国沙漠化防治．北京：中国林业出版社，1999.
3. 国家林业局西北调查规划设计院．全国沙漠化土地普查报告．1996.

“荒漠化防治与植被恢复”，路在何方？

任荣荣
（北京圣树农林科学有限公司董事长、教授）

一、一笔天文数字的生态经济账

环顾泱泱中国13亿人口，树立生态文明之风可谓任重道远。大家都讲保护环境生态要平衡，但怎么操作，用什么理论去武装，好多人还是茫茫然，忘记了基本的理论指导思想，比如说中国可以种树长草（农作物以草本为主，计入草本）的土地面积约为100亿亩，农田约占20亿亩，有林地23亿亩，其他林业用地20亿亩，草原40亿亩上下，树和草是我们中国自然环境中的第一生产者，作为第一消费者是13亿人口和数百亿的动物（各类家畜禽类，包括野生动物），为了保证第一生产者与第一消费者之间物质与能量输出输入的平衡，毫无疑问作为第一消费者的排泄物和生活垃圾，必须归还土壤由第一分解者微生物进行分解尔后归还给第一生产者吸收作为营养，进而使第一生产者可持续进行生产。这中间就是大家都知道的支撑自然生态系统正常运转的食物链。这个科学道理是世界科学界公认的科学真理。那么请问，13亿人口的排泄物和生活垃圾处理有没有按自然界中的食物链运转规律进行处理？农村人口向城镇大量转移，城镇建设越搞越多，越来越大，据不完全统计，大约有8亿人口，如按每人每年有排泄物和生活垃圾1吨计，则高达8亿吨，如果通过微生物分解归还到土壤，则就是8亿吨有机肥，其营养元素远远超过同等重量的化肥，其功效远远超过同等重量的化肥。现在每吨高标复合肥的市价约为2000元，请计算一下，8亿吨高效有机肥按化肥同价折算，则就是16000亿元人民币！仅就此点，我们就成了资源浪费的大国。大大有悖于建设节约型社会的精神，然而问题并没有到此为止，8亿吨排泄物和生活垃圾不但未成为有机肥归还土壤，而且成为城镇的污染源，城镇的排泄物进入城镇污水系统（一个城镇的污水系统要花多少钱建设，污水有的经过处理，有的直排河沟）。生活垃圾则大部分又转嫁到农村，挖大坑深埋，有些垃圾处理场的垃圾已经污染了地下水，污染了地面环境，这还只是城镇人口的一本生态经济资源的耗散账，还有城镇周围的饲养场，数目高达以亿计算的畜禽等动物粪便又有多少作为有机肥归还土壤，天天看到的事实大家都熟视无睹，是否有悖于生态文明？谈到大农业，无一例外要批评小农经济，可是小农经济时代，老百姓惜粪如金，当年城镇哪怕是上海那样的大城市，也组织过送粪下乡支援的活动。在封建王朝作为皇宫内院的帝王皇妃们的排泄物也有专用盛具，并运出宫外作肥料施用，严禁倒入河沟。从本质上讲，第一消费者的排泄物和生活垃圾是维持第一生产者可持续生产的基础，基础毁了，第一生产者又如何持续稳产？于是无奈之下大量生产化肥农药，把美丽的大自然变成了“寂静的春天”，土壤微生物锐减，有机质遽降，土地沙化、盐碱化也跟着发生，第一生产者无可奈何沦入恶性循环之中，这中间究竟还有多少科学发展观？中国人均可种草种树的土地只有

8.4 亩，人口增加到16亿时，就使中国人口超载更为严重，人均便只有6.25亩！撕裂或割断第一生产者、第一消费者、第一分解者的食物链，将导致生态、经济、社会三大效益遽降，中国目前的农村已经出现空壳化、老龄化、种粮副业化的现象，如不采取有效措施，将直接危及江山社稷的安危。

二、荒漠化防治，植被恢复，必须恢复重建第一生产者、第一消费者、第一分解者之间的食物链

综上所述，无论是荒漠化防治，还是植被恢复，都是要让树草在荒漠化土地上可持续生长，而所谓荒漠化现象就是失去第一生产者——树、草的土地。如北方的沙质草原，由于滥垦、滥牧、滥樵，失去了原来的植被而使土地沙化，而大凡沙化土地有一个共同的现象，就是土地极端贫瘠，有机质损失殆尽。任何土壤如果没有有机质基本上也就没有多少微生物群，因为有机质是微生物维持生命活动的营养体（当然，现代科学技术可以做到使用没有微生物的植物承载体，如水、纯砂体，可以人为补充能满足植物生长发育的各种无机物质，时尚的名称就叫无土栽培。在无土栽培的原理上，人们又引入相应的设施，继而又发展成现代设施农业、设施林业、设施养殖业等。然而这些都是由消耗能源为基础的物质构成的，如塑料、化肥、钢材、水泥、砖等。既不属于循环经济范畴，也极难做成真正的有机农业或有机林果业。其本质还是归属于石油化学农林业范畴。其各种弊端已被逐步认识，此路非长久之计。在近百年之中，转了几个圈子，世界终于转回过去小农经济所经营的有机农业。美国农业部是石油农业的始作俑者，在实践中认识到农药除草剂、灭虫灭草剂使生物失去多样性的同时污染了环境如水源、土壤、空气等，此外还属于掠夺式经营。美国农业部早在20世纪70年代，积极提倡有机农业，并使其蓬勃发展起来，指出有机农业是一种完全不用或基本上不用人工合成的化肥农药、生长调节剂和牲畜添加剂的生产制度，有机农业在可行的范围内尽量依靠作物轮作，秸秆还田，牲畜粪肥，种植豆科作物和绿肥，回收有机废料，含有矿物养分的矿石等来维持养分平衡，利用生物、物理措施防治病虫害。有机食品的营养丰富，口感好，对人体健康有益，进而在很大程度上提高了人类的生活质量。这几乎是人所共识）。显然防止荒漠化首先要健全第一生产者、第一消费者、第一分解者这三者之间的食物链，千万不能中断或撕裂。三者之间的“取与予”要有序有度，达到平衡。这里讲的有序有度，举例说明：我国的荒漠基本上在干旱和半干旱地区，水资源是造成干旱半干旱的决定性因素，在中国自然地理区划上，大凡年均降水量低于400mm则划为半干旱和干旱区，年均高于400mm降水量则划为半湿润和湿润区。干旱半干旱气候条件下形成的植被多为灌丛草原带或稀树草原带。半湿润湿润气候区内则划为森林草原或森林区。这是符合科学的。过去我们有些地方在干旱半干旱地区成片造林，而且大造吃水量大的杨树等乔木树种，少则几百几千亩，多则上万亩，结果在树、水、土之间的“取与予”失衡而失败。本身属于干旱半干旱地区，其自然植物地理景观就是灌丛草原，顶多也就是稀树草原，怎么能形成成片的森林呢？水作为树木的食物链之一，缺水的本质也就是中断树木和土壤之间的食物链。我去过西北某省，连片造杨树一万余亩，还是当地林业部门设计的，到秋天全军覆灭，原因就是缺水，后来下狠心采取漫灌大水一次，结果水很快渗入沙底，由于蒸发量太大，土壤发生次生盐渍化，白花花一片，土壤沙化犹可治，一旦发生次生盐渍化就成了废地。北方40亿亩草原，为什么有90%沙化？超载、取薪、滥垦是主要原因，其本质同样是生物与土地之间通

道中断的缘故。其中断的过程则是生物之间的“取与予”严重失衡，单位面积上的牧草在一定时间内必须要有一定的绿量通过光合作用才能产生最大的经济生物量，结果由于超载，牛羊将草根也啃掉了，作为光合作用的“绿量”降到最低点，牧草产量当然也就每况愈下，加上超载的牛羊践踏，土地大量沙化，草原生产力下降，也就成了必然结果。现在大力提倡围栏畜舍养殖，使草原有休养生息之机，藐视方法正确，其实也是不妥的，为什么？因为牛羊的排泄物不能再普遍地归还草原，草原缺少了有机肥的来源，这种只取不予的方法，同样也是一种阻断通道的掠夺性举措。这样搞草原生产力也只会每况愈下（可以计算一下，假如每亩草地有1000kg的牧草被羊吃掉，羊的粪尿排泄物之量基本是一致的）。近几年全国实施退耕还林还草举措，许多地方种了不少经济林，确实有效果，但存在的问题也不少。其中最明显的是经济林的经济生物量和品质在下降，特别是一些果树，果实小而无味，为什么？同样是生态通道阻断之原因。取大于予，土壤缺少相应的有机肥补充，土地养分无法进行可持续的再循环。新栽的果树得不到生长所需要的有机肥。我们现在搞防沙治沙好像只要将树木草种种下去就完成了任务，其实不然，简单的种树种草有时候不但不能防沙治沙反而加剧了土地的沙化，这在北方广大沙区有许多教训。趁着雨季大规模植树造林播种草种，确实提高了成活率，可是雨季过后碰上旱季，由于失去土壤水分，加上干热风，草和树木很快就因缺水抽干而死亡。有“序”有“度”就是讲要坚持科学发展观。可见，食物链之完善是防治沙化，恢复植被的关键问题；“取与予”必须有序有度。

三、按照食物链的科学原理走生态、经济、社会三大效益同步发展之路

在国家实施退耕还林还草还水活动伊始，有识之士在《参考消息》上发表了“国家要被子，老百姓要票子”的一小块文章，时隔多年，而我至今难忘。为什么？讲出了核心问题。

现在回顾一下，我们的政策还有待进一步完善，从有关报刊上发现生态成就讲多了，老百姓的经济好转则报道不多。2008年“两会”期间，有不少代表提出建议，要想办法帮助那些造林治沙的模范，他们是“生态效益的富翁，经济上的穷人”，我深有同感。这几年我也多次去沙区调研过，他（她）们脚踏实地绿化了成千上万公顷的沙地，是生态建设的功臣。但日子确实不好过，有些大户负债累累啊！为什么？根本的原因是缺少生态经济思想，没有遵循沙地种养业应遵循的生态经济法则。通俗地讲，不知道如何建设以生态经济为基础的产业体系，缺少能转化循环的生态经济产业链，后果当然很悲惨。我们许多治沙英雄，大都有壮士断臂之悲壮状。中国是个人口资源大国，人均可种草种树（包括农作物）的土地只有8.4亩，可人口到16亿时只有6.25亩。只讲生态效益，不考虑经济效益，作为第一消费者的13亿人口，没有一定面积让作为第一生产者的林草（包括农作物）生产第一消费者所需的食物和饲料必然是一场大灾难。这是中国现有的国情决定的现实。乡土植物（树和草）抗逆性强，不等于不要土壤营养，植物生长必须有足够满足其生长的各种营养，“庄稼一枝花，全靠肥当家”有其科学性。肥料哪里寻，要节省成本最好就是养殖各种经济动物，充分利用其排泄物作为有机肥。饲料哪里来，全部外购不合算，最好自产跟种植业结合起来，植物是地球上的第一生产者，动物（包括人类）和昆虫是第一消费者，第一生产者的产品供第一消费者消费，而第一消费者必须将消费第一生产者的物质产生的排泄物和废弃物归还给沙地，通过微生物分解，成为第一生产者生产所需要的营养。如此就形成了一个可以持续循环的生态经济链。用科学术语就叫做物质与能量的输出输入进入互相平衡的循环系统。所以俄国科学

家威廉士就说农林牧三者互相依赖缺一不可，要把三者放在同等地位。坚持沙地、植物和动物以及微生物四位一体的共生法则，是防治沙化、恢复植被、农牧民致富的科学之路。按照四位一体的共生法则经营，则在其整个生长发育到成熟的进程中，不但生产了大量的光合作用产品，同时还形成了不断运动的四维时空环境，在不同的时间段，使光、温、水、肥、气、土组合成有空间梯度的各种生态环境与相应的生物群落，如地下生物群落、地上生物群落、林下生物群落、林层生物群落。如果有目的地赋予相应的经济生物种，那么生态经济链就由简单上升为复杂的生态经济链，单位面积上的生态效益和经济效益就会达到最高。现在各地在发展林下经济，就属于此类层次，运用得当，可以催生无数的生态经济产业链。然而不管形式、种类如何复杂，万变不离其宗，还是生产者、消费者、分解者之间的循环的运行模式。此种法则如能科学利用，生态效益毫无疑问是最高的，而经济效益往往比缺少生态经济链的单打一方式要高数倍乃至10倍以上。目前中国农村“三化”现象（空壳化、老龄化、种粮副业化）十分严重，为什么？就是农业效益太低，采取四位一体的经营法将大大有利于化解中国农村的“三化”现象。特别是中国人均可种树种草的土地资源太少了，更应该解放思想，精耕细作，按四位一体的共生法则去经营有限的土地，除此以外，似乎别无出路。

四、实践是检验真理的标准

这里以我从事研究的桑产业为例作证明，我在沙化土地躬耕10余年，以桑树为主要树种，研究沙化防治与植被恢复的路子，有如下体会：桑树历来的功能就是养蚕，发展丝绸业。中华人民共和国成立半个多世纪以来，中国的桑园面积增减总是随着国际生丝价格的波动而变化。尽管中国种桑养蚕有几千年历史，但至今还属于一个弱势产业。从20世纪末我自选桑产业作为一个研究实践课题。21世纪初在北京大兴沙化地搞了200多亩试验地，分别种植乔桑（作为防风固沙林带）果桑（果、叶、枝、干兼用）和饲料桑。另外以间作、块状、混交等形式种了苜蓿、花生、黄豆、玉米等传统农作物，和北方其他沙化地一样，当时沙地有机质不足3‰，条件很差，在这块有限的沙化地上，除了种植业外，我把畜牧业引进，养殖绵羊、肉鸡、蛋鸡、猪、兔、鹅和各种淡水鱼，此外还种植菌菇。形成了林、农、牧、微生物四位一体的模式。按照上述理论进行可持续循环发展的生态经济经营，让作为第一生产者（林、草）有足够的生长发育环境，足够的营养条件，进而生产更多的优质有机物，为第一消费者有良好的安全食物，桑叶是高蛋白药食兼用饲料和食品，桑枝是培养食用菌（微生物）的优质基料，将第一消费者的排泄物和垃圾通过微生物发酵转化为优质高效的有机肥归还土壤，进而满足第一生产者的需要。多年实践的结果，被社会公认为无废料的高效循环经济，200余亩沙土上，林农牧直接综合产值高达100余万元，其中畜牧就达30余万元/年，为当地单一农作物地的10倍。每年每亩施入优质有机肥达2吨，五年来沙地有机质含量已从3‰上升到1.5%，增加5倍之多。2005年被北京市公布为有机食品生产单位。通过几年来的研究和实践，我们下一步重点还要做细，做复杂，向更高的层次发展，亩产值要从5000元向1万元目标前进（如果算上加工业则早已超过）。多年实践使我进一步认为，荒漠化防治之路不能再走过去单打一的老路，必须按照上述四位一体的模式去进行，防治荒漠化、恢复植被不是我们的最终目标，最终的目标就是要整治100亿亩可种树种草的国土资源；就是要使林农牧和微生物形成四位一体的循环经济体系；就是为了人类食物和饲料的安全，进而提高人民生活的质量；种树种草就是要让林草兴业、兴邦、兴国，达到国无荒土废地，在有限的国土面积上开创中华民族的光辉未来。除此，难道还有其他路可走吗？

菊芋的开发价值和种植技术（节录）

马世威　马玉明
（大连绿山科技有限公司）

摘要：菊芋是菊科向日葵属多年生宿根草本植物，别名洋姜、鬼子姜。菊芋原产北美洲，在我国有着悠久的栽培历史，分布也极广，但只是零星种植，长期以来一直没有得到大面积普及。

菊芋对气候、土壤等自然环境要求不严，适应范围广、幅度宽。为了充分发挥菊芋的多种效益，既要得到高效产值，又要达到改善生态环境的目的，可以采取种子基地和原料基地种植模式，及防风固沙和保持水土种植模式。前者以获得高产量的菊芋为主，兼顾生态效益；后者以改善生态环境为主，兼顾经济效益。可因地制宜地选择其一，适用性十分广泛。

一、起源、分布及功效

菊芋 *Helianthus tuberosus* L. 是菊科向日葵属多年生宿根草本植物。别名洋姜、鬼子姜。菊芋原产北美洲，17 世纪传入欧洲，后又传入亚洲，于清朝传入中国。我国栽培历史悠久，但多为零星种植。因此，菊芋主要分布在北美洲、欧洲、亚洲等地，在全球的热带、温带、寒带以及干旱、半干旱、亚湿润干旱区都有菊芋的广泛分布和大量栽培。在中国菊芋的分布也极广，南从广东，北到黑龙江，西起新疆，东至沿海地区都有菊芋的生长，只是长期以来一直没有大面积种植。但近几年来，大连绿山科技有限公司，已在内蒙古东部和中部种植了大面积菊芋，这必将在治理沙漠化土地、保持水土、调整产业结构等方面起到示范和推动作用，并在选育、种植、产品系列开发诸方面取得显著的社会效益，同时对改善生态环境、提高人类健康水平也具有深远意义和潜在价值。

二、对环境条件的要求

菊芋对气候、土壤等自然环境要求不严，适应范围广、幅度宽。菊芋喜温暖，但耐严寒、忌炎热；喜滋润，但耐干旱；喜肥沃，但耐贫瘠、盐碱。这里需要明确的是植物适应性特征，包括对环境的适应幅度和最适宜的生态环境，这是两个不同的概念。下面仅介绍对菊芋生长发育最适宜的环境因素：

（1）对温度的要求：菊芋虽喜温暖，但忌炎热。高温对菊芋生长不利，故菊芋在我国北方比南方生长好。一般春季开沟播种块茎，生长期 6～7 个月，霜冻后开始收获块茎。块茎在温度 6～7℃开始发芽，最适发芽温度为 15～17℃；幼苗能耐 -4～5℃低温；生长期适宜温度为 18～22℃。菊芋耐严寒、耐干旱能力强，是由于块茎原生质中溶有多聚果糖，增加了细胞浓度。据调查，它的块茎在黑龙江地区能耐 -47℃低温（2000 年），第二年仍能正常发育生长。所以，为减少贮藏程序，可在早春收获块茎。

（2）对光照的要求：菊芋为短日照作物。日照 10～12 小时，有利于块茎形成。地上部分喜光，但块茎需在黑暗中才能形成。

（3）对土壤的要求：菊芋适应性强，对土壤要求不严，一般要求土壤的酸碱度（pH 值）范围在 6～8 之间，除了过分偏酸、偏碱和沼泽及盐碱地以外，一般土壤均可种植，其中以沙壤土为最好。甚至在宅旁路边、房前屋后、田边地头、废墟等不宜种植农作物的地方，菊芋仍可生长。

（4）对水分的要求：菊芋的幼苗期、现蕾期和开花期为需水的三个关键时期。苗期天旱，植株生长缓慢，必须灌水，促进幼苗的生长。菊芋在现蕾、开花期，地下部分生发大量的地下茎，地上部分同化产物向下累积，此时也不能缺水。

（5）对养分的要求：为了使幼苗健壮，多生枝叶，苗期以施氮肥为主；植株现蕾时，施钾肥为主。对菊芋施肥可促使植株生长健壮，增强抗倒伏、抗旱、抗寒能力，对光合作用的产物运输、贮藏也有较大的作用，可获得高产丰收。

三、种植技术

鉴于菊芋具有许多优良特性和多功能特点，种植菊芋可获得巨额的经济价值和良好的生态效益。为了充分发挥菊芋的多种效益，既要得到高效产值，又要改善生态环境，在种植方法和经营方式以及其他技术措施等方面，可以采取以下两种不同的模式：

（1）种子基地和原料基地种植。这种经营模式是以获得高产量的菊芋（包括地上、地下）为主，兼顾生态效益。此模式只要有灌水条件的地方都可以经营。种植技术如下：①整地施肥。在种植地每亩施入腐熟厩肥 3000～5000 kg，其中撒施 70%，播种时集中沟施或窖施 30%。一般深耕 30cm，若能深翻 45～60cm，因扎根较深，可以防止倒伏，其产量还可提高。耕后整平作畦以备播种。② 播种。春季下种时间以春分至清明为宜，但因各地气温有差异，播种时间也有所不同，比如内蒙古可在 4 月中下旬播种，河北、山西可在 3 月上旬播种。菊芋在我国北方主要用块茎繁殖，一般选取重 20～30g 的块茎，每亩需块茎种子 50～60kg。使用块茎大小与产量成正比，块茎大，播种量增加，块茎小产量低。用大块茎可切块播种，每块上带 1～2 个芽眼，并用多菌灵溶液浸泡或用草木灰拌种，可使伤口尽快愈合，防止细菌感染，同时又起种肥作用。播种前灌足底水。播种方式为开沟点播或穴播，沟深 15～20cm，沟距或行距 40～60cm，株距 30cm。播种时将种薯芽向上。播种深度或覆土厚度随土壤性质而变化，黏土地宜浅，为 5～7cm，沙土宜深，为 8～12cm。覆土后，镇压踩实。菊芋第一年播种，收获后有块茎和匍匐茎残留在土中，第二年不用再播。但要求植株分布均匀，过密的地方要疏苗，缺株的地方要补栽。③ 田间管理。播种后 20～30 天出苗，出苗后或雨后及时中耕除草，一般中耕深度 6cm 左右，中耕结合培土。第二次中耕是在现蕾以前，深度 8cm 左右，除草结合培土。收获前一个月最后一次培土。菊芋在生长过程中进行中耕、除草、培土，可以消灭杂草，保持土壤疏松，为块茎的形成、发育、生长创造有利条件。菊芋生长旺盛，枝叶茂密，需水量较大，应及时满足需要。特别是菊芋的幼苗期、现蕾期和开花期 3 个关键时期必须灌溉，不能缺水，这是促进菊芋高产的重要措施之一。摘除花蕾和摘心具有明显的增产效果。在株高达 60cm 以上，或当花蕾出现时，进行主茎去顶或摘心，以防徒长；秋季随时摘除花蕾，以节省养分，有利于块茎膨大和充实，可增产 22% 左右。菊芋在生长期内一般追两次肥，第一次在 5 月中下旬的苗期，应以氮肥为主，每亩施尿素 10kg，使幼苗健壮生长、多发枝叶；第二次在 8 月中上旬的现蕾期前，应以钾肥为主，每亩用硫酸钾 15kg 或草木灰 50～80kg，以促使植株生长健壮，增加抗倒、抗旱、抗寒能力，促进光合产物的运输贮藏等。另外，菊芋追施钾肥具有明显的增产效果。④ 病虫害防治。菊芋生长势和抗性强，病虫害少。常见的有地下害虫和蚜虫危害，如地老虎、蝼蛄、金针虫、蛴螬等。可用毒饵诱杀，将麦麸、秕谷等炒熟后，以 25kg 食料拌入 90% 晶体敌百虫 1.5kg，在害虫活动的地点于傍晚撒在地面毒杀。蚜虫可用乐果稀释 1500 倍液喷雾防治。病害有菌核病、灰霉病等，可用托布津稀释 500 倍或多菌灵稀释 500 倍药液喷打防治。

（2）防风固沙和保持水土种植。这种经营模式是以改善生态环境为主，兼顾经济效益。重点是治理沙化土地和水土流失。种植技术和要求如下：①利用菊芋防风固沙和保持水土需明确的问题。菊芋是治沙、保土的优良植物之一，这是由于菊芋在长期自然选择中形成的固有特征和性质决定的，它适宜在沙质地上生长，也可在废弃土地上生存。因此，可以说它是大自然馈赠于人类的礼品。但决不能误认为它是唯一的治沙植物或独一无二的治沙措施。在利用菊芋防沙治沙和保持水土的过程中，必须与当地先进技术、其他措施和优良的植物种相配合，这样才能充分发挥菊芋的优势和效益。对于沙漠中的重要资源基地、工矿企业、交通要道、军事设施等，必须治理流沙或非治不可的地区，也可以把菊芋作为重要植物之一，加以利用。当前治沙重点是治理沙化或沙漠化土地，在这些地区进行防沙治沙，完全可以把菊芋作为首选植物之一。② 种植结构。在种植菊芋治理流沙时，必须考虑不同地带的气候特征、自然环境、地理条件、经济状况等因素。根据不同地区的各种立地类型，确定种植措施，做到因地制宜、因害设防、因利开发。在草原地带的沙地，根据沙丘较低矮、丘间地较宽旷和年降水量一般在 250～450mm 等特点，可在沙丘背风坡前方的丘间低地栽植沙柳、旱柳和杨树等，起到前挡阻沙的作用，接着从丘间地到沙丘迎风坡的 1/3 以下地段，选择沙柳、黄柳、杨柴、柠条、花棒、沙蒿、菊芋等固沙植物，混交栽植。借风力拉沙，削平沙丘顶部，逐渐变成平缓沙丘，在其上再栽植菊芋等固沙植物。这样乔、灌、草结合，分割包围流动沙丘，形成多结构、多功能的生态网，从而达到既固定流沙，又开发利用菊芋的双重目的。在荒漠带的沙漠中种植菊芋，可选择在沙漠边缘或受流沙危害的绿洲、工矿、交通、城镇、居民区等地点。该地区年降水量在 250mm 以下，又无灌溉条件，风大沙多，自然环境恶劣。种植菊芋要掌握以下几点：一是与当地适用治沙技术相结合；二是与当地优良的固沙植物，如沙枣、花棒、柠条、梭梭、沙拐枣、柽柳、沙蒿等相配置；三是在流沙上种植，必须种在沙障内，如黏土沙障或其他植物枝条设置的沙障；四是在丘间地种植也要和其他固沙植物相混交。在水土流失较为严重的黄土丘陵区，相比风沙区，一般降水较多，气候比较温和湿润。河谷滩地可作为农业用地，陡坡不宜农耕，可以植树并种植菊芋等多年生优良牧草，并配置柠条、沙棘等灌木。也可结合水土保持工程，发展木本油料、木本粮食及果树等经济林。这样形成农、牧、林、水综合利用、协调发展，使环境成为持续、稳定的生态系统。③种植方法。为防沙治沙和保持水土种植菊芋，一般不必整地施肥。可采用穴播方式种植：在沙地中宜浅，10～15cm；在沙漠中宜深，15～20cm，为保证成活可加固水，覆土后踩实。种植时间在早春。株行距要根据当地的风力、风向以及配置的其他植物，灵活确定，一般每亩播种量 20～25kg。菊芋成活后，不必进行其他管理，任其自然生长。

四、收获、贮藏和运输

（1）采收。菊芋的收获期以栽培的目的而定。以青贮为主者，在重霜前收获，此期茎、叶产量高、品质好，采割高度距地面15cm处为宜。以收块茎为目的者，在重霜后采收。延迟收获对块茎增产效果显著。用人力或机械，把菊芋块茎从土地里取出来即可。在风沙区和黄土丘陵区严防沙丘活化和水土流失。一般以利用地上部分为主，地下块茎可少量采收。

(2)贮藏。如果第二年春季用菊芋，可以秋后收割菊芋茎、叶。菊芋块茎可在土壤中越冬，第二年春季早些取出，否则发芽很快(地温在2℃以上即开始萌发)，影响菊芋质量。如需贮藏，在收获前挖深1.7m、宽1.3m，长度以块茎多少而定的地窖，窖中以一层块茎一层沙土，层积储藏，上面用土封好，高出地面厚约17cm，以利保温排水。菊芋块茎储藏的最适温度为0℃，在0℃以下即开始冬眠，怕热不怕冷，只要有土盖住，零下50℃也能安全越冬，第二年可正常发芽生长。

(3)包装和运输。菊芋的包装一般可采用塑料编织袋包装，既透气又保湿，一般放置10～20天不会腐烂。菊芋的运输可采用汽运或铁路运输。采用汽车运输应将菊芋用毡布盖好，避免损失大量水分。铁路运输最好选用通风车皮装载。如选用船运，应将菊芋处于通风良好、低温的状态，海运时间最好不超过1个月。

五、良种繁育

(1)杂交。菊芋在我国栽培品种较少，当前极需培育更多、更好的优良品种。过去，前苏联将菊芋和向日葵杂交，获得了不少产量高而质量好的优良品种。发现优质高产品种，可用块茎长出的幼芽进行插条，加速繁殖，推广利用。

(2)有性繁殖。菊芋一般可以结实，每一花序可形成2～4粒瘦果，千粒重7～9g。利用种子进行有性繁殖，可以产生变异或防止退化，这是选育新品种的一条途径，在培育菊芋新品种时可以运用。

(3)选育优良个体。在种植栽培菊芋过程中，要注意发现和选择优良个体。选好后要加速繁殖，进行推广。

六、科学研究

在我国，对于菊芋的种植，特别是在提高产量的种植技术，防沙治沙和保持水土的种植方法、配置、结构等，以及菊芋后期加工生产等方面，都是刚刚起步，必然会出现这样或那样难以预料的问题。这就需要在开发利用菊芋的过程中，加强科学研究。

参 考 文 献

1. 马玉明，龙锋．我国东部沙地菊芋生长的调查研究(J)．中国草地，2001，23(6)：42～44.
2. 北条良夫，星川清亲．作物的形态与机能(M)．郑丕尧译，北京：中国农业出版社，1983.
3. 聂清德，胡金榜，赵忠祥，等．洋姜的开发与利用(J)．天津农业科学，1994，4：29～30.
4. 马玉明，马世威，马文元．菊芋的开发利用价值(J)．林业实用技术，2002，3：17～18.
5. 谷晓静．优良的沙产业植物——菊芋(J)．致富之友，2002，7：28.

沙柳优良品系选育的研究(节录)

李维向　刘朝霞　闫　伟　张晓娟　缪树国　霍俊峰　王跃生
(鄂尔多斯市林业治沙科学研究所)

摘　要：对鄂尔多斯不同地区沙柳的表现型进行了调查，并对7个不同地区的沙柳进行了选育，对表现型优良的6个品系做了耐盐性研究。结果表明：鄂尔多斯市不同地区沙柳的表现型存在较大差异，以台格庙地区沙柳的表现型最好，平均丛枝数和丛高分别达162枝和4.19m，平均冠幅为5.15m，与其他地区相比在$p=0.05$水平下差异显著；图克和查干尔淖地区沙柳表现型相对较差；选育后阿门其和台格庙两个地区沙柳生长性状相对较好，无性系繁殖苗成活率均达到90%以上，丛高和地径均高于其他地区无性系繁殖苗；查干尔淖地区无性系沙柳繁殖苗长势最差；筛选的6个沙柳品系均能在中度盐碱滩上生长，利用隶属函数分析法综合评价了6个沙柳品系的抗逆性强弱，筛选出了2个沙柳抗逆性优良品系，即Ⅲ-01和Ⅷ-02。这两个品系表现型优良，抗逆性强，适于在西北干旱、盐碱地上推广栽植。

关键词：沙柳；优良品系；扦插育苗；盐胁迫；耐盐性

沙柳 *Salix psammophila* C. WangetCh. Y. Yang 属于杨柳科柳属的一种沙生阳性植物，抗逆性强，耐寒，耐旱，耐风沙盐碱，喜湿润，容易繁殖，适应性广。另外，沙柳还具有萌蘖力强，易繁殖，耐修剪的特性，是西北干旱盐碱地区一种优良的固沙先锋树种。高永等研究沙柳沙障防风固沙效益的研究中证明，不同规格沙障内输沙率随着风速的变化其变化趋势不同，小规格沙障内输沙率与风速呈对数曲线关系，大规格沙障内输沙率与风速之间呈指数曲线关系，面积等于或小于1m^2的沙障可以完全控制地表风蚀，当沙障面积增加到一定程度后，风蚀深度增加很快[3]。高菲，高永等人的研究又证实设置沙柳沙障能够增加沙丘表层细颗粒含量，土壤有机质含量明显提高，能有效控制地表粗化[1]。

沙柳是鄂尔多斯地区的主要乡土树种之一，已成为沙产业发展中重要的可再生原材料，以沙柳为原料的造纸、造板企业迅速发展，对高优质、高产量、高速生、高抗逆的沙柳需求越来越迫切。沙柳在不同立地条件、不同降水量、不同盐碱度地区均有分布。在长期适应外界条件的生存进化中，不同地域的沙柳必定形成了不同的遗传性状。安守芹等通过生物量分析的方法对多种沙柳无性系进行了筛选，并确定了几种高优质、高产量、高速生、高抗逆的沙柳品系[4]，但却未见推广。所以，选育出优良的抗逆性品系，进一步并推广应用于沙漠化防治中，将有着重大而深远的意义。

1　材料和方法

1.1　实验材料

选择阿门其、昌汉淖、图克、查干尔淖、乌审召、珠和、新街、台格庙8个沙柳主要分布地区(8个地区均是沙地)为调查地，并取回枝条扦插繁殖，培育无性系繁殖苗。

1.2 实验方法

调查样地中，选择3年生沙柳林，以“十”字形选择10组调查对象，分别测量其丛高、地径、丛枝数、冠幅等指标(调查结果见表1，珠和地区获得相关数据较少，未做区域性对比分析)。

表1 不同地区3年生沙柳生物量调查分析表

指标（均值）	地区						
	阿门其	昌汉淖	图克	乌审召	新街	查干尔淖	台格庙
丛高(m)	3.62abc	3.38bc	3.44abc	3.61abc	3.79ab	2.99c	4.19a
地径(cm)	1.896a	2.344a	2.674a	2.022a	2.004a	2.352a	2.484a
冠幅(m)	3.655ab	3.27bc	2.39d	3.66ab	2.72dc	3.60ab	5.07a
丛枝数(枝)	130ab	149a	76b	115ab	120ab	75b	162a

注：同行内含相同字母表示在 Alpha = 0.05 水平下差异不显著，下同。

2005年4月中旬分别从以上8个调查地区取回36个沙柳表现型的2~3年生枝条，剪成长40cm插穗，在查干尔淖实验基地干旱沙丘上进行扦插选育试验。干旱沙丘分为上部、中部和下部3个位置，不同地区的每个沙柳品系分别在沙丘的不同位置划分有扦插小区，每个扦插小区扦插50株，扦插苗培育2年进行成活率、丛高、地径、丛枝数等指标的测定[6](调查测定结果见表2，表3)。通过各项指标分析对比，综合评定不同地区沙柳品系优劣，同时对各品系的表现型和抗旱性进行对比分析，初步筛选出在干旱沙丘上生长表现型好，抗旱性较强的6个优良品系。筛选出的6个沙柳品系分别在查干尔淖试验基地的盐碱滩上进行了耐盐性扦插试验。试验共设计12行，每一行均覆盖盐碱滩的各不同盐度部位，每个沙柳品系在各盐碱梯度上扦插20株。分别测定其扦插成活率[5]，分析其抗盐碱能力。

最后利用隶属函数法综合评价沙柳各品系的抗逆性。筛选出抗逆性较强的优良品系。

2 结果与分析

2.1 不同地区沙柳表现型的差异

调查结果表明，不同地区沙柳丛高和地径间的差异不大，分别在3~4.2m和1.9~2.7cm之间，但是，台格庙地区沙柳丛高相比最高，为4.19m，查干尔淖地区沙柳平均丛高最低，只有2.99m，与台格庙地区沙柳差异显著(见表1)。由表1还可看出，不同地区沙柳的冠幅间差异明显，台格庙地区冠幅最大，与其他地区相比差异显著，阿门其、昌汉淖、乌审召、查干尔淖4个地区沙柳平均冠幅没有显著差异，图克和新街两个地区沙柳冠幅相对较小，图克地区沙柳的冠幅最小，平均只有2.39m。

萌发丛枝数量调查结果显示，台格庙、阿门其和昌汉淖3个地区3年生沙柳的萌发丛枝数量相对较多(见表1)，其中，台格庙地区沙柳萌枝数量最多，平均达162枝，但3个地区间萌枝数量在 $p=0.05$ 水平下没有显著差异。查干尔淖地区沙柳萌枝能力最差，平均只有75枝，其次是图克地区，平均萌枝数为76枝，两个地区与台格庙地区沙柳萌枝数相比差异显著。此外，台格庙地区沙柳长势旺盛，枝叶繁茂，沙柳树皮灰褐色，植株健康。

综合评价7个不同地区沙柳生长性状可得出：台格庙地区沙柳性状优良，是初步选定的良好沙柳品系。但是，其优良的生长性状是否能遗传固定下来，还须进行繁殖试验验证。

2.2 不同地区无性系繁殖苗表现型差异分析

由图1(略)可以看出，不同地区沙柳扦插成活率均较高，平均值均高于80%，但是不同地区间沙柳的扦插成活率也存在着一定差异，台格庙地区沙柳无性系繁殖苗成活率最高，达92.4%，其次是阿门其地区，成活率为91.4%，两者之间没有显著差异。乌审召、图克和查干尔淖3个地区的扦插成活率相对较低，但均在80%以上。王开芳等将内蒙古沙柳引到山东进行引种扦插育苗研究，其引种扦插成活率最高只有84%，最低成活率为69%，相比本地区扦插成活率较低。沙柳是内蒙古的乡土树种，长期生存进化中适应了本地区的立地条件，这种适应性被遗传固定下来，所以扦插容易成活。引种到山东后立地条件以及气候发生变化，造成了扦插成活率的降低。

由表2可知不同地区扦插苗与各地区沙柳丛高和地径具有相似规律，不同地区间丛高和地径差异不明显，但阿门其和台格庙地区的扦插苗丛高和地径相对较好。2年生沙柳无性系扦插苗的萌发丛枝的数量不多，不同地区间的差异也不明显，平均萌枝数均能达到8.4枝以上。但是，新街、图克和台格庙3个地区的萌枝数量相对较多，新街地区2年生扦插苗萌枝数可达到9.2枝，台格庙地区扦插苗萌枝数为8.8枝，图克地区扦插沙柳萌枝数相对最少，平均只有8.4枝(见表2)。通过不同地区沙柳表现型调查及其无性系扦插实验表明，台格庙和阿门其地区的沙柳生长状况较好，长势旺盛，是优良的沙柳品系产区。

表2 2年生扦插培育苗生物量调查分析表

指标(均值)	地区						
	阿门其	昌汉淖	图克	乌审召	新街	查干尔淖	台格庙
丛高(m)	1.364a	1.262a	1.358a	1.342a	1.324a	1.2a	1.3a
地径(cm)	0.794a	0.546a	0.574a	0.542a	0.566a	0.534a	0.556a
丛枝数(枝)	8.48ab	8.59ab	8.42b	9.08a	9.2a	8.46b	8.78ab

2.3 沙丘不同位置对沙柳扦插苗生长的影响

沙柳是明显旱生结构的树种，通过对形态结构指标和生产力指标的分析，利用不同评定方法，便能确立其抗逆性强弱。沙丘的上部、中部和下部三个立地条件的最大特点是干旱，且程度不同，生长于沙丘上的沙柳长期处于干旱胁迫状态。所以，通过对其2年生苗木的成活率、丛高、地径等生长量指标测定分析便能确立其抗旱性强弱，见表3(略)。从36个培育品系中筛选出表型优良，抗旱性较强的沙柳品系，首先确立各生长量最低筛选标准。

根据调查数据分析对比，首先确立高生长优良表现型筛选最低标准，定为1.2m。36个表现型中其生长在沙丘上部、沙丘中部和沙丘下部的平均高生长均高于1.2m的有：Ⅰ-01、Ⅰ-02、Ⅱ-04、Ⅲ-01、Ⅴ-02、Ⅵ-01、Ⅵ-03、Ⅶ-01、Ⅷ-02、Ⅷ-03、Ⅷ-05、Ⅷ-06、Ⅸ-02、Ⅸ-03、Ⅸ-04、Ⅸ-05、Ⅸ-06、Ⅹ-04、Ⅺ-03，共19个表现型。丛枝数优良表现型筛选最低标准定为8枝，在以上高生长筛选出的19个品系中进一步筛选。19个表现型中其沙丘上部、沙丘中部和沙丘下部丛枝数均高于8枝的有：Ⅲ-01、Ⅴ-02、Ⅵ-03、Ⅶ-01、Ⅷ-02、Ⅷ-03、Ⅸ-03、Ⅸ-05、Ⅸ-06、Ⅺ-03，共10个表现型。平均地径优良表现型筛选最低标准定为0.5cm，并从以上筛选出的10个表现型中进一步筛选。10个表现型中其在沙丘上部、沙丘中部和沙丘下部平均地径达到0.5cm的有：Ⅲ-01、Ⅵ-03和Ⅸ-05。根据调查数据分析共筛选出3个优良表现型分别为Ⅲ-01、Ⅵ-03和Ⅸ-05。3个优良表现型的平均高生长、丛枝数和地径分别高于1.2m、8枝和0.5cm，3个沙柳品系能在干旱沙丘的上部保持良好的生长势，说明它们具有相对较高的抗旱性能，初步选定为沙柳抗旱性优良品系，并进一步进行抗盐碱性试验。

2.4 不同盐碱度对沙柳扦插苗的影响

除选择Ⅲ-01、Ⅵ-03和Ⅸ-05等3个优良品系外，另外还选择挑选了表现型相对较好的图克地区Ⅷ-03、Ⅷ-02(原分布于重盐碱区)两个品系，还有阿门其的Ⅰ-01品系。在盐碱滩上进行耐盐试验，共设计扦插了12行扦插耐盐试验，每一行均覆盖盐碱滩的各不同盐度部位。不同来源的沙柳插穗及试验顺序见表4。

表4 插穗的来源及行数

编　号	Ⅲ-01	Ⅵ-03	Ⅸ-05	Ⅷ-03	Ⅷ-02	Ⅰ-01
插穗源	昌汉淖	乌审召	新街	图克	图克	阿门其
行　数	1~2行	3~4行	5~6行	7~8行	9~10行	11~12行

由表5可以看出，盐碱滩地不同部位含盐量差异很大，上部含盐量相对最小，3~40cm植物生长层含盐量为1.33g/L，盐碱滩上从高到低含盐量逐渐增大，盐碱滩的下部含盐量达到了4.39g/L，是上部的3倍多。不同土层的含盐量与土壤水分的大小关系密切，但表层含盐量均明显高于植物根系土壤层含盐量。

表5 盐碱滩不同部位不同深度的含盐量

含盐量(g/l)	位　置				
	上部	中上部	中部	中下部	下部
0~5cm	2.30	2.76	4.41	4.74	5.82
0~40cm均值	1.33	1.50	2.95	3.43	4.39

沙柳扦插试验的盐碱滩，地形起伏。其上部和中上部不同品系沙柳扦插成活率相对最高，均能达到85%，而且没有差异。盐碱滩中部比中下部地势低洼，土壤含水量明显高于上部、中上部和中下部，并且有水分蓄积的现象。虽然，3~40cm土壤层平均含盐量不及中下部高，但是各品系沙柳扦插成活率相对中下部较低，这可能由于土壤水分过高造成的。下部土壤含盐量最高，沙柳扦插成活也相对最低。

品系Ⅲ-01和Ⅷ-02在平均含盐量达2.95g/L和3.43g/L的中部和中下部，其扦插成活率均在75%以上。采集于图克重盐碱地地区的Ⅷ-02品系抗盐碱能力最强，中部和中下部的扦插成活率均能达到80%，在含盐量为4.39g/L的滩地低洼处，其扦插成活率能达到68%，证明该品系具有较高的耐盐性，可在重盐碱地区选择应用。此外，乌审召地区选育的Ⅵ-03品系也具有较高的耐盐碱能力，在高盐碱性的中部、中下部和下部其扦插成活率仅次于Ⅲ-01和Ⅷ-02两个品系。Ⅵ-03、Ⅲ-01和Ⅷ-02等3个品系扦插苗灰褐色，长势良好，为筛选出的优良耐盐碱性品系。

2.5 沙柳6个品系抗逆性综合评价

植物抗逆性是一个多方面的复杂的综合性状的表现，多种因素的综合作用才使沙柳表现出较高的抗逆性。目前对树木抗逆性的综合评价主要有3种方法：隶属函数法、综合坐标法和层次分析法。采用隶属函数法对6个表现型进行了综合评价(见表6)。

利用隶属函数对6个不同沙柳品系的9个测定指标的抗逆性综合评定，可以认为6个沙柳品系的抗逆性大小顺序为：Ⅲ-01 > Ⅷ-02 > Ⅵ-03 > Ⅸ-05 > Ⅰ-01 > Ⅷ-03。但由于Ⅵ-03 品系扦插成活率较低，不适宜扩繁推广。所以，Ⅲ-01 和Ⅷ-02 两个品系为优良抗逆性沙柳品系。

表6 沙柳抗逆性隶属函数法综合评价表

品系	丛高(m)	丛枝数	地径(cm)	育苗成活率(%)	盐碱滩扦插成活率%					Δ	排序
					上部	上中部	中部	下中部	下部		
Ⅲ-01	1.48	8.6	0.59	92	96	94.7	72	83	63.7	0.81	1
Ⅷ-02	1.43	8.4	0.54	100	94	94.7	80	82	68.3	0.76	2
Ⅵ-03	1.39	8	0.57	63	93.3	93	67	78	66	0.51	3
Ⅸ-05	1.28	10.3	0.6	80	92	94.7	53	61.3	55.7	0.43	4
Ⅰ-01	1.45	6.8	0.61	91	93.3	89.3	62.7	63.7	54.3	0.42	5
Ⅷ-03	1.28	8.5	0.49	77	89.3	92	61.3	55.7	53	0.38	6

注：Δ 表示个指标隶属函数均值。

3 结论与讨论

不同地区沙柳表现型调查及其无性系扦插苗实验证明，台格庙地区沙柳具有较好的表现型，而且，扦插成活率最高，苗高、地径、冠幅等指标均相对较好，是选育沙柳的优良品系，其次是阿门其地区沙柳品系。查干尔淖地区沙柳品系无论实地生长的植株还是扦插苗，其表现型均较差，不适合作为优良沙柳选育品系。

通过对36个表现型生长于不同沙丘位置的2年生沙柳培育植株丛高、地径和丛枝数等指标的调查结果分析得出，昌汉淖地区的Ⅲ-01、乌审召地区的Ⅵ-03 和新街地区的Ⅸ-05 其生长性状较好，抗旱性较强。

不同盐碱梯度的滩地扦插实验证明，不同品系沙柳的耐盐碱能力差异很大，并筛选出了3个耐盐能力强的优良品系，分别为Ⅵ-03、Ⅲ-01 和Ⅷ-02。在含盐量达2.95g/L 和3.43g/L 的中盐碱区其扦插苗成活率均能达到75%，Ⅷ-02 品系能达到80%。

通过隶属函数综合评定，6个初选的沙柳品系的抗逆性大小顺序为：Ⅲ-01 > Ⅷ-02 > Ⅵ-03 > Ⅸ-05 > Ⅰ-01 > Ⅷ-03。最终评定出抗逆性最好的品系为Ⅲ-01 和Ⅷ-02。这两个品系不但抗逆性强，而且生长表现型优良，是西北干旱、盐碱地区防风固沙，绿化家园的首选优良沙柳品系。盐碱滩地上盐分梯度的连续性可能会对成活率有一定的影响，但不会影响到整体的变化规律。

参考文献

1. 高菲，高永，高强，等. 沙柳沙障对土壤理化性质的影响[J]. 内蒙古农业大学学报，2006，27(2)：39～42.
2. 王涛. 我国沙漠化研究的若干问题——3. 沙漠化研究和防治的重点区域[J]. 中国沙漠，2004，24(1)：1～8.
3. 高永，邱国玉，丁国栋，等. 沙柳沙障的防风固沙效益研究[J]. 中国沙漠，2004，24(3)：365～370.
4. 安守芹，乌云塔娜，周凤娲，等. 沙柳优良无性系选择[J]. 内蒙古农业大学学报，2001，22(1)：49～54.
5. 李得禄，王继和，李爱德，等. 3种驼绒藜属植物种子萌发期耐盐性试验研究[J]. 中国沙漠，2006，26(6)：1009～1014.

若尔盖高原不同下垫面对蒸发量影响的研究

李春桃[1]　楚可要[1]　魏　健[1]　易美桂[1]　余立强[2]　梁玉祥[1]

（1. 四川大学地表创面生态修复中心；2. 四川正威实业有限公司）

摘　要：地处高原平台的若尔盖地区下垫面的变化影响地气界面的热质传递。多种数据表明若尔盖高原的水汽输送情况直接影响中国北部地区的干旱情况。本文采用多种蒸发公式计算若尔盖不同下垫面蒸发量的差异，分析了若尔盖高原盆地下垫面的状况对蒸发量的影响。讨论了不同下垫面对若尔盖地区水汽输送、土壤沙化退化影响机制。

关键词：若尔盖；水汽传递；蒸发模型；下垫面

1　引　言

若尔盖高原盆地位于我国的生态脆弱带中，近年来由于自然和人为等多方面因素的影响，下垫面发生巨大改变，导致其地气界面间的水分传递关系发生变化。同时下垫面的变化对降水、环流形式及大气温、湿状态均有显著的影响[3]。若尔盖高原北部有许多西北－东西走向的山谷，到达若尔盖高原盆地的西南季风经由这些风谷输送到了中国北部的河西走廊地区[1]。因此若尔盖高原盆地的水汽输送状况对我国气候有着重要的影响，前人建立的蒸发计算公式很少涉及到下垫面的情况，但实际的地表水分蒸发量不仅与地形高度有关，与下垫面状况也有着密切的关系[2]。

2　实验方案

根据蒸发量计算公式中的标准，我们取近地下近地层 0～30cm，地上 0～150cm 进行实地测量。实验中对土壤测定参数包括地表、地下 10 cm、地下 20 cm 和地下 30 cm 的土壤湿度和温度。根据实测，若尔盖地区风速在高度超过地上 1m 以后变化不大，因此本文将 1.5cm 高度处的风速数据作为大气主体风速，由轮式风速计测量。实验用光谱辐射仪对太阳辐射进行测量。

由于前人的蒸发公式比较多，较少适用于高原，因此本实验计算的蒸发量采用大量的蒸发公式求解平均值作为实际蒸发量的表征。

3　实验数据分析

3.1　不同下垫面的蒸发

若尔盖高原盆地的下垫面主要包括湿地、草地、退化草地、沙地等几种，由于下垫面状况的不同，其地-空之间能量、质量的传递也不相同。

3.1.1　湿地蒸发数据分析

实验中对湿地蒸发的研究测量了若尔盖高原盆地中的红原县瓦切乡日干桥湿地、花湖湿地和黑清桥湿地的参数。三处湿地中部分区域为水面，其蒸发采用水面蒸发公式，部分区域为过湿的土壤，与水面具有相同的饱和蒸气压，蒸发的水分为自由水分，其蒸发速度只与空气状态有关，故也可采用水面蒸发公式进行计算，实验是在4月份进行的，此时若尔盖地区植被尚未返青，叶面积很少，故在计算湿地蒸发时采用水面蒸发公式，未考虑其影响。实验分别利用全国通用公式A[5,6]、全国通用公式B[7]和李万义公式[8]，计算结果见表1(略)。

由计算值可知湿地水面的蒸发量较小，这与水的比热容较大，湿地中土壤的泥炭质地及植被对蒸发水分的截留等因素相关。水的比热容为4.2×10^3J/(kg·℃)，远大于干土壤或干沙的比热容，又由于湿地水含量大，实验所测定的日干桥湿地，表层平均水温为16.8℃，水面下30cm平均水温为4.4℃。若尔盖地区昼夜温差大，夜晚无太阳光辐射的情况下，水体温度接近0℃，由此温度上升到白天的水温所吸收的热量，消耗了大部分太阳辐射的能量，用于水分蒸发潜热部分的能量相对较少，从而减小了水分的蒸发。湿地中大多土壤为泥炭土，其团粒结构好，导水率小，有利于减小水分的蒸发。湿地表面的盖度较高，植被叶面对蒸发的水分有很强的截留作用。

湿地水分的蒸发速率相对于实验测定的裸地蒸发速度来说要小得多，但实验是在若尔盖刚刚发生降水的时间内进行的，裸地的水分很快会因蒸发而流失掉，在以后干旱的季节内无法向空气中蒸发。湿地中的水分则会以比较平稳的速率进行，既可满足湿地中生物的需要，又可持续补充空气中水分，对生态环境的良性循环起到促进作用。

3.1.2 裸地蒸发数据分析

实验中对湿地蒸发的研究测量了瓦切乡沙地(102°37′8″E，33°1′38″N)、瓦切乡沙地中一个流动沙丘(102°37′8″E，33°1′38″N)、西马拉山裸露山坡(102°56′49″E，33°40′20″N)的参数。其中瓦切乡沙地及其内部的流动沙丘均为流沙表面，表层已经干燥，20cm深处湿润。西马拉山部分地区为治理过沙地，但大部分区域仍为裸地。以地面-气体界面蒸发公式计算这三个地点的蒸发量见表2(略)。

由表2可知：瓦切乡沙地的蒸发量平均值分别为10.35mm/天和9.93mm/天；瓦切乡流动沙丘的蒸发量平均值分别为20.71mm/天和20.31mm/天；西马拉山的蒸发量平均值分别为2.75mm/天和2.61mm/天。从数据可以看出，裸地的蒸发原理与传质学中的干燥原理一致，在土壤湿含量较低的限制蒸发阶段，影响因素为湿空气的性质和土壤本身的特性。瓦切乡沙地中平地和沙丘土壤本身的特性是相同的，但沙丘的蒸发量大于平地的蒸发量，其原因主要是由地形造成的气流扰动的差异。西马拉山与瓦切乡沙地蒸发及土壤持水力的差别除了辐射能量的差别外，还与其土壤特性的不同有关。瓦切乡沙地为流沙质地，土壤的主要成分为粒度较大的硬粒沙质，其水分渗透系数小，导水率高，降水带来的水分很难进入颗粒内部，主要在颗粒间存在，表层水分蒸发后，地下的水分可以很快地向上补充，水分蒸发速度较快，西马拉山表层为土质土壤，地下20cm为砂壤土，表层土壤团粒结构较好，水分渗透系数相对较大，导水率相对低，降水带来的水分可以通过表层向下渗透，降水过后蒸发时，表层土壤又可以阻止水分向外补充，故蒸发速度较小，土壤持水能力相对较好。从测量数据可以看出，其表层土壤湿度与瓦切乡沙地中的沙丘的表层湿度相当，都已接近绝干状态，但地下10~20cm湿度大于10%。而瓦切乡沙地中的沙丘地下各层的湿度均与表层相同，接近绝干状态。裸地的蒸发状态除了与土壤的质地具有很大的相关性外，还受到下垫面地形的影响，由于地形的不同，造成太阳辐射和气流扰动的不同都会影响到蒸发的速率。

3.1.3　草地蒸发数据分析

植被蒸发的研究除了裸地蒸发需要考虑的因素外，还需要考虑植物的因素，对实验区域盖度小于100%的地方，用Penman公式计算其裸地蒸发量，然后用盖度加权平均，可以得到总的蒸发量，计算结果见表3(略)。

草地中的主要地气界面参数见表4。草地蒸发速率平均值为12.35 mm/天，蒸发速率最小的是若刷寺西侧，为3.28 mm/天，最大的为阿伊拉山高寒草甸，达21.84 mm/天，阿坝路口的蒸发量平均值为11.8 mm/天，蒸发速率较大。此地刚刚发生过降水，其土壤表层湿度均值为28.17%，地下10cm为61.33%，地下20cm为65.5%。由此可知，水分的蒸发主要在表层发生，地下的水分保持较好。

表4　草地主要气象和土壤参数

Tab. 4　The factors of air and soil in grassland

测量点	地表下(cm)各层土壤温度(℃)			地表下(cm)各层土壤湿度(%)			地上(cm)各层空气温度(℃)		地上(cm)各层空气相对湿度(%)	
	0	10	20	0	10	20	0	150	0	150
阿坝路口边1	10	6	3	35	58	63	5.2	4.5	68.9	65
阿坝路口边2	11	8	3	34	61	56	4.5	4.4	68.8	66
阿坝路口边3	8	5	2	19	37	50	4.3	4.4	68.4	67.1
阿坝路口边4	10	5	2	25	78	83	3.7	4.3	72.3	70
阿坝路口边5	9	6	3	34	61	56	4	4.1	69.9	68.9
阿坝路口边6	4	2	0	22	73	85	3.7	3.9	72.2	70.2
红原县城边	1.8	1.8	1.3	27	41	54	12.1	7.5	74.4	57
若刷寺西侧	9.8	5.8	6.6	5	23	26	9.1	9	57.7	55.2
若刷寺东侧	1.8	1.9	1.7	40	63	57	10.8	7.5	65.6	57.7
阿伊拉山口	14.6	5.4	2.9	14	29	41	10.7	8.1	47	39.2
阿伊拉山脚1	9.5	5.7	2.3	13	48	42	7.4	6.1	50.8	45.5
阿伊拉山脚2	8.7	5.2	2.1	23	24	40	8.2	6.1	54.4	47.3
阿伊拉山脚3	9.3	1.8	1.7	18	44	47	10.1	7.2	55.5	43.3
若尔盖县内1	23	14	11	20	23	30	9.1	4.7	55.1	55
若尔盖县内2	3	4.6	8.4	91	97	86	8.7	6.9	57.3	57.1
若尔盖县内3	9.8	5	2.9	86	94	98	6.7	5.9	69.5	65.8
若尔盖县内4	11.7	4.5	1	75	82	83	12.3	7.5	57.8	57.5
若尔盖县内5	14.3	14.6	10.7	3	15	13	7.9	5.8	60.1	58.7

由表4可知草地类型的下垫面，由于植被对阳光辐射的阻隔作用和植物根系对热量传递的阻力，地温普遍较低，而退化、半退化的草地，部分土壤直接暴露于空气中，阳光可以直射，地温较高，造成蒸发强度大。不同的土壤质地对蒸发也有比较大的影响，本节中的砂壤土，由于土壤临界含水量较低，水分保持效果不好。裸地中的阿伊拉山，地表以下为砂壤土，表层土壤为板结土，对水分的保持有一定的作用，其蒸发速率相对较低。

3.2 不同下垫面地形对蒸发的影响

3.2.1 阴、阳坡地对蒸发的影响

实验测定红原县境内阿伊拉山的阴坡和阳坡的各种参数。阿伊拉山裸露山坡土壤表面为板结土壤，地表10cm以下为沙粒结构，有零星植被，盖度小于5%，故以裸地蒸发公式计算其蒸发量。其计算结果列于表5中。

表5 用不同公式计算的阿伊拉山裸露土地蒸发量(mm/天)

Tab. 5 The evaporation rate with Different formula in ayile mountain's uncovered soil (mm/d)

测量点	Penman 公式	波文比-能量平衡公式
点1：阳坡底部	3.59	3.97
点2：阳坡	3.67	3.95
点3：阳坡	3.73	3.85
点4：山顶，阳坡	4.29	4.25
点5：山顶，阴坡	4.12	4.22
点6：阴坡	5.97	3.75
点7：阴坡	4.57	3.78
点8：阴坡底部	3.53	4.28
点9：阴坡河谷	3.22	3.91
平均值	4.08	4.00

表6 阿伊拉山主要气象及土壤参数

Tab. 6 The factors of air and soil in ayila mountain

测量点		土壤湿度(%)			土壤温度(℃)			空气相对湿度(%)		空气温度(℃)	
		地表	地下10cm	地下20cm	地表	地下10cm	地下20cm	近地	150cm高度	近地	150cm高度
阳坡	点1	2	11	15	16.8	12.3	9.6	45	38	11.6	8.7
	点2	3	14	23	13.1	10.2	8.5	40.8	37.7	10.4	7.7
	点3	3	19	31	13.6	8.6	7.7	41.6	36.5	11.6	8.1
	点4	2	9	12	15.6	9.1	7.2	44	44.6	8	6.8
阴坡	点5	14	21	24	11.3	9.2	4	51.3	47.9	7.1	6
	点6	14	31	38	10.6	6.3	3.9	45	38	12.8	8.5
	点7	18	26	32	12	6.5	3.6	49.4	41.2	13.3	9.2
	点8	13	56	56	13	5.8	2.6	56.1	42.2	10.8	9.4
	点9	10	32	32	14.9	5.7	2.4	50.5	46.2	8.8	6.5

注：测定时间2006年4月6日，此前三天，若尔盖高原盆地普降一场小雪，土壤水分得到均匀补充。

从表6中可以看出实验测定时阿伊拉山阳坡的土壤湿度明显小于阴坡，地表和地下10cm的差值更大，经过相同时间的蒸发，阳坡有更多的水分蒸发到了空气中，说明在降水过后，阳坡的蒸发速率大于阴坡的蒸发速率，阴坡土壤可以较长时间保持水分。由于地形的影响，阳坡和阴坡接受阳光辐射的角度不同，阴坡单位面积上接受的光照辐射量小于阳坡，

阳坡的蒸发速率将远远大于阴坡。所以在沙化地治理模式的研究中，应该充分考虑到地形因素的影响。

4 结 论

（1）实验湿地平均蒸发速率为3.80mm/天。裸地三个测量点平均蒸发速率分别为10.14 mm/天、20.51 mm/天和2.68 mm/天，三个测量点差别较大，主要原因为土壤质地和地形的不同。相对于植被状态，对其持水能力影响更大的是土壤质地，单纯的植被恢复不能改善土壤水分传递关系。

（2）地形对土壤持水能力有较大的影响，由于气流与下垫面接触角度的不同，造成地－气界面近地层气流扰动不同，使迎风坡面的蒸发强度大于背风坡面，更容易因失水造成下垫面沙化。阳坡蒸发强度较阴坡大，土壤湿含量低。

5 建 议

（1）前人建立的蒸发计算公式很少涉及到下垫面的情况，但在实际的蒸发过程中，下垫面土壤的湿度、温度影响土壤的供水能力，是衡量土壤持水能力的重要参数，在水分蒸发阶段是水分传递的控制因素，因此下垫面的土壤特性应体现在蒸发公式中。

（2）对沙化地的治理除恢复植被外，更重要的是改善土壤质地和团粒结构。改变沙地的团粒结构，有利于土壤临界含水量的提高，增加其持水能力，故在沙化治理材料的选择上，不仅要具有保水保肥的功能，还有具备改善土壤团粒结构的功能；沙化地经过治理后，其土壤持水能力并不因为单纯的植被恢复而改善，与土壤的质地相关性更大；在沙化治理中要注意由地形原因造成的迎风角度和太阳辐射的影响：由于若尔盖高原盆地特殊的地理位置和地质、地形条件，在沙化地的治理中还要注意区域间生态环境的相互影响。

参考文献

1. 梁玉祥，易美桂，逵可要，等. 若尔盖湿地萎缩、草地退化沙化与北方沙尘土干旱地区因果关系探索［J］. 自然杂志，2006，29(4)：233～238.
2. 李巧萍，丁一汇. 植被覆盖变化对区域气候影响的研究进展［J］. 南京气象学院学报，2004，27(1)：131～139.
3. 郑益群，钱永甫，苗曼倩. 植被变化对中国区域气候的影响 II：机理分析［J］. 气象学报，2002，60(1)：17～30.
4. Dirmeyer P A, Shukla J. Albedo as a modulator of climate response to tropical deforestation［J］. J Geophys Res, 1994, 99(10)：20863～20877.
5. 濮培民. 水面蒸发与散热系数公式研究（一）［J］. 湖泊科学，1994，6(1)：1～12.
6. 濮培民. 水面蒸发与散热系数公式研究（二）［J］. 湖泊科学，1994，6(3)：201～210.
7. 陈惠泉，何树椿，刘长贵，等. 超温水体水面蒸发与散热［J］. 水利学报，1989，10：27～36.
8. 李万义. 适用于全国范围的水面蒸发量计算模型的研究［J］. 水文，2000，20(4)：13～17.

鄂尔多斯市沙漠化发展趋势及沙漠治理对策与建议

刘　坤　宝孟克那顺　苏　梅
（鄂尔多斯市防沙治沙工程管理中心）

摘　要：沙漠化是鄂尔多斯市发展中面临的主要生态环境问题之一，沙漠化土地既是风沙和沙尘暴的发源地，也是一种重要的土地资源。本文给出了三种不同的沙漠化定义，同时阐述了鄂尔多斯市现代沙漠化土地的分布、面积以及沙漠化土地的成因。由于鄂尔多斯市处于半干旱草原向干旱草原过渡地带，是我国荒漠化较为严重的地区之一，多年来，在党中央、国务院的高度重视和领导下，鄂尔多斯市地方政府采取有效措施，使得防沙治沙取得了显著成就，防沙治沙形势实行了由"沙逼人退"到"人逼沙退"的历史性转变。虽然防沙治沙工作取得了很大成绩，但与国民经济和社会可持续发展的要求还有很大差距，生态平衡系统脆弱，治理速度还很慢，鄂尔多斯市潜在沙化土地扩大的趋势仍很大。为了有效地遏制土地沙漠化，提出了一些治理对策：以人为本，从源头抓起，解决深层次问题；改变农牧业经营方式，提高集约经营水平；坚持以政策调动为动力，实现投资主体多元化；坚持以实事求是为基础，尊重自然规律和经济规律；坚持以林业科技为支撑，努力提高生态建设质量等。

关键词：沙漠化；趋势；治理；对策

1　沙漠化概念

由于沙漠化问题的复杂性，对其概念的认识和理解至今仍是众说纷纭，存在较多分歧。一般而言，沙漠化是沙质荒漠化的简称。按联合国防治荒漠化公约的定义，"荒漠化"是指包括气候变化和人类活动等在内的种种因素造成的干旱、半干旱和亚湿润干旱地区的土地退化。而土地退化包括：风蚀和水蚀致使土壤物质流失（如沙漠化和水土流失），土壤的物理、化学和生物特性或经济特性退化（如盐渍化），自然植被长期丧失等。目前国内的沙漠化（desertification 或 desertization）概念的定义不一，主要有三种。一是朱震达等提出的沙漠化定义，"在具有一定的沙物质基础和干旱、大风动力条件下，由于过度人为活动与资源、环境不相协调所产生的一种以风沙活动为主要标志的环境或土地退化过程"。受沙漠化影响的土地称为沙漠化土地。并根据沙漠化发生的性质分为草原沙漠化、固定沙丘（沙地）活化和沙丘入侵三种类型。二是董玉祥根据联合国的荒漠化定义对由风营力引起的沙漠化所下的定义，"在干旱、半干旱和亚湿润干旱地区内由于气候变化与人类活动等因素作用下所产生的一种以风沙活动为主要标志的土地退化过程"。此定义考虑了沙漠化的人为因素和自然因素，内涵比较广泛。三是吴正提出的沙漠化定义，"在干旱、半干旱和部分半湿润地区，由于自然因素或人为活动的影响，破坏了自然生态系统的脆弱平衡，使原非沙漠的地区出现了以风沙活动为主要标志的类似沙漠景观的环境变化过程，以及在沙漠地区发生了沙漠环境条件的强化与扩张过程”。

从沙漠化概念可以发现，原非沙漠地区出现以风沙活动为主要标志的类似沙漠景观的环境变化是沙漠化的实质。为使沙漠化概念表达简洁，避免一些不必要的争论和便于推广使用，我们建议应把沙漠化定义中的时间、地点和成因等限定条件全部去掉，将沙漠化定义为：“原非沙漠地区出现以风沙活动为主要标志的类似沙漠景观的环境变化以及原系沙漠地区环境条件的强化与扩张过程。”换言之，沙漠化就是沙漠和沙漠环境的形成与扩张过程。这既有利于沙漠化与沙漠形成演化保持一致，也使沙漠化土地与沙漠的等级分类指标趋于统一，因而更符合实际。

2 鄂尔多斯沙漠化的发展

据史料记载，古代时候的鄂尔多斯大地“草木盛、多禽兽”。不幸的是，人们没有善待这片美丽而脆弱的土地。秦、汉、唐等朝代大规模地向鄂尔多斯地区迁徙人口，实行“移民实边”政策，伐林垦殖，加之与民族战争、过度放牧、封建王公筑宫室、建召庙以及气候变迁等因素结合，造成鄂尔多斯原始森林日趋减少，逐步有了毛乌素沙地和库布其沙漠的雏形的记载。到了近现代，特别是1915～1928年，鄂尔多斯市开垦牧场173.4万亩；建国后的1958～1959年、1961～1963年、1970～1973年进行三次大规模开垦，毁林毁草，沙化面积达1000万亩以上。草原农垦是鄂尔多斯市土地沙漠化的主要原因，在“以粮为纲”政策的指导下，牧区草原在20世纪50年代中期至70年代中期形成大规模的开垦，导致农牧交错地区、草农地区土地沙漠化的迅速发展。这些不符合自然规律的活动，都使鄂尔多斯市脆弱生态环境遭到巨大的破坏，诱发和启动了潜在沙漠化土地沙物质的复活，进而加剧了沙漠化的自然过程。1998～2000年，连续三年大旱，鄂尔多斯草原赤地千里，80%草原沙化、退化，植被覆盖度下降到不足30%，沙进人退，教训沉痛。目前鄂尔多斯市仍然有4600多万亩荒沙、荒滩和沙化土地需要治理，土地荒漠化和沙化的总体形势仍很严峻，生态建设仍然面临着很多新情况、新问题。

3 沙漠化治理对策与建议

建国后，经过50年代“禁止开荒，保护牧场”，60年代“种树种草，基本田”，70年代“林牧为主，多种经营”，80年代“三种（种树、种草、种柠条）五小（搞小水利建设、小流域治理、小草库仑、小经济园、小农机具）”，90年代“生态建设是全市最大的基础建设和立市之本”，2000年提出“绿色大市、畜牧业强市”奋斗目标等5个历史时期，鄂尔多斯市的防治沙漠化取得了显著的效果。

3.1 以人为本，从源头抓起，解决深层次问题

沙漠化的成因，主要是人在沙区的不合理经营活动造成的，在沙区恶劣的自然环境中，资源非常缺乏，人们为了生存，明知是破坏生态环境的行为，由于生活所迫，还是“知法犯法”。因此，治沙不能就生态论生态，要以人为本，从解决农牧民的实际生存问题入手，治沙要与农牧民脱贫致富相结合，长远利益与近期利益相结合，生态效益与经济效益相结合。通过调整产业结构、改进生产方式和科技进步，兴办沙产业，做到在确保生态目标实现的同时，切实解决好群众最关心的吃饭、花钱、增收等实际问题。为此，要解决好农牧民三个实际问题：

一是要抓住国家退耕还林的历史机遇，加快基本农田和草场建设力度，解决农牧民吃饭问题。二是开发利用太阳能、风能和发展薪炭林，解决农牧民的能源问题。三是发展沙区特色的生态产业，解决农牧民花钱问题。

3.2 改变农牧业经营方式，提高集约经营水平

几千年来的“农耕文化”、“传统放牧”，一直束缚着人们的思想，小农经济、粗放游牧思想积淀深厚，“开垦”、“超载”成了两大顽症。要跳出“传统放牧文化”束缚，大力发展集约化舍饲养畜产业。加大人工种草，扩大人工牧场，减缓天然草场压力，加快沙化草场治理的力度。

3.3 坚持以政策调动为动力，实现投资主体多元化

实行“个体、集体、国家造林一齐上，以个体造林为主”，“谁造谁有，合造共有，长期不变，允许继承”，“立草为业、舍饲圈养，为养而种、以种促养、以养增收”，“一矿一企治理一山一沟，一乡一镇建设一园一区”，调动了广大干部群众参与生态建设的积极性，促进了农牧业产业结构调整，加快了农牧民脱贫致富步伐，初步形成了全社会参与、多元化投资的新格局。

3.4 坚持以实事求是为基础，尊重自然规律和经济规律

针对沙漠化和水土流失严重的自然条件和十年九旱的自然规律，在造林技术上，充分吸取20世纪50～60年代乔木造林比例大的教训，在造林中坚持适地适树的原则，采取了“乔灌草相结合，以灌木为主”，“带网片相结合，以带网为主”，“造封飞结合，以封飞为主”，“窄林带、宽草带，带间种植优质牧草”等措施，提高了造林成活率和保存率，促进了畜牧业发展，增加了农牧民的收入。在治理布局上，采取了因地制宜、分类指导的方法。如毛乌素沙地沙丘低缓，地下水位高，有不少天然绿洲，积极开展沙地生物圈建设、飞机播种造林治沙、旱柳高杆头木作业、灌木平茬复壮等项工作，恢复疏林、草原景观，收到了很好的效果。库布齐沙漠沙丘高大，地下水位较低，沙丘移动大，治理比较困难，在其南缘和北缘条件好的地方营造乔、灌、草结合的锁边林带，防止沙漠南侵北扩，在中间十大孔兑流域积极营造水土保持林与十八条穿沙公路护路林，达到了南堵北围中间切割的治理目的；在比较平缓或半固定沙地开展推沙造田、复合经营、立体种植等方面的探索，为治理沙漠摸索出一条可借鉴的经验。丘陵山区结合水土保持营造了以沙棘、油松、柠条等为主的水土保持林，并积极发展山杏、红枣、海红果等经济林，控制了水土流失。西部干旱硬梁区坚持以封育保护旱生灌木和濒危植物为主、辅以人工造林的原则，大力发展牧场防护林。平原区是鄂尔多斯市的商品粮基地，土地肥沃，水源充足，在这里大力营造农田防护林、速生丰产林、经济林。

3.5 坚持以林业科技为支撑，努力提高生态建设质量

针对鄂尔多斯市干旱、多风、建设难度大的实际，鄂尔多斯市全面强化科技保障工作，切实将科技支撑贯穿于林业建设的全过程。一是在技术措施上，以提高造林种草成活率、保存率为中心，全面推广了“前挡后拉”，“良种壮苗、大坑深栽、座水栽植、蘸泥浆、施生根粉、反季节、使用容器苗、种子进行包衣丸化、膜下滴灌、覆膜播种”，柠条飞播造林，GPS应用等技术。二是在尊重自然规律的前提下，调整树种结构，加大了乡土灌木树种的营造力度。在坚持生物多样性、树种适应性、林分稳定性、体系完备性的基础上，做到了“五不”造林，即：不整地不造林，种苗不达标不造林，种子不丸化不造林，苗条不保湿不造

林，林种结构不合理不造林。三是加强了造林装备建设，组建了鄂尔多斯通用航空公司，开展飞播造林，并建起全国首家现代化碧森林草种子加工中心，年加工处理优质林草种子3000吨，不仅解决了本市的造林用种，而且还为周边省(区)、盟(市)提供了飞播用种，提高了种子的质量。

4 结 语

鄂尔多斯市在沙漠化防治中以科学发展观为指导，坚持"预防为主、积极治理、合理利用"的方针，按照统筹规划、突出重点、保护优先、防治结合、综合治理、讲求实效的原则。"十五"期间全市生态建设总投资达到了21.1亿元，其中国家投资16.1亿元、地方投资2亿元、社会投资3亿元，是"九五"期间的23倍，是解放以来历年投入的6倍。强有力的生态资金投入，极大地推动了鄂尔多斯林业建设的发展速度，全市累计完成人工造林808.41万亩(比"九五"增长了73%)，飞播造林785.05万亩(比"九五"增长了305%)，封育130.83万亩；完成全民义务植树2951.88万株，四旁植树1520万株；森林覆被率由2000年的12.16%提高到2007年的20.07%，全市植被覆盖度由2000年的不足30%提高到2007年的75%以上；成功地转移农村牧区人口40万人，增强了生态自然恢复能力，彻底扭转了长期以来治理速度赶不上沙化、退化速度的被动局面。

全市沙漠化土地占总土地面积的比例由2000年的60.67%下降到2005年的56%，输入黄河的泥沙量比2000年减少了12.5%。境内毛乌素沙地总面积4010万亩，已治理面积2698万亩，治理率为67.3%，植被覆盖度达到70%以上。库布齐沙漠总面积2341万亩，已治理面积546万亩，治理率为20%以上，植被覆盖度达到50%以上。这是鄂尔多斯人经过几代人的艰辛努力，在防沙治沙方面创造的又一绿色奇迹。

参考文献

1. 周立华，樊胜岳．中国土地沙漠化的现状、成因和治理途径[J]．中国环境管理．2000，04：4~6.
2. 张贯益．土地沙漠化的成因与治理对策[J]．华中师范大学学报(人文社会科学版)．2001，01：49~53.
3. 苏志珠，董光荣．中国土地沙漠化研究现状及问题讨论[J]．水土保持研究．2002，9(3)：136~138+148.
4. 王涛，朱震达．中国北方沙漠化的若干问题[J]．第四纪研究．2001，01：56~65.
5. 朱俊凤．中国的沙漠化发展趋势与防治对策[J]．中国林业．2002，13：33~34.
6. 朱震达．中国沙漠 沙漠化 荒漠化及其治理对策[M]．北京：科学出版社，1999，246~247.

植物沙障对土壤水分的影响

赵雨森　孟　琳　辛　颖
（东北林业大学）

摘　要：本文以科尔沁沙地东部赤峰市巴林右旗的灌木防风固沙沙障为研究对象，分别选择羊柴网格沙障、黄柳＋羊柴网格沙障、沙蒿网格沙障、锦鸡儿＋羊柴斑块沙障和锦鸡儿＋沙蒿带状沙障5种不同类型的植物沙障，同时选取流动沙地作为对照。于2005年5月上旬至9月下旬，采用野外定位观测方式，研究其对沙地土壤水分含量的影响。研究地区6～8月降水集中，次数多，但雨量不大，因而表层土壤含水量增大明显，深层土壤水分增加趋势不明显。7、8月份降水相对集中，土壤含水量总体增加。植物沙障在这个期间生长发育旺盛，灌木排列紧密，地表蒸散小，蒸腾作用消耗水量较大。20～60cm土层是沙障植物根系集中分布的区域，所以表现出根系密集区土壤含水量有所降低。除对照沙地外，植物沙障各层土壤月平均含水量均表现出波动趋势。对照沙地最小，沙蒿网格沙障最大，可达前者的4.28倍。各类型植物沙障月平均土壤含水量依次为：沙蒿网格沙障＞羊柴网格沙障＞锦鸡儿＋羊柴斑块沙障＞锦鸡儿＋沙蒿带状沙障＞对照沙地＞黄柳＋羊柴网格沙障，标准差依次为：沙蒿网格沙障＞锦鸡儿＋羊柴斑块沙障＞羊柴网格沙障＞锦鸡儿＋沙蒿带状沙障＞对照沙地＞黄柳＋羊柴网格沙障。方差分析表明，不同深度土壤月平均含水量差异不显著，但各植物沙障之间平均含水量差异较为显著。土壤水分年动态可划分为：4～6月为消耗期，7～8月为补给期，9月份为稳定期。可见植物沙障有利于提高土壤含水量。降水对土壤含水量的影响主要集中在0～40cm土层，其他层次变化不大。

关键词：植物沙障；科尔沁沙地；土壤含水量

沙障是在沙面上设置机械或植物障碍物，以此控制风沙流动的方向、速度、结构，改变蚀积状况，达到防风阻沙，改变风的作用力及地貌状况等目的的设施。植物沙障（也称生物沙障）本身就是以有生命的植物为原材料的沙障，因而大大缩短植被恢复时间。在沙质荒漠化的治理实践中，植物措施具有投资少、见效快、稳定性好、生态功能高等优点，一直是首选手段。近几年，赤峰市巴林右旗林业局经过多年实践，筛选出当地再生能力较强的灌木踏郎（羊柴）、黄柳、沙蒿和锦鸡儿等，进行网格矮立式紧密结构沙障的营建，成活率可达60%以上，基本实现了沙地可持续发展。土壤水分状况是沙地生态系统的重要生态因素，决定着沙地土壤的发生、演化和土地生产力。本文选取5种不同类型的植物沙障，研究其对土壤水分含量的影响，以期为植物固沙中的沙障类型的选择提供一定的理论依据。

1　研究地概况

巴林右旗位于内蒙古自治区赤峰市北部，地处大兴安岭东南缘，其地理位置为东经118°15′～120°05′，北纬43°12′～44°27′。该区地理位置处于温带，属于半干旱大陆性季风气候，冬季寒冷而漫长，夏季炎热而短促，降水主要集中于夏季。年平均气温4.9℃，年平均降水量350mm，年蒸发量为2103mm，全年蒸发量超过年降水量的6倍。

2 研究方法

在进行初步调查的前提下，试验地设置在固定、半固定沙丘上。分别选取羊柴网格沙障，黄柳+羊柴网格沙障，沙蒿网格沙障，锦鸡儿+羊柴斑块沙障，锦鸡儿+沙蒿带状沙障5种类型样地（见表1），并设置流动沙地作为对照。在植被具有代表性的地段分别设置20m×20m的试验示准地。

各试验样地内用土钻或挖取土壤剖面的方法，分别在0~10、10~20、20~40、40~60、60~80、80~100、100~120、120~150cm的深度用铝盒取土样，每个深度3个重复，带回室内105℃烘干称重，计算土壤含水量。监测时间为5~9月，日期为每月5日、15日、25日。

表1 不同类型植物沙障植被状况

沙障类型	树种组成	配置方式	密度(trees·m^{-2})	平均高度(m)	平均丛径(m^2)
羊柴网格沙障	羊柴	网格状	1.225	1.074	1.194
黄柳+羊柴网格沙障	黄柳、羊柴 1.5:1	黄柳南北、羊柴东西网格状	黄/0.7 羊/1.1	1.101	1.655
沙蒿网格沙障	沙蒿	网格状	1.4	0.656	0.767
锦鸡儿+沙蒿带状沙障	锦鸡儿、沙蒿 2:1	条带状	锦/1.175 沙/0.725	0.927	1.130
锦鸡儿+羊柴斑块沙障	锦鸡儿、羊柴 1:2	斑块状	锦/0.3 羊/0.65	1.098	1.549

3 结果与分析

（1）不同植物沙障土壤含水量月变化动态。由于沙质荒漠化地区气候干燥、降水量较少，土壤水分一直是制约着植物生长的重要因素之一。沙地土壤含水量散失绝大部分是缘于地表土壤蒸发和植物蒸腾作用。由于沙层表面水分蒸发割断与下部沙层水分的毛管作用，形成干沙层，其含水量在0.5%以下。这也是流动沙地的一个重要特征。一般来说，沙质荒漠化土壤的颗粒组成主要是细沙和中沙，持水量低，保水力差，超过其持水量的水分则很快下移。同时土壤深层水分常年变化甚小，被认为是“稳定含水层”。在不受外界因素干扰的情况下，土壤含水量呈现随深度增加而增加的趋势。图1（略）表明，随着土层深度增加土壤含水量呈现先增加后减少的趋势。相对于对照沙地，各类型植物沙障内土壤含水量均表现出波动趋势。原因其一是6~8月降水集中，次数多，但雨量不大，因而表层土壤含水量增大明显，深层土壤水分增加趋势不明显。其二是7~8月份降水相对集中，土壤含水量总体增加。植物沙障在这个期间生长发育旺盛，灌木排列紧密，地表蒸散小，蒸腾作用消耗水量较大。20~60cm土层是沙障植物根系集中分布的区域，所以表现出根系密集区土壤含水量有所降低。各样地60~80cm和80~100cm两个土层的土壤含水量的月变化趋势基本相同。

（2）不同植物沙障土壤含水量统计分析。该地区土壤含水量较低，由表2所示，月平均含水量的最小值是对照沙地为1.40%，最大值出现在沙蒿网格沙障为5.99%。各类型植物沙障月平均土壤含水量依次为：沙蒿网格沙障>羊柴网格沙障>锦鸡儿+羊柴斑块沙障>锦鸡儿+沙蒿带状沙障>对照沙地>黄柳+羊柴网格沙障，标准差依次为：沙蒿网格沙障>锦鸡儿+羊柴斑块沙障>羊柴网格沙障>锦鸡儿+沙蒿带状沙障>对照沙地>黄柳+羊柴网格沙障。从方差分析表3中可以看出，不同深度土壤月平均含水量差异不显著。但是，各植物沙障之间平均含水量差异较为显著。这可能是由于各植物沙障土壤质地、植被状况等不尽相同，导致保水能力有差异。再加上雨季降水，直接导致各月之间差异显著。

表 2 不同类型植物沙障土壤月平均含水量(%)

沙障类型	最大值	最小值	均 值	标准差
羊柴网格沙障	4.45	1.77	3.40	0.28
黄柳 + 羊柴网格沙障	2.68	1.91	2.22	0.09
沙蒿网格沙障	5.99	2.61	4.36	0.47
锦鸡儿 + 沙蒿带状沙障	4.03	1.94	2.91	0.25
锦鸡儿 + 羊柴斑块沙障	4.79	2.05	3.03	0.38
对照沙地	2.64	1.40	2.32	0.14

表 3 不同类型植物沙障土壤月平均含水量方差分析

项 目	差异源	SS	df	MS	F	P - value	F crit
各类型	组间	24.70199	5	4.940397	6.940169	8.38E-05	2.437694
	组内	29.89793	42	0.711855			
	总计	54.59991	47				

4 结论与讨论

除对照沙地外，植物沙障各层土壤月平均含水量均表现出波动趋势。对照沙地最小，沙蒿网格沙障最大，可达前者的4.28倍。20～60cm土层是沙障植物根系集中分布的区域，所以表现出根系密集区土壤含水量有所降低。各样地60～80cm和80～100cm两个土层的土壤含水量的月变化趋势基本相同。方差分析表明，不同深度土壤月平均含水量差异不显著。土壤含水量的年季动态变化可划分为三个时期。一是消耗期。大致为每年4～6月，这段时间是干旱无雨期，冬季积雪融化水分补给甚少，以消耗为主，干沙层逐渐向深处扩展。6月份气温升高，地表蒸发和植物蒸腾作用增强，土层水分损失加大，此时降到最低值。二是补给期。每年7～8月，雨季来临，沙层水分可以得到充分补给，土壤含水量为一年中最高，并经常有重力水渗入沙层深处。除对照沙地外，各植物沙障7月份土壤水分得到补给，开始小幅上升。8月份已达到3%～7%。对照沙地7、8月份均处在土壤水分充沛时期，比5、6月份有明显提高，但由于颗粒组成主要以细沙为主，持水性较差，降水下渗后土壤含水量只有2.5%～4%。三是稳定期。雨季过后，沙层水分一部分下渗，一部分保持下来，由于降水的补给和蒸腾、蒸散作用的同时减弱，使沙层水分恢复到消耗期前的稳定程度。可见植物沙障有利于升高土壤含水量。

参考文献

1. 国家林业局科学技术司. 防沙治沙实用技术. 北京：中国林业出版社，2002：12～89.
2. 孙保平. 荒漠化防治工程学. 北京：中国林业出版社，2000.
3. 陈兰周，刘永定，李敦海，等. 荒漠藻类及其结皮的研究. 中国科学基金，2003，2：90～93.
4. 曹显军. 治理高大流动沙丘技术介绍植物再生沙障. 内蒙古林业. 2000，2：30.
5. 王树力，刘玉山. 赤峰市流动沙地植物沙障治理模式的研究. 水土保持学报，2005，19(4)：144～147.

三北工程科尔沁沙地土地沙化治理成效显著

包　军　姚　源　贾文龙　龚　维

（国家林业局三北防护林建设局）

摘　要： 科尔沁沙地是我国四大沙地之首，三北防护林体系建设工程启动后，科尔沁沙地一直被列为三北工程建设的重点治理区域，通过近30年的持续治理，科尔沁沙地在全国四大沙地中率先实现了总体逆转。

关键词： 科尔沁沙地治理；三北工程建设；30年成效

科尔沁沙地是我国四大沙地之首，位于东北平原西部，现有沙化土地5.34km^2。历史上的科尔沁沙地水草丰美、牛羊肥壮，“风吹草地见牛羊”是其真实的写照。但是，在漫长的历史进程中，特别是近几十年来，由于人类对土地不合理利用，导致生态失调、土地退化，昔日水草丰美的疏林草原逐渐退化为风沙活动频繁，流动沙丘与半固定沙丘交错分布的自然景观，使科尔沁草原演变成我国面积最大的沙地。其恶劣的生态环境直接影响着东北、华北地区广大人民群众生产生活水平的提高，威胁着我国东北重要商品粮基地的安全，阻碍着东北老工业基地的振兴，制约着当地社会经济的发展。

1978年，三北防护林体系建设工程启动后，科尔沁沙地一直被列为三北工程建设的重点治理区域。在各级党委、政府的重视和正确领导下，广大干部群众发扬“自力更生，艰苦奋斗，不畏艰难，顽强拼搏，团结协作，锲而不舍”的三北精神，通过近30年的持续治理，科尔沁沙地扩展加剧的趋势得到了有效控制，在全国四大沙地中率先实现了总体逆转。

一、艰苦奋斗，顽强拼搏，治理成效凸显

科尔沁沙地三北工程建设始终坚持生态优先的原则。经过近30年的综合治理，森林覆盖率由1977年的13%提高到现在的15.29%，流动、半流动沙地（丘）持续减少，生态环境日渐改善。吉林省经过30年的建设，治理流动沙丘1320个，使266.7万hm^2农田和40万hm^2牧场得到有效庇护，受风沙危害的农田面积由30年前的730万hm^2减少到现在的255万hm^2，每年增产粮食26.5亿kg，增产牧草1亿多kg。辽西北地区沿科尔沁沙地边缘建起了长430km，宽100km的防风固沙林带林网，老哈河、大凌河、柳河、饶阳河四个流域的沿河沙地得到了初步治理，有效地遏制了科尔沁沙地南侵。内蒙古通辽市占科尔沁沙地总面积的52.7%，通过三北工程建设，有166.67万hm^2的沙地得到有效治理，53.33万hm^2的农田和73.33万hm^2的草牧场得到了林网保护，森林覆盖率由1978年的8.9%提高到现在的22.14%，1994～2004年的10年间，科尔沁沙地在通辽境内减少沙化土地77万hm^2。黑龙江松嫩平原沙化土地，沙区造林保存面积达39.12万hm^2，已建成20多个666.7hm^2以上的固沙造林基地，400多个樟子松防沙林网，在沙区已初步形成了网、带、片相结合的防护林体系，森林覆盖率由建国初期的不足2%提高到了9.4%，在沙区范围内初步建立了区域

性防护林体系。

各地在工程建设中，将三北工程建设融入到当地社会经济发展之中，坚持建设生态经济型防护林体系，把“治沙”与“治穷”有机结合起来，走出了一条生态建设与产业发展良性互动的路子。内蒙古通辽市发展以杨树为主的速生丰产林5.33万hm^2，活立木蓄积量达到500多万m^3，木材加工企业达200多家，年消耗木材30万m^3，年总产值已达3.5亿元，林产业已成为当地农牧民收入的重要来源。同时，该市发展“水、草、林、机、粮”五配套的生态经济圈达3万处，有11.27万hm^2沙地被改造为“平原”，2005年沙区农牧民人均收入达到了2165元。吉林省通过三北工程建设营造了13.7万hm^2农防林，2004年更新改造成过熟农田防护林林带1593条，面积达1496hm^2，生产木材25万m^3，累计增加收入1.25亿元。“十五”期间，吉林省在西部13个县(市、区)防沙治沙中实施生态草产业化生态建设工程，目前已建设生态草34.67万hm^2，该省组建的科尔沁生态草集团有限公司，准备用3~5年时间建设一座年加工饲草5万吨，储备量10万吨的现代化生态草加工厂，投产后，年可创利润3000万元，增加就业岗位近万个。

在长期的防沙治沙实践中，凝聚形成的“沙患不除、战斗不止、顽强拼搏、艰苦创业”的治沙精神成为激励人们绿化荒漠，再造秀美山川的强大动力。三北工程在科尔沁沙地治理中，造就了内蒙古赤峰、通辽，辽宁阜新等一些先进典型和唐臣、席宝力皋等一批可歌可泣的模范人物。科尔沁沙地治理中取得的成就，更加坚定了人们改造自然，建设美好家园的信心和决心。三北工程建设从科尔沁沙地治理任务繁重、国家财力有限的实际出发，认真贯彻落实“谁治理，谁投资，谁开发，谁受益”等优惠政策，鼓励、支持、吸引社会资金参与防沙治沙，走出了一条全社会办林业、全民搞治沙的路子。内蒙古通辽市近些年非公有制造林面积占年度造林总面积的80%以上，仅2004年就有20多家外地客商、公司承包治沙造林2万多hm^2，投资近亿元。

二、科学有效的治理措施是取得良好治理成效的根本保证

统筹规划，分区施策，协调推进防沙治沙是工程建设的战略。按照因地制宜、因害设防、分类指导、分区施策的原则，在沙化土地治理中努力做到“四个坚持”，即坚持林、草、田、果、药结合，建立复合型生态经济系统；坚持沙、水、田、林、路结合，建立综合防护生态体系；坚持生态效益和经济效益结合，建立生态经济型林业；坚持生物措施与工程措施相结合，建立以生物措施为主，工程措施为辅，防治结合的防沙治沙系统。

整合资源，集中治理，走大工程带动大发展之路是工程建设的脊梁。各地在科尔沁沙地治理中依托国家林业重点工程，汇集整合各种生态建设资源，探索走出了一条以大工程带动大发展的战略之路。内蒙古通辽市从1999年开始相继启动实施“5820工程”和“‘双百万亩’示范工程”，极大地加速了防沙治沙进程。“5820工程”5年完成造林保存面积15.33万hm^2，综合治理山沙“两区”71.6万hm^2。2004年启动的“‘双百万亩’示范工程”，目前已营造生态公益林4.67万hm^2。在大工程战略的辐射带动下，近年来通辽市以年均人工造林6.67万hm^2、封沙育林6.67万hm^2、综合治沙20万hm^2的速度向前推进，彰显出大工程带来大发展的巨大效应。其中2004年人工造林突破了10万hm^2的大关，创下了通辽林业建设的历史新高。

依靠科技，注重质量，提高工程建设水平是工程建设的支撑。各地从沙区干旱少雨、造

林难度大的实际出发，坚持把科技支撑贯彻于防沙治沙的全过程，加大先进适用技术的推广力度，不断提高防沙治沙的质量。一是在树种选择上，按照适地适树的原则，大力推广在沙区适应性强、生长快的优良树种，积极调整林种、树种结构，加大灌木造林和种草力度。二是在造林方式上，坚持造封飞相结合，以封飞为主，在重点治理区专门安排封沙育林项目，加快了封沙育林的步伐。三是在治理模式上，积极推广生态经济圈、近自然林、生态经济沟、植物再生沙障等成功治理模式，建成了一批各具特色的防沙治沙示范区(点)；四是在技术措施上，推广围封整地、苗条保湿、种子丸化、植苗造林、林地抚育、钻孔深栽等技术措施，有力地提高了工程建设质量。

强化管理，依法治沙，巩固和扩大建设成果是工程建设的关键。各地把加强工程管理、依法防沙治沙作为推动工程建设持续发展的重要措施。一是建立健全基层林业组织建设。内蒙古对乡镇林工站实行垂直管理，强化了基层林业组织的职能。二是规范管理，强化监督。辽宁省先后出台了三北防护林四期工程管理办法、检查验收办法、资金稽查办法等一系列规章制度，把项目管理的先进理念引入工程建设，使工程建设逐步走上了制度化、规范化的管理轨道。三是坚持依法治沙。各地普遍贯彻执行防沙治沙法，成立了由林业公安等组成的防沙治沙执法队伍，不断加大林木的管护力度，严厉打击毁林案件，有效地保护了森林资源。

完善政策，创新机制，调动全社会治沙积极性是工程建设的活力。坚持政策调动，利益驱动的原则，不断创新和完善有利于社会各方参与防沙治沙的政策环境和运行机制，切实让广大人民群众从防沙治沙中获其利、见其效、受其益，实现国家和个人利益的双赢。吉林省四平市推广“百棵树养老工程”，对立地条件好的沙地实行有偿承包，条件差的无偿划拨或赠予，对造林难度大的沙地实行政府财政补贴，极大地激发了干部群众参与治沙造林的积极性，全市已治理宜林荒沙 4000hm^2，收取出让金 1600 万元。内蒙古通辽市把科尔沁沙地治理列为对外招商引资的基础项目，不断优化招商引资环境，鼓励社会各界承包治理荒山荒沙。近年来，该市每年新造林 10.67 万 hm^2，每年增加森林覆盖率 1 个百分点，其中 80% 以上是非公有制造林。辽宁省积极推行林权制度改革，鼓励个体造林、股份制造林，大力发展非公有制林业，近些年来，阜新市个体造林比重高达 90% 以上。

加强领导，真抓实干，强力推进防沙治沙是工程建设的基础。领导的认识高度、工作力度决定了防沙治沙的建设速度和质量。各地普遍把防沙治沙作为保障一方生态安全和区域经济社会健康发展的根本保障来对待，建立和完善各级领导干部任期造林绿化目标责任制，形成了“守土有责、尤土受奖、失土必究”的防沙治沙行政领导机制，有力地推动了防沙治沙工作深入持久地开展。内蒙古通辽市历届党委政府把防沙治沙作为广大人民群众安身立命的头等大事来抓。坚持领导干部对工程建设质量终身负责，实行“质量上、效益上、干部上，质量下、效益下、干部下”的奖惩制度，近几年，提拔重用政绩突出的干部 128 人，警告免职调整干部 36 人。吉林省认真落实领导干部办造林绿化点制度，省政府明确规定，凡是完不成责任目标的，第 1 年通报批评，第 2 年黄牌警告，第 3 年免职。近些年来，全省各级领导干部相继建立治沙造林绿化点 758 处，面积达 2.5 万 hm^2。

三、问题和建议

(一)当前任务结构应适当调整

2001 ~2007 年完成任务中，封沙育林不足总任务量的 10%。在现有 3850.64 万亩宜林沙地中，适宜人工造林、封沙育林、飞播造林的面积分别为 2048.6 万亩、1289.04 万亩、513 万亩。建议今后任务结构中适当增加封沙育林比重，在内蒙古适当安排飞播造林任务。

(二)林种、树种结构不合理，建设水平需进一步提高

从各地四期工程完成情况看，内蒙古和辽宁栽植乔木树种 184.9 万亩，灌木树种 32.9 万亩，仅为总任务的 15%。受经济利益驱使，重乔木、轻灌木，重纯林、轻混交林。建议实行分类指导，按造林模式补助，对生态功能为主导需求的地区，要求必须营建生态公益林，全部由国家公共财政投入建设；对生态经济兼顾的林木，可根据投入产出情况适当给予补助；对纯粹以获取经济利益为目标的商品林建设，少补助或不补助，并按基础产业进行管理，由市场配置资源，政府可以通过资金、技术、信息、政策方面的支持进行引导，同时适当放宽放活采伐、流通等政策机制，使其有更大的活力。另一方面，应加大沙区兼用型优良树种、品种的引进推广，在保证良好的防风固沙效益的基础上获取较高经济收益；加大乔灌混交模式的应用推广，形成高效的立体防护林体系。

(三)工程补助标准应适当提高

工程补助标准问题是各地反映最强烈也是最普遍的问题，主要表现在两个方面：一是单位补助标准低，而且是近 10 年来保持不变，而造林成本包括物资成本、劳务成本、管理性费用等在内的费用却在不断上涨，已经达到了国家补助标准的 3 –4 倍。二是投资构成不合理，各项管理以及科技支撑等工作缺乏必要的经费，中央资金明确要求用于造林直接投资，致使许多正常的工程管理设施不能正常购置，工作不能正常开展。建议，在投资总量上，加大对三北工程投入规模，保持一定的建设速度，确保生态建设目标的顺利实现；在补助标准上，予以提高，从而提高工程效益水平，实现向质量效益型的转变，做到速度与结构、数量与质量、规模与效益的有机统一；在投资构成上，明确工程管理费用、设备购置、科技支撑费用等各类必要性支出，应在中央资金中拿出一部分，并由国家财政部出台文件，明确地方各级配套资金中列支上述各类费用的比例。

三北工程科尔沁沙地 30 年的治理历程告诉我们，只要我们尊重自然规律，加强领导和组织，提高认识水平和投入力度，科学规划，合理布局，完善政策，创新机制，采取先进适宜的治理模式，科尔沁沙地昔日水草丰美、牛羊肥壮、“风吹草地见牛羊”的自然景观将会在不久的将来重现在我们的眼前。

典 型 篇

沙区资源利用和兴办沙产业的绿色植物

——内蒙古东达蒙古王集团生态建设和沙柳造纸汇报材料

赵永亮

（内蒙古东达蒙古王集团董事长）

沙化已经对内蒙古经济发展、社会进步及人民生产、生活、生存构成重大危害，尤其对农牧民致富奔小康产生了巨大的障碍。在人口急剧增长的年代，为了解决吃饭问题，提出“以粮为纲”的口号，采取杀鸡取卵的方式，人为地滥砍滥垦滥开发，开垦一块荒芜一片，将较好的生态环境破坏成不毛之地，形成人沙对抗的恶性循环局面。改革开放以来，好些人认识出现了偏差，一度为了提高 GDP，常常以牺牲环境为代价，使已经遭受破坏的脆弱环境雪上加霜。鄂尔多斯库布齐、毛乌素两大沙漠，变成京、津地区沙尘暴的主要源头之一。蓝天碧水绿地，可望而不可即，基本变成美好的向往。深受沙害的农牧民在贫困线上艰难度日。国家作出了“退耕还林、退牧还草”，实施西部大开发的重大战略决策。进而提出全面落实科学发展观，构建人与自然和谐相处的生态策略，解决民众最关心、最直接、最现实的问题。内蒙古“大力发展沙产业和草产业”与光彩事业促进会提出的“绿色国土事业”，为实施林、草、沙产业化，建设生态文明提供了强有力政策依据。

一、沙区建设遵循科学发展观，标本兼治才能达到事半功倍的效果

治沙是一项艰难的工作课题，这是全社会的共识。由于多种因素困扰，多年来，有些地方在治理沙漠，植树造林，包括退耕还林、还草，往往存在注重形式脱离实际的跟风行为，虽然年年植树，年年有统计数字，生态环境也有所恢复，但是，由于缺乏科学的管理，没有形成有效的机制和体制，管护脱节问题尤为明显，好些农牧民固守“要我种”的心理状态，搞种树绿化工作，只是应付了事，关心种植率，忽视成活率，投入产出不成比例。另外，还有一种致命的弊病，过去某些地区没有做好适地适树、以水定树工作，只是盲目地随大流种植，大量种植不适宜本地生长的阔叶乔木树种，而当地年降水量平均只有 300mm 左右，成活率极低，常常是“一年绿、二年黄、三年就去见阎王”。生态建设的速度与全面建设小康社会的目标相差甚远；为了生态与生计兼顾，绿起来与富起来相统一，将沙漠的绿化转化为产业化，东达蒙古王集团以发展地方经济为己任，为农牧民脱贫致富找出路，研究生态特征，因地制宜搞项目，经过反复实践，开始见到明显效益，受到政府高度重视和百姓的普遍认同，同时得到著名科学家钱学森院士的充分肯定，他说：“我认为内蒙古东达蒙古王集团是在从事一项伟大的事业——将林、草、沙三业结合起来，开创我国西部沙区 21 世纪的大农业，而且实现了农工贸一体化的产业链。”意大利、日本、韩国等国对东达集团实施的林莎草项目极为关注，并产生了浓厚的兴趣，2007 年 3 月日本组织 40 多人的沙漠再生考察

团，对生态基地、东达新村、东达纸厂等地现场参观，同时在基地做了沙漠再生试验。同时，日方与东达集团在沙漠研究方面达成了合作协议，决心共同致力于沙漠的治理研究，充分利用已有的成果经验，力争在生态再生项目上投入多一点，钻研深一点，效果显著一点。东达集团没有辜负各级党委政府、社会各界寄予的厚望，在企业做大做强的基础上，注重环境保护，加强污染治理，推动绿色生产事业中作出了自己力所能及的努力。

二、提高科技含量，发展集约经济，走可持续发展的路子

沙柳是生长在沙区特有的灌木树种，抗风沙、耐干旱，是“防风固沙的先锋植物”，生长规律是3～4年平茬一次，否则就会逐渐枯萎。平茬复壮是科学有效的培育方式，平茬后的沙柳萌孽更新，单株生长范围会比平茬前增加近8倍。沙柳种植虽然产生了一定的生态效益，但是，过去农牧民只把它作为薪柴及简单的生活用料，几乎不产生经济效益，削减了种植沙柳的积极性，导致沙柳自然枯死，成了普遍状况。

经过调查研究发现，采取新工艺，沙柳85%木质纤维可作为优质的高级箱板纸原料，用沙柳造纸，市场前景十分广阔，经济效益潜力巨大，15%的嫩枝柳叶加工成饲料，“过腹”增值，达到物尽其用。

东达造纸厂通过技改扩建，把原来以麦秸为原料改为以沙柳为原料制浆造纸。沙柳由“次小薪柴”变为工业造纸原料，实现了以工促农、工农互补的良性循环发展，工农之间和谐相处。企业和种植户自然形成了一种利益共享，工农互惠，各获其利的模式。沙柳就地转化利用，降低了成本，增加了效益。农牧民按订单投资林业有了新的固定收入，种植沙柳有可观的回报，靠沙吃沙，有效益才会有动力，变“要我种”为“我要种”，种植面积成倍增加。

东达集团实行产学研结合，建设“两所一基地”，即库布齐沙漠研究所、高产绒山羊育种研究所和生态建设研究基地。将科技知识转化为现实生产力，实现了“三高一低”，即高新技术、高附加值、高产出、低成本。

集团提出“生态建设不以绿色划句号”的创新理念促进了沙柳产业化的发展，引起了各级党委政府的重视和关注，尤其得到自治区、市、旗林业部门的极大关心和支持。

我们的沙柳产业化环保生态扶贫项目，被国家经济贸易委员会定为“双高一优”技改重点项目，被内蒙古自治区列入“双百万京(津)北绿色屏障工程”。近几年，实施了辐射库布齐沙漠周边地区近300万亩沙柳基地，建设70个奶牛养殖园区和25万只舍饲绒山羊基地建设的大项目。据不完全统计，产业化项目共带动鄂尔多斯市3个旗20多个乡(镇)近12万户农牧民，人均增收2000多元。项目的实施，形成了产供销一条龙，农工贸一体化的产业链和利益共同体。利用“经济杠杆、拉通联动、反弹琵琶”，实现了“恢复沙区生态、发展沙区生产、提高沙区人民生活”的“三生”效果和“沙漠增绿、沙柳增值、企业增效、地方增税、农牧民增收”的“五增”目标，以及“上一个项目、带一片产业、兴一地经济、富一方百姓”的“四个一”的发展方向。

可以毫不夸张地说，沙漠一天不治理不披绿，生存在当地的民众一天不得安宁。1998年以来，东达集团投入到治理沙漠的这项宏伟事业中，依靠十足的信心，丰富的经验，艰苦奋斗的精神，勇于创新的理念，自强不息的品格，博采众长的心态，始终站在治理沙漠的前列，并且要持续不懈地进行下去。

三、沙、草产业成为建设社会主义新农村的新经济增长点和支柱产业

根据沙漠地区干旱少雨的实际，针对农业基础设施不配套，农村社会事业发展滞后，农牧民增收难度大的突出矛盾，集团在沙柳产业化实践中取得成功经验的基础上，以生态建设为依托，按照“生态扩镇移民，产业拉动扶贫”的总体思路，实施“无土移民”，规划投资 10 亿元，融入社会资金 30 亿元，建设 12 km^2，4 万～6 万人居住，以大物流、大运输、大服务，特色种植养殖业，加工工业，公共设施，文化旅游五大园区为产业支撑的中国西部第一村。

农牧民将加入到东达蒙古王生态产业链中，从事无风险的产业工作，身份也由过去的农牧民变成名副其实的产业工人，大力推进沙区农牧业生产方式转变和产业结构调整，改变沙漠地区祖辈传下来的种在地上，收在天上，面朝黄土背朝天，看老天爷的脸色行事的历史，逐渐将 6000km^2 的沙漠区改造成生态自然恢复区。

沙柳产业化经营、规模化生产、市场化运作的实践，验证了钱学森院士的沙产业、草产业理论，使西部大开发“两退工程”有了经得起考验的新型的后续主导产业，使人与自然和谐发展找到了恰切的结合部，成为新的经济增长点。既恢复了生态平衡，又可推进“生态文明”建设和农民脱贫致富的进程。

新农村农牧业产业化的发展，创新了扶贫方式，变生物链为产业链，集生态效益、经济效益、社会效益为一体。为解决“三农”问题找到了一种新尝试，促进新农村建设又好又快发展。

毛乌素生物质热电厂的实践对大规模治沙的启示（节录）

李京陆
（内蒙古毛乌素生物质热电公司总经理）

摘　要：如何实现规模、持续、有效地防沙治沙、管沙用沙，内蒙古毛乌素生物质热电公司的具体实践给出了全新的启示：顺应国内外节能减排、发展可再生能源的长期趋势，聚合国家多项支持性产业政策和国际碳汇交易收益，采取具有自主知识产权的成熟生物质直燃发电技术装备，利用沙生灌木定期平茬抚育的生物特性和沙区广袤的宜林地资源，通过龙头企业＋原料林基地＋农牧户的经营一体化模式，运用市场价格信号和共同利益机制，激励沙区农牧民多种、勤管、善用沙生灌木材，真正做到建设一个企业，发展一个行业，绿化一片荒漠，净化一片蓝天，造福一方百姓，形成一个示范。

关键词：生物质发电；可再生能源产业支持；碳汇交易；基地建设

内蒙古毛乌素生物质热电有限公司是一家旨在通过科学利用沙生灌木特殊的生物习性和广袤的沙地资源获得生物质，采用具有自主知识产权的全套国产化生物质发电技术和装备，进行生物质直燃发电，并同期实施沙生灌木能源林自有基地建设，进而实现规模、有效、持续治理沙地的民营公司。它的股东是有志于探索我国产业化治沙事业的两家民营企业——北京新润投资有限公司（股权比例51%）与呼和佳地房地产开发公司（股权比例49%）。企业注册资本金为6000万元，注册地为鄂尔多斯市乌审旗。

（一）项目特点

（1）是全球首家利用沙生灌木需要定期平茬抚育的生物习性，进而获得可再生的生物质，进行直燃发电的示范项目。适时利用国家长期鼓励可再生能源产业发展和资源综合利用、节能减排、造林治沙等诸多政策，持续推进荒漠化治理和沙产业发展；使得国家多项支持性政策在此项目上实现了聚合作用和良性运作。

（2）从电厂的生物质锅炉、燃料输送系统到灰渣再加工设备均为国产化，为我国生物质直燃发电事业的规模发展从技术和装备上进行了有益探索和可贵示范。

（3）可为邻厂提供工业用热，同时利用邻厂排出的工业废弃水，并将生物质灰渣（仅占原料总量2%左右）进一步加工成为复合钾肥和碳酸钾等。最大限度地实现区域循环经济的要求。

（4）是全国首家同期建设生物质原料自有林基地（每年15万亩，一期达到60万亩）的生物质电厂，从根本上解决了制约生物质发电企业发展的原料价格不稳定瓶颈问题。

（5）该项目（一期规模）所形成的生物质种植、管护、平茬、储运、加工产业链，就提供了近5000个劳动岗位和就业机会，特别适合沙区劳动力素质；仅每年原料收购一项就为当地农牧民增收5000多万元，是沙区少有的劳动密集型和环保效益型兼容的项目。

（6）是全国唯一兼具治理荒沙、增加绿电、解决三农、循环经济、减排创汇等多重效益的示范项目。

（7）该项目具有良好的减排温室气体环保效益。经联合国指定的独立第三方认证，该项目年减排温室气体总量为25.6万吨，通过CDM（清洁发展机制），其碳减排权益被德国3C公司以12.6欧元/吨价格收购。

（二）项目建设规模和投资规模

（1）建设规模为2×12MW（一期），并留有增机扩容至6×15MW的余地。

（2）建设工期为2007年5月开工至2008年9月并网发电。

（3）生物质电厂投资规模为25400万元（概算），预计工程实际投资约为21800万元。

（4）年发电运行时间设定为7200小时（完全得益于沙生灌木生物质燃料所具有的系列优异特性）。

（三）沙生灌木生物质燃料的系列优异特性

（1）热值高。根据煤炭科学研究总院和西安热工研究院对沙柳、杨柴、柠条、红柳、旱柳、花棒、沙蒿、沙地桑等10种沙生灌木样品（干基）送检的热值测试结果，其低位热值均在4000kcal/kg，其发热量比秸秆发热量（2800kcal/kg）高出40%以上。

（2）灰融点高。根据上述两家科研单位提供的沙生灌木生物质（干基）灰融点的测试数据，均在1300℃以上，而秸秆生物质的相应指标为960℃左右，远低于沙生灌木。灰熔点越高，锅炉燃烧温度就越高，热效率也越高。

（3）成型度高。沙生灌木由于其特殊的生长条件，使得材质坚实，自然成型度高。通过简单破碎，即可进炉燃烧，无需加工成型或精细粉碎。既节约了能源，又降低了成本。

（4）有害成分低。秸秆中含有大量的氯、氮、磷等元素，在高温状态下，对设备有腐蚀作用。但是，根据相关机构测试，沙生灌木生物质基本不存在或极少存在此类有害元素，可使发电设备使用寿命延长。

（四）先进的设备

该项目的核心设备——生物质锅炉岛具有独到之处，且生物质燃料的给料方式和灰处理均具有先进性和经济性。

（1）选用了具有自主知识产权的国产化技术装备。通过全国性招标，项目设备评审团最终选择了杭州锅炉厂作为生物质锅炉中标单位。其中一个重要因素就是他们提出的“角管式链条炉排炉”方案切合实际，并具自主知识产权，经济实用，先进合理（锅炉热效率达到89%以上），完全有别于国外造价昂贵的水冷振动炉排炉和国内运行繁复的循环硫化床炉设备。

（2）选用了适合沙生灌木生物质优异燃烧特性的炉型和输料装置。由于沙生灌木生物质具有热值高，水分少；挥发分高，灰分少；灰熔点高，含氯、磷、硫量极低等特性。杭州锅炉厂放弃了国内大都选用的循环硫化床方案，同时也摈弃了水冷振动炉排方案（此适用于灰熔点低、灰附着性强的燃料），别具匠心地提出了新的炉型设计构想，从而避免了系统复杂、投资过高的缺点。

（3）由于沙生灌木（特别是沙柳）平茬枝条硬度高、水分少，经过鼓式削片机简单破碎，被切成≤50mm的片段，运至厂内，经皮带机输送和卸料器将其卸入料仓内；再由螺旋给料机向锅炉给料。避免了绝大多数生物质电厂原料必须经过再次成型或精细粉碎才能利用的耗能弊端，实现了节能、低耗、低成本、低投资的运行目标。

(4) 沙生灌木生物质燃料诸多优异特性，使得我们有条件选择除尘效率更高的脉冲袋式除尘器，完全满足并优于国家制定的烟气排放环保标准。炉灰最后制备成当地农业所急需的复合钾肥和附加值更高的碳酸钾。

(五)比较优势

该项目独有的“电厂+基地+农牧户”运行模式以及内蒙古沙地的广袤性、沙生灌木的集约性，加之全面采用国产设备的经济性，使得本项目较之国内其他生物质电厂，具有突出的比较优势：

(1) 规避了农牧区土地经营承包责任制度与生物质发电事业需求不相适应的矛盾。

(2) 沙生灌木的定期(3~5年)平茬抚育的生物特性使得在可治理沙区发展生物质发电事业成为可能。

(3) 国家积极鼓励可再生能源事业发展，相继出台一系列支持性政策和激励措施，使得在沙区发展生物质发电事业变为现实，并为产业化治沙或治沙产业化提供了重大契机。

(4) 科学管理、科学设计、科学装备使得该项目具有较合理的投资造价。

利用沙生灌木进行生物质发电，开辟了科学、有效、规模利用沙区生物质资源的新途径，开创了运用国家多项支持性政策进行产业化治沙造林的新局面，提供了产业资本和金融资本进入治沙造林、追求减排碳汇的新模式。

(六)重大启示

该项目的建成和运行对内蒙古生态建设和可再生能源协调发展具有突出的示范意义，对我国可治理沙区的沙产业发展也具有重大启示：

(1) 作为全球首家利用沙生灌木平茬生物质直燃发电的项目，在项目全程中经历了全方位的评估、审核、论证，全面符合国家各项环保要求，是“绿色企业”，提供“绿色电力”，履行“绿色义务”，追求“绿色发展”。

(2) 众所周知，内蒙古作为我国北方重要的生态屏障，防止土地沙化、荒漠化的任务异常艰巨。至今，内蒙古仍然有半数国土面积存在沙化或明显沙化趋向，亟待保护和治理。欲改善这一局面，单靠国家投入远远不够，必须调动社会各方力量，甚至国际力量参与其中，长期坚持，方有希望。内蒙古可治理沙地广袤，经营集约度较高；林业科技人才和经验相对丰富；沙生灌木品种多、蓄积量较大、可利用条件好；作为电力大省基础雄厚，辅助优势明显。这一切都为林木生物质发电在内蒙古突飞猛进奠定了相应基础。随着国家对发展可再生能源产业扶持力度的进一步加大，随着国际国内“碳贸易”市场的日趋活跃，金融资本顺势而入完全可以展望。届时，一个全民治沙，全球参与的治沙局面将渐成气候，沙漠不再是令人生畏的荒蛮之地，而是蕴藏无限生机和商机的处女地。

(3) 我们的中期目标是：通过项目示范，建立放大机制，吸引资本进入，形成产业推动；集各方之力，为内蒙古乃至全国的治沙事业闯出一条方向正确、投资充裕、技术成熟、效益可靠、规模相当、持续发展的产业路径。届时，我们甚至可以做这样一个乐观的推断：通过示范成功后，迅速引资300亿元(这仅是一个百万千瓦级核电站的投资)，快速有效治理内蒙古五大沙地中较易治理的6000万亩，年获取生物质量2000万吨，支持装机容量300万kW，年增绿电200亿kW·h，为当地农牧民创造50万个就业机会和增收50亿元，年减排CO_2达2600万吨，遏制沙尘侵袭北京，净化华北生态环境。果真如此，又将在世界治沙史上谱写下中国新一代治沙人的丰功伟绩。

(七)效益评价

(1) 在正常运行情况下，年发电量为19656万kW·h，年消耗生物质燃料量为19.9万吨，按照热值折成标准煤量为11.6万吨。扣除厂用电量9%后，上网电量为17887万kW·h，同时，每年还可向邻近的化工厂提供蒸汽40万吨。

(2) 依照国家有关政策规定，鄂尔多斯地区生物质电厂上网电价为0.5169元/(kW·h)，2008年3月10日，国家发改委再次提高生物质发电电价补贴，加价0.1元/(kW·h)。

(3) 依照项目可行性研究报告提供的项目总投资为25400万元，其中建设投资为23137万元。根据目前阶段性财务数据，项目总投资有望控制在23200万元以内，其中建设投资控制在21000万元左右。

(4) 根据最新的经济数据，测算出该项目的年销售收入为12070万元，年利润总额为3602万元，内部收益率(税前)为16.26%，投资回收期(税前)为5.7年，贷款偿还期为5.5年。

(八)需要解决的几个问题

(1) 由于内蒙古自治区全面实施了土地(含四荒地)承包经营责任制，使得部分农牧民无力治沙，也无心出租沙地，等待沙区出现煤田、气田等基本建设项目开发机会，享受国家建设用地高价补偿。企业治沙先得租赁沙地，而农牧民出租意愿很不一致，影响了企业合理布局、统一规划和经济运行。所以，尽快研究出台林地、宜林地、荒沙地流转承包经营管理办法，为外来资本规模利用沙地提供条件。

(2)坚持合理布局，科学规划的原则，避免片面追求地区经济增长而盲目引进沙生灌木资源。

(3) 坚持“利用服从保护，用沙必先治沙”的原则。尽快建立资源、培育责任与收购、利用利益相结合的市场准入制度。参照利用1吨生物质原料，先造2亩沙生灌木林的标准实施。不能只享受生物质资源收益，而放弃生物质资源培育义务和责任。

(4) 注重沙区沙生灌木资源普查及相应配套技术研究，注重沙生灌木栽种、平茬、收集全过程的机械化设备研制，沙区生物质能产业的出路在于实现原料收集的机械化。

(5) 注重沙生灌木的抗病防虫、耐旱高产品种的研发；注重利用植物基因工程技术进行相应研究试验，提倡学科间、行业间协作，加强项目的整合力量，尽快建立全面支持沙区生物质能产业发展的科技支撑体系。

(6) 应加大对在沙区开展生物质发电企业的政策支持力度和高效行政，建立起生物质能产业项目申报的“绿色通道”，明确其防沙治沙企业的身份，享受相似甚至优于农牧业产业化龙头企业的待遇，杜绝各种相关部门利用职权变相实施各类“管、卡、压”。

(7) 将沙区生物质能源林基地建设与林业生态建设工程、林业产业和农牧区土地承包经营权流转改革工作结合起来，使得基地大发展，带动产业大发展；产业大发展，带动沙区大发展。

以产业带生态治沙模式的实践与探讨(节录)

郑黎明

(湖北省老河口市林业局局长)

摘　要：湖北省老河口市是国家林业局治沙办首批确立并授牌的全国29家防沙治沙示范区之一，承担着我国南北过渡带沙漠化防治综合示范的重任。探索一条既体现政府、社会关注生态，又满足沙区群众关注的致富发展相一致的治沙模式，以产业带生态，实现治沙致富，产业兴，生态优的目标具有十分积极的意义。

关键词：产业；生态；治沙模式；实践；探讨

老河口市是国家林业局治沙办首批确立并授牌的全国29家防沙治沙示范区之一，承担着我国南北过渡带沙漠化治理模式探索与示范的重任，尤其是对长江、汉江、黄河中游地段千百年来河道改道冲积形成的沙化土地治理具有极大的示范带动价值。这种治沙模式与我国新疆、内蒙古、青海、西藏等地区有较大差别。不同的气候条件、不同的治理方法、不同的产业与生态的相互关系导致了这种差别的产生。选准治沙主栽树种，形成治沙产业，以治沙产业的快速发展，带动沙区生态的极大改善，治沙产业的发展让沙区群众得到经济上的实惠，充分调动了沙区群众的治沙积极性，从而形成了产业与生态之间的良性发展，解决了社会与政府更关注生态与沙区群众更关注自身致富发展之间的矛盾，这种模式引起了国家林业局治沙办领导和专家的高度重视。

1　老河口市防沙治沙综合示范区概况

老河口市地处鄂西北汉江中游南岸，全市面积1032 km^2，沙化分布区52.23万亩，沙化土地面积31.5万亩，涉及5个乡(镇)共36个村，计15万人口。紧临全国重点生态治理与保护区域——南水北调中线工程取水源头丹江口市。老河口市沙化分布区沿汉江流向分布，跨境长51.8 km，主要为汉江故道冲积形成的沙化土壤。2000年沙区农业总产值2.11亿元，沙农人均纯收入1907元，自2003年被批准成为全国防沙治沙综合示范区之后，通过科学治沙，大力发展治沙产业，壮大发展以杨树为主的速生林产业，以梨、桃落叶果树为主的高效经济林产业，实现了生态攻坚，产业提速。到2007年，完成沙区新治理面积6万亩，扩大速生林4.5万亩，扩大高效经济林1.5万亩，使沙区治理总面积达到23.8万亩，农业总产值5.28亿元，沙农人均纯收入达到4400元，生态效益增加值达到1900万元。

2　老河口市防沙治沙综合示范区以产业带生态模式形成过程

2.1　老河口市防沙治沙综合示范区自然条件

老河口市为北亚热带内陆季风气候型，年均降水量831mm，主要集中在6～7月份，易出现春旱、秋旱、冬旱，年均气温15℃，年均日照时数1902小时，年均无霜期238天，年均10℃以上积温1971℃，沙化土壤pH值在7~7.8之间，土壤有机质含量平均0.2%（表层30cm土层）。过去，沙化区域内主要植被为零星生长的芭茅，耕种作物主要为小麦，群众基本上是十种九不收，生产生活条件十分困难，进入20世纪80年代，沙区33%以上群众还住着茅草棚。

2.2 老河口市防沙治沙综合示范区沙区治理发展历程

老河口市年均831mm的降水量，是该地大力发展治沙产业的最有利条件，同时，风沙、干旱、沙区农民观念制约是影响沙区产业发展的主要因素。从时间顺序和人为参与因素分析，老河口市治沙可分为4个阶段：20世纪50年代以前为自然发展演变状态，人为介入因素少，沙区群众极度贫困；60年代初至70年代末，以粮为纲，盲目开荒导致了生态恶化加剧；80年代初至90年代末，终于找到了一条适地适树的治沙之路，但这个时期科技治沙水平不高，治沙机制还不完善；2000年以后，是老河口市沙区真正步入科技治沙，以产业带生态，沙区群众快速致富，治沙产业发展壮大，生态良性发展的时期。这个阶段做到了量力而行，治沙模式优化完善，治沙机制健全，产业发展带动了生态的良性发展。

2.3 老河口市防沙治沙综合示范区以产业带生态治沙模式实践要点

（1）依托自然条件，化弊为利，扬长避短，充分体现了科学治沙的作用，形成一套避害趋利，因地制宜的产业发展模式。

（2）依托产业发展基础，壮大沙区支柱产业。在过去的发展基础上，重点加大速生林、经济林两大沙产业发展，规模化推广新品种、新技术，优化产业结构，推动了产业向支柱产业的形成，产业单位效益显著提升，沙区群众治沙热情高涨。

（3）形成了社会治沙发展机制，找到了一条治沙产业与生态共赢的道路，集中解决了社会、政府、单位、企业、沙农任何一方想办办不了、办不好的问题。因势利导，在政策机制、投入机制、产业机制、市场机制等诸多方面进行了探索完善，优化资源配置，明晰各方责任，形成治沙产业“社会化服务，专业化生产，市场化运作”体系，治沙主体快速扩大，主体功能快速健全，产业化运作机制日益完善，这种结果带来的是产业与生态的相互促进。

（4）把培育产业要素作为提升治沙产业生态效益的着力点。主观上通过扶持壮大治沙产业要素，客观上实现了产业要素在促进产业发展的同时，实现了沙区生态的良性发展，体现了一种新的投入扶持思维，其作用比直接投入生态建设效果更好。

3 以产业带生态治沙模式讨论分析

老河口市防沙治沙综合示范沙产业支柱主要为7.8万亩速生杨产业和12.98万亩梨桃高效经济林产业，总面积达到20.78万亩。

3.1 新品杨树“南林895”经济效益与生态效益

第一年忽略不计，从第二年开始计算，经济值以2007年老河口市本地大径材价每立方米850元计算，以567m^{2}为计量单位，亩平均栽植杨树3m×6m计37株，持水每吨折算价1.3元，固沙每立方折算10元。

年份 效益	1	2	3	4	5	6	7	8	9	10
生态效益值	–	68	109	142	183	223	293	363	439	519
降低气温(%)	–	0.45	0.82	1.17	2.42	3.31	3.31	3.8	3.80	3.8
降低地温(%)	–	4.21	7.25	10.16	14.22	16.13	16.13	20.10	20.10	20.10
降低热辐射(%)	–	10.01	21.33	54.65	49.52	63.41	63.41	74.51	74.51	74.51
增加温度(%)	–	1.87	3.86	5.75	7.23	9.08	9.08	11.45	12.10	12.10
材积(m^3)	–	–	–	2.40	3.01	4.16	4.16	10.22	11.18	12.50
经济价值(元)	–	–	–	–	–	–	–	8687	9503	10625

3.2 以圆黄梨为例新品种高效经济林经济与生态效益

第一年忽略不计，经济价值从第三年挂果开始计算，不考虑材积因素。

年份 效益	1	2	3	4	5	6	7	8	9	10	11	12	13	14	15
生态效益值	91	171	323	615	920	920	920	920	920	920	920	920	920	920	920
降低气温(%)	0.85	1.29	3.16	4.88	6.06	6.06	6.06	6.06	6.06	6.06	6.06	6.06	6.06	6.06	6.06
降低地温(%)	3.56	7.23	13.28	28.55	28.55	28.55	28.55	28.55	28.55	28.55	28.55	28.55	28.55	28.55	28.55
增加温度(%)	52.5	10.55	30.11	86.90	86.90	86.90	86.90	86.90	86.90	86.90	86.90	86.90	86.90	86.90	86.90
经济价值(元)	200	500	1300	3000	3000	3000	3000	3000	3000	3000	3000	3000	3000	3000	3000

3.3 以产业带生态治沙模式评价

两种类型沙产业都具有一个共同特点：就是经济效益显著提升的同时，生态效益显著提升，并稳定在较高水平。杨树产业在第8年亩平经济收入可达8687元，生态效益值达到519元，群众在实现可观收入的前提下，客观上带动了生态效益的提升。高效经济林产业不仅具有经济收益高的特点，而且具有收益期长的优势，高生态效益值可持续10年以上。梨树经济寿命期可达20年，则高生态效益值可持续15年以上。由此充分说明走以产业带生态之路是像老河口市这种沙化类型地区较好的选择，老河口市仅7.8万亩速生杨和12.98万亩果树年生态效益可达1600.92万元，经济效益可达3.69亿元，速生林年增加值1.09亿元，果树年产值2.60亿元。支柱沙产业还孕育了龙头企业和专业合作组织的发展壮大，龙头企业成长，市场主体功能壮大，在市场营销和加工业方面大显身手，不仅实现了沙产业与市场的对接，而且实现了沙产业产品的延伸增值，老河口市仙仙果品有限公司是沙区果树产业化龙头企业，在服务沙区果树产业上，实现了年销售果品12万吨，建成了年加工2万吨的果品制罐加工出口企业，年销售收入达1.92亿元，实现纯利2300万元，并创出了“汉水”、“仙仙”两大沙区果品品牌。企业的发展壮大，反过来作用于沙产业，反哺沙产业。在新品种、新技术推广上，在新园区开发上，对沙区果农提供了巨大支持，促进了产业结构优化，提升了产业市场竞争力，增加了沙区群众的收入，2005年8月21日，胡锦涛总书记在湖北考察工作期间，亲临老河口市沙区视察，对老河口市沙区治沙兴果，产业发展，企业兴旺的做法给予了高度的评价。“治沙治水，绿化美化，又让群众致富，这是一举几得，这样的好事要多为老百姓做。”

4 以产业带生态治沙模式存在的问题及对策

4.1 主要问题

（1）生态风险来自于沙产业兴衰。当产业面临衰败时，必然导致治沙生态效益目标的不能实现，而产业风险又来自于产业体系发育完善与否，来自于产业发展长效机制是否确立。

（2）以产业带生态模式侧重于产业发展，产业投入及龙头企业发育不足是制约产业的主要问题。当前治沙支柱产业相对投入不足，龙头企业扶持力度不到，专业合作组织发展处于初级阶段等，都是制约这种模式发挥应有作用的重要因素。

（3）治沙投入主体趋利性可能导致短期行为，投入热情此一时彼一时。

4.2 对策建议

（1）进一步完善以产业带生态治沙模式，用机制规范治沙主体行为。实现沙化土地使用、管护责任、收益权一致。建立长效机制，把沙产业发展、龙头企业扶持、合作组织培育、科技服务、市场服务统筹起来考虑，为治沙主体有稳定的收益提供长久的保障。

（2）用现代市场经营理念来指导沙产业发展，规范沙产业发展。政府投入要选准切入点，不仅要直接立项扶持治沙，而且要侧重于投入影响沙产业发展的制约瓶颈，选择沙产业龙头企业，科技成果转化等重点，发挥政府投入以一当十的作用，龙头企业重在培育市场主体功能，提升龙头企业在沙产业发展中市场融资、市场营销、市场管理能力，一个加工项目就需要成千上万原材料基地，现在条件下只有靠企业来完成基地建设和基地管理，形成“公司＋合作组织＋基地＋农户”的产业化运作机制。

功在国家，利落民众

——私营企业参与治沙造林的几点体会

罗垂纪

（北京博士林林业发展有限公司董事长兼总经理）

治沙造林、改善环境，坚定执行可持续发展是中国经济发展战略的重要组成部分。北京博士林林业发展有限公司就私营企业积极参与国家的这个发展战略进行了一些探索，取得了一定的经验。我在此向大家介绍北京博士林林业发展有限公司8年多的实际探索，就如何建立以现代产权制度为基础的"公司"来进行生态环境建设并取得的实际效果，谈一点粗浅体会。这一探索就是希望能解答2004年4月11日美国"纽约时报"文章"中国大力植树为何效果不好?"所提出的根本问题。

产权明晰，对权利进行明确的界定，使权利所有者能自由享用权利，也可以将权利自由转让。这是现代企业制度的基础。北京博士林林业发展有限公司就是用现代企业制度组建注册的纯私营的企业。其主要的经营方向就是在内蒙古锡林格勒盟进行生态环境建设。

本公司1999年6月至2000年1月经半年多联系酝酿，于2000年1月8日写出《关于建设"沙漠生态治理实业公司"的构想》一文。2000年2月即与内蒙古自治区锡盟多伦县有关领导部门取得联系，商讨在多伦县成立私营沙漠治理公司进行生态建设。为了注册公司，经过2000年、2001年整整两年时间后，于2002年4月在北京成功注册"北京博士林林业发展有限公司"。

本公司取得"中华人民共和国国有土地使用证"之后，对治理区委托有资质的内蒙古农业大学沙漠治理研究所进行规划设计专家论证，做出权威性的《内蒙古自治区锡林郭勒盟浑善达克沙地多伦县一号沙带沙不楞治理开发区总体规划》。2002年秋季开始植树，现已造林6000亩，每亩55株，共33万株。选用当地适生优良树种杨树、樟子松等，采用优质大苗栽植。现杨树高5～6m，樟子松1～2m，树形及树干均较美观。

众所周知，浑善达克沙地是我国距离北京最近的一个沙地，也是沙尘暴的主要发源地，直接威胁北京和华北的生态安全，在此背景下北京博士林林业发展有限公司实施的"沙不楞沙地治理开发工程"，是为了在"环北京地区防沙治沙工程"中，开拓创新，作出贡献。公司的宗旨在于利用先进的科技成果，用20～30年时间，在浑善达克沙地大面积恢复和营造植被，高标准、高效率地治理800km^2沙地，并加以合理利用，推动治沙事业的持续发展。为完成好此艰巨的任务，必须尊重自然规律，依靠科技进步，以市场经济为导向，采取现代企业运营和管理机制，根据当地的实际情况，对沙地进行综合治理，在保证生态效益的前提下，获得社会效益和经济效益，实现沙漠绿洲的可持续发展。探索企业治理沙漠、建设生态环境的机制和模式，对于加快全国的生态环境建设步伐和提高质量，有着重大的现实意义。

多伦，作为北京的后花园，随着北京博士林林业发展有限公司博士林项目在治理沙漠、恢复草原和植树造林的过程中取得成功，越来越引起有关部门的重视，中央电视台 7 套《绿色时空》栏目组特意为多伦的生态环保和沙漠治理作了专门报道，社会反响很好，为多伦的生态旅游起到了积极的推动作用。本公司从董事长到全体员工都熟悉和热爱林业事业以及生态环境建设事业，竭诚在多伦沙地治理工程中奉献一份力量。发挥北京博士林林业发展有限公司的优势，注重博士林项目的品牌。

民营企业参与沙漠治理参与生态环境建设是我国沙漠化防治领域的新形式，企业投资治沙如何在获得生态效益、社会效益的同时也能获得经济效益的问题，仍然是亟待深化实践、深入研究解决的一项重要课题。

私营性质的北京博士林林业发展有限公司从成立到实施运行，再到可持续发展要有前提条件，首先是投资人要有治理生态环境的愿望，其次要具备良好的资金基础，再次要有精通的专业技术，三者相辅相成，缺一不可，否则只能是纸上谈兵。

另外也会遇到困难，一是公司运行，政府工商部门及有关审批部门要有开拓创新精神，要用发展的眼光处理企业反映的问题，与时俱进，开拓进取，在我国生态建设过程中探索新途径。二是万事开头难，治理实施头五年，是政府与公司建立互信的关键时期。如果进展顺利，综合治理的生态效益和社会效益就能显现出来。三是可持续发展。北京博士林林业发展有限公司已度过了艰难发展时期，发展第一产业——种植业，即植树造林、种植牧草，是为发展第二产业，即第一产业下游产品加工创造条件，并酝酿发展第三产业，如生态旅游、休闲产业及相关产业。在生态环境科技方面中国有一定综合科技优势，并有大量比较高素质的、比较低廉的劳动力，这是其他任何国家无法比的，是我国最大的竞争力优势所在。

经过几年的实际经营，博士林林业发展有限公司在多伦的治沙造林计划中取得了实际成效，使流沙趋势得以缓解，固沙效果明显，所种林木呈现繁荣前景。生态环境的改善，使当地农业生产发展条件比以前有了明显改进，可持续发展的基础有了可靠的提升。再经过一段时间的积累和发展，便有可能发展旅游休闲产业，甚至吸引国际资本进入当地投资，带动当地经济的繁荣发展。更重要的是，博士林林业发展有限公司的实践，为中国私营企业参与生态环境建设摸索出一条可行的道路。我们体会到，这是一项功在国家，利落民众的大事业。只要持之以恒，必将大大推动中国的可持续发展，有利于中国经济的长期健康发展。

吉林省沙碱产业发展典型浅析

赵彤堂　刘静波
（吉林省荒漠化治理办公室）

摘　要：吉林沙地桑产业初见成效，白城地区植桑面积已达20万亩盐碱地。燕麦产业蓬勃发展。吉林省西部是世界著名的苏打盐碱土分布区之一。从2000年开始创造性地开展了生态草建设工程，现已完成治理面积620万亩，初步实现土地荒漠化趋势逆转。发展沙产业的主要措施：广泛宣传发动，加强组织领导，积极筹措资金，抓好政策落实，强化科技服务。当前沙产业发展中存在的问题：林草资源丰富，加工环节薄弱；企业规模小，精深加工能力弱；科技含量低，发展机制滞后。

关键词：沙地；盐碱地；桑产业；燕麦产业

吉林省是全国防沙治沙重点省份之一。20世纪末吉林西部的沙漠化土地面积为49万hm^2，占西部地区总土地面积的6%，盐碱化土地为153万hm^2，占总土地面积的1/4。覆盖度在30%以下的严重荒漠化土地达到70万hm^2。从2000年开始我们按照生态建设产业化，产业发展生态化的思路，开展了以生态草建设为载体的荒漠化治理工程，到目前已治理荒漠化土地41.3万hm^2，在初步实现土地荒漠化趋势逆转的同时，还推动了沙地桑产业和盐碱地燕麦产业的发展，实现了沙（碱）区增绿与地方经济发展双赢。现仅就吉林省西部发展沙（碱）产业（以下统称沙产业）情况做以简要分析。

1　沙产业发展成效

近年来通过扶持和壮大沙产业龙头企业，使沙产业成为增加农民收入的一项支柱性产业，使沙区生态状况明显改善的同时，拉动了地方经济的发展，实现了农民增收、社会增绿、企业增效。

1.1　沙地桑产业建设初见成效，桑蚕经济呈现出良好发展前景

吉林省西部是自然资源比较丰富而生态环境又很脆弱的地区，风沙、干旱、盐碱严重，自然灾害频繁，森林覆盖率仅为12.5%。为了改变这一状况，从2002年开始的沙地桑产业建设工程，规划用6年时间营造桑树经济林30万亩，增加森林覆盖率0.84个百分点，达到年养蚕20万张，实现蚕茧直接产值2亿元。在此基础上，扩大面积，延长产业链，配套建设蚕种厂、蚕茧站、蚕具厂、缫丝厂和饲料加工厂，解决20万人员就业，实现工业产值3.55亿元，从而实现沙地桑产业工农业总产值5.55亿元的目标。吉林白城是桑树的故乡，现在很多地方还生长着野生桑树，有的树龄达百年以上。该地区降雨量少，空气干燥，光照充足，积温高，昼夜温差大，加之秋季空气洁净无污染，适合桑树的生长和蚕的养殖。桑树当年栽植，翌年可少量养蚕，第三年可足量养蚕，每亩栽植670株，可产桑叶1340kg，每亩桑园可养蚕一张以上，收入1000余元。桑叶、桑条含粗蛋白18%～28%，系上等饲料。沙地桑产业工程通过林业部门组织实施、重点户示范辐射，周边全面发展，截至目前，植桑面积已达20万亩，其中嫁接苗建园6.5万亩，实生苗造林13.5万亩。实现了一年起步、两年发展、三年初见成效。

（1）桑蚕科技开发推广体系初步形成。组建的科研繁育推广网络，以国内科研院所、大专院校为指导，以吉林省蚕业科学研究所和白城市林业科学研究院为依托，建立了蚕种、树种科研体系；以专业场圃和科研单位为中心，建立了桑树种苗繁育体系；以村、社为核心，建立了桑树种植和养蚕推广体系。培育引进推广了适合白城生长的向海一号、龙桑一号、铁耙子和秋雨4个优质品种，研究出一整套低干、中干桑树栽培技术，沙地桑产业工程有了坚实的科技基础。

（2）优良种苗繁育体系已见规模。建立的桑树基因库目前已搜集品种和类型200余个，建种子园450亩、采穗园750亩、育苗基地1150亩，年可产优质苗木5500万株。培育、嫁接、归圃了大量的实生苗和品种苗，不仅培育了一大批熟练的技术工人，而且沙地桑产业建设所需的苗木、种穗逐步从大量外购转为自我生产，自我提纯，为今后规模建园和植桑造林提供了强有力的苗木保障。

（3）桑蚕养殖获得成功。现已建小蚕共育室1000余m^2，小蚕饲育能力达2000张。养蚕770张，产蚕茧10250kg，实现了“一亩地养一张蚕，收入1000元”的目标，涌现了一批养蚕大户。洮南市蛟流河乡农民张绍福单张产鲜茧50kg，特等茧占60%，收入达1000元以上。吉林省生产的白茧茧层率高，解舒程度好，丝质洁白光亮，抽丝长度高达1280～1800m，达到世界4A级标准。重庆缫丝厂、黑龙江滨县缫丝厂多次前来订货，无偿提供技术指导；韩国KCK株式会社专程前来商讨桑蚕主副产品深度开发问题，市场发展空间广阔。

（4）产业化开发，市场营销体系初步建成。通榆县成立的桑蚕服务公司，为桑蚕经营者提供产前、产中、产后服务。白城市林业局成立的蚕业服务中心投资20万元从韩国购进两台先进的蚕茧烘干设备。随着桑蚕产业的不断发展，培育、开拓市场的条件日益成熟，桑蚕产业化开发体系也正在逐步延伸。北京圣树农林有限公司，在通榆县成立了圣树饲料养殖发展有限公司，已种植沙地饲料桑2000亩。江苏省南通缫丝厂投资2000万元建立了鑫波缫丝厂。目前，蚕茧缫丝、桑蚕产品深加工、桑树饲料三位一体的沙地桑产业基本框架已经形成，农工贸一体化、产加销一条龙的产业化发展路子和公司+农户，企业+基地的经营模式已经显现。

1.2 盐碱地燕麦产业，创出生态草建设产业化模式

吉林省西部是世界著名的苏打盐碱土分布区之一，在盐碱地上种植粮饲兼用植物——燕麦，是一年两季双熟高回报的治碱方法，开辟了吉林省发展沙产业的新路。伴随推广面积的扩展，逐步形成了生态建设与产业开发良性互动的新局面。实践证明，在盐碱地上发展燕麦产业是改善沙区生态环境，加快经济发展的一种有效途径。

（1）燕麦示范种植全面展开。在前期试验的基础上，2007年以洮北区洮河镇、洮河农场、通榆县向海乡、内蒙古自治区阿尔山市等几个区域为重点，对燕麦进行大面积推广，投入燕麦良种30万kg，种植面积4万亩。燕麦总产量达5500吨，燕麦草产量达3万吨。

（2）引进龙头企业，成功申报地理标志产品。挪威中外合资燕麦饮品加工项目于2006年5月20日落户吉林白城工业园区。白城燕麦被列为国家地理标志产品，这一无形资产对于提高吉林省白城燕麦产品的市场品位和国内外知名度，对于促进盐碱地燕麦产业升级和燕麦产品市场开发起到推动作用。

（3）一年两季双熟燕麦种植试验取得成功。这一成果填补了我国北方地区燕麦种植两季双熟的技术空白，为提高燕麦种植效益，促进盐碱地燕麦产业发展提供了技术支撑。

（4）燕麦加工产品被评为吉林名牌。为进一步延伸燕麦产业链条，引资香港金福集团、长春国联集团，以股份制的形式成立了吉鹤燕麦有限公司。目前已建成燕麦系列早餐生产线、燕麦纤维素片生产线等5条生产线，生产燕麦系列食品1100吨。吉鹤燕麦公司生产的“金鹤三加一”牌燕麦片被省政府评为吉林名牌产品。

（5）燕麦草的开发利用继续深入。利用燕麦秸秆育肥通榆草原红牛的“燕麦牛示范园”，建设标准化育肥牛舍，标准化屠宰车间。此外还利用燕麦秸秆喂饲奶牛，生产燕麦奶；喂饲鸭，生产燕麦鸭蛋。

2 沙产业发展的主要措施

发展沙产业是一项生态、经济和社会效益并重的系统工程。为了确保工程的顺利实施，注意强化五项保障措施。

（1）广泛宣传发动。通过广播、电视、报刊等媒体，大力宣传沙产业开发对改善生态、富县裕民的意义和作用，宣传植桑养蚕、种植燕麦方面的知识，营造良好的舆论氛围。组织召开各种形式的现场会和交流会，宣传典型和经验，引导、带动群众投身沙产业开发中来。同时，编制相关的宣传资料、技术手册，刻录技术光盘，组织人员走村入户进行宣传发动，提高广大群众的认识，激发全社会发展沙产业的积极性。

（2）加强组织领导。有关市、县成立了领导小组，负责抓各项工作落实，研究解决植桑养蚕、种植燕麦等发展沙产业过程中存在的实际问题。各承建乡（镇、场）围绕工作目标，把任务层层分解，落实到村、社、农户和经营大户。经常巡回检查指导，掌握经营情况，帮助解决具体困难。

（3）积极筹措资金。沙产业工程是一次性投入较大，多年受益的项目，搞好资金筹措是确保工程顺利进行的基本保证。吉林省采取地方财政拿一部分，林业部门筹一部分，苗木赊一部分的办法筹措资金，捆绑用于沙地桑产业开发，无偿给农户提供种苗、蚕种和技术。同时广泛开展招商引资，吸引社会资本投入沙产业开发。

（4）抓好政策落实。为了调动群众沙地桑产业开发积极性，我们把沙地桑产业开发承建户纳入退耕还林计划，对桑树栽植成活率达到国家验收标准的，一律享受退耕还林政策，并根据本地实际情况，制定了扶持沙地桑产业开发的相关优惠政策。只要致力于发展桑产业，无论是外来客商还是本地群众，都一视同仁，积极为其提供政策、苗木和技术等方面的服务。

（5）强化科技服务。沙产业开发是科技含量较高的项目，我们坚持走科学开发之路，加强同省内外科研单位的联系，积极引进先进技术和优良品种。建立健全科研、繁育、推广网络，同时吸收省外科研机构和科技人员合作建立试验示范基地。成立了蚕业服务中心，负责产前、产中、产后技术服务，组织有专业技术的大户成立蚕业协会，建立起功能齐全、辐射面广的试验、示范推广网络。

3 沙产业发展中存在的问题

我省在发展沙产业方面进行了一些探索，也取得了一些成绩，但沙产业还处于刚刚起步阶段，由于受政策、资金和技术等因素的制约，阻碍了沙产业进一步做大做强。主要的问题有以下几方面：

（1）林草资源丰富，加工环节薄弱。我省沙产业发展的现状是林草资源丰富，但加工环节薄弱，相关龙头企业屈指可数，转化增值能力较弱。沙产业的发展明显滞后于生态建设，在一定程度上已经制约了生态建设的快速发展。其主要原因是沙产业获利甚微，影响农牧民和企业发展沙产业的积极性。

（2）企业规模小，精深加工能力弱。沙产品加工企业整体上来说刚刚起步，企业规模小，资源综合利用水平不高，产品精深加工能力弱，产品档次低。由于国家目前对沙产业加工这类公益性极强的行业尚无明确的优惠政策，影响了大企业介入林沙产业的积极性。

（3）科技含量低，发展机制滞后。一方面缺少适地适树、以水定树的适用种植技术，一方面没有下游产品加工企业的产业化支撑，致使相当一部分的沙产业建设成果未能保存下来。这方面的教训是深刻的，比如前几年发展沙棘、大扁杏等，由于没有形成加工营销的产业化，难以达到预期的目标，有的地方甚至劳民伤财。

4 下一步发展沙产业的思路及建议

今后吉林省沙产业发展思路是以全面建设小康社会为指导，以构建和谐社会为目标，将发展沙产业与农民增收，节约能源、防沙治沙、节水灌溉等内容紧密结合起来，大规模发展多采光、少用水的阳光农业。以提高农民收入为出发点，立足优势资源，培育和扶持龙头企业，力争用5年的时间建成吉林省沙产业的三大支柱产业，即沙地桑产业、盐碱地燕麦产业和生物能源产业。

4.1 发展沙产业的基本原则

（1）实施可持续发展战略，处理好资源与环境之间的关系。坚持经济效益、社会效益与生态环境效益的统一。依靠科技进步，降低资源消耗，实现经济、社会和生态环境协调发展。产业发展不能以牺牲环境为代价，产业发展所需的资源要以人工开发的资源为主。

（2）通过重点项目调整产业布局。以重点项目为抓手，通过产业结构调整，形成合理的产业布局。集中人力、物力、财力抓一些重点项目，着力解决产业发展中存在的一些突出问题。

（3）沙产业发展与林业重点工程结合起来。沙产业发展与三北防护林体系建设工程、京津风沙源治理工程、退耕还林等林业重点工程结合起来，在开始运作之初就谋划好产业运作。处理好企业与农牧民的关系，发挥产业的辐射带动作用，为广大农牧民提供更多的从业岗位，提高他们的生活质量。

4.2 四点建议

鉴于在发展沙产业中遇到的一些问题仅靠地方难以解决，需要国家在政策、资金上给予大力支持，为此提出以下四点建议：

（1）建议国家安排沙产业建设专项贷款。沙产业是一种投资大、周期长、见效慢、风险大的产业，对生态建设有着巨大的拉动作用，但其生态效益极大，短期经济效益较低，从一定意义上说沙产业是一种改善生态的公益性事业。因此，建议国家安排沙产业建设专项贷款，考虑到沙产业建设的特点，此项贷款的贷款期限应定为10年，并予以财政贴息。

（2）建议沙产业实行零税率、零费率政策。由于沙产业投资回报周期长，为鼓励发展沙产业，建议国家对沙产业所涉及的增值税、农业税、农林特产税、企业所得税、营业税、个人所得税、土地使用税、苗木生产经营税、原木税等税以及所有行政性收费项目全部予以减免，实行零税率、零费率。

（3）建议国家专门设立沙产业小额贷款。金融体制改革以后，农村的金融服务工作严重滞后，建议国家专门设立沙产业小额贷款，此项贷款的周期应确定为3～5年，利率应在同期利率的基础上降低1～2个百分点，发放对象主要是农牧民。

（4）建议将沙产业列入国家农业产业化重点项目。当前沙产业的薄弱环节是加工滞后，建议国家将沙产业加工业列入农牧业产业化重点支持的项目，从资金上、政策上给予长期的扶持。

参考文献

1. 刘延春，等．生态草建设指南．长春：吉林科学技术出版社，2004.
2. 裘善文，等．中国东北平原西部荒漠化现状、成因及其治理途径研究．第四纪研究，2005，25(1).

乌海市防沙治沙现状及治理对策

韩宝龙

（内蒙古乌海市林业局）

摘　要：乌海处于乌兰布和沙漠东部、库布齐沙漠南部、毛乌素沙地北部边缘，是乌兰布和、库布齐两大沙漠东进南移与毛乌素沙地的汇合点。

恶劣的自然生态环境决定了乌海林业工作的出发点、落脚点、任务目标，以及林业工作的重中之重就是防沙治沙，我们在沙漠治理过程中，坚持保护和建设相结合，把保护放在优先位置；大力开展植树造林，封沙育林，增加沙区植被；坚持重点治理和全面推进相结合，突出重点治理；坚持防沙治沙和发展沙产业，生态效益、经济效益和社会效益相结合。在人工造林的树种配置上，坚持从乌海干旱少雨荒漠性气候的实际出发，总结提出并坚持了“乔木靠边、灌木当家”的原则。经营沙漠措施中，重点发展了既有生态效益，又有经济效益的葡萄、柠条、梭梭三大林业生产基地。最终探索出乌海市沙产业发展以建立葡萄、梭梭、柠条三大基地为依托，发展葡萄、肉苁蓉、柠条深加工产业。走出一条“公司＋基地＋农户”的沙产业发展模式。

关键词：防沙治沙；沙产业；发展；探讨

1　乌海市沙化、荒漠化基本情况

乌海市位于内蒙古自治区西南部，始建于1976年，现辖海勃湾、乌达、海南三个县级行政区。全市国土总面积1754km^2，人口46万，其中农区人口5万[1]。

1.1　沙化成因分析

（1）干旱多风，风蚀水侵。乌海市地处干旱荒漠区，这一特定的地理位置和干旱少雨、蒸发强烈的自然条件，形成了乌海终年不断的大风扬沙天气。地表风蚀强烈，荒漠化日趋严重。乌海冬春降水极少，土壤干燥与大风频繁的气候相吻合。天然林资源很少，地表植被稀少，类型简单，平均盖度仅为25%，由于植被稀少，使土壤表层易受风力侵蚀。乌海地带性土壤为漠钙土，土壤抗蚀力差，易产生地表径流。乌海是黄河上中游水土流失最为严重的地区。水土流失面积达1153km^2，占国土面积的70%。乌兰布和沙漠的不断东侵南移，使大量流沙进入黄河，迫使黄河主流东移，形成对东岸的严重淘蚀。

（2）生态系统脆弱。乌海现有的绿化系统，主要以人工造林为主。人工林较之于天然林具有保存率低、抗逆性差等明显的缺陷。

（3）人为因素，资源的不合理利用。草场超载过牧，过度樵采，植被造成严重破坏，覆盖度减少，阻拦力降低，水土无法保持。这种不合理的资源利用和掠夺式的生产方式，加速了土地沙化，破坏了农牧业的生产结构，限制了经济的可持续发展。

2.2　乌海土地沙化具体有三个特点

一是面积大、分布广。乌海国土总面积仅有1754km^2。根据内蒙古自治区第三次荒漠化、沙化土地监测报告，荒漠化面积达到 1037km^2，占全市国土面积的 59.12%。沙化土地面积 368km^2，占全市国土面积的 21%，荒漠化、沙化面积占全市国土总面积的比例高达 80.12%，其中中重度沙化面积 363km^2，占沙化土地的 98%。在荒漠化土地中有沙化趋势的土地面积 426km^2，占全市国土面积的 24.28%[2]。

二是扩展快、程度深。据有关资料记载，20 世纪 60 年代初，乌兰布和沙漠东缘距乌海尚有近 30km。在不到 40 年的时间里，随着沙漠的快速东移，现在的乌达区已经有近三分之一的土地被乌兰布和沙漠吞没。乌兰布和沙漠东部边缘已经由黄河西岸的阿拉善盟扩展到黄河东岸乌海市的海勃湾区，侵蚀面积达 60 多 km^2，而且全部形成了新月型和半月型的流动沙丘。沙丘相对高度有的竟达到 50 多 m。

三是危害重、损失大。严重的荒漠化和沙化，导致了乌海恶劣的自然生态环境。年平均降水量不足 160mm(2005 年仅有 81.5mm)，而蒸发量却高达 3500mm，沙尘天气、沙尘暴频发，日平均风速大于 3m/s 的日数最多达到 301 天，扬沙以上风沙天气最多达到 80 天。8 级以上大风天气最多达到 52 天，沙尘暴平均每年 20 次。全市植被盖度不足 25%，沙化地区几乎寸草不生。工农业生产受到严重影响[3]。

2 乌海防沙治沙的必要性

(1)从地理位置看，乌海处于乌兰布和沙漠东部、库布齐沙漠南部、毛乌素沙地北部边缘，是乌兰布和、库布齐两大沙漠东进南移与毛乌素沙地的汇合点。

(2)从沙尘暴的走向看，乌海境内的贺兰山余脉与巴彦淖尔境内的阴山余脉之间，形成了一个长达 40 多 km 的风口。是起源于阿拉善巴丹吉林沙漠和蒙古沙尘暴刮向内地的必经之路以及乌兰布和沙漠进入内地的主要通道。成为沙化、荒漠化的一个重要源头。

(3)从沙化荒漠化波及的因素看，乌海是黄河流径内蒙古和华北 5 省的入口。由于大量流沙进入黄河，导致黄河泥沙含量的急剧升高。据专家考证，黄河内蒙古段泥沙含量的 60% 来自乌海。是黄河水患的一个重要源头。

3 乌海市防沙治沙发展概况

3.1 治理沙漠

防沙治沙是沙产业的重要内容，我们在沙漠治理过程中，坚持保护优先，封造禁并举。建市 30 多年来，特别从 1999 年开始，乌海陆续启动了生态建设、天然林保护、退耕还林、三北防护林四期、野生动植物保护与自然保护区建设等国家林业重点工程，全市的防沙治沙工作取得了实质性的进展。截至 2006 年底，共完成人工造林 1.88hm^2，模拟飞播 0.6hm^2，围栏封育 2.79hm^2，治理总面积达到 5.27hm^2。森林覆盖率由建市初期的 0.3% 提高到目前的 13.76%[4]。有效地阻止了乌兰布和沙漠东侵南移之势。

在治理模式上：

第一，坚持了保护和建设相结合，把保护放在优先位置。1996 年，乌海市成立了内蒙古西鄂尔多斯国家级自然保护区乌海管理局，对分布在我市境内 1.69 万亩的珍稀濒危物种进行了围封保护。在工作中，突出抓了禁牧。

第二，大力开展植树造林，封沙育林，增加沙区植被。在生态建设工程建设的基础上，乌海市林业局采取工程相互结合，发挥各工程优势的做法，在工程区开始大面积植树造林，增加沙区植被。有效的改变沙区面貌。

第三，坚持了重点治理和全面推进相结合，突出重点治理。封育、造林，乔灌草结合；部门绿化，企业造林，单位、个人造林齐上的措施，完成了海勃湾、乌达两区北郊的综合治理。海南区则把治理重点放在与鄂尔多斯接壤的毛乌素沙地的北部边缘。2001～2005 年共完成围栏封育 21 万亩，人工栽植柠条林 20 万亩，在库布齐、乌兰布和沙漠与毛乌素沙地之间建造了一条生态隔离带。

第四，坚持了防沙治沙和发展沙产业，生态效益、经济效益和社会效益相结合。始终把同时实现生态、经济、社会效益作为防沙治沙追求的最高目标。根据乌海不同区域、不同地段的不同情况，大力发展了三效兼顾的葡萄、柠条和梭梭。2001～2005 年，五年人工造林 26.5 万亩，其中葡萄、柠条和梭梭面积就达 23 万亩，占人工造林总面积的 87%。

第五，在人工造林的树种配置上，坚持从乌海干旱少雨荒漠性气候的实际出发，总结提出并坚持了“乔木靠边、灌木当家”的原则。

在政策机制上：

(1)坚持每年将防沙治沙、林业生态建设的目标、任务列入干部实绩考核范围，与各级党委、政府，各有关部门和每个领导干部的升迁奖惩紧密挂钩，严格考核兑现。

(2)危机促动、利益驱动、工作推动。在全社会大讲沙化、荒漠化的危害，形成全社会对防沙治沙的共识。更主要的是制订相应的鼓励政策，让社会方方面面看到防沙治沙实实在在的收益，从而积极投入防沙治沙。

3.2 经营沙漠

截至 2006 年底，葡萄种植面积达到 1.4 万亩，柠条围封、种植面积达到近 30 万亩，梭梭种植面积近 2 万亩。2002～2006 年，基地造林面积 33 万亩，占造林面积的 47%，为下一步葡萄深加工、梭梭接种苁蓉及苁蓉深加工、柠条的综合加工利用等沙产业的发展打下一定的基础。现在，与这三大林业基地建设相关的后续产业有葡萄保鲜贮藏销售业、葡萄酒开发项目、小型饲草加工业和苁蓉种植及苁蓉啤酒加工业。

3.2.1 葡萄产业

乌海昼夜温差大，有效积温高等自然气候条件，非常适宜葡萄的种植，从 20 世纪 80 年代开始，市委、市政府提出了大面积种植葡萄，发展葡萄产业的号召。特别是近几年来，随着退耕还林工程在我市的全面启动以及地方各级政府对葡萄种植业扶持力度的加大，乌海葡萄种植面积由过去的4000 多亩，发展到目前的 2.2 万亩，葡萄产量达到 1.8 万 kg。葡萄种植业的大面积发展，带动了乌海市葡萄保鲜贮藏、销售业以及葡萄酒项目的开发。

乌海市汉昇酿酒有限公司是乌海市葡萄酒加工企业，年生产能力 5000 吨，现生产的系列干红葡萄酒已经上市。目前，该公司正在进行葡萄育苗，葡萄基地以及葡萄酒项目扩建工程，将形成“公司＋基地＋农户”的产业化生产模式。

3.2.2 苁蓉产业

在近年的防沙治沙过程中，引进种植了大面积的梭梭，目前，全市梭梭种植面积达到 2 万亩。乌海市银星公司、乌海市岱山林牧有限公司和乌达区三林公司经过几年的梭梭接种肉苁蓉试验，现已获得成功。三家公司现已接种面积达到 10000 多亩，为企业的良性发展探索出一条农林互补，互为促进的发展路子。

3.2.3 柠条产业

根据不同立地条件，我们在对海南区一棵树梁荒漠区的治理主要是播种柠条。目前，该地区柠条种植面积达到20多万亩，为下一步柠条的综合加工利用打下了一定的基础。

3.2.4 高效农业产业

乌海市日光资源丰富，且耕地面积较少，从2000年开始，三区根据我市的这一实情，充分利用沙区光热资源优势，大面积发展了日光温室，走日光高效特色农业之路。截至2006年，全市日光温室大棚面积达到3600亩。同时，建起了海勃湾区高效农业园区。

3.2.5 沙漠旅游业

乌海市沙漠资源丰富，沙生植被主要以珍稀濒危植物四合木、沙冬青、蒙古扁桃等为主。四合木是乌海市最具代表性的古老残遗濒危珍稀植物，被称为植物中的"活化石"，具有研究和观赏等多种价值。同时，乌海还汇集了大漠、黄河、草原、石峡谷等自然景观和卓子山岩画、拉僧庙等多处人文景观，非常适合开展沙漠旅游业。目前，乌海市会祥种养业有限责任公司在现有草原旅游、餐饮、种养业的基础上，依托保护区珍稀植物，在海勃湾城北沙山开发的"金沙湾"沙漠生态旅游区，成为乌海市独具特色的集沙漠旅游、草原餐饮、娱乐为一体的综合性产业。

4 防沙治沙工作思路

立足乌海独特的自然气候条件，以防沙治沙、发展沙产业为重点，全面实施"生态立市"战略，大力推进生态绿洲型工业城市的建设进程。到"十一五"期末，全市森林覆盖率达到20%[4]。初步遏制乌兰布和沙漠对乌海的沙化侵蚀。

一是充分利用黄河水资源条件，争取国家和自治区的支持、打破地域界限在黄河西岸营造一条宽3~5km的以灌木为主的防风固沙林、黄河护岸林带，将乌兰布和沙漠边缘锁定在黄河西岸。设置乌兰布和、库布齐沙漠东侵南移的第一道防线。

二是集中全市力量，用5年左右时间，对全市境内所有流动、半流动沙地进行全面治理。集中对与乌兰布和沙漠风口相对的岗德尔山、千里山进行全面封育保护，对山前山后沙地进行集中治理，设置两大沙漠前移的第二道防线，为全区全国的防沙治沙作出贡献。

三是加大全市土地绿化力度，逐步完成所有宜林地治理，遏制荒漠化、沙化发展进程，实现乌海市委、市政府提出的生态绿洲型工业城市的建设目标。

四是采取实实在在的措施，切实加大防沙治沙科技支撑力度，改变传统的治沙模式，不断引进新的科技成果。全面提高防沙治沙科技含量和造林质量。

五是以沙漠资源为依托，结合我市自然人文景观和即将建设海勃湾水利枢纽工程，发展沙漠生态旅游业。

参考文献

1. 乌海统计年鉴·2006. 呼和浩特：内蒙古人民出版社，2006
2. 内蒙古自治区第三次荒漠化、沙化土地监测报告. 内蒙古自治区林业厅，2005.03.
3. 乌海市林业专业调查报告. 内蒙古自治区林业厅，2005.07.
4. 内蒙古自治区乌海市2005—2010年生态环境建设总体规划. 内蒙古自治区林业勘察设计院，2005 03.

图们江下游敬信平原沙丘地貌成因与利用大果野玫瑰灌丛进行防风固沙效应的初探(节录)

梁运江　许广波　李太元　李艳茹
全炳武　王维娜　鲁宇菡　于海茹
(延边大学农学院)

摘　要：研究结果表明：大果野玫瑰灌丛对近地表风速有较大的阻滞作用，在夏季大果野玫瑰覆盖区白天日均温度明显低于裸露沙丘，空气湿度明显提高，土壤浅层温度日变幅减小，灌丛内形成的小气候有利于其他植物种类定居和生长。随着人工栽植的大果野玫瑰灌丛定植和面积扩大，土壤理化性质得到改善，土壤颗粒组成分发生改变，容重降低，孔隙度增加，土壤持水能力明显提高；土壤中有机碳、全氮、速效氮及速效钾等含量显著增加，提高了土壤肥力。在珲春敬信平原上生长的大果野玫瑰是现代玫瑰栽培种的祖先之一，是改良现代玫瑰栽培种的重要种质资源和遗传资源。大果野玫瑰全身是宝，具有很高的附加经济价值。利用大果野玫瑰来提取芳香油、加工天然保健食品以及医药产品等方面深层次的开发已受到人们关注。在珲春敬信平原大面积栽植大果野玫瑰和保护现有的大果野玫瑰自然群落，不仅可以起到防风固沙的生态作用，而且还可以作为一项沙产业开发，推动边疆少数民族地区农村经济的发展，促进以利用大果野玫瑰为主的相应产业不断兴起。

关键词：珲春敬信平原；沙丘地貌；大果野玫瑰灌丛；防风固沙；沙产业展望

1　珲春敬信平原区域的自然状况

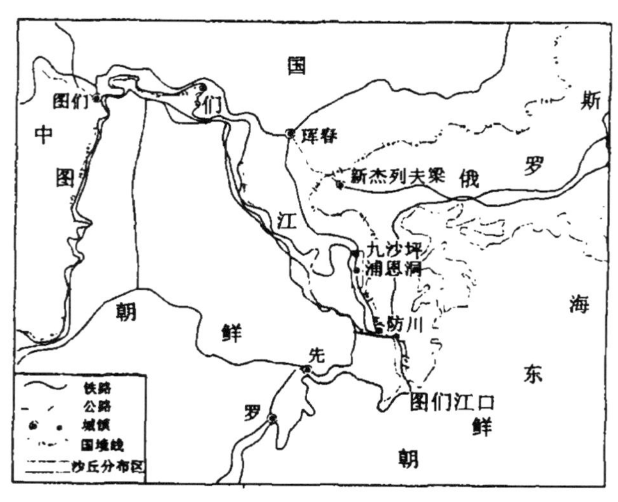

图1　珲春敬信平原地理位置示意图

珲春敬信平原位于吉林省东部的图们江下游，该区东部与俄罗斯滨海地区接壤，西南部隔图们江与朝鲜庆兴、雄基两郡相望。地理坐标为北纬42°47′～42°40′，东经130°25′～130°29′，面积为2.1万hm^2。该区是由图们江及其支流冲击而成的湖成平原，平均海拔15m，距图们江入海口仅15km。敬信平原为盆地地形，四周被中俄交界的耶尔山脉所环绕，最高处海拔694.0m。该区南部向日本海延伸的防川一带，海拔仅5m，不仅是本区域的最低处，也是吉林省的海拔最低处。该区土壤类型共有8类，在盆地中心平原区主要是白浆土和草甸土，零星分布有沼泽土和泥炭土，在丘陵区分布有灰棕壤和暗棕壤，在图们江沿岸的河漫滩分布有冲积土和风沙土。

大果野玫瑰属蔷薇科植物，主要生长在敬信平原的沙丘地上，为国家三级濒危植物、吉林省一级保护植物。它有着很强的根孽性，其抗风、耐沙、固沙的生物学特征对于改善脆弱的沙丘生态系统具有重要意义。大果野玫瑰植物本身的重要经济价值可以作为珲春敬信平原沙产业开发的一项核心内容。

2 珲春敬信平原沙丘地貌的形成原因

沙丘生态系统是图们江下游生态系统中最为脆弱的子系统之一，极易沦为退化生态系统（沙漠化）。近几十年，由于人类的生产活动使图们江下游的生态条件和生物多样性遭到严重破坏，尤其是沙漠化（沙丘地）面积逐年扩大，对人类的居住环境、森林生态系统和农田生态系统造成了不可低估的破坏和影响。调查资料表明，该区的沙丘及沙漠面积1992年时有1300hm^2，到2004年已增至2000多hm^2，沙漠面积正以每年50hm^{2}的速度扩展。该区的九沙坪、鲁田、防川、圈河4个村屯沙漠化最为严重，圈河一带最大的一片沙丘已达200多hm^2，九沙坪村沿图们江流域一侧分布的沙丘最高处已达8m，防川村近海处的沙丘面积有500多hm^2。许多农田因沙化而不能耕种。

珲春敬信平原沙丘地貌的成因是多方面的，既有自然因素，也有人为因素，归纳起来有以下几个方面：

2.1 自然原因

2.1.1 地形和气候的影响

珲春敬信平原为冲积平原，东南部面向日本海，西北部为高山，地势低洼，受海洋气候影响十分显著。由于海洋暖湿气流与大陆干冷气流经常在此交汇，形成了长年的大风天气。秋冬两季为西北风，春夏两季为东南风。据统计，每年平均有8级以上的大风38次，每场风至少要刮3天。3～5月有大风天数较多，占全年的30%左右，其余出现在冬季。旷日持久的大风将图们江沿岸河滩地的风沙土和冲积土吹进了珲春敬信平原。

2.1.2 图们江流向的影响

图们江进入敬信平原后，河道流向变得迂回曲折，多次转向，在江水折返处淤积着大量的泥沙，沿江形成了连续不断的沙丘地貌，在每年的春、秋、冬三季，从图们江方向吹来的沙子都会淹埋农田，甚至一夜之间农田里的沙子就可埋到1m多厚。

2.2 人为原因

砍伐树木、乱采乱挖、破坏植被、过度放牧、盲目开垦等造成水土流失，农田退化成沙漠，导致荒废。据实地调查，因冬季翻地使得大量表层土壤被春季大风刮走，一个春季使地表土被吹走6mm左右。

3 大果野玫瑰灌丛的防风固沙效应

珲春敬信平原生长的大果野玫瑰为具刺灌木，根蘖性强，具有抗旱、耐贫瘠等特点，是沙丘生态系统恢复的首选植物。从1999年开始，在珲春敬信平原50hm^{2}沙丘地上栽植了大果野玫瑰人工群落，同时对大果野玫瑰自然群落采取围栏保护，对固定流沙和减少风沙危害，改善当地沙丘生态环境起到了积极作用。

3.1 大果野玫瑰灌丛的防风作用

从表 1 可看出，在 0.8m、0.5m、0.2m 高度上，与裸露沙丘相比，大果野玫瑰灌丛 A（平均灌丛高度 40cm，灌丛直径 5m）和大果野玫瑰灌丛 B（平均灌丛高度 60cm，灌丛直径 8m）风速分别降低了 12%、24%；40%、46%；58%、68%，表明大果野玫瑰灌丛对近地表风速有较大的阻滞作用，而且大果野玫瑰灌丛 A 防风效果较大果野玫瑰灌丛 B 大些。

表 1 大果野玫瑰灌丛对风速的影响

高度（cm）	80	50	20
	相对风速（%）		
裸露沙丘	100	100	100
大果野玫瑰灌丛 A	76	54	32
大果野玫瑰灌丛 B	88	60	42

3.2 大果野玫瑰灌丛的小气候效应

灌木丛可改变土壤和空气温度以及表层土壤湿度条件，使得微区域气候发生变化，进而创造一个易于植物生长的有利环境。

表 2 7 月份不同大果野玫瑰灌丛内小气候变化

样地	时间	空气温度（℃）		空气湿度（%）		地温（℃）	
		0cm	30cm	0cm	30cm	0cm	5cm
裸露沙丘	8：00	22.2	22.9	33	34	18.5	17.9
	14：00	24.9	25.0	30	25	22.7	24.0
	20：00	22.4	21.3	35	36	22.1	21.1
大果野玫瑰灌丛 A	8：00	20.1	20.2	58	54	17.9	18.0
	14：00	22.3	21.9	47	45	20.4	20.1
	20：00	19.7	19.0	56	57	18.2	18.6
大果野玫瑰灌丛 B	8：00	22.1	22.5	42	45	18.8	18.0
	14：00	23.5	23.0	35	34	21.3	21.4
	20：00	21.0	21.1	45	40	19.0	19.2

3.2.1 大果野玫瑰灌丛对空气温度的影响

从表 2 可看出，裸露沙丘在 0m 和 0.3 m 高处白天平均气温比大果野玫瑰灌丛 B 高出 1.4℃和 2.0℃，比大果野玫瑰灌丛 A 分别高出 2.6℃和 3.1℃，说明在夏季大果野玫瑰能有效地降低灌丛内空气温度。

3.2.2 大果野玫瑰灌丛对空气湿度的影响

表 2 中 3 块样地空气湿度的日变化规律是一致的，而且大果野玫瑰灌丛 B 和大果野玫瑰灌丛 A 的空气湿度在各个时段均高于裸露沙丘，尤其以 8：00 和 20：00 更加明显。大果野玫瑰灌丛 B 和大果野玫瑰灌丛 A 样地内日平均空气湿度分别比裸露沙丘高 8.01% 和 20.6%。可见，大果野玫瑰灌丛可以显著地提高周围的空气湿度。

3.2.3 大果野玫瑰灌丛对土壤表层温度的影响

从表 2 中可见，在各个土层深度，大果野玫瑰灌丛土壤最高温度（14：00）均明显低于流动沙丘，而最低温度（8：00）要略高于流动沙丘。总的来看，大果野玫瑰灌丛 B 和大果野玫瑰灌丛A灌丛内土壤温度日变幅要小于裸露沙丘，温度变化缓和，从而有利于植物生长。

3.3 大果野玫瑰灌丛对土壤理化性质的影响

3.3.1 大果野玫瑰灌丛对土壤物理性质的影响

在沙丘上建立起大果野玫瑰灌丛植被后，由于大果野玫瑰的根系、土壤微生物、动物等的共同作用，使土壤理化性质发生了很大变化。大果野玫瑰灌木丛降低了风速，使细小尘土得到沉降，改变了土壤机械组成，研究发现，随着大果野玫瑰灌丛面积增大，表层土壤(0~5 cm)中的粗砂(0.25~1 mm)和细沙(0.1~0.25 mm)含量减少，微沙(0.05~0.1 mm)和粘粒(<0.05 mm)的比例加大。

从表3中可以看出，土壤容重随着大果野玫瑰灌丛面积增加而逐年降低，随着根系深度增加而增加，非毛管孔隙度和总孔隙度增加，毛管孔隙度有减小。从而有利于土壤保持水分，这对于恢复沙丘生态系统中的植被有着重要的意义。

表3 大果野玫瑰灌丛对土壤物理性质的影响

样地	深度(cm)	容重(g/cm^2)	非毛管孔隙度(%)	毛管孔隙度(%)	总孔隙度(%)
裸露沙丘	0~1	1.59	5.33	34.80	40.13
	10~20	1.62	5.08	35.41	40.49
	20~30	1.67	4.56	36.26	40.83
大果野玫瑰灌丛A	0~1	1.45	6.93	35.8	42.73
	10~20	1.50	6.08	35.31	41.39
	20~30	1.54	5.56	35.16	40.72
大果野玫瑰灌丛B	0~1	1.49	6.38	35.10	42.48
	10~20	1.52	6.48	35.40	41.88
	20~30	1.56	6.56	35.26	41.82

3.3.2 大果野玫瑰灌丛对土壤化学性质的影响

从表4中可以看出，表层土壤pH值呈现出降低趋势，尤以表层(0~10 cm)更为明显。原因是随着地表植被的恢复，土壤中腐殖酸不断累积，土壤微生物活动加强，有机酸增多，使得土壤pH值降低。随着大果野玫瑰群落增大，土壤中的有机碳、全氮、速效氮和速效钾含量均有显著增加，植物促进了土壤中物质循环和富集作用，养分含量增加，肥力得到提高。

表4 大果野玫瑰灌丛对土壤物理性质的影响

样地	深度(cm)	pH值	有机碳(g/kg)	全氮(g/kg)	全磷(g/kg)	速效氮(mg/kg)	速效磷(mg/kg)	速效钾(mg/kg)
裸露沙丘	0~10	6.09	12.1	1.17	0.45	47.91	1.37	126.0
	10~20	5.82	8.6	1.06	0.40	38.92	0.75	360.4
	20~30	6.04	6.8	0.92	0.35	29.50	0.65	558 45
大果野玫瑰灌丛A	0~10	5.90	14.5	4.30	0.66	44.20	2.90	178 45
	10~20	5.87	12.8	3.02	0.47	42.92	1.05	109 11
	20~30	6.01	10.2	2.07	0.35	35.01	0.70	78.32
大果野玫瑰灌丛B	0~10	6.03	12.5	2.32	0.59	41.20	1.90	145 20
	10~20	6.04	10.8	2.01	0.47	40.52	6.5	89.11
	20~30	5.98	9.2	1.98	0.35	32.21	5.9	68.32

4 大果野玫瑰在珲春敬信地区沙产业中的开发前景

吉林省珲春敬信平原分布生长的大果野玫瑰是现在广为栽培的玫瑰种类的祖先，是改良玫瑰栽培种的重要种质资源和遗传资源。另外，大果野玫瑰对于当地物种多样性的保持起着重要作用，大果野玫瑰的果实是一些陆生动物、候鸟、留鸟以及昆虫的重要食物来源，大果野玫瑰一旦灭绝，受其支持的动物、昆虫和鸟类不论在数量上还是品种上都要受到很大的影响，使当地的生态系统平衡发生改变。

珲春敬信平原的大果野玫瑰还具有很高的经济价值，主要有：

(1)提取芳香油：野玫瑰花瓣含芳香油0.03%，主要成分为香叶醇，以左旋性的含量高者为佳，还含有香草醇、橙花醇、苯乙醇、丁香酚等芳香的酸、醛、脂肪酸、酚及油脂等。玫瑰芳香油是各种高级香水、香皂及化妆香精不可缺少的香料，是调配多种花香型香精的主剂，也可作为食用香精。目前，国际市场上玫瑰油价格为4000 ~ 5000美元/kg。

(2)开发保健食品：野玫瑰花还可制成糖果、糕点、玫瑰酒、玫瑰酱等。花内含有檞皮素、苦味质、鞣质、没食子酸、矢车菊双甙等，所以，常食玫瑰制品可以舒气活血，美容养颜。玫瑰果实平均个体重为8克左右，可食部分占果实鲜重的70%，且含有丰富的营养物质，果实中含有8.21%的总糖、1.08%的总酸、0.89%的蛋白质、1.43%的果胶和1.65%的单宁。果实中的维生素C含量高达1700 ~2200mg/100g，还含有维生素B_2、维生素P、维生素E、维生素K、17种氨基酸和28种微量元素，所以大果野玫瑰果实又有天然多种维生素浓缩物的美称。

(3)治病健身：玫瑰花和果实均可入药，主治吐血、血崩、肋间神经痛、脘腹胀满等症，还可以调节女性机能，治疗经前症、月经不调以及活化男性荷尔蒙及精子等。用玫瑰花瓣提炼得到的玫瑰精油可以显著地促进人体的血液循环和新陈代谢。

在珲春敬信平原大面积栽植大果野玫瑰和保护现有的大果野玫瑰自然群落，不仅可以起到防风固沙的生态作用，而且还可以作为一项沙产业开发，推动边疆少数民族地区农村经济的发展，促进以利用大果野玫瑰为主的相应产业不断兴起。

神东矿区科技创新　防沙治沙独树一帜（节录）

焦居仁

（世界水土保持协会秘书长、教授级高级工程师）

摘　要：神东矿区以“产环保煤炭，建生态矿区”的理念，通过科技创新，研制开发了6项环境综合防治关键技术：以井下治理为基础，井上井下互动治理，实现矿区环境保护的良性发展；以控制外围风沙侵蚀为前提，内外围结合治理，实现矿区整体生态环境的恢复和改善。倡导“大范围综合治理，小范围控制沙化”的主动型生态治理与环境保护的新理念，开创性地提出了矿区采前生态功能圈构建和采后生态循环利用系统构建理论与技术，并得到了有效实施，通过1987年、1997年和2004年的遥感科学数据检验证实成效是显著的，为我国企业防沙治沙独树一帜，其经验是宝贵的。

关键词：防沙治沙；科技创新；神东矿区

中国神华集团神东煤炭分公司（以下简称“神东分公司”）神东亿吨级矿区（以下简称“神东矿区”）位于陕西省榆林市北部和内蒙古自治区鄂尔多斯市南部，地处晋陕蒙接壤地区毛乌素沙漠与黄土高原丘陵沟壑区的过渡地带。神东煤田总面积3841 km^2，已探明储量2236亿吨，远景储量10000亿吨。占全国探明储量的30%，为世界七大煤田之一。神东矿区自1981年初开始筹建，1985年开发建设，1990年提出“高起点、高质量、高技术、高效率、高效益”的建设方针，逐步探索出了一条现代化高产高效矿井建设的道路，特别是从1998年开始，企业实现了跨越式发展，2005年原煤产量达到了上亿吨，主要经济技术指标居全国第一、世界一流水平。

资源与环境问题是目前国际上最为关注的焦点。矿区的开发建设势必会对矿区的环境产生影响。特别是沙漠边缘地区原生植被稀疏，自然条件恶劣，水土流失严重，生态环境极其脆弱，露天矿的开采也必然造成生态环境的破坏。

一、先进的理念，综合防治的思路

矿区领导非常重视矿区的生态环境保护和建设，将环境保护作为履行社会责任、实现企业可持续发展的重大责任，以科学发展观为指导，按照“产环保煤炭，建生态矿区”的企业环保理念，以“发展循环经济，建设环保企业”为企业环保工作目标，坚持预防为主、综合治理，全面推进、重点突破的方针，与时俱进，以科技支撑矿业发展，抓环境综合治理规划，自主创新、研制开发了六项环境综合防治关键技术，并得到了有效实施，对环境起到了很好的保护和改善作用，产生了显著的生态效益、经济效益和社会效益：①取消矸石山——井下无岩巷布置与矸石处理技术；②减少地下水流失——薄基岩浅埋煤层保水开采技术；③污水零排放——矿井水采空区过滤与净化复用技术；④采空区不发火——浅埋易自燃煤层防灭火技术；⑤矿区采前生态功能圈构建技术；⑥矿区采后生态资源循环利用系统构建技术。

上述矿区生态环境综合防治六项技术取得了明显成效，并获得内蒙古自治区科技进步一等奖。神东分公司现代化高产高效率建设的成功实践，得到了煤炭行业的广泛认同。2003年，神东矿区现代化建设和生产技术获得国家科技进步一等奖，与神舟五号同台接受了国家奖励。2004年，公司获得全国五一劳动奖状。多年来，还先后获得了国家环保总局、煤炭工业部、全国绿化委员会、国家林业局、人事部和水利部一系列的表彰和奖励。

2005年8月中华环境奖启动仪式在神东矿举行，全国人大蒋正华副委员长和中华环境基金会曲格平理事长出席会议并发表了重要讲话。曲格平理事长认为：神东矿区建成了现代化煤炭基地，把荒漠披上了绿色；中央新闻媒体做了报道，上海东方卫视做了实况转播，为全国树立了一面开发建设煤矿与保护环境、防治水土流失同步进行的旗帜。

二、切合实际的防沙治沙技术路线、创新点和做法

煤炭生产对生态环境的影响，首先来自于井下生产。如果没有对井下环境的有效治理，地面治理不仅难度大，而且不会收到理想的效果。神东分公司抓住这个根本性的问题，首先着眼进行井下治理，在控制井下生产对生态环境造成影响的前提下，有效地开展地面治理，取得了良好的效果。

（1）技术路线：一是以井下治理为基础，井上井下互动治理，实现矿区环境保护的良性发展。二是以控制外围风沙侵蚀为前提，内外围结合治理，实现矿区整体生态环境的恢复和改善。公司委托国家林业局编制了《神东矿区1999～2008年生态建设工程十年规划》，将矿区生态建设布局划分为“三圈一水”，即外围防护圈、周边绿化圈、中心美化圈和配套生态建设的灌溉系统。①外围防护圈主要指控制矿区西北风向流动沙区的固沙水保防护林，占总绿化面积的79%。②周边绿化圈主要指环小区与矿井的周边林带，起着重要的生态隔离与常绿林景观作用。③小区美化圈主要指以大柳塔小区、乌兰木伦小区和各厂矿工业场区与生活小区为主体的园林化建设。④生态灌溉系统主要包括水源（污水）综合开发利用与节水灌溉管网布设，是生态建设的基础与保障。

（2）自主创新的神东矿区生态环境综合防治6项技术的创新点：①首先倡导“大范围综合治理，小范围控制沙化”的主动型生态治理与环境保护的新理念。②开创性地提出了矿区采前生态功能圈构建和采后生态循环利用系统构建理论与技术，创建了矿区开采生态建设的新理念。③成功研发出井下水采空区过滤净化技术，通过井下矸石过滤，实现了污水净化复用。④积极面对并加强从技术上研究解决地下开采造成的地表塌陷和地表水流失问题。

（3）主要做法：① 矿区采前生态功能圈构建技术。主要包括大柳塔东山、大柳塔西山与上湾小区环形湾“两山一湾”常绿林带和复垦绿化、“绿色通道”交通线绿化、河道治理。② 矿区采后生态循环利用系统构建技术。矿区实现了废水“零”排放，实施循环经济模式，矸石和废水资源化，避免环境污染，增加经济效益。为我国煤炭开发与环境保护同步进行创出了一条成功的新路子，积累了经验。

三、以遥感监测数据解读矿区综合治理成效

2004年神东矿区委托水利部黄河上中游管理局水土保持监测站，开展了水土保持遥感监测，获取了1987年、1997年和2004年3个年份矿区植被覆盖度、土壤侵蚀强度等有关信息。监测表明，矿区水土流失得到有效控制，生态环境明显改善。1987～2004年，在矿区3837.56km^2范围内，裸地面积比例从28.3%，降低到11.9%；中度和中度以上植被覆盖度

的面积比例由20.1%，增加到40.3%。近期的变化尤为明显。经过15年的生态环境综合治理，神东矿区风沙小了，绿色多了，水也清了，矿区的工作生产环境、人居环境得到明显改善，矿区广大员工工作积极性进一步提高，建设文明矿区的信心大大增强。神东矿区所辖七个煤矿的水土保持工程，经2004年8月水利部组织的水土保持设施验收技术评估，工程措施和植物措施质量总体优良，通过了水土保持工程验收。

四、神东矿区防沙治沙主要经验

（1）以科学发展观统领矿区环境保护和生态建设事业。神东分公司从开发初就牢固树立了开发与治理并重的方针，治理理念也在实践中得到不断提升，从初期的修修补补到大面积的综合治理，从地面美化绿化到采区的井上井下互动，从建设美好家园的朴素认识到可持续发展的远大追求，从企业义务到社会责任，神东形成了独特的环保理念和整治措施。时至今日，神东分公司将矿区环境建设作为回报社会的一项战略任务，立志以高度的使命感和责任感，通过不懈的努力，将矿区建设成为沙漠中的一片绿洲，造福子孙后代。

（2）依法推进环境保护和生态建设事业。神东分公司认真贯彻落实《中华人民共和国环境保护法》、《中华人民共和国水土保持法》、《中华人民共和国森林法》、《中华人民共和国防沙治沙法》等法律法规，严格执行国家和地方政府有关生态治理和环境保护工作的精神，以建设"绿色神东"为目标，首先抓环境综合治理和水土保持生态建设规划；其次是严格执行国家建设项目环境影响评价制度和"三同时"管理制度，贯彻执行建设项目环境影响评价审批制度；三是贯彻落实《中华人民共和国水土保持法》有关规定，加大综合治理力度。

（3）自主创新，科技提升，支撑发展。神东分公司贵在科技创新，重在应用推广，创出了煤炭开发与环境保护的新路子，实现了依靠科技进步，支撑发展的目标。

（4）加强机构建设，充实人员，管理到位。神东分公司成立环境保护委员会，下设环保管理处，各矿、厂、处均建立相应机构，配备专职管理人员，制定了一系列水保绿化管理措施，形成了完整的生态治理和环境保护工作管理体系，通过了ISO14000环境管理体系认证。同时还建立了环境保护监测站，使公司生态治理和环境保护工作走上了规范化、制度化的轨道。

（5）加大环境保护投入，以煤业促进生态环境的良性发展。神东分公司生产经营中，从吨煤成本中提取0.45元环保资金，专门用于生态治理和环境保护。目前矿区产量达到上亿吨，每年提取环保资金近5000万元。几年来，仅公司集中治理投入的环保资金累计已达5亿元，其中环保水保投资21499万元，生态建设投资17560万元，塌陷裂缝封堵533万元，地表塌陷补偿10486万元。

（6）坚持地方政府和企业联手综合防治，实现互利共赢。神东分公司的生产建设和生态治理与环境保护工作，得到了国家有关部委、地方各级政府的大力支持，二者相辅相成，互相支持，互相促进。国家于20世纪80年代中期开始在这个地区先后启动了黄河上中游水土流失综合防治工程、黄土高原地区水土保持淤地坝建设等多个专项工程，开展了水土保持生态建设示范县和示范小流域建设工程。1999年水利部在神东矿区召开了全国厅局长水土保持现场会，树立了上湾小流域、石圪台水源地、马家塔露天矿土地复垦开发利用等全国水土保持生态建设示范工程。

神东分公司大规模生态建设创造的近50万个就业工日的社会效益，调动了当地政府和群众参与矿区生态建设的积极性。

五、几点建议

防治土地荒漠化要以水土资源的合理开发利用为前提，坚持工程、林草和农技三大措施，因地制宜、综合治理。

(1) 充分认识防治土地荒漠化的长期性、艰巨性和复杂性。不能急于求成，急功近利。

(2) 防治土地荒漠化的根本在于解决好农牧民的生产、生活问题，方能持续发展。

(3) 加强基础研究，推广先进实用技术。

(4) 尊重科学，遵循自然规律。

浑善达克沙地疏林草地立地条件类型划分(节录)

岳永杰[1]　李钢铁[1,2]　李清雪[1]　王永胜[1]
(1. 内蒙古农业大学；2. 北京林业大学)

摘　要：根据野外实地调查的数据和森林生态学与生态系统的理论依据，用数理统计的方法将浑善达克沙地桑根达来地段的榆树疏林草地进行立地条件类型划分。划分因子有地貌、坡高和植被盖度，地貌是立地条件类型组的划分标准，坡高和植被盖度是立地条件类型的划分标准。在调查的地区，共划分为2个立地条件类型组和8个立地条件类型。固定、半固定沙丘立地条件类型的乔灌木植被盖度一般大于20%，而流动沙丘立地条件类型的乔灌木植被盖度一般小于10%；固定、半固定沙丘立地条件类型的植被盖度随沙丘高度的增加有明显下降的趋势。沙地榆大多分布在低矮固定、半固定沙丘立地条件类型，中高固定、半固定沙丘立地条件类型和狭窄丘间地立地条件类型，高大固定、半固定沙丘立地条件类型和流动沙丘立地条件类型只是在背风坡有少量植被分布，迎风坡几乎没有植被分布；狭窄丘间地立地条件类型主要分布乔木、灌木植被，开阔丘间地立地条件类型主要是草地。

关键词：浑善达克沙地；疏林草地；立地条件类型

我国的综合多因子分类以石家琛的6级分类系统和森林立地分类系统研究组的5级分类系统最具特色。前者突出强调树种的适宜性和立地限制因子的重要性，立地类型是最基本的单位。而后者重点集中在主导因子的筛选上，并完成了全国的立地分类。总起来看，在综合途径中，利用地文和植被类型进行的立地分类及绘制森林立地图，对于集约的或粗放的资源管理及总体规划都有意义。近年来由于科学技术的发展，立地类型划分方法也趋于多样化，数理统计分析、地理信息系统、系统工程等软件相继应用。无论是国外还是国内对森林立地类型的划分都做出了相应的研究，但就沙漠立地类型的划分目前还很少见报道。

1　野外调查的内容与方法

(1) 地貌的调查。地貌调查采用布设样线的方法，具体如下：在浑善达克沙地桑根达来东南部选取样线的起点，用GPS记录该点的地理坐标为：E：116°18′05.9″，N：42°48′17.7″。用GPS和罗盘相结合沿垂直于沙丘的方向布设样线，样线长度为6km，将样线所经过的沙丘进行记录，记录的主要内容包括沙丘在样线上的位置、沙丘的坡度A(°)、沙丘坡向(阳/阴)以及沙丘的坡长L(m)，再根据沙丘的坡度与坡长计算出沙丘高度H(m)。计算公式为：

$$H = L \times \sin(A) \tag{1}$$

(2) 植被的调查。植被调查的具体方法与地貌调查基本相同，布设的样线与地貌调查采用同一条样线，记录样线所压植物的具体位置、名称、压线长度、植物的高度。然后计算出植被盖度。

2 立地条件类型划分

2.1 立地条件类型划分因子选取

（1）地貌因子。调查区域内地貌类型变化明显，主要地貌类型有沙丘，沙丘间地。各种地貌类型对植物生长和分布产生不同的影响，所以地貌类型可以作为该地区划分立地条件类型的主导因子。地貌是划分立地条件类型的一级指标，沙丘高度是划分立地条件类型的二级指标。

（2）植被因子。植被和环境是统一的，许多学者都认为植被本身就是立地条件的最佳反映者和最好指示者，调查区域多为非人为干扰区，因而主张把植被作为立地条件类型划分的重要依据。利用植被因子进行立地分类主要包括以林木生长状况和植被组成、结构等性质特征为指标。植被状况作为该地区划分立地条件类型的因子。

2.2 立地条件类型划分

（1）沙丘地及其类型划分。通过整理分析所采集的数据，计算出每个沙丘的高度及其植被盖度，其中沙丘的高度 H 通过公式(1)。而植被的盖度 G 则运用生态学样线调查中求植被盖度的经典公式：

$$植被盖度=植物压线长/沙丘宽度(丘间地宽度) \quad (2)$$

整理后的数据见表1(略)。将表1中沙丘高度和植被盖度两项数据，借助国际上公认的标准统计分析软件SAS(Statistical Analysis System)，采用最短距离法进行系统聚类分析。聚类树状图如图1。

根据分析结果并结合实际情况，将沙丘立地类型组划分成6个立地类型：①低矮固定、半固定沙丘立地类型；②中高固定、半固定沙丘立地类型；③高大固定、半固定沙丘立地类型；④低矮流动沙丘立地类型；⑤中高流动沙丘立地类型；⑥高大流动沙丘立地类型。由图1可知，属于低矮固定、半固定沙丘立地类型的有1号、4号、5号、22号、23号沙丘，属于中高固定、半固定沙丘立地类型的有14号、15号、17号沙丘，属于高大固定、半固定沙丘立地类型的有2号、16号沙丘，属于低矮流动沙丘立地类型的有7号、8号、11号、12号、20号、21号沙丘，属于中高流动沙丘立地类型的有3号、6号、9号、10号、13号沙丘，属于高大流动沙丘立地类型的有18号、19号沙丘。

（2）丘间地立地条件类型及其类型划分。丘间地立地条件类型组立地条件类型的划分与沙丘立地条件类型组立地条件类型划分原理基本相同，但是丘间地立地条件类型组通过软件

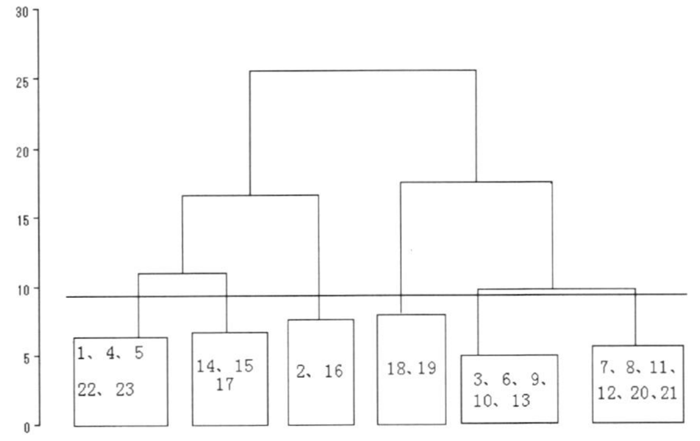

图1 23个沙丘聚类分析结果图

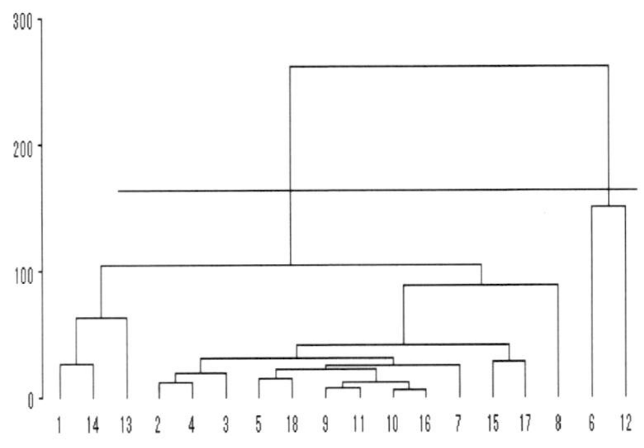

图2 18个丘间地聚类分析结果图

SAS(Statistical Analysis System)分析时选取的指标为丘间地的宽度和植被盖度，其中植被盖度的计算方法与上述方法相同，丘间地的宽度为样线上丘间地终点与起始点之间的绝对距离。丘间地调查数据见表2。

表2　丘间地调查表

样线区段号	丘间地宽(m)	植被压线长(m)	植被盖度(%)
1	126	21.44	17.02
2	10	1.05	10.5
3	10	2.33	23.3
4	19	0.47	2.45
5	34	8.24	24.24
6	362	3.11	0.86
7	57	4.5	7.89
8	16	16.15	100.94
9	32	2.5	7.81
10	39	2.6	6.67
11	25	2	8
12	600	16.72	2.79
13	95	53.54	56.35
14	151	11.3	7.48
15	42	19.6	46.67
16	36	0.47	1.32
17	14	6.34	45.29
18	48	10.66	22.21

由表2和图2可以得出结论：丘间地立地条件类型组大体上可分为两种立地条件类型，即狭窄丘间地立地条件类型和开阔丘间地立条件地类型。其中调查的大部分丘间地都属于狭窄丘间地立地条件类型，而属于开阔丘间地立地条件类型的只有6号、12号两个丘间地。

2.3　立地条件类型划分结果

首先按照地貌因子将调查区域划分为两个立地条件类型组：一是沙丘立地条件类型组；二是丘间地立地条件类型组。各个立地类型组根据其具体情况采用不同的因子和方法进行立地条件类型划分：沙丘立地条件类型组根据沙丘的高度和植被盖度，运用聚类分析方法进行立地条件类型划分；丘间地立地条件类型组根据丘间地的宽度和植被盖度，运用聚类分析方法进行立地条件类型划分。根据聚类分析结果，将桑根达来地区划分为两个立地条件类型组，8个立地条件类型，见表3。

表3　桑根达来地区立地条件类型一览表

编号	类型组	类型	高(宽)度(m)	盖度(%)
a	沙丘立地条件类型组	(1)低矮固定、半固定沙丘立地条件类型	<11	>15
		(2)中高固定、半固定沙丘立地条件类型	11～19.3	>15
		(3)高大固定、半固定沙丘立地条件类型	>19.3	>15
		(4)低矮流动沙丘立地条件类型	<11	<15
		(5)中高流动沙丘立地条件类型	11～19.3	<15
		(6)高大流动沙丘立地条件类型	>19.3	<15
b	丘间地立地条件类型组	(7)狭窄丘间地立地条件类型	<200	
		(8)开阔丘间地立地条件类型	≥200	

3 各立地条件类型的主要特征分析

（1）低矮固定、半固定沙丘立地条件类型。该立地条件类型的主要特征为：沙丘的高度一般都小于10m，而且多为缓坡沙丘，背风坡较迎风坡稍陡，坡度介于10°~20°之间，坡长一般不超过20m；植被盖度27%~35%，主要植物种有沙地榆 *Ulmus pumila* L. var. *sabulosa* J. H. Guo、小叶忍冬 *Lonicera microphylla* Willd . ex Roem. 、砂生桦 *Betula gmellinii* Bunge 等乔灌木，另外，一些蒿属也有分布。

（2）中高固定、半固定沙丘立地条件类型。该立地条件类型的主要特征为：沙丘的高度介于10~16m之间，多为坡度在20°~25°之间的中缓坡，背风坡较迎风坡稍陡，坡长在25~45m不等；植被盖度介于25%~35%之间，背风坡的植被盖度高于迎风坡植被盖度。主要的植物种有沙地榆、小叶忍冬、土庄绣线菊 *Spiraea pubescens* Turcz、砂生桦、小黄柳 *Salix gordejevii* Y. L. Chang et Skv 等灌木以及一些蒿属植物等，另外还有辽宁山楂 *Crataegus sanguinea* Pall. 、蒙古栒子 *Cotoneaster mongolicus* Pojark、山刺玫 *Rose davurica* Pall. 等偶见种的出现。

（3）高大固定、半固定沙丘立地条件类型。该立地类型的主要特征为：沙丘高度都在19m以上，坡度多为大于30°的陡坡，坡长大于40m；植被盖度在23%左右，大多数情况下植被都分布在背风坡，迎风坡几乎没有植被分布；主要的植物种有土庄绣线菊、砂生桦、小叶忍冬等灌木以及一些蒿属半灌木植物。

（4）低矮流动沙丘立条件地类型。该立地类型的主要特征为：沙丘高度一般小于10m，坡度和坡长分布不集中，坡度小到10°大到30°，坡长也是在20~45m之间不等；该立地类型植被稀少，盖度在0~9%之间，迎风坡几乎没有植被；主要植物种有砂生桦、土庄绣线菊、黄柳 *Salix gordejevii* Y. L. Chang et Skv 等灌木，以及一些蒿属半灌木。

（5）中高流动沙丘立地条件类型。该立地类型的主要特征为：沙丘高度在10~20m，坡长一般在15~45m之间，坡度在15°~40°之间不等；植被盖度一般在4%~15%之间，植被多数都分布在背风坡，迎风坡底部偶尔有植被分布或没有植被。主要植物种有土庄绣线菊、砂生桦、小叶忍冬等灌木以及一些蒿属植物。

（6）高大流动沙丘立地条件类型。该立地类型的主要特征为：沙丘高度大于25m，坡长大小在迎风坡与背风坡相差明显，坡长在迎风坡大都在50m以上，而在背风坡却只有20m左右，坡度一般都在25°~40°之间；植被盖度一般小于12%，主要植物种有砂生桦、土庄绣线菊、小叶忍冬等灌木以及一些蒿属植物。

（7）狭窄丘间地立地条件类型。该立地类型的主要特征为：丘间地比较狭窄，一般宽度不会超过100m；除个别丘间地外植被盖度都很高，平均盖度为21.64%。分布最多的植物种为沙地榆，其次为砂生桦，其他植物种如土庄绣线菊、小叶忍冬、小叶茶藨 *Ribes diacanthum* Pall. 只是零散地分布于丘间地，只有15号丘间地有辽宁山楂分布，13号丘间地有山定子 *Malus bacata*（L.）Borkh. 分布。

（8）开阔丘间地立地条件类型。该立地类型的主要特征为：丘间地跨度比较大，一般大于300m，而且是呈波浪状起起伏伏的草地，调查时期草地还没有返青，植被盖度很低，一般都小于3%，只是在丘间地零散地分布着砂生桦、黄柳、红柳 *Salix microstachya* Turcz. apud Trautv. 、土庄绣线菊、小叶忍冬等灌木以及一些蒿属植物。

4 结 论

(1)调查区立地条件划分成 8 种类型：①低矮固定、半固定沙丘立地条件类型；②中高固定、半固定沙丘立地条件类型；③高大固定、半固定沙丘立地条件类型；④低矮流动沙丘立地条件类型；⑤中高流动沙丘立地条件类型；⑥高大流动沙丘立地条件类型；⑦狭窄丘间地立地条件类型；⑧开阔丘间地立地条件类型。

(2)固定、半固定沙丘立地条件类型的乔灌木植被盖度一般大于 20%，而流动沙丘立地条件类型的乔灌木植被盖度一般小于 10%；固定、半固定沙丘立地条件类型的植被盖度随沙丘高度的增加有明显下降的趋势。

(3)土庄绣线菊、砂生桦、小叶忍冬以及一些蒿属植物无论在那种立地条件类型都有或多或少的分布，无明显的地域性；沙地榆大多分布在低矮固定、半固定沙丘立地条件类型、中高固定、半固定沙丘立地条件类型和狭窄丘间地立地条件类型，高大固定、半固定沙丘、流动沙丘和开阔丘间地立地条件类型没有沙地榆分布；黄柳和红柳主要分布在丘间地。

(4)低矮固定、半固定沙丘立地条件类型和中高固定、半固定沙丘立地条件类型无论在迎风坡和背风坡都有植被分布，而高大固定、半固定沙丘立地条件类型和流动沙丘立地条件类型只是在背风坡有少量植被分布，迎风坡几乎没有植被分布；狭窄丘间地立地条件类型主要分布乔木、灌木植被，开阔丘间地立地条件类型主要是草地。

浑善达克沙地桑根达来地区榆树疏林种群结构分析(节录)

李钢铁[1,2]　岳永杰[1]　李清雪[1]　王永胜[1]

(1. 内蒙古农业大学；2. 北京林业大学)

摘　要：浑善达克沙地作为京津地区沙尘暴的重要沙源地引起了生态学界的广泛关注。榆树是浑善达克沙地的优势种，对于该区域生态系统的整体性和多样性维持以及防风固沙等方面具有重要意义。研究浑善达克沙地天然榆树种群的生长状况，结果显示：榆树种群的平均树高为6.46m，最小值是1.62m，最大值为11.5m，平均胸径为22.03cm，胸径最小值为6.8cm，最大值为85.2cm，缺乏幼树，种群年龄结构呈衰退型；调查地榆树主要有孤立型、离散型和集群型三种分布格局。

关键词：浑善达克沙地；榆树；生长状况

1　研究区概况

研究区位于浑善达克沙地中部正蓝旗桑根达来镇。其特征是寒冷、干旱、风大。水分条件东西部相差很大，其中西部地区常年干旱少雨，水量较少，降水量为350～400mm，年蒸发量为2000～2700mm。浑善达克沙地水资源较为丰富，水分状况优越，水资源总量为39.8亿m^3。地下水总量为33.5亿m^3，地下水丰富，一般埋深1～3m。流动沙丘上的干沙层厚3～10cm，湿沙层含水量3%～4%。

榆树疏林起明显的景观作用，沙丘间低地常为草甸植被所占据。该区的植物种类随不同生境其组成有较大差异。固定沙丘木本植物主要为沙地榆 *Ulmus pumila* L、楼斗叶绣线菊 *Spiraea aquilegifolia* Pall 等，草本植物有中亚虫实 *Corispermum heptapotamicum* Iljin、猪毛菜 *Salsola collina* Pall、羊草 *Leymus chinensis* 等；丘间低地主要以中生植物火绒草 *Leontopodium leontopodioides* Beauv、地榆 *Sanguisorba officinalis* L、草地风毛菊 *Saussurea japonica* DC. 等为主；而湿地则以湿生植物黄戴戴 *Halerpests ruthenica* Ovcz、湿车前 *Plantago cornuti* Gouan、荆三棱 *Scirpus yagara* Ohwi 等占优势。

2　研究方法

2.1　植被调查方法(略)

2.2　种群年龄结构分析方法(略)

2.3　种群空间结构分析方法

因为种群空间格局就是反应种群内不同个体的配置情况，个体配置情况即为不同个体之间的相对位置，本文在研究种群空间格局时，按照调查植被时采集的数据，将每个样方内的榆树都用AutoCAD进行定位，通过Excel计算出每个样方内的榆树之间的平均距离，运用

SAS(Statistical Analysis System)软件对上述平均距离进行聚类分析。根据聚类结果，参照每个样方内榆树的分布情况确定该地的榆树主要分布格局。

表1　浑善达克沙地中部蓝旗榆树个体年龄的判断

年龄级	年龄(年)	胸径 DBH(cm)	株高(m)
1	0~9	<5	<2
2	10~19	5≤DBH<12	2<H<4
3	20~29	12≤DBH<20	4≤H<5
4	30~39	20≤DBH<26	5≤H<6
5	40~49	26≤DBH<32	6≤H<7
6	50~59	32≤DBH<38	7≤H<9
7	60~69	38≤DBH<43	9≤H<10
8	70~99	43≤DBH<49	10≤H<11
9	100~130	49≤DBH<56	11≤H<12
10	>130	>56	>12

注：资料来源于彭羽博士的《浑善达克退化生态系统生态恢复的自然保护区途径》。

3　结果与分析

3.1　榆树种群基本情况

表2是测量指标的相关性分析，冠幅、胸径和树高呈两两正相关。表3是研究的榆树种群的基本情况。由表3可以看出榆树种群树高的平均值是6.46 m，最小值是1.62 m，最大值为11.5m，胸径平均值是22.03cm，最小的胸径3.8 cm，最大值是85.2cm，方差为87.27，离散程度比较大；缺乏幼树，种群呈更新不良状态。

表2　天然榆树生长指标间的相关系数

相关系数(r)	株　高	胸　径	冠　幅
株　高	1.000		
胸　径	0.528	1.000	
冠　幅	0.612	0.618	1.000

表3　榆树生长指标简单统计表

榆树指标	株　高(cm)	胸　径(cm)	冠　幅(m^2)
均　值	6.46	22.03	41.78
标准偏差	1.84	9.34	34.96
偏差系数	28.54	41.89	83.82
标准误差	0.11	0.55	2.06
方　差	3.40	87.27	1222.2
最大值	11.5	85.2	254.2
最小值	1.62	3.8	1.54

3.2　榆树种群的年龄结构

从图1中可以看出，这是一个典型衰退型的种群。榆树大部分都分布在3、4、5级，共达到231株左右，约占调查样方内榆树总数的80.5%。该群落榆树幼苗明显缺少，种群更新不良，种群衰退现象比较明显。为了更直观地分析榆树种群的年龄结构，将所有调查的榆树按照胸径大小进行排序，然后绘制榆树种群的年龄曲线图。从图 2 还可以看出，曲线中间几乎是平的，而且分布在这个范围内的榆树占绝大多数，曲线两头很陡，这说明胸径很小和胸径很大的榆树个体数比较少。两图都反映出相同的问题：调查地区中等年龄的榆树最多，缺乏幼树，种群更新不良，呈典型衰退型。

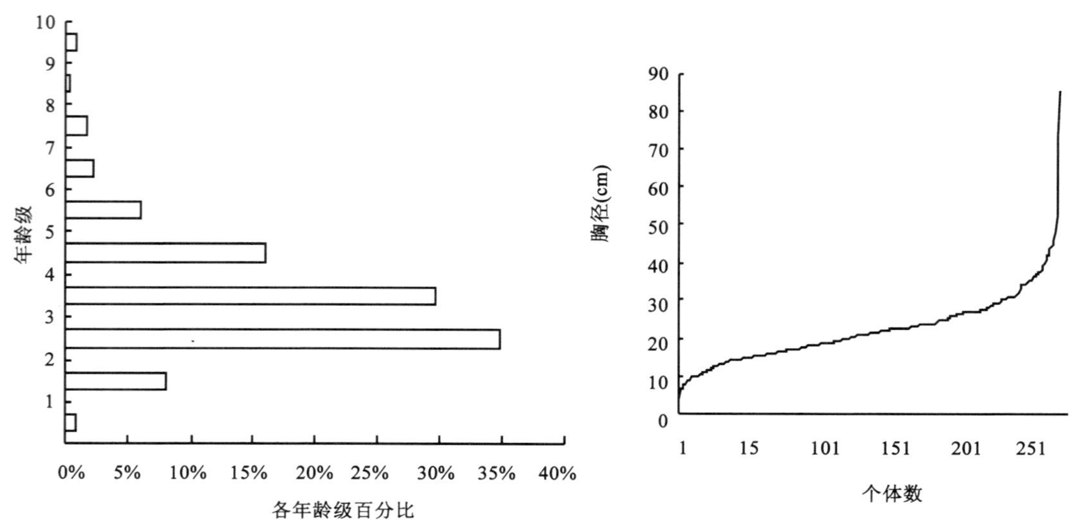

图 1 榆树种群年龄结构图　　　　图 2 胸径按大小排序后的曲线图

3.3 榆树种群的空间结构

调查过程中，布设的 150 个 80m × 80m 的样方中仅有 38 个出现榆树共 288 棵，平均每个样方内仅有 1.92 棵榆树。从表 4(略)密度一栏中可以看出，调查范围内榆树个数≤10 的样方就有 31 个，榆树个数≤7 的样方有 27 个，而榆树个数 >10 的样方仅仅 7 个，从宏观结构来说榆树是以稀疏状态分布于浑善达克沙地。本文通过研究样方内榆树之间的距离，来反映样方中榆树之间的空间结构，样方 1 ~ 6 内每个样方中只有 1 棵榆树，榆树呈孤立状态分布。将样方 7 ~ 38 中的榆树之间平均距离运用 SAS 软件进行聚类分析，分析结果如图 3。从图 3 可以看出，根据榆树的平均距离将这些样方内榆树的空间结构分为两大类：第一类为离散型空间结构，属于离散型空间结构的有 7 号、9 号等 17 个样方，由

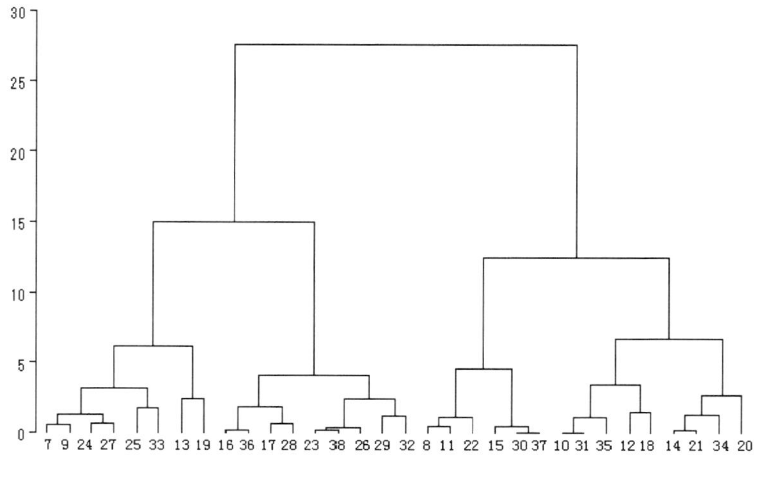

图 3 榆树平均距离聚类图

于这些样方内榆树离散地分布，因而榆树之间的平均距离相对比较大；第二类为集群型空间结构，属于这一类型的有 8 号、10 号等 15 个样方，这些样方内榆树之间的距离一般都小于 30m 见表 4(略)。

综上将该地榆树种群的空间结构分为孤立型、离散型和集群型三种(图 5、图 6)。

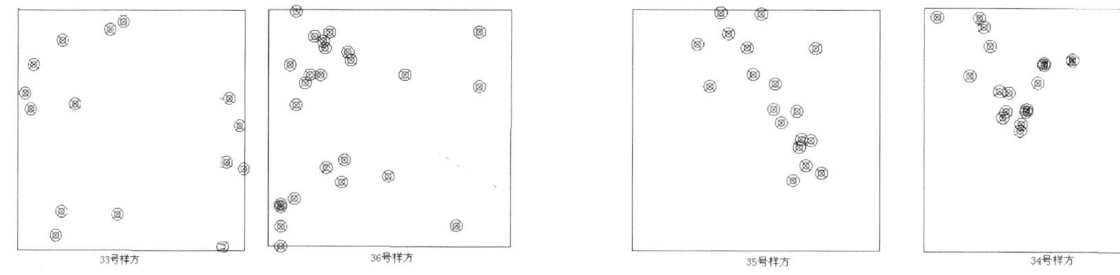

图 5　离散型分布图　　**图 6　集群型分布图**

4 结 论

(1)调查榆树种群平均树高 6.46 m，最小值是 1.62 m，最大值为 11.5m，平均胸径 22.03 cm，胸径最小值 3.8 cm，最大值 85.2cm。

(2)调查榆树的种群年龄结构呈现中间大两边小的趋势，在 3、4、5 年龄级最多，约占调查样方内榆树总数的 80.5%，调查地榆树种群中等年龄的榆树居多，缺乏幼树，种群更新不良，呈典型衰退型。

(3)调查地榆树的平均密度为 3 株/hm^2，榆树呈稀疏状态分布于浑善达克沙地，该地榆树主要有孤立型、离散型和集群型三种空间结构。

整合社会资源，走生态公益扶贫之路，发展沙产业（节录）

苏本山
（甘肃欣山农林科技有限公司）

摘　要：以科技扶贫可持续发展为指导，采用公益扶贫与生态保护相结合，NGO组织牵头、政府管理部门配合，贫困地区农民参与，农林科技公司组织实施，四位一体的管理模式，在甘肃定西地区建设45万亩大果沙棘生态经济林，发展沙产业。

关键词：生态公益扶贫；沙棘产业

一、项目开展情况

2006年3月，中国人口福利基金会苗霞理事长、日本2050国际援助组织北谷胜秀理事长一行来到甘肃，进行实地考察。通过3次考察，中国人口福利基金会、日本2050国际援助组织与甘肃省计生协和甘肃欣山农林科技公司达成了建立“中日友好幸福沙棘林种植示范基地”的共识。2006年11月9日，由中国人口福利基金会、日本2050组织、甘肃省计划生育协会、甘肃欣山农林科技有限公司等机构联合组织实施的“中日友好幸福沙棘林永登种植示范基地”建设项目在甘肃省永登县正式启动，500多人参加了植树活动，在永登县龙泉寺种植沙棘140多亩，共1.5万多株。2007年3月甘肃欣山公司在通渭县投资建设了占地100亩的育苗基地，引进优质大果沙棘母本苗21万株，定植在苗圃（成活率达97.6%），指派专业技术人员培育种苗，当年成功扦插育苗70万株，为实现当年种植沙棘3000亩的计划做好苗木准备工作。2007年10月22日，国家人口和计划生育委员会、甘肃省政府、中国人口福利基金会、日本驻华大使馆、日本2050组织联合在通渭县沙棘苗圃基地举行了“中日友好幸福沙棘林通渭种植基地”启动揭牌仪式和植树活动。期间，组织7600人次开展了为期15天的植树活动，在通渭县的平襄、马营、华岭、北城铺、新景等乡（镇）种植沙棘树3000亩，完成了当年预定的种植计划。2008年是计划实施的第二年，沙棘种植目标是2万亩，需要苗木400万株。为尽早做好苗木准备工作，欣山公司于3月份在永登县中川镇建立了一个占地150亩的沙棘育苗基地，为2008年种植2万亩沙棘树的计划，以及今后逐年扩大种植面积，无偿为农户提供优质沙棘种苗做好供应储备工作。全面开展2008年度育苗工作。

二、项目主要建设规模及内容

项目规划在通渭县、临洮县、永登县的宜林荒山与退耕还林区，新建以大果沙棘为主的生态经济林52.61万亩。其中：通渭县18个乡（镇），建设面积20.61万亩；临洮县12个乡（镇），建设面积25万亩；永登县龙泉寺镇，建设面积7万亩。该项工程总投资18203.08万元，资金来源分三部分：NGO组织公益基金、国家造林资金补助，企业自筹、公益资金，国家造林补助资金全部用于造林。企业自筹资金主要用于建设生产加工厂。

项目主要经济技术指标：营建大果沙棘经济林52.55万亩。沙棘林3年进入结果期，5年后进入盛果期，平均单位面积果实产量200kg/亩。在通渭县平襄镇建立100亩大果沙棘苗木培育基地(原五星苗圃)；在永登县中川镇建立150亩大果沙棘苗木培育基地。2010年建设年处理加工沙棘果10万吨的沙棘原料加工厂1处。

三、对项目的评价

在黄土高原定西市利用公益组织的社会捐赠资金培育优质大果沙棘苗木，无偿提供给当地退耕户和计生贫困家庭在退耕还林地补种沙棘树，以有偿方式组织广大贫困农户在荒山种植沙棘树，增加农民收入。该项目是采用大规模种植生态经济兼用林的方法，在改善当地恶劣生态环境时，注重解决退耕还林户长远生计和退耕还林后续产业发展问题，使农民5年后能长久获益。通过种植沙棘，建立沙棘加工企业，为当地农民尤其是计生贫困家庭的妇女提供就业机会。该项目实施符合逐步建立起巩固退耕还林成果的长效机制，实现生态改善、经济发展和农民增收“三赢”的指导方针。项目采用“社会公益组织+政府管理部门+贫困农户+专业农林公司”共同参与的运作模式，组织项目示范区内贫困家庭参与荒山种植，构建一个可持续发展的生态经济系统，进行整村整乡改善生态环境和实现脱贫致富。

该项目是由中国人口福利基金会、中国绿化基金会，日本2050组织联合发起，通过和当地政府、农林企业、农户合作方式，构建四位一体(公益组织+当地政府+企业+农户)的公益扶贫机制，在改善生态环境、帮扶计生贫困家庭的妇女和解决退耕还林户长远生计问题方面，充分发挥各自的优势，各尽其责、相互监督、相互促进，带动贫困地区实现整村整县脱贫，走共同发展之路。企业参与体现在按市场经济规律办事，产业化、集约化的生产管理方式，最大化地整合各方优势资源，以最小的投入，获取农民利益最大化。企业的收益在后期产品加工中获取。项目建设体现了生态环境治理与建设的发展方向，帮助国家解决了农民退耕地长期无收益和靠政府补助问题。

四、项目效益分析

该项目的前提是以取得扶贫效益为基点，以发展生态效益为手段，最终以取得社会效益和经济效益为目的。该项目由中国人口福利基金会统一组织、监管实施，政府各部门和广大农户共同参与，并采用产业化生产管理模式，而农林企业对收购果品的承诺(签约合同)，保证了农民能够及时获取收益。实行“谁种植、谁管护、谁受益”的原则，实现种植所得，将会极大提高农民自发种植和扩大种植规模的积极性，促进当地植被的快速恢复。

项目实施后，能改变当地生态环境，着重解决人的生存与发展问题，加快贫困农户脱贫致富步伐，既实现了国家倡导的市场化生态建设战略目标，又以生态建设催生农村特色林产业经济发展的模式．不但体现了国家政策优势，也发挥了基金会公益扶贫救助资金的优势，以建立“资助－带动－巩固－产业化发展”链，创新公益扶贫道路。

通过生态扶贫项目实施，可促进当地生态建设与经济建设的共同发展，创新荒山综合治理产业化发展模式．为实现贫困地区“整村脱贫、整县脱贫、可持续发展”的美好愿望奠定基础。

示范区种植农户可得收益：① 林果收益。在果实盛产期，每亩林地可产沙棘果 200kg 以上。按现今收购价 1.5 元/kg 计算，5 年后每个退耕/种植贫困家庭即可产生每年 2000 ~ 3000 元的稳定收入，且为持续性永久收益。② 养殖收益。每两亩沙棘林可产沙棘叶 1500kg，每个家庭以 5 亩地来计算，即可饲养 3 头羊，由此可再实现家庭养殖每年增收 1500 元。以上两项可使一户种植家庭一年增加 3000 元以上收入。定西地区项目建成后，可使 9 万户贫困家庭年增加收入 3000 元以上(40 万人受益)，实现扶贫救助目标。

总之，项目建设具有良好的示范推广作用，有助于推动当地经济结构的调整，有利于推进沙棘产业持续健康发展。

五、项目后期发展规划

我国沙棘资源十分丰富，西北、西南、华北和东北的 10 多个省(区)均有分布，全国沙棘总面积为 3000 多万亩，占世界沙棘面积的 90% 以上。涉及 22 个省(区、市)430 多个县。

沙棘产品已开发出了包括医药、保健、化工、化妆等 8 大类 200 多种产品，其生产工艺技术也日趋完善，产业化生产条件已基本成熟。但长期以来，沙棘产品市场一直尚未形成，多为初级产品，质量低效益差，市场竞争力弱。其根本的原因是：沙棘资源开发利用力度不够，没有形成产业化基地，缺乏市场的推动力量。以往沙棘主要是出于水土保持目的而种植，长期以来主要依靠政府及相关部门的拉动，是出于生态建设的拉动，缺乏来自市场的推动；沙棘种植品种的选择主要着眼于水土保持的需要，单产低，采收性能差，产品加工滞后，产业链没有形成，经济效益不高，从而影响了农民种植沙棘的积极性，也影响沙棘产业的健康发展。

甘肃欣山农林科技有限公司承担实施中日友好幸福沙棘林种植示范基地建设项目，旨在通过对沙棘生态经济林的营造及其后续产业的开发，前伸后延，打造和完善沙棘产业链和经济链，变资源优势为商品优势和经济优势，充分挖掘沙棘蕴含的巨大经济效益，欲将沙棘做成“小灌木、大产业”。自 2007 年后的 5 ~ 7 年内，由欣山公司负责在通渭县建成 20 万亩，在临洮县建成 25 万亩的沙棘林种植示范基地。整个建设项目分两期进行：一期工程建设为期 7 年，完成 45 万亩沙棘种植任务，同期建一座加工能力为 10 万吨的沙棘果品加工厂。二期工程计划从 2014 年开始，在 2020 年前把种植面积扩大到 100 万亩，同期投资建立一个以沙棘科研、生物制药、食品加工、美容化妆等系列产品的精加工科技园，实现在当地进行沙棘系列产品精加工。

本项目还将通过与退耕还林、荒山造林、小流域综合治理、小城镇建设等工程项目的有机结合，统筹规划、整体推进，全面整治，以科学发展观指导项目建设，加快社会主义新农村建设的步伐，实现环境改善、生活水平提高、区域经济发展的总目标。

沙里淘金　林草富民

李振茹
（北京市大兴区林业局总工程师）

摘　要： 大兴区地处首都南郊，距城区仅13km，属永定河冲积平原。由于人均土地资源比较匮乏，在治沙工程中如何把生态建设与农民增收紧密结合起来，是我们沙产业发展中需重点考虑的核心问题。为解决上述难题，大兴区在充分完善防护林体系建设的同时，把绿起来、美起来、香起来、富起来作为目标，着力追求林业产业的生产、生态、生活和文化的多功能开发，进行科学规划，综合开发，初步形成了现代都市型治沙模式的雏形，主要内容包括：首先是建立起了完善的农田防护林体系；其次是沙里淘金，林草富民；第三是坚持可持续发展原则，走走经济发展道路；第四是大力发展观光休闲林业。

关键词： 治沙；模式

大兴区位于首都南郊，永定河左岸，属永定河冲积平原。全区总面积1036km^2，总人口67万。历史上，受永定河长期摆动和决口的影响，形成占总土地面积61%的沙地，是北京五大风沙危害区之一。风沙曾给大兴区人民的生产生活造成了严重的灾害，也长期制约着大兴经济的发展。“风来滚沙丘，雨来水横流，四季都有灾，十年九不收”是大兴历史的旧照。建国后，大兴区人民与风沙展开了艰苦的抗争，特别是从20世纪90年代大兴区被列入全国首批治沙重点示范县以来，进一步推动了全区综合治沙的建设步伐。通过多年的综合治理，目前，大兴区已经形成了以农田防护林网为主体、以经济林为支撑的网、带、片、点相结合、生态林与经济林相结合的防护林体系，最大限度地发挥了其生态、经济和社会三大功能，初步实现了沙里淘金，林草富民的目标，使林木覆盖率从建国初期的0.8%提高到现在的30.24%，防沙治沙工作取得了阶段性胜利。

一、大兴区都市型治沙模式的发展进程

目前，京郊正在全力打造都市型现代农业，而治沙工作发展到今天的都市型治沙模式，也是经过几代人的艰苦努力和探索得来的。大兴区的治沙发展历程主要分为以下几个阶段：①开荒种田阶段。自20世纪50年代起，全区开展了轰轰烈烈的平整土地运动，将全区3000多个沙丘、沙坑全部进行了平整，种上了庄稼。②全面治理阶段。70年代后，大兴区开始把防沙治沙纳入了农田基本建设规划，通过农田林网、环村林、环城林、干线公路绿化、河道绿化等重点工程建设，初步形成了以防风固沙为主要功能的平原农田防护林体系。③经济开发阶段。随着改革开放的开始，到了90年代，在京郊全面开展了种植结构的调整，人们开始在农田防护林网格中，大面积种植果树，懂得了向沙荒要效益，变沙荒为林地，迎来了全区果树的大发展阶段。④科学开发阶段。2000年以后，大兴区在充分完善防护林体系的同时，以绿起来、美起来、香起来、富起来为目标，着力追求林业产业的生产、生态、

生活和文化的多功能并举，进行科学规划，综合开发，初步形成了现代都市型治沙模式的雏形。

二、大兴区现代都市型治沙模式的主要内容

（一）建设完善的农田防护林体系

京郊治沙，要以服务首都为核心内容，因而生态防护林体系建设显得尤为重要。近年来，大兴区依托重点工程带动效应，形成了网、带、片、点相结合的农田防护林体系。首先，在农田内以100亩为基本单位，建起了完善的农田防护林网，形成了“田成方、林成网”的基本模式；其次，将区域内所有干线公路、河流两侧全部进行了20～50m宽的绿化，形成了气势磅礴的绿化带；第三，在城市和村庄周围建起了环城、环村片林；第四，在重点风沙危害区建起了多处千亩片林、万亩片林，有效地抵御了风沙的侵害。据测定，全区冬春风速较20年前已降低40%，扬沙日减少34%，农田小气候进一步改善，空气湿度平均提高5%～10%，土壤有机质含量提高0.4%～1.5%。

（二）沙里淘金，林草富民

在京郊，由于土地资源比较匮乏，因而，在治沙工作中就必须要把生态建设与农民增收紧密结合起来，以解决绿化造林与农民争地的问题。党的十六届三中全会正式提出了树立落实科学发展观的战略思想。把以人为本和坚持全面、协调、可持续发展，作为科学发展观的主要内涵。强调从人民群众的根本利益出发谋发展、促发展，让发展的成果惠及全体人民。根据这一内涵，结合社会主义新农村建设，依据大兴区多年来防沙治沙的经验及创建和谐社会和小康社会对林业发展的需求，我们在京郊进行沙区林业生态建设的同时，开始着力发展新型经济林产业，并在产业体系开发过程中兼顾其生态功能，使二者有机结合，协同发展，使京郊林业在治沙的同时，为农民创造了可观的收入。

（1）营造速生丰产林。进入80年代后，大兴区通过与市林工商公司合作，进行了速生丰产林的大面积种植，但由于当时选择的品种主要为小美旱，缺少科学论证，生长中期开始，发育迟缓，未能成林。到90年代，我们经过调查研究，总结经验教训，重新调整了种植结构，在造林工作中，全面推广038、欧美杨107号、欧美杨108号、中林46杨等适宜本地栽培的优良品种，取得了较好收益，据专家测算，每亩每年可增加产值800元以上。

（2）兴果富民。近年来，大兴区在治沙过程中着力发展经济林，使全区果树面积发展到21万亩，果品年产1.3亿kg，产值2.6亿元，名列京郊第二。为使果树能够成为农民的摇钱树，区有关部门做了大量工作：①改良品种。广泛引进国内外新、优、特品种，建立品种资源圃，进行试验研究、示范栽培，筛选适应本地气候条件的丰产、抗疫性强、外观及内在品质俱佳的优良品种推广给农民种植，使全区果树优良品种率达到了90%以上。目前，大兴区仅梨树品种就已储备300余个，是国内储备品种最多的生产区，为当地农民增强产品竞争力和竞争后劲创造了有利条件。②大力推广应用高新技术。a. 沃土培肥技术。在国际上，肥沃土条件是水分25%以上，空气25%以上，土壤有机质3%～5%的三相平衡条件，同时，要求有益微生物5亿个/cm^3，每0.1hm^2蚯蚓20万条以上。而大兴区属永定河冲击扇平原，全区土壤有机质含量仅为0.4%～1.5%，所以，要提高沙产业经济效益，提高农民收入，培肥土壤是关键。大兴区在治沙过程中采用的沃土培肥方法主要有：第一，果园生草栽培法。果园生草栽培法就是在果园的株行距间种植牧草，使其覆盖果园地表，以进行果树栽

培的一种方式。从实质上说，是一种土壤管理办法。一般自然生草法10年土壤有机物才提高1%左右，所以我们采用的是人工种草法，种类以紫花苜蓿、黑麦草、白三叶为主。生草栽培管理：在草长到15~20cm高度，将割下的草覆盖在树盘下，一年割草3~4次，提高土壤肥力。第二，果园覆盖。利用稻草、生草割刈下的草盖在果树树盘下的一种栽培方法，它不但能保持土壤水分，还可以调节地温，有利于果树的生长。第三，果园间作。通过间作花生、豆类等矮秆作物，收获后，将废料粉碎翻入土壤，从而增加土壤肥力，加快果树生长。第四，施用腐熟的农家肥。腐熟农家肥是以各种有机物料和人畜粪便为原料，应用微生物完全发酵的腐熟农家肥。除掉味道、排掉有害气体，杀死杂草种子、害虫蛹和卵、有害菌的孢子等，是改良土壤的主要方法之一。通过施入腐熟的有机肥，可以减少生产成本，还可提高土壤有机质含量，增加微生物的活性，提高果品品质，从而增强果品的市场竞争能力。b. 节水灌溉技术。为了达到节约水资源，提高效益的目的，大力推广节水灌溉技术，主要采用在果树树盘下顺行向铺设黑色专用节水薄膜，通过这种覆膜方法，早春不但可提高地温，促进果树生长，还不生杂草，不用锄草。在黑膜外侧挖30cm宽、30cm深的灌水沟，灌水时仅顺沟灌即可，此法每年可节水50%，目前已推广1万余亩。

（3）林下经济的开发。林业产业是一项中长期产业，为了实现增收，林下经济开发成为首选。它不但能起到近期得利、长期得林、远近结合、协调发展的产业化效应，而且还可调整农林产业结构，促进农村经济发展，大大增加农民收益。到2008年5月，大兴区已发展林下经济10752亩，发展模式有以下几种：①林-菌模式：即充分利用林荫下空气湿度大、氧气充足、光照强度低、昼夜温差小的特点，在郁闭的林下种植双孢菇、鸡腿菇、平菇、香菇等食用菌。目前，已经发展面积700亩，亩效益达6000元左右。②林-禽模式：即充分利用林下昆虫、小动物及杂草多的特点，在林下放养或圈养肉鸡、柴鸡、肉鸭等，在一般情况下，每亩可投放60~100只，每只鸡效益达10~15元。③林-桑模式：即乔冠结合，在林下种植桑树。桑树具有多种功能，首先可以割掉树冠覆盖地面，肥沃土壤；第二，幼嫩的桑叶和果实桑椹可以采摘；第三，桑叶可以加工成饲料喂养禽类，鸡粪给林追肥，施用有机肥后的饲料桑蛋白质显著增加，喂养后的家禽，其蛋、肉的品质和产量明显提高，从而构建起循环的生态系统。目前全区种植饲料桑面积5600亩，1112万株。每亩可产鲜桑饲料4000kg，每千克0.4元，亩效益达1600元。④林-粮（薯、瓜、油）模式：农作物种植一般以绿豆、豌豆、花生、大豆等小杂粮、油料作物为主。目前，随着人民生活水平的提高，对五小杂粮的需求不断增加，市场前景广阔，经济效益非常可观。同时，由于豆科作物属浅根作物，具有固氮根瘤菌，不与林木争肥争水，且又覆盖地表，防止水土流失，提高土壤肥力，种植作物一般以其为主。这种种植模式已经发展2830亩，亩效益在600~2000元。⑤林-香草类植物：这种栽培方式主要是结合有机果品的栽培进行开展的，即在果园内部间作紫苏、薄荷、罗勒、熏衣草、牛至、神香草等香草类植物，它们不仅可以驱避果园害虫、美化环境，还有药用、食用和制作香袋（包、枕、眼罩等）等功能，可延伸其产业链条，带动更多的农民致富。目前果园行间已经种植驱避植物1498亩，亩效益预计可达2000元以上。通过采用综合治沙技术示范模式，初步建立了良好的果园生态平衡体系，如安定镇贾尚果园，通过建发酵池，使用有机肥，进行土壤改良；在果园行间种植苜蓿、三叶草、黑麦草等绿肥以及香蒿、薄荷、罗勒等驱避植物，在进一步提高土壤肥力的同时，也为益虫创造了良好的生存空间，现已有草蛉、瓢虫等多种天敌。目前，该果园已基本上不用喷药，利用天敌就可以控制虫害，已经初步建立起了平衡的果园生态系统，在全区起到了很好的科技示范作用。

(三)坚持可持续发展原则，走循环经济发展道路

循环经济与传统经济相比，它是一种以资源高效利用和循环利用为核心，以“三 R”为原则(即减量化 reduce、再使用 reuse、再循环 recycle)，以低消耗、低排放、高效率为基本特征，以生态产业链为发展载体，以清洁生产为重要手段，达到实现物质资源的有效利用和经济与生态的可持续发展，所有的物质和能源在经济循环中得到合理的利用。目前，安定镇的圣树农林科学技术有限公司，就采取循环经济的发展模式，并取得了初步的成果。一是将桑叶采下——做成饲料——养鸡和兔——粪便经过完全的腐熟——施入到土壤——供应果树生长。二是将桑树的枝条粉碎——做成菌棒生产榆皇菇、猴头菇等菌类——生产菌类后剩余的菌棒腐熟发酵——做成肥料施入土壤——供应果树生长。用桑叶加工成饲料喂鸡，所产蛋的营养比普通鸡蛋氨基酸高 11.9%，胆固醇下降 16.97%，饱和脂肪酸下降 16.8%，不饱和脂肪酸上升 30%，维生素 E 提高到 53.35% ~134.85%，这种鸡蛋被称为“圣蛋”，在市场上高达 8 ~10 元/kg。据测算，桑叶加工成饲料，每亩收入可达 1200 元；同时，饲料桑制成饲料产蛋，每亩可增值 1500 元，两次合计亩收入可达 2700 元。用桑树枝条粉碎后可种植菌类，亩效益 60000 元。由于桑树抗旱、管理简便、投资少，所以很有推广价值。同时，循环经济还可延伸产业链条，进行桑果、叶片、枝条等的综合开发和利用。例如用桑叶制成茶叶，长期饮用可治疗高血压、糖尿病；用桑叶加工成桑叶饮料、饼干、果汁、糕点、冰淇淋等，增加农民的致富途径。

(四)大力发展观光休闲林业

随着人民生活水平的提高，回归自然已成为人们追求的理念。在京郊，以田园风光和自然景色为主题的生态游、农业观光游等旅游正在成为都市休闲的时尚。因此，积极拓展林业产业功能，引导林业产业向观光休闲农业发展，本着以人为本的原则突出人文色彩，使园区建设园林化、人性化，让我们的林业产业成为消费者的乐园，对改善生态环境、构建和谐社会和提高农民收入尤为重要。在林业观光产业园区建设上，我们初步做到了：第一，充分挖掘继承中国传统林业文化，将文化展示和科普知识融于园区建设中，提高园区的文化品位，让消费者走进休闲园区，犹如走进科普知识的海洋，获得更多裨益；第二，不断丰富采摘内容，延长采摘期，要让消费者随时随地可以采摘到丰富鲜美的农产品；第三，对园区进行绿化、美化、香化、园林化建设，要让消费者走进休闲园区，就像进了公园一样惬意；第四，进行精品化栽培，以便为消费者准备充足的质量佳、风味浓、营养高、功能强、安全可靠的农产品；第五，逐步对园区进行道路、洗浴、餐饮、会议、娱乐等服务设施的配套完善，增加园区对游人的吸引力，为人们创造一个更加和谐，更加符合时代要求的自然休闲空间。

目前，大兴区已经建成和正在兴建的有榆垡万亩森林公园、半壁店森林公园、万亩古桑国家公园、梨文化主题公园及 100 余个果品采摘文化园等，其中观光果园的采摘效益，是一般果园的 5 倍以上。这些林业园区的建立，拓展并延伸了沙产业的内涵，为当地农民增加了收入并提供了更多的就业机会、为当地政府创造了招商引资的商机及环境，为广大市民提供了休闲及科普学习的天然课堂。

“给我一个舞台，还你一个精彩”，我们结合京郊特色，进行了治沙综合技术及模式的试验示范，相信经过我们大家的不断努力，一定能够还沙区人民一个更大的精彩。

开创生态治沙造林　支撑林纸产业发展

刘崇喜　王　挺　张发国

（中冶美利纸业集团有限公司）

摘　要：中冶美利纸业集团公司林纸一体化项目原料林基地的建设，实现了以经济效益促进防沙治沙生态建设的可持续发展，以开发治理沙漠、植树造林为核心，紧密结合当地的自然环境条件，以新技术、少用水、高投入、高产出为主要手段，建设造纸原料林基地，实现了企业可持续发展的战略目标，实现了可观的生态、经济和社会效益。在荒漠化严重的腾格里大沙漠边缘历时8年治沙固沙植树造林，已完成造林面积53.8万亩，林区形成了齐全配套的排灌体系，树木成活率达90%；完成相关内容的研究论文6篇（已在国家林业核心刊物上发表），主要成果之一的《宁夏引黄灌区杨树速生丰产用材林造林技术规程》（代号：DB64/T288－2004）已经国家标准化管理委员会、宁夏回族自治区和中卫市质量技术监督局共同审核，批准作为地区标准在全区范围内颁布实施。

关键词：治沙造林；林纸产业

中冶美利纸业率先在全国提出并实施林纸一体化工程，遵循“统筹规划、分步实施、营林先行，加快推进”的原则，经过8年的奋战，在中国四大沙漠之一的腾格里沙漠边缘地带——宁夏、甘肃、内蒙古3省（区）15个县已完成治沙造林53.8万亩，使中卫市的森林覆盖率提高了3%，使腾格里沙漠后退了10多km，有效地阻挡了风沙的南侵，使中卫市周边30多万亩农田得到了有效庇护，沙区生态得到了极大的改善，农民的收入有了较大的提高。

在西部沙漠地区建设林纸一体化工程，在国内外引起了巨大反响，得到了社会各界的极大关注。人民日报评论员文章把治沙造林、征服沙漠、造福人类的美利人誉为“时代的英雄”。2003年原中共中央政治局常委、国家副主席曾庆红到这里视察时给予了高度评价，称赞美利纸业林纸一体化“治沙造林建设工业园区力度大，效果好”；2007年4月，胡锦涛总书记亲临林纸一体化工程建设工地视察，给予了充分肯定，并指出“这是一件利国利民的大好事，你们一定要坚持下去！”美利林纸一体化工程的建设，为宁夏等少数民族地区乃至我国西部欠发达地区经济快速发展、生态环境的改善开辟了新的途径，改写了西部地区不能大面积造林、建设现代化大型造纸企业的历史，对我国造纸工业的振兴和我国林业的产业化、商品化也将产生重要的推动作用。

一、探索林纸一体化项目在西部沙漠地带的重要意义

植树造林是功在当代，惠及子孙的公益事业，更是一个以生态效益为主，拉动经济效益和社会效益的宏伟工程。开展大规模植树造林是一项前无古人的伟大事业，对改善宁夏少数民族地区生态环境，发挥地区资源优势，调整产业结构，加快林业产业化的步伐，带动地区经济增长，壮大企业规模，为造纸企业的升级和促进地方经济的发展创造了条件。经过长期实践，我们已摸索出一条“政府支持、社会参与、科技支撑、市场导向、企业运作”的模式，

坚持走可持续发展战略及“公司 + 基地 + 农户”的建设之路，做了有益而成功的尝试。使生态效益、社会效益和经济效益三效统一，该项目以生态环境治理为基础，以现代科学技术为先导，实施草、灌、乔相结合的绿化工程，建设祖国西北边疆重要的生态屏障和杨木纸浆原料林生产基地。

二、实施国家一类研究开发项目推动西部林纸一体化林业基地发展

实施“中卫市速生丰产林标准化示范区”国家一类科研项目，是集多项技术成果进行综合、集成、优化配套为一体的研究开发技术体系，它创造了具有良好产业功能、生态功能和示范功能的示范样板，为实现生态建设和防沙治沙的战略目标提供有力的科技支撑和技术保证，为我区乃至全国的沙漠化土地综合防治及沙产业开发提供成套技术。

(一)实行以大产业带动大发展的林纸结合的战略

西部大开发战略给西北众多产业带来了难得的历史发展机遇，中冶美利纸业林纸一体化工程就是在这样的大背景下实施的。从2000年冬春之交开始，企业自筹资金，平沙整地，兴修水利，先行开展了治沙造林活动。经过8年的建设，截至目前，已在宁夏、甘肃、内蒙古的15个县(市)，半径200多km的腾格里沙漠边缘地带，投资4亿多元，搬平了2万多座沙丘，平沙造地近30万亩，兴建了23纵19横，共计200多km的主干道路；修建各类渠道、扬水工程700多km；新建泵站12座，总共动用土方、沙方、石方11684万m^3，完成造林53.8万亩，实现了林纸一体化工程规划目标，其中，企业自办基地造林38.17万亩，公司 + 农户造林15.63万亩，使沙漠变绿洲，为企业制浆造纸快速、持续发展奠定了坚实基础。目前，林木普遍长势良好。

(二)选用良种壮苗提高造林成活率

“良种出壮苗、壮苗长好树、好树产良材”是提高造林质量的物质基础和可靠保证，而且直接关系到林木的生长、产量、品质及对环境条件的适应能力，为了保证林纸一体化项目原料林基地建设的顺利实施，通过引进速生杨树中林46杨、中林115杨、欧美杨107号、108号、辽河杨、新疆杨等品种进行引种试验，选出适应当地条件的中林46杨、欧美杨107号、108号、辽河杨、新疆杨。造林苗木要求选用胸径2.5cm以上的2根2干苗或3根2干苗，根幅保留30~40cm，主根完好，侧根4~5条。裁剪苗梢及侧枝使苗高保留2.5m。扦插造林选用采穗圃一年生条，粗度1~2cm，扦插长度18~20cm，造林前进行浸水，增加含水量，提高造林成活率。

(三)科学规划合理布局

商品林与防护林的合理配置，乔、灌、草的科学套种可起到防风固沙的功效，提高经济附加值，增加企业效益。为此，治沙造林合理利用沙漠土地资源，以植树种草，改善生态环境为主，保证资源的永续利用和经济的可持续发展，坚持“多采光、少用水、新技术、高效益”的原则，生态治理统一规划、合理布局、科学管理、综合治理。以造纸原料林为主体，宜林则林、宜草则草、宜乔则乔、宜灌则灌，速生林、防护林、经济林并举。根据气候和土地特点分片种植了杨树、柳树、沙枣、紫穗槐及紫花苜蓿、沙打旺等优势牧草。

(四)坚持高起点，运用高新技术发展速生丰产林基地

在造林上，我们坚持从当地实际出发，运用高新技术、引进和推广优良品种，实行科学

种植，加强科学管理，在速生、丰产上下大功夫，走高效林业产业化的发展道路。在林木规划及配置上，采取块状或带状混交方式造林，沟、渠、路边及林区外围设置了新疆杨、臭椿、白蜡、刺槐为主的防护林网，基本实现了原料林基地的科学规划、林木的科学配置。节水灌溉技术在速生杨栽培中得到大面积推广，取得了明显的节水效果。同时，与中国林科院、宁夏林业研究所合作，进行了“速生杨栽培技术研究”、“节水试验研究”、“保水剂、干水对造林成活率的影响”等方面的研究，进一步总结造林经验，积极引进新品种，科学管理。开展了“杨树优良品种及无性系对比试验”、“杨树配方施肥试验”、“病虫害防治试验”、“杨树秋栽越冬试验”、“林草间作试验及扦插造林”等试验项目。为建成持续稳定的造纸原料林基地奠定了基础。

（五）合理灌溉，实施水资源循环利用工程，走可持续发展之路

为了实现资源节约和可持续发展，美利纸业在灌溉节水方面进行了积极的探索，采用先进生产工艺和技术，进一步加大节水力度。采取了小畦灌溉、沟灌、退水灌溉，极大地节约了水资源，2001 年，与宁夏林科所进行技术合作，采用成熟、实用的沟灌节水方式，建设了 2 万亩示范林地进行了实验，每亩林地可节水 25%。50 万亩速生林基地建成后，只需 1.875 亿 m^3 灌溉用水即可保证，比水利部门分配的 2.5 亿 m^3 用水量少用 6000 多万 m^3。

在工业园区建设中，投资 6000 多万元兴建了 27.8km 废水北调上山工程和北干渠扬水工程，利用处理达标造纸废水中含有大量有利于植物吸收的有机质、全量和速效氮、磷、钾等营养成分特点，实施废水混配黄河水综合利用灌溉林木，改善生态环境、促进林木生长、改造沃化土壤。将林地灌溉渗退水引入处于低洼地带的美利湖，作为工业用水的水源地。美利湖控制蓄水面积 6.6km^2，蓄水量 3000 万 m^3。蓄积的湖水采用“絮凝沉淀 + 过滤”深度处理工艺技术处理达到工业用水标准后进入生产用水系统。这项工程建成后，每年可少从黄河取水 5780 万 m^3，可供浇灌林地 30 万亩，被有关部门称之为主动式循环经济。

（六）加强预测预报，科学防治病虫害

（1）造林前全面清除林地周围的虫源木，集中销毁，为造林创造良好的卫生条件。

（2）检疫控制，造林时严把苗木检疫关，防止由苗木带入病虫害。

（3）加强林业措施，提高林分抗性：①采取适地适树，选择适宜于当地气候、土壤条件的树种进行造林。②营造混交林，避免单纯树种形成大面积人工林，采用多树种进行块状、带状混交，比例为 4∶1 或 2∶2∶1。③建立隔离带，为防止林木病虫害侵入，在林区外围及干、支、斗渠边营造宽 100m 及 50m、20m 的刺槐或臭椿林带，以隔离杨树病虫害的传播。④适时修枝抚育，根据速生杨生长特性进行修枝，可改善通风透光条件，增加树木营养面积，增强生长势，提高抗病虫性。

（4）引进抗病虫害的树种及品系，两年来，我们从中国林业科学研究院林业研究所引进 9 个转基因抗食叶害虫的杨树新品种进行造林，建立品种试验园 300 亩，初步观察效果明显。

（5）化学药剂防治：为防治杨树病虫害，在林区内建立多个病虫害预测点，对杨树病虫害进行监测，发现后及时进行化学药剂防治，做到防早、防小。

（6）人工防治：利用害虫的假死性以及飞翔力较弱的特点，在其产卵前进行人工捕杀或利用饵木诱杀，用已受害严重、无利用价值的树为饵树，注入引诱剂，引诱害虫上树产卵然后捕杀。

(7) 引进高科技监测预报器材，提高预测预报能力，林区内全面配备现代化机构装备进行病虫害防治，提高工作效率，增强应变能力，将病虫害消灭在萌芽状态。

(七)以苗圃基地建设推动速生林基地健康、持续、稳定发展

公司苗木场，在对现有苗木品种繁育的同时，先后从中国林业科学研究院、西北农林科技大学引进优良品种，开展了品种、良种培育等试验，为苗木的更新换代奠定了基础。截至目前，通过自办、合同育苗，育苗总面积达到3000亩，苗木品种从过去单一的杨树，发展为以杨树为主，集杨树、灌木、常规绿化树、名特优新品种为一体的多元化格局，品种达4大系列400多个品种，每年可向速生林基地提供合格苗木300多万株。为加快苗木繁育速度，提高苗木科技含量，兴建了3200m^2的现代化日光温室，实行工厂化育苗。通过苗圃基地的建设，进一步降低了营林成本，既保证了速生林基地建设对苗木的需求，又防止了苗木退化，保证了苗木纯度，也缩短了运输周期，进一步提高了造林成活率。

(八)以基地建设带动农民脱贫致富

速生林基地的开发建设，为周边农民增收致富提供了大好机遇。美利纸业速生林基地均建于贫困地区，在建设速生林基地的过程中，先后吸引周边地区2000多名农村富余劳动力从事林业生产和承包管理速生林，经过技术指导和培训，现已成为速生林基地建设重要力量。通过承包经营速生林，农民的收入也大大提高，以每亩公司支付管理费100元计算，每个农户承包经营100亩速生林，每年可收入1万元，加之实行林农间作、发展养殖业，每亩可增收50元，加上承包速生林每年可实现收入15000元，50万亩速生林可为农民提供5000个就业机会，实现收入7500万元。

同时，速生林基地的建设，为周边地区培养了大批林业技术工人，为在农村实行农业产业化奠定了坚实的基础。通过公司+基地+农户、合作造林等模式，公司与农民签订木材收购协议，以保护价收购木材，有效降低木材种植风险，使公司与农户形成了利益共同体，从而带动了周边地区农民造林和育苗的积极性，短短的6年间，农户造林和育苗面积就达15万亩，不仅为公司提供了大量的原料，也使农民的收入有了较大的提高，对调整农村产业结构起到了推动作用，农户通过承包经营速生林，发展多种经营，也使林地的土壤得到了较大的改良，为速生林基地实现可持续发展奠定了基础。

三、促进人与自然和谐发展，提高区域经济，增加农民收入，实现“人进沙退”、营林造纸，达到社会、生态、经济效益的高度统一

(一)项目实施使社会效益显著提高

(1) 减少了黄河泥沙量，改善了黄河流域的生态环境。通过本项目的实施，年可减少入黄河泥沙量约100万吨，改善了黄河流域的生态环境。

(2) 产业结构得以调整，农民增收效益明显。随着速生林基地的建成，林地面积进一步增加，土地利用结构更为合理。产业结构发生明显变化，尤其基地经营采用公司+农户的模式，使农民从速生林经营中收入明显增加，人均年收入达15000元。

(3) 带动相关产业，促进地方经济的发展。企业投资治沙造林，既可有效改善生态环境，又可通过有计划的采伐，缓解其原料紧缺的状况。项目建成后年生产木材74.4万m^3，增加了商品供给量和流通量，同时，还可带动当地储运、加工、化工、机械、印刷、服务等

相关产业的发展，初步测算可增加地方国民经济收入60亿～80亿元。

（4）创造就业机会，促进经济发展。项目区由于自然条件较差，生产力水平低下，群众生活水平尚处于温饱阶段；项目建成后增加间接和直接就业岗位5000个，不仅为解决农村剩余劳动力，尤其是妇女劳动力提供了机会，也为企业下岗工人和机关干部分流广开再就业门路，缓解了社会的就业压力。

（5）起到典型示范作用。本项目由企业牵头造林，整个经营管理均采用先进手段，严格按《宁夏黄河灌区杨树人工速生丰产用材林造林技术规程》实施。项目建设投入的科技含量高，可促进当地及周边地区的林业经营朝着科学化、标准化、集约化、规模化、产业化和现代化的方向发展，为生态建设起到典型示范作用。

（二）项目实施使生态效益明显改善

本项目完成后，新增林地53.8万亩，使中卫市森林覆盖率增加3%。由于森林面积的增加，其所具有的多功能效益也将得到多功能发挥，主要表现为促进当地生态系统平衡，防风固沙，庇护农田，改良土壤，改善区域气候等。

（1）防风固沙效益。本项目建成后，将使沙地得到治理，减少自然灾害可能造成的损失，有效控制和减轻当地及周边地区的风沙危害，通过抑制土地退化，减少灾害性天气对农作物的损害，减轻沙尘天气对中卫市的污染，改善当地工农业生产条件和人民生活生存环境，按每亩防护效益32元计算，项目完成后可产生防护效益1600多万元。

（2）净化空气，调节气候。森林面积的增加，在净化大气、消除噪声等方面都有显著作用。据测算，53.8万亩每年可吸收废气130万吨，吸附灰尘900万吨。

（3）改良土壤和涵养水源效益。通过人工造林和天然植被的保护，固定沙地植被覆盖度迅速增加，在微生物的作用下，促使沙漠土壤理化性质发生明显变化。据测算，53.8万亩森林所蓄的水量相当于一个百万立方米的小水库，项目建成后蓄水效益可达到60亿元。

（4）生物多样性效益及景观效益。该项目的实施增加了森林资源，可使项目现有的沙生植物得到有效保护　并通过造林建设培育一定的后备资源，改善了生态环境，有利于丰富生物基因库，使森林资源得以可持续发展。工程区造林成林后，部分区域形成了沙中湖，美化了环境，也为当地发展多种经营创造了条件。

（三）项目实施实现了可观的经济效益

在栽植密度2m×3m的模式下，亩栽植速生杨111株，按85%的保存率计算，亩保存健壮林木94株。根据速生林生长特性和产地条件综合分析，5年后单位面积可产木材$10m^3$/亩，按木材销售价格560元/m^3计算，可实现木材收入5600元/亩，减去整地、造林、抚育管理成本，纯利润可达2000元/亩，总利润10亿元。

在前3年幼林管护过程中，通过合理间作，种植瓜类、豆类、蔬菜等，可取得较好的效果。据调查统计，每亩年均收入达300～600元。

四、取得的成果与创新点

（一）取得的成果

（1）本项目研究成果之一《宁夏引黄灌区杨树人工速生丰产用材林造林技术规程》，2004年4月20日被宁夏回族自治区质量技术监督局作为地方标准在全区颁布实施。

（2）本项目实施中制定各种规程、规范6项。

（3）本项目实施过程中形成论文6篇，发表于国家核心刊物《林业科学研究》（第17卷增刊，2004，12）

（二）主要创新点

（1）项目示范区作为国家级农业示范区和地方标准制定的试验项目，起点高、投资大、技术含量高。示范区选用的树种均为国内防风治沙的先锋树种，同时特别适合制浆造纸．如中林46杨、欧美杨107号等，示范带动作用明显。

（2）项目技术研究涵盖速生林营造过程中土地土壤条件、树种选择、造林工程规划设计、作业设计、实施方案编制、技术培训、生产经营管理、病虫害防治等各方面的工作，系统性和可操作性强，技术先进。

（3）项目由宁夏回族自治区和中卫市成立专门机构监督组织实施，营造技术和管理技术系统先进，涵盖范围广，影响大，填补了宁夏速生丰产林造技术空白，对指导宁夏速生丰产林营造具有普遍的重要指导意义。

（4）与宁夏及西北地区干旱、半干旱地区的土壤、气候、灌溉、空气湿度等自然条件相适应；首创公司＋农户新型林业产业合作模式，体现出研究成果技术先进性与适用性的高度统一。对沙漠边缘、沙荒地等自然条件相对恶劣的地段具有典型示范作用和很高的推广应用价值。

五、成果的推广应用情况

目前，研究成果已在宁夏、甘肃、内蒙古3省（区）推广应用，造林总面积达53.8万亩。对提高上述地区速生林营造和管理水平，加快速生林丰产林基地建设，加大退耕还林的规模，促进生态环境建设，实现森林资源的持续增长起到了积极的推动作用。

本项目研究成果可推广应用于宁夏及周边省（区）引黄（水）灌区杨树速生丰产用材林建设中的各种形式造林，平原地区的机井抽水灌溉地区亦可参照执行。

本项目研究成果在西北具有类似条件的地区推广，能有力推动林业产业化发展，改善当地生态环境建设，对带动区域经济快速发展具有重大意义，因而具有广阔的推广应用前景。

防沙治沙是一项复杂、艰巨、长期的战略任务，需要全社会的共同参与。随着中冶美利纸业集团有限公司林纸一体化二期50万亩速生林基地的建设，我们相信，只要我们认真贯彻落实胡锦涛总书记在视察美利纸业时的重要批示，在“要坚持下去”上下大功夫，一定会开创中卫地区的防沙治沙工作新局面，为国家、为人类不断做出新贡献。

河南新乡黄河故道沙区
生态防护林及林下经济的初步观察

赵　强　张光海　崔灵霞　孟素芹　张云生
赵庆忠　夏春燕　程　彦　李定航　张庆连
（河南美大环境艺术发展有限公司）

摘　要：新乡黄河故道区生态环境异常脆弱，农民生产生活十分艰难，沙区农民长期与风沙斗争，压棵造林阻挡风沙，形成了大量的“牛槽地”、“锅底地”，无法根治沙害。

新乡市被列入豫北黄河故道区防护林体系建设范围，启动黄河故道防护林工程。造林范围为原阳县、延津县、封丘县、长垣县、新乡县、卫辉市6县黄河故道风沙区，总体造林设计271665亩。黄河故道造林开始5年后即发挥出防风固沙和减轻灾害的生态效益，危害较大的流动沙丘和半流动沙丘、泛风沙耕地上营造的林网林带，初步形成了网、带、片相结合的防护林体系，对抗御风沙、旱涝等自然灾害，保障农业生产和群众生活，发挥出一定的生态、经济和社会效益，使125万亩种不保收的泛风沙耕地成为良田。新乡市150万亩沙区农田得到防护林庇护，彻底消除了沙进人退的生态危机，严重危害小麦生产的干热风也基本消失，棉粮油产量稳步提高。

关键词：农田林网；生态效益；林下经济效益

河南省新乡沿黄地区，位于东经112°23′~114°50′，北纬34°35′~36°50之间，即西起济源市的翁沟，东至长垣的武丘，南临黄河，北起延津的丰庄，总计17个县（市）10648km^2，其中耕地774.8万亩。这片沿黄地区，过去的面貌是：“风吹黄沙跑，种一葫芦打两瓢”的穷地区。在延津就有著名的“沙压胙城”、“沙压吴起城”、“十八个孟湾”和“二十四个郑庄”等沙逼村移的记载。从整个沿黄地区看，由于历史上黄河多次决口改道，坍塌等原因，遗留下大面积沙荒、风沙盐碱地和低洼易涝地，同时由于地理自然条件的原因，季风气候特别明显，形成干旱、暴雨、干热风、沙暴、冰雹、霜冻等自然灾害特别多，严重地影响着农业生产的发展和人民生活水平的提高。为了从根本上改善新乡沿黄地区的自然生态环境，减少自然灾害，需把沿黄平原农业区作为一个自然生态系统整体来考虑，运用系统工程的理论和生态经济规律，按照因地制宜、因害设防、合理布局、各有侧重的原则，在较大范围内，建设起一个网、片、带等多形式、多层次、多功能、高效益的综合防护林体系。先就30年来，新乡沿黄523.5万亩弄田林网的发展与生态效益的观察研究报告如下：

一、新乡沿黄故道区自然概况

新乡沿黄地区，地处华北大平原南端，气候与植被属暖温带针阔叶混交林带，年平均气温14.2℃，年均降水量604mm，四季分明，春季干旱多风，降水量主要集中在7~9月，平均降水量429.1mm，占全年降水量的71%，年蒸发量为1743mm，为降水量的2.89倍，平均相对湿度56%，土壤主要为两合土、风沙土、盐碱土。境内沁河、卫河、天然文岩渠，分属黄河、海河两大水系。植被为狗尾草、蒿、白茅、芦苇、杜梨、柽柳、拓桑等。

二、农田林网的发展历史

历史上黄河多次移动，在新乡境内留下两条故道：一条经原阳、新乡、延津、卫辉至延津县丰庄，长80km，宽7～12km，面积约850km^2；一条经封丘大功至油坊，长30km，宽2～4km，面积约90km^2。黄河故道区有32个乡、389个村、38万人。

新乡黄河故道区生态环境异常脆弱，农民生产生活十分艰难，沙区农民长期与风沙斗争，压棵造林阻挡风沙，形成了大量的"牛槽地"、"锅底地"，无法根治沙害。1958年"大跃进"，黄河故道区树木遭到灭顶之灾，生态环境急剧恶化，1961年风刮沙埋导致原阳、延津、封丘3县14万亩小麦绝收，粮食产量降至历史最低水平。原阳县新厂村600亩小麦仅收成250kg，全县14万亩大秋连续重播3～5遍，种子损失56万kg。1960～1980年间，采取了"前挡后拉"、"四面围攻"、"贴膏药扎格针"等治沙造林措施，部分流动沙丘被固定，但由于投入不足，步调不一，沙患无法根除。1969年一场大风，延津县地起一寸土，屋内沙成堆、白天要点灯、户户断了炊，34万亩小麦遭受沙害，15万亩绝收。

1982年经河南省林业厅、河南省计委批准，新乡市被列入豫北黄河故道区防护林体系建设范围，启动黄河故道防护林工程。造林范围为原阳县、延津县、封丘县、长垣县、新乡县、卫辉市6县黄河故道风沙区，总体造林设计271665亩，计划投资407.5万元(每亩地国家补助苗木费15元)。1990年，防护林主体工程完工，共完成投资356.78万元，累计营造防风固沙林261915亩，保存率85%以上的合格面积20.32万亩。

黄河故道造林开始5年后即发挥出防风固沙和减轻灾害的生态效益，危害较大的流动沙丘和半流动沙丘、泛风沙耕地上营造的林网林带，初步形成了网、带、片相结合的防护林体系，对抗御风沙、旱涝等自然灾害，保障农业生产和群众生活，发挥出一定的生态、经济和社会效益，使125万亩种不保收的泛风沙耕地成为良田。长垣县调查，造林前，风沙区平均风速12.36m/s，从11月到翌年5月平均每月有1.73次害风。造林后，害风基本消失，风沙区的30万亩农田，粮食亩产由200kg提高到350kg，亩均产值增加80余元。沙区森林覆盖率由6.5%提高到25%，防护林区内年大风日数平均减少4天，1月平均温度提高0.53℃，7月最高温度降低1℃，年土壤蒸发量减少17.3%，空气相对湿度提高8%。新乡市150万亩沙区农田得到防护林庇护，彻底消除了沙进人退的生态危机，严重危害小麦生产的干热风也基本消失，棉粮油产量稳步提高。

黄河故道造林增加了森林资源。1987年调查，立地条件较好的沙荒地生长5年的刺槐林，林分平均高7m，平均胸径10.4cm，每亩活立木蓄积量5.07m^3，年生长量1.27m^3。1983年栽植的刺槐林平均高5.1m，平均胸径4.6cm。整个防护林体系活立木蓄积量达到30余万m^3。根据历年检查验收和抽查结果，综合考评造林面积、成活率、管护、建档等情况，造林工程业绩评定综合排序依次为：长垣县、延津县、卫辉市、封丘县、原阳县、新乡县。黄河故道造林的成功经验：领导重视、充分调动群众的造林积极性；落实林业政策，兼顾国家、集体和个人三者利益；严格按设计施工，林木管护措施到位。

20世纪90年代中期，平沙造田和农业开发活动加剧，防护林面积逐年减少，约有80%左右的平沙林地被开发为良田。但由于无序开发和农田林网建设跟不上，一些沙丘被剃了光头，局部沙害重新出现。1999年，根据国家防沙治沙要求，新乡市将黄河故道区列入防沙荒漠化规划，上报荒漠化土地面积102.8万亩，其中流动、半流动沙丘9.52万亩、固定沙丘19.56万亩，窗(闯)田(即丘间耕地)与沙改田73.7万亩。

目前全区实现农田林网化，一般100~300亩为1网格，近期又营造70万亩速生丰产林，蓄积达150万m^3，20多万亩飞沙不毛之地全部被固定，形成了浩瀚的林海。据科技人员在沙区20多年的观察，沙区风速从2.7m/s，降为1.9m/s，大风日数由10.4天降为6天，干热风由9.7天降为3.5天，林网内夏季降低温度为0.9~3.4℃，林网内湿度由64%上升为68.7%，林内粮食增产幅度为5%~12.4%，小麦亩产400kg左右。群众如是描绘：林网如棋盘，飞鸟在盘旋，排灌双配套，花生像地毯。

三、积极开展林下养殖、种植业，增加林地收入

林下经济就是在林冠下或在林网中开展种植、养殖业，以增加林地经济收入。由于林地面积大、分布广，有多种多样的土壤、气候条件，可从多方面开展种植、养殖业，因此，发展林下经济有广阔的前景和发展空间，它可以巩固生态建设成果，促进林木健壮生长。

长垣县在2600亩速生杨林中，养殖20万只商品鹅，并形成了品种选择、孵化、育雏、收购、加工、销售为一体的产业链，带动周遍群众致富。封丘县黄河故道河区防护林内，种植18万亩金银花，形成全国最大的金银花基地，形成自己的品牌和质量保证体系，封丘金银花产量约占全国总产量的4/5。金银花价格波动很大，产量花农需有一定抵御风险的能力。原阳县种庄，利用50亩速生丰产林，养殖狐狸700只，有8个品种，并建有饲料基地。另外，还采取人工授精培育杂交品种，其特点是个大、皮色好、耐粗食、抗疫能力强、市场价位高。延津县郭庄，在千亩速生杨林内饲养2000只肉鸭，新建了双胞菇、平菇大棚，每亩林地1年可收入千元左右。营造林网时有乔灌草结合，有园林花卉、中草药、乡土树种相结合，即混交林立体种植。在延津、原阳县分别建立了两个森林公园，养殖有鸵鸟、麋鹿，建有狩猎场、植物园、星湖山庄、假山、喷泉，有百种鲜花，四季鲜花盛开。春季有槐花节，万亩刺槐盛开，如皑皑白雪，吸引成千上万名游客观光，是人们休闲娱乐的最佳场所。

四、初步结论

从对河南新乡沿黄523.5万亩农田林网长期观测研究中，可作出以下结论：

(1)整体上看，大面积的农田林网，有显著的生态经济效益，粮、棉油大面积连年增产，灾害性天气有所减轻，因此在干旱、多风的沿黄地区应保持农田林网的连续性，确保农田林网生态效益的正常发挥。

(2)大面积的农田林网，生产了大量的木材，为缓解木材紧缺局面起了重要的作用，同时还为农业基本建设提供了较充足的资金。

(3)在营造林网时，需大力提倡乔灌草结合，园林花卉、中草药相结合，提倡立体种植，不但可提高生态效益，还可提高光能利用率，增加生物产量，减少病虫害的发生或蔓延；要提倡混交林，推广乡土树种，要在速生杨林中栽植苦楝、刺槐、白榆、旱柳、紫穗槐、箕柳等；要在林间开展养鸭、养鹅、养鸡等养殖业，不但能减少杂草，还能增加肥料，促进林木生长。

发展沙漠绿色农业大有可为

撖建平
（内蒙古汉森葡萄酒业有限公司董事长）

摘　要：沙产业理论是人类揭示自然规律的科学认识，是对传统防风固沙理念的一次革命，是沙区人民脱贫致富的一条捷径，是一项前景广阔的事业。笔者通过内蒙古汉森葡萄酒业有限公司开发沙产业的一些有益尝试和内蒙古地区的一些成功经验，深切地感到，开发沙产业绿色植物大有可为。要把沙产业做强做大，实现钱学森提出的"创造上千亿元产值"的目标，目前应着力从三个方面入手：更新观念，摒弃"沙害"传统思维定势；营造氛围，形成沙产业发展的良好环境；锐意进取，创新沙产业绿色植物模式。

关键词：沙产业；绿色有机；产业化

我国土地有 1/3 是沙漠和荒漠化土地，4 亿人口生活在受荒漠化(主要是沙漠化)影响的地区。长期以来，人类对沙漠的认识就是干旱少雨、风沙肆虐、寸草不生，是"死亡之海"的代名词，不仅没有开发利用价值，而且是发展农牧业生产的一大危害，是人类生存与发展的"天敌"。一直以来人类对沙漠的认识是消极的，行动是被动的。

到 20 世纪 80 年代，我国著名科学家钱学森针对广大西部干旱地区提出了"沙产业"理论，即在不毛之地搞林、草、农业生产，在沙漠戈壁开发出新的、历史上从未有过的大林草农业，并提出了具体的技术路线——多采光、少用水、新技术、高效益，预言农、林、沙、草、海五大产业将在 21 世纪掀起第六次产业革命。

经过 20 多年的实践证明，沙产业理论是人类揭示自然规律的科学认识，是对传统防风固沙理念的一次革命，是沙区人民脱贫致富的一条捷径，是一项前景广阔的事业。笔者通过内蒙古汉森葡萄酒业有限公司开发沙漠绿色有机葡萄的一些有益尝试和内蒙古地区的一些成功经验，深切地感到发展沙漠绿色有机林、草、农业大有可为。

经过多年的实践，笔者认为，要把沙产业做强做大，实现钱学森提出的"创造上千亿元产值"的目标，目前应着力从以下三个方面入手：

一、更新观念，创新思维，彻底改变对沙漠传统认识

内蒙古乌海市地处乌兰布和、库布齐两大沙漠和毛乌素沙地的交汇处，属于我国沙区五个类型中的干旱沙漠边缘及绿洲类型区。乌海西临乌兰布和沙漠，北距库布齐沙漠 50km，南距毛乌素沙漠 70 余 km，处在重重的沙漠包围之中，是内蒙古乃至全国沙漠化较严重的城市之一。荒漠化、沙化面积占全市国土总面积的 80. 12%。随着全球气候变暖，沙漠活性增强，乌兰布和沙漠东侵南移的速度在加快，对乌海市的生态安全构成了严重威胁。乌海年平均降水量为 160mm 左右，蒸发量达 3481mm，是降水量的 21 倍。乌海市干旱、大风发生频繁，2008 年大风从 4 月份一直持续到 7 月 11 日，持续时间长。2008 年 7 月 12 日下了第一

场雨，至今仍持续大风，危害范围之广、程度之重可想而知。这些危害是客观存在的，但如何变害为利，变治理沙漠为经营沙漠，是乌海人一直在破解的一道难题。

经过多年的探索，我们发现，伴随这些劣势，同时也并存着发展地区性沙漠绿色、有机农业，即沙地葡萄产业的优势。

乌海市地处北纬39°左右，属暖温带大陆性气候，太阳辐射强，日照时间长，昼夜温差大，属于世界葡萄生长的黄金地带。虽然这里风沙天气多，年降水量少，但光热资源丰富，同时沙漠性的气候条件最适合优质葡萄的生长，被国内外葡萄种植专家认为是我国“极具发展潜力的葡萄优势栽培区域”。从20世纪末开始，乌海市就开始了沙地葡萄的种植实践。目前，乌海市已有葡萄种植面积1.8万亩，年产量1200万kg，成为乌海市农业增效、农区增收的支柱产业，也是内蒙古葡萄栽培面积较大、效益较好的葡萄生产基地之一。乌海的“无核白”葡萄在1995年第二届中国农业博览会上获金奖，在1997年第三届中国农业博览会上被认定为名牌产品，2000年被内蒙古自治区人民政府认定为名牌农畜产品，2007年鲜食葡萄入选北京奥运会指定产品，乌海市葡萄生产基地2007被国家林业局确认为十万亩优质葡萄基地，2008年被评为全国优质葡萄生产基地，主栽品种“无核白”和“红地球”获中华名果称号。目前，乌海的食用葡萄供不应求，品牌越来越响亮。

乌海的这一成功实践，对大力开发沙产业有诸多启示，其中最重要的一条就是，更新观念，摒弃“沙害”等传统思维定势，用新理念、新技术变“沙害”为“沙利”。基于这样的认识，我们再审视内蒙古境内沿黄河两岸的阿拉善盟、鄂尔多斯市、巴彦淖尔市等沙漠、戈壁地区时发现，这里也有着发展沙产业绿色种植的明显优势。一是区位优势。这里具有沙漠、沙区、戈壁、黄河水源、干旱风沙气候等地理优势，利用这些优势可大力发展优质葡萄产业、优质苁蓉嫁接生产产业、沙地黄河旅游产业，从而形成生态、经济、社会全面协调和可持续发展的集聚效应。二是政治优势。2008年1月，胡锦涛总书记看望钱学森同志时讲道：“前不久，我到内蒙古自治区鄂尔多斯市考察，看到那里沙产业发展得很好，沙生植物加工搞起来了，生态正在得到恢复，人民生活水平有了明显提高。钱老，您的设想正在变成现实。”胡锦涛总书记的重要讲话精神，为发展沙产业指明了方向，并对沙产业有着强大的推动作用，是对内蒙古开发沙产业的最大鼓舞。我们更新观念，就是要充分利用好这些优势，并创造出良好效益，就是要充分认识到开发沙产业绿色植物大有可为，前景广阔。

二、循环经济、产业造势，形成沙产业发展的良好环境

虽然乌海及其周边地区的“绿色沙产业”发展有了个良好的开头，但它毕竟才刚刚起步，尚处于“幼稚产业”阶段，因此迫切需要各方面的扶持和关心，需要进一步落实科学发展观，确立“专项工程”的观点，让沙产业融入到环境友好型、资源节约型社会中，在农、牧、林、水产业的循环经济体系中占有重要的地位。为此，要动员社会各方面的力量，为沙产业的发展解决实际困难，创造良好的社会环境。

一是政府牵头，搞好宏观规划和服务。任何一项新兴产业的形成和发展都离不开政府的引导和政策的扶持，沙产业更是如此，这一产业的难度大、收效慢，正如国务院发展研究中心上海发展所研究员郝诚之认为：“西部大开发，生态是重点，沙漠化防治是难点，沙区各族群众脱贫致富是焦点”。因此，政府要强化沙产业发展的领导体制和发展手段，要突出政府牵头，行政手段发动推进，协会鼓动、指导民间积极参与的有效推进体制，形成战略推进

的大格局。地方政府在绿色沙产业的战略布局上要解放思想，实事求是，体现大动作，表现大手笔，制定超前的发展大规划，制定出台可行的地区性指导发展沙产业的计划，以及分类、分期实施的周期性工作推进的具体安排，切实形成"政府领导、协会宣传指导、全社会大规模参与"的综合推进效应。政府还要以发展工业的思维谋划发展沙产业，以发展工业循环经济的模式推进沙产业循环经济，以建设和谐社会为宗旨，谋划沙产业在经济社会发展中的重要作用，真正体现一、二、三产业和谐发展的科学发展观。在实际操作的过程中，政府要解决好沙产业发展中的突出问题。比如，目前沙产业仍处于"小打小闹、五花八门、各自为政"的零星规模和产生零星效益的初级阶段，距离战略性推进的大规模发展还有很大差距，政府不仅要因地制宜，科学理性地制定大规模发展战略，同时也需要出台配套的可行性操作对策。

二是沙产业主体多元发展，形成产业化经营。沙产业应在经营体制、机制上以主体的多元化体现与时俱进，要倡导企业为主体，有钱人为主体，群众为主体，更要倡导发挥企业的引导、示范的价值追求作用和忧国忧民的社会历史作用；要解放思想，科技领先，政策引导，加快沙产业的产业化进程。如内蒙古发展葡萄、苁蓉、旅游等优势特色产业，就应该建立成功的"企业＋基地"联体效应机制。加工企业办基地，将有利于把沙产业的投资人吸引过来，同时扶持现有龙头企业，特别是品牌龙头企业。还要注重引进国外高科技人才、技术、企业，发展优势特色产业；要形成产业化经营，还需谋划加工增值、保鲜储藏流通增值两条腿走路的产业化格局，主要是解决鲜食葡萄、瓜果利用流通环节，提高产业经营的效益指数。目前，主要症结在于解决好产品保鲜贮藏环节的整体规模、单体规模，以及提高保鲜贮藏质量、延长保鲜贮藏时间的高科技技术创新问题。反季节生产，有效利用保鲜增值时间、空间，是实现产品增值的两大有效措施。同时，还要建立沙区食品原料深加工体系。以色列的成功经验已经表明，在中国干旱沙区完全有可能建立起中国的"四季常青瓜果园"、"冬季厨房"。处于温带的中国沙漠，有枸杞、沙棘、山楂、葡萄、甘草、麻黄、黄芪、苁蓉、锁阳等成百上千种经济生物资源，只要加强科研，发展深加工技术，用专项资金加以扶持，就能开发出有特色有竞争力的新型产业。

三是制定相应措施，动员社会各方面力量，鼎力相助。大力发展尚处起步阶段的沙产业。沙产业是脆弱环境里的脆弱经济，需要国家纳入经济和社会发展的大计划，需要有关部门在交通建设、沙产业税收政策、对外贸易渠道、金融信贷等方面，给予更多的支持。这主要涉及到金融部门的银行贷款能否降低门槛给予扶持，税收部门能否出台一些优惠政策，社会舆论能否正确引导、大力支持等，这就需要社会各方面充分认识发展沙产业的重要性，并制定相应措施给予保障。

三、科学理性，开拓创新，探索我国西部绿色沙产业的发展模式

沙产业是以系统工程思想整合的"阳光林草农业体系"和"绿色产业集群"。用现代思维、现代科技、现代管理的一系列新成果，走"多采光、少用水、新技术、高效益"的技术路线，用"林草畜农工贸相结合"的产业链，推动沙产业的市场化、集约化，用系统工程思想发展循环经济。但当前沙产业还处于探索和起步阶段，急需要介绍和推广一批新兴、实用的绿色植物模式，有能力的沙产业开发者还可根据自身情况创造一些新的模式。

内蒙古汉森葡萄酒业有限公司于2001年成立以来，经过几年的发展，现已成为乌海市农业产业化龙头企业、内蒙古自治区扶贫龙头企业、国家级产业化龙头企业。我们的种植模式是在一片荒漠上兴建了10000亩葡萄种植基地，主要采取以葡萄为主，以草、树为辅，间种其他粮食作物。现已种植杨树30万棵，葡萄2000亩，沙柳、柠条1000亩，梭梭500亩，并形成了乔木、灌木和草相结合的防风防沙林带。我们推广了节水灌溉技术，在基地引进了以色列最先进的滴灌技术与设备，使单位面积的耗水量下降了80%以上，大大提高了水的使用效率。同时在滴灌时使用水肥灌溉法，即用“肥料灌”将灌溉与施肥同时进行，使施肥方便、快捷，节省了资金和劳动力投入，降低了耕种的生产成本。从目前来看，这种方式效果良好，取得了可观的经济效益。

我们将采用先进的循环经济模式，建立“汉森－乌珠慕循环经济示范园”。在示范园内，以沙地绿色有机葡萄的种植、葡萄酒的酿制生产为核心，将产生的酿酒下脚料作为饲料添加剂，结合葡萄园的间种牧草，成为优质杂交羔羊的饲料；人畜的粪便进入沼气池，补充工业与生活能源，结合风能与太阳能发电，园区的能源消耗将降低到正常的30%以下。沼气产生的底肥将是最好的有机肥料，又循环进入连栋果蔬大棚，形成一个完整的绿色有机循环经济链。

还有一种较简单又普遍使用的模式是采用地膜覆盖技术，该技术可减少水分蒸发。这种简易技术在干旱、高蒸发区给小麦、玉米、棉花、甜菜等作物创造一个地表微环境，大幅度减少土壤水分蒸发，保持温度。同时还有很多沙产业种植模式正在形成和使用，如把治理沙漠变为经营沙漠，并和农林牧发展相结合，乔木和灌木种植相结合，以灌木为主等。

总之，开发沙产业就是要充分利用光资源、风资源、沙资源，采用科学技术，趋利避害，发展大农业。只要我们锲而不舍，勇于开拓，沙产业绿色种植就一定大有可为。

石羊河流域沙产业的发展潜力与对策

贺访印[1]　史振业[2]　苗世新[2]　潘发艺[3]　李发明[1]

（1. 甘肃省治沙研究所；2. 甘肃省科学技术协会）

3. 武威市科学技术协会）

摘　要：通过对石羊河流域沙产业的发展现状及特点的分析，指出了沙产业发展主要受生态环境恶劣、水资源短缺、产业结构不合理、经济基础和工业基础薄弱、投融资渠道不畅、研发资金短缺等限制性因素的影响。并从石羊河流域具有的植物、土地、光热等资源优势，已有的沙产业科技示范园区和生产基地条件，形成的"公司＋科技＋基地＋农户＋品牌"的节水农业发展模式、土地合理利用与生态产业发展的沙产业开发模式、日光温室等设施型"阳光农业"发展模式等科技支撑条件，分析了石羊河流域沙产业发展的潜力和可行性，提出了沙产业发展的方向、思路与对策。

关键词：石羊河流域；沙产业；潜力；对策

石羊河流域位于甘肃省河西走廊东部，乌稍岭以西，祁连山北麓，东经101°41′～104°16′，北纬36°29′～39°27′之间。是我国典型的内陆河流域和生态脆弱区，地处黄土、蒙新和青藏高原的交汇地带。其地形复杂，境内有灌溉绿洲、荒漠、高山草地、祁连山天然水源涵养林以及北部沙漠、浅山地带。流域总面积约4.16万km^2，其中沙漠化土地面积1.58万km^2，占流域总面积37.98%。石羊河流域资源丰富，发展沙产业，不仅可以充分利用1.58万km^2荒漠化土地，而且可以丰富和发展荒漠化地区的可持续发展理论和内涵，促进区域生态、经济、社会的协调发展。

1　石羊河流域沙产业的发展现状及特点

近20多年来，石羊河流域的沙产业得到了快速发展，建成了许多沙产业开发的示范样板和示范园区，涌现出一批沙产业龙头企业，主要有武威市凉州区清源镇建成的武威市阳光产业示范园区、民勤勤锋滩沙产业试验示范生态园、武威金苹果公司、甘肃敬业农业科技有限公司、民勤县成功公司等。武威市阳光产业示范园区，不仅实现了沙产业的示范功能，而且已成为社会主义新农村的实践者、全国沙产业的样板工程和全省循环农业的示范基地。民勤勤锋滩沙产业试验示范生态园，形成了高效生态林业、高效畜牧业、高效节水生态农业种植、沙生药材种植和产品化精深加工5个产业示范园区，探索了以优良品种筛选、示范、推广的沙产业发展模式。

可以说，石羊河流域沙产业的发展不仅以设施农业、节水农业、微藻产业、光伏电应用、阳光住宅、阳光生态休闲旅游等为特点，而且逐步形成了以酿造葡萄产业和红枣产业为主的生态林果业，以荒漠绿洲边缘苜蓿为主的生态草业，以养羊业、养牛业、养猪业为主的暖棚式舍饲养殖的生态畜牧业，以甘草、肉苁蓉为主的生态药业，以保护地栽培为重点的地膜棉花、地膜辣椒、葵花、茴香、金盏花、无壳瓜籽、美国食葵为主的节水农业，以日光温室瓜果、蔬菜产业和日光温室大棚花卉产业为主的生态农业，以自然风情和沙漠探险旅游为主的生态旅游产业等多种形式。在种植业上通过实行“公司 + 协会 + 农户”的利益联结模式，推行了订单农业；在养殖业上实行“公司 + 养殖小区 + 农户”的利益联结模式，推行了养殖小区和承包经营权入股等方式。

2 石羊河流域沙产业发展的制约因素

（1）生态环境恶劣。石羊河流域沙漠化、盐渍化及风沙危害严重。一是在石羊河下游民勤湖区，盐渍化耕地面积逐年增加，1963 年为 122.7km^2，1992 年为 408km^2，而且在逐年增加，地下水矿化度最高达 13g/L，水质矿化度以年均 0.1g/L 的速度上升。二是沙漠化严重。沙漠化土地面积 1.58 万 km^2，占流域总面积的 37.98%。风沙沿线长达 654km，有 37 个乡(镇)的 45 万人和 143 万亩土地处于风沙前沿，土地退化、风沙危害严重，腾格里沙漠和巴丹吉林沙漠以年均 10m 的速度向民勤绿洲逼近，生态环境十分脆弱。三是草场超载过牧，退化严重，水源涵养林锐减，雪线上升。

（2）水资源短缺。石羊河流域属典型内陆干旱气候类型。上游为祁连山区，中部是武威盆地，下游尾间是荒漠区。西北部为巴丹吉林沙漠，东部为腾格里沙漠。干旱缺水严重，沙区降水量小，蒸发量大，年平均降水量 60 ~ 610mm，北部荒漠区年降水量不足 200mm，年蒸发量 1400 ~ 3040mm。石羊河流域水资源总量只有 16.59 亿 m^3，地表天然水资源量 15.6 亿 m^3，地表水资源量 0.99 亿 m^3，水资源的开发利用率高达 154%。农业用水的效益仅为 0.94 元/m^3，远低于黑河(1.14 元/m^3)和西北地区(5.80 元/m^3)。人均水资源 660m^3，是全国水平的 1/3，也远低于河西(1530m^3/人)和西北地区(1781m^3/人)。水资源不足导致大量超采地下水，不利于沙产业的发展。

（3）产业结构不合理，经济基础和工业基础薄弱。石羊河流域沙产业的表现：一是产业结构极不合理，以高耗水、低效益的玉米、小麦等粮食作物为主，农业用水占到总用水量 89.03%。二是农业产业链条短，加工业不发达，附加值不高。三是农业生产的科技含量不高，生产水平和标准化程度低。四是龙头企业少、企业的拉动力不强，没有自己的支柱产业和品牌产业。

（4）投融资渠道不畅，研发资金短缺。石羊河流域属于农业生产区，是经济欠发达地区，农业基础薄弱，工业基础差，财政困难，对民间资金等吸纳力不强，尚未形成合理的产业发展运行机制和投入模式。特别是在沙产业新技术的研发、新品种选育、新材料应用等技术难题的攻关方面缺乏必要的资金支持。

3 石羊河流域沙产业的发展潜力

（1）石羊河流域有丰富的光、热、土、植物等资源，有发展沙产业的资源优势。一是年日照时数为 2600 ~ 3000 小时，年均气温 5 ~ 9.3℃，无霜期 150 ~ 180 天，太阳辐射强，年均总辐射量 460 ~ 669kJ/cm^2，是世界葡萄生产的“黄金线”[1]。二是流域总面积 4.16 万 km^2，有连片可垦荒地 65 万亩。三是植物资源丰富，有药用类、食用类、饲用类、纤维类、工业类等 5 类重要植物资源，约 76 种。四是石羊河流域有甘草、麻黄、大黄、红花、苁蓉、锁阳、枸杞等药材资源，是全国药材主产区之一，特别是甘草、肉苁蓉等驰名中外。五是石羊河流域下游的风能、太阳能等再生能源蕴藏量较大，有发展再生能源产业的优势。

（2）石羊河流域建有许多沙产业示范园区和生产基地，有发展沙产业的良好基础。石羊河流域先后建成了武威市阳光产业示范园区、民勤勤锋滩沙产业试验示范生态园、古浪马路滩高效农业示范园和天祝三峡生态旅游示范区等园区。先后建成了以苏武山、扎子沟、新地滩、九墩滩、马路滩为核心的优质酿酒葡萄基地8.4万亩，拥有莫高、皇台、苏武庄园3家万吨级现代化葡萄酒厂，被农业部规划为我国六大酿酒葡萄产地之一。现有红枣产业基地，面积达10多万亩。并利用地表地膜覆盖农艺节水技术，发展了棉花、葵花、茴香、金盏花、无壳瓜籽、美国食葵、优质牧草苜蓿种植。2007年地膜棉花面积27.4万亩；甘肃丰蕾天然色素有限公司的金盏花颗粒色素初加工能力达2500吨；种植各类牧草41.87万亩，年产优质青干草40多万吨，其中优质紫花苜蓿种植面积18.1万亩，年生产草粉10万多吨；武威金苹果公司发展“金苹果”牌无壳瓜籽，在西北地区推广节水种植30多万亩；甘肃敬业农业科技有限公司发展的美国食葵、油葵，推广节水种植10多万亩，并且拥有自己的产业化生产基地，形成了生产、加工和销售一体化的产业链条。

（3）石羊河流域有许多成熟的技术和发展模式，为沙产业的发展提供了科技支撑。①建立了“公司+科技+基地+农户+品牌”的节水农业发展模式。甘肃敬业农业科技有限公司以引种美国优质食葵和蔬菜种苗为主，发展了“协会（公司）+科技+基地+农户+市场+品牌”的产业化模式，进行了“种子引进供应－技术服务－收购加工销售”一条龙的产业化开发，并注册了“西部人”系列产品，“西部人”老味道葵花籽荣获2001年甘肃名牌产品称号。武威金苹果公司发展了天然无壳瓜籽的新品种选育，种子生产、栽培技术研究，产品加工、贸易的产业化开发，形成了“公司+科技+基地+农户+品牌”的产业化发展模式，培育了国内第一个天然无壳瓜籽杂交种“金无壳”，比常规品种增产60%以上，被国家科技部列入全国农业科技成果转化项目并向全国推广，目前已推广到甘肃、内蒙古、黑龙江、新疆等省（区）的20多万个农户，累计经济收入达6亿多元。此外，还有民勤荣盛公司、民勤县成功公司发展的以甘草切片、甘草条草为主的甘草产业，并注册了“民勤甘草”商标，可以说他们都形成了产供销一条龙的节水农业发展思路与模式。②建立了土地合理利用与生态产业发展相结合的沙产业开发模式。甘肃省治沙研究所采取产学研结合的方式，密切联系地方政府，基于民勤绿洲水土资源和产业结构调整的现状与要求，在民勤绿洲提出建立以“中苜1号”、“兰热莱恩德”、“苜蓿54”、“德宝”等优良紫花苜蓿为主的人工草地，进行小尾寒羊、陶赛特、波德代、萨福克等肉羊的舍饲养殖为主的肉羊业，形成了以苜蓿草粉、苜蓿干草、苜蓿草捆等商品草和小尾寒羊等肉羊5月龄肥羔生产的产业格局，发展了苜蓿－肉羊草地农业，延伸了产业链，形成了干旱荒漠区以草畜产业为特征的沙产业发展模式。同时，提出选用优良紫花苜蓿和乌拉尔甘草、中麻黄、沙葱、酿造葡萄等抗旱、节水丰产的植物，实行苜蓿与小麦、大麦、葵花的轮作套种，苜蓿、甘草、麻黄与枣树、杨树等防护林的林草间作、林药间作和草田轮作制度，发展了苜蓿、甘草、麻黄和沙葱的节水栽培和产业化生产，实现了种养加的有机结合和商品化生产，延长了产业链，提高了土地生产力和光能利用率。形成了“土壤－环境系统，植物－品种系统，节水栽培及产业化发展的技术措施系统”相互耦合的沙产业开发技术体系，建立了荒漠绿洲边缘沙产业发展的生产－生态－经济范式。在民勤培育了以苜蓿为主的生态草业，以甘草、麻黄为主的生态药业，以酿造葡萄为主的生态林果业，以马铃薯、棉花为主的生态农业和以暖棚式肉羊养殖为主的生态畜牧业，逐步形成了民勤绿洲粮经草1∶1∶1的土地合理利用和生态经济型沙产业的发展格局，发展了荒漠生态产业，产生了巨大的生态、经济和社会效益。③发展了日光温室、大棚栽培、小拱棚栽培等设施型“阳光农业。”目前，石羊河流域已建立了日光温室7.33万亩、拱棚4.6万亩，重点发展了茄果类蔬菜和优质特色瓜类生产，开发了瓜类、蔬菜生物保鲜技术，提高了瓜菜的采后分级、包装、保鲜、储藏、配送等商品化处理水平，加快了农产品产地批发市场的建设，形成了产供销一条龙的专业化协作和市场化运作机制。武威市凉州区的张义镇、天祝县哈溪镇联手发展的日光温室人参果产业，被誉为沙产业发展的“张 - 哈模式”，产品已进入北京、广州等市场；凉州区以日光温室番茄为主的反季节蔬菜生产，其产品已进入新疆、四川等地的大中型城市；民勤的日光温室番茄、彩椒、蜜瓜等已出口哈萨克斯坦等国家。可见石羊河流域资源丰富，建有许多沙产业示范园区和生产基地，有许多成熟的技术和发展模式，为沙产业的发展提供了资源优势、科技支撑和良好的基础条件。

4 石羊河流域沙产业的发展思路与对策

石羊河流域属于我国典型的内陆河流域，制约其发展的关键问题是流域上中下游水资源管理不协调。沙产业发展要以科学发展观为指导，以区域资源特点为基础，立足于生态环境建设，采用多学科集成的方法，发展生态农业、相关工业和其他产业。要采取“多采光，少用水，新技术，高效益，无污染，可持续”的技术路线，应以节水为目标，以水资源的流域管理为单元，以地表水和地下水为纽带，应该实现全流域上中下游水资源的统一协调管理，以提高水资源的利用率为目的。上游地区应以生态保育为主，涵养水源；中游绿洲应以产业结构调整为主，发展节水农业和生态产业；下游荒漠地区应以生态恢复为主，大力发展风能、太阳能资源及生态旅游业，实现全流域的协调和可持续发展。其发展对策主要有以下几点：一 要加强沙产业发展的区域规划和设计，制定沙产业发展的中长期规划。二要积极培育沙产业发展的龙头企业和品牌产业，延伸沙产业链条，推广“公司 + 农户 + 基地 + 品牌”的经营模式，形成产供销一体化的发展思路。实现规模化经营、标准化生产，积极发展专业化、规模化、优质化、标准化的优势农产品生产，建立高度发达的现代农业。三要建立沙产业发展的创新机制，包括技术、经营组织及管理方式等方面的理论和实践创新，形成沙产业发展的社会化服务体系，切实加强科研与推广。四要充分发展地方特色产业，逐步形成以微藻产业、设施农业、草畜产业、葡萄酿造产业、马铃薯产业、棉花产业、中药材产业为特色的优势产业，积极发展农副产品的深加工业，培育地方支柱性产业，发展一批生产基地、专业乡、专业村及专业大户，坚定不移地走“一乡一优、一村一品”特色产业的路子。五要加快推进沙产业示范园区建设。在石羊河流域不同生态区域建立一批高科技沙产业示范园区，发展高新技术产业，形成沙产业发展的典型示范效应。六要积极发展生态旅游业，积极推进沙漠探险旅游和生态经济旅游为特征的生态旅游业。因此，石羊河流域沙产业发展的关键是大力扶持和培育沙产业龙头企业，构建区域沙产业发展的产业化框架。应以发展节水农业、荒漠生态产业和风能、太阳能、生物质能等再生能源产业为主，绿洲内以生态草业、生态药业、生态林果业、生态畜牧业和生态农业等荒漠生态产业为主，充分发展地方特色产业，积极培育具有一定生产规模的农副产品深加工产业和地方支柱产业。只有这样才能有效地推动沙产业的快速发展，实现生态、经济和社会的可持续发展。

参考文献

1 陈隆亨，曲耀光．河西地区水土资源及合理开发利用．北京：科学出版社，1992.

2 樊胜岳，等．张掖地区沙产业发展的对策与关键技术．北京：中国环境科学出版社，1998：71.

3 钱学森．创建农业型的知识密集产业——农业、林业、草业、海业和沙业．农业现代化探讨，1984(36).

4 刘恕．对沙产业科学内涵的认识——纪念钱学森沙产业论述发表20周年．西安交通大学学报(社会科学版)，2005(1)：57～61.

5 朱俊凤．中国沙产业．北京：中国林业出版社，2004.

DBP 沙地植被保护剂在科学发展沙产业中的应用

沈炜敏

（上海彼依西科技有限公司董事长、高级工程师）

一、严峻的中国土地沙化形势

中国是世界上荒漠化面积最大、分布最广、受荒漠化危害最严重的国家之一，全国荒漠化土地总面积达 263.63 万 km^2，占国土面积的 1/3，沙化土地 173.97 万 km^2，占国土面积的 1/5，造成的直接经济损失高达 540 多亿元。土地荒漠化还在迅速蔓延，全国有近 4 亿人口受到荒漠化的威胁，是中华民族的心腹大患之一。

虽然中国政府高度重视土地荒漠化的治理，经过几代人坚持不懈的努力，取得了一些进展，但是中国土地沙化形势仍然十分严峻，沙化危害依然突出，局部扩展依然严重，治理难度依然很大，治理成果依然脆弱，人为隐患依然较多。

然而，目前最严重的状况，不是日益加剧的土地荒漠化的迅速蔓延，而是人们对荒漠化问题认识上的模糊。我们必须克服急功近利、跑马圈地、寅耗卯水、全面出击、低效开发的错误认识，选择科学的、有效的防沙、治沙技术和科学途径，在科学发展沙产业中，治理好我国的荒漠化土地。

二、总结经验，与时俱进

总结长期以来我国形成的荒漠化治理的各种技术模式，对进一步推动科学发展沙产业，有着非常重要的作用（详见治沙技术一览表）。

治沙技术一览表

序号	技术名称	材料与方法	技术特点
1	草方格技术	农作物秸秆、灌草类等植物枝干，在流动沙丘上将其列成大小不等的矩阵方格。	1. 在短期内（2～3 年）起到阻止流沙移动的作用； 2. 能保护方格内栽种的植物不被流沙淹没，但需要投入种植和养护成本； 3. 仅草方格成本就达 600～800 元/亩； 4. 效率较低，全部人工操作，劳动强度大，一个劳动力 30～50m^2/天； 5. 仅起到阻止流沙漂移的作用，不能对沙漠进行绿化，要绿化沙漠还要由其他种植技术配套，并增加投资。

（续）

序号	技术名称	材料与方法	技术特点
2	固体水技术	通过化学方法将液态水分子迅速凝结成固态，然后装进特殊容器和树苗一起栽种，起到提高成活率的作用。	1. 不能防风固沙，无法阻止流沙的移动； 2. 需要一定量的水源，在沙漠中无法提供； 3. 工艺复杂，不便操作，效果不明显； 4. 不能大面积施工。
3	微(滴)灌技术	直接将水分移到植物根部进行滴灌。	1. 避免水分流失，提高水资源利用率； 2. 需要铺设大量的微灌管网； 3. 工艺复杂，施工难度大，使用成本高，难以在荒漠化区域广泛应用； 4. 每亩地投入约 4000 ~ 5000 元。
4	液态膜技术	利用有机高分子材料，形成一种液态物质，通过高压喷洒在沙漠表面，在短时间内（约 3 - 4 小时）凝结成类似塑料薄膜的膜片，其主要由长链烃基分子作用而成，乳化后具有极强的粘附能力，形成了液态膜。	1. 能防止浮沙、浮尘的飘物； 2. 抑制土壤水分蒸发； 3. 能达到防风固沙的目的； 4. 作用单一，仅能固沙不能种植植物，不能绿化； 5. 只能治标，不能治本，保护时间为 2 年； 6. 成本高昂，无法大规模推广； 7. 其降解后，会产生二次污染，不利于环保。
5	塑料网格	采用高约 20cm 的塑料尼龙网，铺设成 1m × 1m 的格子，网格互相连接。 	1. 在正常日照下，使用寿命 3 年左右，但沙漠日照时间长，塑料尼龙网更容易老化； 2. 成本在 660 元/亩以上； 3. 不宜恢复原生态植被； 4. 老化后的塑料尼龙网，对生态环境产生污染。
6	人工植被技术	采用城乡生活垃圾和植物的秸秆等原料加工而成，与种子搅拌后，采用机械设备直接铺设于沙地表面。	1. 生活垃圾等会带来二次污染； 2. 对恢复原生态有一定难度； 3. 成本较高。
7	DBP 沙地植被保护剂（Desert botanical protector）	采用符合国际 TCLP 环保测试标准的无机化学液体，并有 0.95% 的环保型植物成长助剂。可用洒水车或消防车装上合适的喷头，操作简便，效果明显。 	1. 把沙粒结构的沙土变成了网状结构，增加了土壤中植物根系所需要的氧的含量，促使根径加速成长； 2. 0.95% 环保型植物成长助剂，促使并加速植物根径的健康成长； 3. 无毒、无害、无二次污染，符合国际 TCLP 环保测度标准； 4. 已荣获内蒙古科技厅的科技成果鉴定； 5. 使用 DBP 后，使土壤含水量提高 5.39% ~ 6.59%； 6. 植被盖度提高 20% ~ 40%；  7. 植物高度提高 6 ~ 2cm 8. 地上生物量增加 5% ~ 15%； 9. 根深和根幅分别提高了 3 ~ 6cm 和 2 ~ 9cm； 10. 地表粗糙度增加 10 倍至数百倍，降低近地表风速 10% ~ 20%。

三、DBP沙地植被保护剂的机理

DBP沙地植被保护剂有着十分优越的功能，有以下四个方面的机理：

(1)经过DBP保护剂处理后，在成型压力作用下，颗粒紧密接触，在沙土颗粒附近，DBP经水化，生成水化硅酸钙、沸石、方纳石及硅酸等物质。使沙土颗粒表面形成凝结硬化壳。DBP的激活组分以不同的方式渗入颗粒内部，与沙土矿物发生物理化学作用，形成水铝酸盐、水硅酸盐等胶凝物质，使沙土颗粒表面产生大小不一的可逆凝结的硬化层，经DBP处理后的沙土具有水稳定性和强度稳定性。

(2)极性水分子和OH^-进入沙土内部空穴，使表面积增加。这些被分散的沙土颗粒表面一般带有负电荷，DBP的某种成分可代换土体中的凝聚能力低的离子，降低电位，促使沙土颗粒凝聚。同时电解质浓度增加，胶粒双电层减薄，也有利于颗粒凝聚。

(3)疏松土体的连接，主要是靠矿物与胶结物界面上的化学力实现的，层状硅酸盐自身建立空间网状结构；DBP的主要水化产物以及与沙土矿物反应的生成物，均属上述胶结物，能牢固地胶结分散的土壤颗粒，增强和加固这种网状结构，使之成为一个具有较高强度的整体。

(4)DBP对土壤颗粒粒径有广泛的适用范围，在DBP中的激活成分，能使沙土颗粒表面活化，在水化反应过程中，使DBP本身比表面积增加几百倍，因此能使沙土等细小颗粒成为网状结构。

上海彼依西科技有限公司，根据美国的治沙经验和中国的具体情况，经过数年的努力，使DBP产品在中国获得了成功。

DBP产品构成的全部物质，符合美国OSHA-12CFR1910、1200标准及加拿大WHMIS规定的标准，不含任何危险物质，符合OSHA职业安全与健康法规及NTP、IARC、ACGIH环保要求。根据HMIS等安全控制组织条款，认定DBP为非毒性、非燃性、非腐蚀性的环保产品。

由此可见，DBP是促进科学发展沙产业的最先进、最科学的好材料。

四、应用实例

(一) 恢复原生态，实现生态农业是科学发展沙产业的核心

什么是“沙产业”？著名科学家钱学森先生认为：沙产业就是在“不毛之地”的戈壁沙漠上搞农业生产，生态农业是科学发展沙产业的核心，因此，在荒漠上恢复“原生态”，只有用科技手段才能实现。如图(略)：在科尔沁沙漠边缘的荒漠化草原上，用DBP进行了恢复原生态的工作。用洒水车或消防车，根据风向和不同地形，用合适的喷头，进行喷洒。在喷洒DBP后一天，即可使地表承抗8级强度风暴，安保根系，使植物的成活率达到96%以上，使植被得到很好的恢复。

(二) 在DBP沙地植被保护剂下，一些高附加值的植物得到了健康生长

(1)肉苁蓉：肉苁蓉是国际二类濒危植物，有很高的经济价值，是多年生肉质草本寄生植物，寄生在梭梭的根上。但如果寄主根被风吹裸露，就会严重影响肉苁蓉的正常生长，而喷洒DBP后，为肉苁蓉生态化生产奠定了坚实的基础。

(2)文冠果：文冠果属大灌木或叶乔木，适应性强，抗旱、耐瘠薄和耐寒；根系发达，侧根多而壮。文冠果是很好的木本油料，含脂肪 57. 18%，蛋白质 29. 69%，淀粉 9. 04%，灰分 2. 65%，文冠果油料是半干性油，芳香可口，属于高档食用油，也可以用来制造高级润滑油、增塑剂、油漆和肥皂等，在国际市场享有很高的声誉。同时，文冠果是重要的水土保持和荒山绿化先锋树种。文冠果在 DBP 保护下，成活率和产量得到大大提高。

由此可见，DBP 沙地植被保护剂，可因地制宜地保护和恢复原生态植被，有效地扼制了荒漠化进程。

DBP 在美国的长年使用中，有了明显的效果，并由上海彼依西科技有限公司，在我国沙漠和沙地中进行了应用和验证，获得了内蒙古科技厅颁发的“科技成果鉴定证书”，它克服了国内外现有的治沙技术的缺陷，以技术含量高、操作方便、经济实用、恢复原生态、无二次污染的优势，为科学发展沙产业作出杰出的贡献。

串联式捕沙网笼拦沙坝拦截流动沙漠的原理和效果

娄志平

（中国系统工程学会草业委员会委员，内蒙古沙产业草产业协会会员，浙江省嵊州市娄志平生态工程研究所工程师）

摘　要：2008年4月23日，笔者的串联式捕沙网笼拦沙坝样板工程，在磴口县城西南30km的乌兰布和沙漠上动工。经过笔者和几个农民工10多天劳作，一条长1km，高80cm的捕沙网笼，南北方向横亘在乌兰布和沙漠上，当流沙在风力作用下从沙漠表面滚滚而来，碰到捕沙网笼倾斜的捕沙网时，一部分流沙被阻滞在倾斜的捕沙网的脚下，堆积在网笼的外侧，一部分流沙随风从捕沙网笼的斜面上升，在经过捕沙网斜面时，由于重力，从网孔落入捕沙网笼内，风从网笼的斜面冲向空中，在捕沙网笼的后面形成一个低压紊流区，捕沙网笼内不断跌落的流沙在网笼内渐渐堆高，又不断通过后支架上的捕沙网网孔，漏到捕沙网笼的内侧堆积起来。人们可以看到，这1km长的乌兰布和沙漠的流沙，在3～8级风的情况下，90%以上的流沙被拦截在捕沙网笼里面和网笼的内外两侧，构筑成一道以捕沙网笼为顶部，截面呈自然滚落坡度的沙坝。由于沙漠流沙的流动量是不均匀的，当某处捕沙网笼被流沙淹埋到只剩下40cm高度时，把该处捕沙网笼从沙堆中拔起提升40cm，恢复到80cm高度，工人巡回检查提升网笼，确保捕沙网笼不被捕获的流沙淹埋，这样顺着捕沙网笼一线就渐渐抬高，构筑成一道以捕沙网笼为顶部的截面呈自然滚落坡度的拦沙坝。

串联式捕沙网笼在刚施工时，80cm高的捕沙网笼容沙量很小，需要频繁地从沙堆中提升网笼；随着捕沙网笼拦沙坝的抬高，容沙量渐渐增加；捕沙网笼拦沙坝构筑得越高，容沙量越大，需要提升捕沙网笼的次数越少，直至半年提升一次，一年提升一次。时间一久，连绵数百千米像山一样高的捕沙网笼拦沙坝就成为流动沙漠不能逾越的障碍，达到了利用沙漠流沙拦截沙漠流沙，固定流动沙漠的目的。

关键词：串联式捕沙网笼；捕沙网笼拦沙坝；前沿阻沙带；拦截流动沙漠

宁夏中卫沙坡头治沙示范点的草障植物带、前沿阻沙带和封沙育草带“三带一体”的治沙方式，造价低，效能好，已成为全国乃至全世界的治沙经典。这是中卫固沙林场的骄傲，是中卫人民的骄傲，也是中国人的骄傲。

中卫固沙林场创造了辉煌的治沙业绩，尤其是麦草方格封沙育林，确保了包兰铁路中卫段的安全，可谓是人间奇迹。沙坡头示范的草障植物带和封沙育草带效果堪称完美。但沙坡头的“前沿阻沙带”笔者不能恭维，现场一行参差不齐的枝条篱笆，一排东倒西歪的木条格栅，一道竖立不稳的高立式挡沙网，既不能阻挡住流动沙丘，也不能保证前沿的麦草方格免受流沙的堆压侵袭。当然这不能说中卫固沙林场没有尽责，而是因为全世界在这个领域的技术就这么个水平。因此，对现有的前沿阻沙带工程技术实施革新，创造一种拦截流动沙漠效果好、便于运输、无需用水、施工方便、管理方便又经济便宜的前沿阻沙带来拦截沙漠流沙，已是时代的需要。

一、串联式捕沙网笼拦沙坝的结构和拦沙原理

能够有效拦截沙漠流沙的前沿阻沙带，是笔者于近期试验成功的“捕沙网笼拦沙坝”。其结构、拦沙原理和实验过程如下：

在宽70cm，长25m的铁丝网上，铺上两层遮光率为85%的遮阳网，构成复合网。把复合网的宽边作为高边南北方向竖立在沙漠流沙区，用桩把复合网固定竖立在沙漠上；取上述相同结构，宽1m，长25m的复合网置于竖立的复合网以西70cm处，把该复合网向东倾斜42°，使该网顶边和竖立的复合网顶边接触并联结固定，就在沙漠上构成一段长25m，高70cm，截面为A字形的网笼。当沙漠流沙随风从西边跳跃着滚滚而来，碰到向东倾斜的网笼，一部分流沙被阻滞在网笼脚下，一部分流沙在复合网斜面上升时，由于重力从斜面钻过复合网的网孔落入网笼内，落入网笼内的流沙在网笼内渐渐堆高，又不断从竖立的复合网网孔中漏出网笼，堆积在网笼东侧，沙漠风由于受网笼斜面阻挡引导，通过网笼斜面冲向空中，在网笼东侧形成一个低压紊流区，流沙由于失去动力而稳定地在网笼东侧沉积下来，当堆积到距离网笼顶边35cm时，把网笼和桩从沙堆中拔起抬高35cm，恢复网笼70cm的高度；当沙漠沙再次堆积至网笼顶边35cm时，再次把网笼和桩从沙堆中抬高35cm，恢复网笼70cm的高度，如此三、四次或更多次重复提升网笼，这段沙漠的流沙就被拦截在网笼内和网笼的东西两侧，随着网笼的一次一次提升，网笼下25m长的沙堆也以截面成自然滚落坡度的形态成为渐渐抬高的沙坝。这样，沙漠流沙为网笼源源不断地送来构筑沙坝的材料，使沙坝以自然滚落的形态越筑越高。这是一个小小的发现，这个发现可为沙漠治理提供许多新的方法。

工程用串联式捕沙网笼根据上述结构和原理设计（设计高度80cm），由前支架、后支架和绷在前支架和后支架上的由两层遮光率85%以上的丝网重叠（减去了铁丝网）组成的捕沙网，构成截面形状为A形的网笼。捕沙网笼的前支架向后支架倾斜成45°以下的角度，捕沙网笼向沙漠方向是一个斜面，前支架顶部置有连接扣，和后支架顶部的连接扣连接固定，构成网笼支架A形组合。2个以上相隔1m的支架A形组合，构成单个网笼的支架；在单个网笼的前支架和后支架上铺置上捕沙网，构成单个捕沙网笼。

把单个捕沙网笼沿沙漠流沙侵略内地一线，一个接一个串联设置几十米、几百米、几千米、几十千米、几百千米，两个相邻的捕沙网笼的支架A形组合相互贴紧，并用活络连接扣固定构成连绵延长的串联式捕沙网笼。网笼底下沙漠中置有千斤坠（一根横置在沙中的棍棒），千斤坠中间系有向上延伸的千斤坠索（一条细细的尼龙绳），千斤坠索用活络结和前支架上段的连接扣固定，这样，捕沙网笼就不怕风暴侵袭。当流沙在风力作用下从沙漠表面跳跃着滚滚而来，碰到捕沙网笼时，一部分流沙阻滞在倾斜的网笼脚下，一部分沙随风从捕沙网笼的斜面上升，沙漠沙在经过斜面捕沙网时，由于重力通过网孔漏入网笼内，风从网笼的斜面冲向空中，在捕沙网笼后面形成一个低压紊流区域，从网笼里漏到网笼内侧的沙由于失去动力而沉积下来。这样，沙漠流沙就在捕沙网笼的外侧、捕沙网笼内和捕沙网笼的内侧渐渐堆高，在沙漠沙堆积到距离捕沙网笼顶端只有40cm时，就解开相邻网笼的支架A形组合上的连接扣，解开千斤坠索的活络结，把支架A形组合连同捕沙网拔起提升40cm，恢复网笼80cm的高度，然后加长千斤坠索，并用活络结把千斤坠索和网笼前支架上段的连接扣重

新固定，把相邻的网笼A形支架用活络连接扣重新固定，恢复第一次施工时的串联式捕沙网笼结构原状，捕沙网笼就重新捕获拦截沙漠流沙。当被捕获拦截的沙漠流沙再一次堆积到距离捕沙网笼顶端只有40cm时，按照上述施工的方式和结构，再次把一个个捕沙网笼从沙堆中提升到沙堆顶部，再次恢复第一次施工时的串联式捕沙网笼结构原状；如此三次、四次、无数次重复提升串联式捕沙网笼，串联式捕沙网笼下面被捕获的流沙渐渐抬高，构成截面呈自然滚落坡度的、以捕沙网笼为顶部的拦沙坝。随着捕沙网笼的不断抬高，捕沙网笼拦沙坝拦截沙漠流沙的效果会越来越好。

二、串联式捕沙网笼拦沙坝在磴口县境内乌兰布和沙漠上的施工实例

2008年4月23日，在内蒙古磴口县政府韩永光副县长、磴口县林业局孟彪局长、何立伟副局长和康建成队长的帮助下，笔者的串联式捕沙网笼拦沙坝样板工程，在磴口县城西南30km的乌兰布和沙漠上动工。经过笔者和几个农民工10多天劳作，一条长1 km，高80 cm的捕沙网笼，南北方向横亘在乌兰布和沙漠上，当流沙在风力作用下从沙漠表面滚滚而来，碰到捕沙网笼倾斜的捕沙网时，一部分流沙被阻滞在倾斜的捕沙网的脚下，堆积在网笼的外侧，一部分流沙随风从捕沙网笼的斜面上升，流沙在经过捕沙网斜面时，由于重力，从网孔落入捕沙网笼内，风从网笼的斜面冲向空中，在捕沙网笼的后面形成一个低压紊流区，捕沙网笼内不断跌落的流沙在网笼内渐渐堆高，又不断通过后支架上的捕沙网网孔，漏到捕沙网笼的内侧堆积起来。人们可以看到，这1km长的乌兰布和沙漠的流沙，在3~8级风的情况下，90%以上的流沙被拦截在捕沙网笼里面和网笼的内外两侧，构筑成一道以捕沙网笼为顶部，截面呈自然滚落坡度的沙坝。由于沙漠流沙的流动量是不均匀的，当某处捕沙网笼被流沙淹埋到只剩下40cm高度时，把该处捕沙网笼从沙堆中拔起提升40cm，恢复到80cm高度，工人巡回检查提升网笼，确保捕沙网笼不被捕获的流沙淹埋，这样顺着捕沙网笼一线就渐渐抬高，构筑成一道以捕沙网笼为顶部的截面呈自然滚落坡度的拦沙坝。

串联式捕沙网笼在刚施工时，80cm高的捕沙网笼容沙量很小，需要频繁地从沙堆中提升网笼；随着捕沙网笼拦沙坝的抬高，容沙量渐渐增加；捕沙网笼拦沙坝构筑得越高，容沙量越大，需要提升捕沙网笼的次数越少，直至半年提升一次，一年提升一次。时间一久，连绵几百千米像山一样高的捕沙网笼拦沙坝就成为流动沙漠不能逾越的障碍，达到了利用沙漠流沙拦截沙漠流沙，固定流动沙漠的目的。从此人们可以按片、按区任意切割封堵和控制流动沙漠，然后对被沙漠侵占的草原和耕地实施生态恢复。沙漠腹地的公路、铁路、采矿设施和生活片区就可应用捕沙网笼拦沙坝工程，很方便地免除流沙侵袭。